제5판

형사소송법 개론

INTRODUCTION to CRIMINAL PROCEDURE LAW

최영승 저

pnc
publishing and culture
피앤씨미디어

제5판 머리말

지난 2020년의 수사권조정에 이어 2022년 5월 수사와 기소를 분리하는 검찰청법 및 형사소송법이 국회를 통과하였다. 우선 검찰청법에서 검사의 직접수사개시 범죄 대상이 6개에서 2개로 축소되었다. 그럼에도 불구하고 시행령인 「검사의 수사개시 범되 범위에 관한 규정」으로 검사의 직접 수사개시 범위를 확대하여 논란이 되고 있다. 검사는 자신이 수사한 범죄에 대하여 공소를 제기할 수 없도록 규정하였다. 형사소송법에서는 검사는 사법경찰관으로부터 송치받은 사건에 관하여 해당 사건과 동일성을 해치지 않는 범위 내에서 수사할 수 있게 함으로써 실체진실발견을 고려하였으며, 그 동안 문제 되던 별건수사를 금지함으로써 이 문제를 입법적으로 해결하였다.

최근의 주요 판례로 제1심판결에 대한 피고인의 비약적 상고와 검사의 항소가 경합한 경우 피고인의 비약적 상고에 항소로서의 효력을 인정할 수 있는지 여부 등을 들 수 있다.

제5판에서는 이러한 법 개정 내용을 충실히 반영하였으며 나아가 2021년 이후 최신 주요 판례를 보충하여 형사소송법의 내용을 충실히 하였다.

이 책을 읽는 독자들은 주로 대학에서 형사소송법 강의를 듣는 학생이나 각종 공무원 등 시험의 수험생일 것이다. 초보자도 읽기에 쉽고, 내용이 정확하고, 서술이 신선한 것이 이 책의 특징인 만큼 이 책이 형사소송법을 극복하는 수단이 될 것임을 확신한다.

이 책이 나오도록 애써 주신 피앤씨미디어의 대표인 박노일 법학박사님을 비롯하여 편집·교정작업에 힘써 주신 편집이사님 등께도 감사드린다.

2023. 2.
저자 씀

제4판 머 리 말

제3판이 나온 지 4년이 지나 독자들에게 미안한 마음이 있었다. 그동안 사소한 개정이 있었지만, 특히 2020년 수사권조정법으로 불리는 개정법은 지금까지 수사절차의 근간을 뒤바꾸는 계기가 되었다는 점에서 형사소송법사에서 큰 획을 긋는 개정이라고 할 수 있다.

개정법에서 사법경찰관의 독자적 수사권 및 수사종결권이 보장됨에 따라 제2편의 수사기관 및 수사종결에서 사법경찰관리를 먼저 서술하고 이어 검사를 서술하는 방식을 취한다. 또 그것이 동적·발전적이라는 형사소송법의 특성과도 일치한다고 생각하기 때문이다.

그 외 정식재판청구에서의 형종상향금지원칙(2017. 12), 재정신청 기각결정에 즉시항고 허용(2018. 1), 즉시항고·준항고 제기기간 7일(2019. 12) 등 그동안 개정된 내용과 새로운 주요 판례를 빠짐없이 반영하여 교과서와 동시에 수험서로서의 역할을 충실히 할 수 있도록 하였다.

한 가지 밝혀 둘 것은 2021년 6월 9일 신설·시행되는 법관의 제척 원인에 대한 제17조제8호·제9호, 2021년 12월 9일 시행되는 조문정비 차원의 개정 내용, 2022년 1월 1일부터 시행되는 검사작성 피의자신문조서의 증거능력에 관한 제312조제1항의 개정 내용을 미리 반영하였다는 점이다. 개정판의 출판시기와 얼마 남지 않은 개정법의 시행을 고려하고, 내용의 변경 없이 시대나 어법에 맞게 조문에 대한 순화·정비작업의 차원이므로 미리 반영해도 되리라고 보며 또한 수사권조정의 핵심내용인 제312조제1항까지 미리 학습함으로써 개정법의 방향을 정확히 볼 수 있게 하기 위함이기도 하다. 이 점 독자들의 양해를 바란다.

이 책이 나오는데 수고한 분들이 있다. 시민친화적 형사소송에 대하여 함께 고민해 온 국민대학교 법과대학의 윤동호 교수는 새로운 중요판례를 정리해 주었다. 신진학자로서 이 분야의 학문적 역량이 크게 기대되는 경찰대학교 법학과의 김면기 교수 또한 거침없는 조언을 주었다. 감사한 마음으로 그들의 큰 학문적 성취를 기원한다. 아울러 초판부터 지금까지 흔쾌히 출판에 응해주신 피앤씨미디어 대표 박노일 법학박사께도 감사드린다.

2021. 2.

저자 씀

제3판 머 리 말

제2판이 나온 이래 그동안 일부 조항의 개정이 있었다. 간통죄의 폐지(2015. 2. 26), 디지털증거의 증거능력 규정의 신설(제313조, 2016. 5. 29), 벌금형의 분할납부(2018. 1. 7. 시행) 등이 그것이다. 이러한 법 개정의 반영은 물론 부분적으로 새로운 판례를 보충하였다. 또한 법제처 문장정비기준에 따라 법령표기를 붙여 쓰고 용어를 순화하였으며, 어려운 내용을 좀 더 쉬운 말로 서술하면서 제3판을 내기로 하였다.

저자의 부족한 학문적 기량에도 불구하고 그동안 독자들의 분에 넘치는 사랑을 받아 오히려 송구한 마음을 금할 길 없다. 이에 힘입어 저자는 더 쉽게 형사소송법을 이해할 수 있도록 더욱 분발할 것을 다짐한다.

제3판을 집필하는 데 도움을 준 분들이 있다. 형법학의 후학인 군산대학교 법학과의 권양섭 학술연구교수는 디지털증거 부분에 대하여 많은 조언을 주었고, 제자로서 법무법인 대륙아주의 성정열 인턴변호사는 교정 및 각주 작업을 도와주었다. 이 지면을 통하여 감사를 표하며 이들의 큰 성취를 기대한다. 아울러 항상 저자에게 개정작업을 권유하는 등의 학구욕을 불러일으키는 피앤씨미디어의 대표인 박노일 법학박사, 편집·교정작업에 힘써 주신 심성보 이사, 김인숙 과장께도 감사를 드린다.

2016. 7.
저자 씀

제2판 머 리 말

출판사의 요청으로 대학교과서이자 동시에 수험서로서 「형사소송법개론」이라는 이름으로 세상에 나온 이후 독자들로부터 어느 정도 호평을 받은 것 같아 다행스럽다. 그러나 과연 원래 이 책이 표방하였던 「학문」과 「수험」의 두 목표를 동시에 달성하고 있는지에 대하여는 아직도 조심스럽기만 하다.

초판이 나온 지 1년 6월밖에 지나지 않았지만 새로이 2쇄 인쇄에 들어갈 즈음하여 좀 더 내용을 새롭고 알차게 하기 위하여 아예 개정판을 내기로 하였다. 막상 개정작업을 하다 보니 저자의 욕심도 한몫하였거니와 의외로 군데군데 손볼 곳이 눈에 띄었다. 독자들에게 좀 더 이해하기 쉬운 서술, 새로운 헌법재판소의 결정 및 이에 따른 형사소송법의 재해석의 필요, 최근 형사판례의 반영 등으로 제2판에 비하여 더욱 내용이 알차고 새로워졌다. 특히 어렵게만 느껴지는 전문증거 부분을 손쉽게 이해할 수 있도록 손질하였다.

아무쪼록 이 책이 계속하여 형사소송법을 필요로 하는 독자들의 든든한 버팀목이 되었으면 하는 마음이다. 끝으로 저자의 학문적 동반자로서 가천대학교 박진우 헌법교수의 가감 없는 헌법적 조언 및 법무법인 태일의 박민호 변호사의 형사실무적인 토론은 저자가 제2판을 집필하는 데 많은 도움이 되었기에 이 지면을 통하여 감사드린다. 아울러 흔쾌히 이 책의 개정을 허락해 주신 피앤씨미디어의 대표 박노일 법학박사, 편집·교정작업에 심혈을 기울여 주신 심성보 이사께도 감사드린다.

2015. 1.
저자 씀

머 리 말

대학에서 10여 년간 형사소송법을 강의하면서 학생들로부터 많이 들은 하소연이 형사소송법이 어렵다는 것이었다. 이에 학생들 스스로 형사소송법을 체계적이고 쉽게 이해할 수 있도록 하자는 생각에서 2012년 8월 형사소송법 기본교과서를 출간하였다.

그런데 저자의 기본서교과서의 분량이 800페이지 이상 됨으로 인하여 대학에서 한 학기에 강의하기에 어려움이 있다고 토로하는 분들이 있었다. 이에 출판사의 요청도 있고 하여 내친 김에 기본교과서를 한 학기에 강의할 수 있는 정도의 분량으로 줄여서 펴내기로 하였다. 특히 법원직, 검찰직, 교정직, 경찰직 등의 각종 국가고시나 각종 승진시험 등의 수험을 준비하는 분들도 이 책만으로 형사소송법의 체계를 잡고 기초를 다질 수 있도록 그 내용을 충실히 하였다. 책의 제목은 「형사소송법개론」이지만 그 내용을 보면 단순한 개론서에 그치는 것이 아니라 대학강의서이자 수험서로서의 성격을 동시에 갖춘 책이라고 할 수 있다.

이 책의 체계도 이미 출간한 기본교과서와 같이 소송의 특징인 동적·발전적 과정에 따라 서술되고 있다. 즉 수사절차, 공판절차, 재판의 집행절차의 순서이다. 그리고 2013. 6. 19부터 시행되는 성폭력범죄에 대한 친고죄규정의 폐지에 따른 고소불가분의 원칙 등이 새로운 서술방식으로 가미되었다. 또한 최근 판례가 모두 반영된 것은 물론이다.

이 책을 통하여 학생들이나 수험생들은 짧은 시간에 형사소송법을 이해하고 이를 기초로 좋은 성적을 거두어 소기의 목적을 달성할 수 있을 것이다. 그리고 이 책의 내용을 보충하고 싶으면 저자의 기본교과서를 참고하면 이해에 많은 도움이 될 것이다.

이 책의 출간에 도움을 준 사람들이 있다. 경희대학교 법학전문대학원에 재학중인 성정열 군과 신원진 양이 그들이다. 이들은 모의고사를 앞두고 바쁜 시간임에도 불구하고 이 책의 교정을 꼼꼼히 보아 주었다. 이들이 장래 훌륭한 시민법조인으로 자라나기를 이 지면을 통하여 빈다.

끝으로 이 책의 발간을 제의하여 출간할 수 있게 해 주신 피앤씨미디어의 박노일 사장님과 세심하게 실무 출판작업에 임해 주신 심성보 편집이사님께 감사드린다.

2013. 6.
저자 씀

차 례

제1편 서 론

제 2 편 수사절차

제 1 장 수사 일반

제 2 장 수사의 주체 및 객체

제 3 편 공판절차

제 1 장 공판절차의 기초

제 2 장 공판절차의 주체

제 4 편 상소·비상구제절차·특별형사절차·재판의 집행

제 1 장 상 소

법령약어

가정폭력범죄의 처벌 등에 관한 특례법	→ 가정폭력처벌법
각급 법원의 설치와 관할구역에 관한 법률	→ 법원설치법
검사와 사법경찰관의 상호협력과 일반적 수사준칙에 관한 규정	→ 수사준칙
검찰사건사무규칙	→ 검규
경찰관직무집행법	→ 경직법
고위공직자범죄수사처 설치 및 운영에 관한 법률	→ 공수처법
국민의 형사재판 참여에 관한 법률	→ 국민참여재판법
도로교통법	→ 도교법
민사소송법	→ 민소법
법원조직법	→ 법조법
법정 방청 및 촬영 등에 관한 규칙	→ 법정방청규칙
보호관찰 등에 관한 법률	→ 보호관찰법
부정경쟁방지 및 영업비밀보호에 관한 법률	→ 부정경쟁방지법
사법경찰관리의 직무를 수행할 자와 그 직무범위에 관한 법률	→ 사법경찰직무법
성매매알선 등 행위의 처벌에 관한 법률	→ 성매매처벌법
성폭력방지 및 피해자보호 등에 관한 법률	→ 성폭력방지법
성폭력범죄의 처벌 등에 관한 특례법	→ 성폭력처벌법
소송촉진 등에 관한 특례법	→ 소송촉진법
아동·청소년의 성보호에 관한 법률	→ 청소년성보호법
아동학대범죄의 처벌 등에 관한 특례법	→ 아동학대처벌법
즉결심판에 관한 절차법	→ 즉결심판법
특정강력범죄의 처벌에 관한 특례법	→ 특정강력범죄법
헌법재판소법	→ 헌재법
형사보상 및 명예회복에 관한 법률	→ 형사보상법
형사소송법	→ 형소법
형의 실효 등에 관한 법률	→ 형실효법
형의 집행 및 수용자의 처우에 관한 법률	→ 형집행법

제 01 편

서 론

제1장 형사소송법의 기본적 성격

제 1 절 형사소송법의 의의

I. 형사소송법의 개념

형사소송법은 범죄와 형벌에 관한 실체법인 형법과의 관계에 있어서 절차법이다. 즉 구체적 사건에 있어서 실체법인 형법을 실제로 적용하고 실현해 가는 절차를 정하여 놓은 법이다. 여기서 '소송'이란 구체적 사건에서 유죄·무죄 등의 실체법률 관계를 확정짓기 위한 절차를 말한다고 할 수 있다.

엄밀한 의미에서 형사소송은 검사가 공소를 제기한 이후의 절차로서 심리와 재판이 진행되는 공판절차를 의미한다. 현실적으로도 소송이라는 용어는 공판절차와 주로 관련을 맺고 이를 전제한 개념으로 사용되고 있다. 그럼에도 불구하고 형사소송법은 공판절차뿐만 아니라 수사절차 및 재판의 집행절차까지 그 내용으로 하고 있으며 이들 절차를 모두 규율한다는 데 이견이 없다.

Ⅱ. ▸▸ 형사소송법의 성격

1. 공법으로서 사법법의 영역에 속하는 법이다

형사소송법은 국가와 개인 간의 관계를 규율하는 공법으로서 사법법(司法法)에 속한다. 따라서 개인의 권리보호를 위하여 법적 안정성이 요청된다. 한편 행정절차인 수사절차에서는 행정법과 마찬가지로 행정목적을 달성하기 위한 차원에서 합목적성의 이념이 강하게 지배한다.

2. 배분적 정의가 요청되는 법이다

형사소송은 우월한 주체인 국가와 약자인 개인 간의 관계를 규율하므로 그 과정에서 강제성이 수반되는 경우가 많다. 이러한 성격에서 그 구체적 사정을 고려하여 국가형벌권의 목적을 달성하여야 하는 배분적 정의가 요청된다. 예를 들어 구속된 피고인에게 변호인이 없는 경우 국가가 국선변호인을 선정해 주어 검사와 피고인 간의 대등을 유지한 상태에서 재판을 진행하게 되는 것이 그것이다.

3. 동적·발전적 성격의 법이다

형사소송은 이전의 단계를 전제로 다음 단계로 움직여 가는 형태를 띤다. 이러한 소송절차의 특성은 형사소송법이 발전적으로 움직여 가게 됨을 의미한다. 예를 들어 수사절차에서의 피의자는 공판절차로 움직여 가면서 혐의가 더욱 짙은 피고인의 신분으로 발전해 나가게 된다.

4. 기술적 성격의 법이다

이러한 형사소송의 동적·발전적 특성은 그 과정에서 기술적(技術的)으로 섬세한 여러 입법규정을 필요로 한다.

제 2 절 형사소송법의 역사

I. 형사소송의 두 흐름

형사소송법에 있어서 두 개의 큰 흐름이 있는데 그 하나는 독일, 프랑스 등 유럽대륙의 대륙법체계이고, 다른 하나는 영국과 미국의 영미법체계가 그것이다. 대륙법은 대체로 법원의 직권에 의하여 소추와 재판이 개시되는 규문절차가 지배하였는데, 이 절차에서 개인의 권리는 무시되어 피고인은 한낱 절차의 객체로 전락하였다. 이와는 달리 영미법은 피의자나 피고인의 권리보호가 강조되어 당사자주의와 배심제도에 의하여 운용되는 점이 대륙법계와 크게 다른 점이다.

II. 우리 형사소송법의 역사

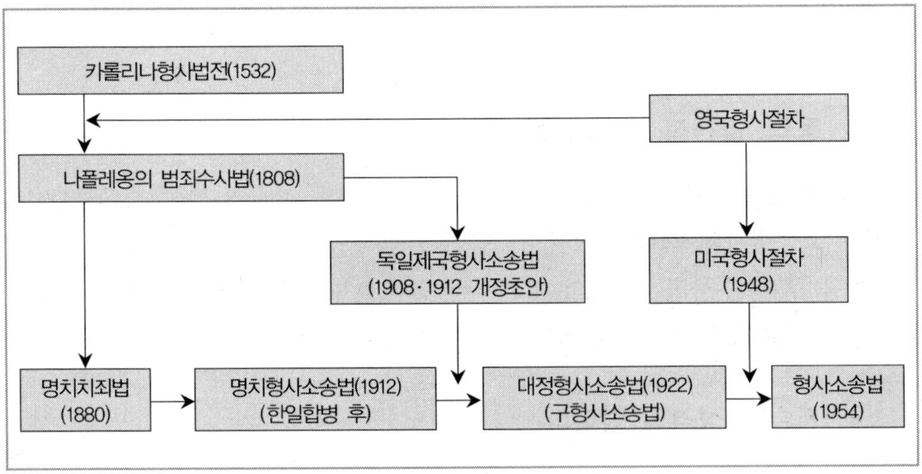

[형사소송법의 계수 과정]

우리 형사소송법은 1912년 조선형사령 제11호에 의하여 일본형사소송법(이른바 명치형사소송법)이 우리나라에 최초로 적용되었다. 이어 1922년(대정 11

년) 일본의 대정형사소송법(이른바 구형사소송법)으로 현행법이 시행된 1954. 10. 14. 이전까지 적용되었다.

이후 1948년 미군정의 남조선과도정부법령 제176호에 의하여 미국의 형사절차가 도입되어 구형사소송법이 일부 개정·시행됨으로써 우리나라에 영미의 형사소송절차가 최초로 도입되었다. 이때 도입된 형사절차로 영장주의, 구속피의자에 대한 변호인 선임권의 고지, 변호인과의 접견교통권, 구속적부심사제도, 피의자에 대한 보석제도 등이 있다.

그러다가 1954. 9. 23. 현행 형사소송법이 제정·공포되었다. 제정법은 이후 현재까지 28차례에 걸친 개정이 있어 왔는데 주로 형사절차상의 피의자 및 피고인의 권리를 확장해 오는 데 그 중점이 있었다. 중요한 것으로 2007. 6. 1.의 개정법을 들 수 있는데 거의 전면적 개정으로 공판중심주의를 확립한 데 의의가 있다.

2020. 2. 4. 개정법은 검사와 사법경찰관리의 관계를 협력관계로 재정립하면서 경찰의 독자적 수사 주체성을 인정하고 검사의 경찰 수사 통제를 강화하는 내용을 담은 것이었다. 개정 검찰청법과 더불어 수사권조정법으로 불리고 있다.

제2장 형사소송법의 기본원리 및 구조

제 1 절 형사소송법의 기본원리

I. 실체진실주의

1. 의 의

실체진실주의는 형사절차에서 범죄 및 범죄혐의자에 대한 사항을 명백히 하여 객관적 진실을 밝히는 것을 말한다. 명문의 규정은 없으나 진실의 발견이라는 형사절차의 지향점에 비추어 형사소송법의 입법목적으로부터 당연히 우러나는 것이다. 이 원리는 지나치게 진실발견이라는 목적에 치중하게 됨으로써 때로 적법절차의 원리와 서로 충돌을 일으키기도 한다.

2. 적극적 실체진실주의와 소극적 실체진실주의

통설은 실체진실주의를 적극적 실체진실주의와 소극적 실체진실주의로 나누고 있다. 전자는 대륙법계 형사절차를 지배해 온 처벌 위주의 원리로서 "열 사람의 무고한 사람을 희생시키는 한이 있더라도 한 사람의 죄인을 놓쳐서는 안 된다"는 말로 표현되고 있다. 이와는 달리 후자는 영미법계 형사절차를 지배해 온 인권보장 위주의 원리로서 "열 사람의 죄인을 놓치는 한이 있더라도 한 사람의 무고한 사람을 희생시켜서는 안 된다"는 말로 표현되고 있다. 오늘날 실체진실주의는 적법절차의 원리와 상통하는 소극적인 측면의 것으로 이해되고 있다.

3. 실체진실주의와 형사소송의 구조

실체진실주의는 처벌 위주의 대륙법계 형사소송의 특징을 이루고 있다. 그러나 이 원리는 대륙법계의 직권주의 구조에서뿐만 아니라 영미법계의 당사자주의 구조에서도 중요하게 기능하기는 마찬가지이다. 기본적으로 형사소송의 목적은 실체진실의 발견에 있기 때문이다.

Ⅱ. 적법절차의 원리

1. 의 의

실체적 진실발견이라는 형사소송의 목적도 헌법상의 적법절차의 원리에 합치하여야 한다는 제약이 있다. 헌법은 "누구든지 법률에 의하지 아니하고는 체포·구속·압수·수색 또는 심문을 받지 아니하며, 법률과 적법한 절차에 의하지 아니하고는 처벌·보안처분 또는 강제노역을 당하지 않는다"(제12조제1항)고 하고, "체포·구속·압수 또는 수색을 할 때에는 적법한 절차에 따라 검사의 신청에 의하여 법관이 발부한 영장을 제시하여야 한다"(동조제3항)고 하고 있다. 이것이 적법절차의 원리에 대한 헌법상의 일반조항으로 불리고 있다.

헌법의 기본원리로서의 적법절차의 적용대상은 처벌·보안처분·강제노역 및 영장주의를 비롯하여 신체적·정신적 또는 재산적 불이익이 되는 모든 제재를 포함한다.

2. 적법절차의 원리와 형사소송의 구조

적법절차의 원리는 피고인의 인권을 중시하는 영미법계의 당사자주의와 성장배경을 같이하고 있다. 따라서 비록 대륙법계의 직권주의에서도 이 원리는 여전히 중요한 헌법상의 원리로 존재하지만 역사적·이론적인 면에서 볼 때는 당사자주의와 더 잘 조화된다고 할 수 있다.

3. 적법절차 원리의 제도적 구현

적법절차 원리의 제도적 구현으로 변호인의 도움을 받을 권리(제30조, 제33조, 제283조), 영장에 의한 체포 및 구속(제73조, 제200조의2, 제200조의4), 긴급체포의 요건과 절차(제200조의3·4), 압수·수색·검증시의 영장주의 원칙(제113조, 제215조, 제216조), 체포·구속적부심사청구권(제214조의2), 진술거부권을 고지 받을 권리(제244조의3, 제283조의2; 규칙 제127조), 위법수집증거의 배제(제308조의2) 등이 있다.

4. 실체진실주의와 적법절차의 관계

두 원리는 현실의 세계에서 서로 협력적인 경우보다는 충돌을 일으킬 요소를 많이 안고 있다. 이 두 원리가 가장 심하게 충돌하는 분야는 범인을 발견하여 처벌하여야 한다는 합목적성의 이념이 지배하는 수사절차라고 할 수 있다. 그런데 적법절차의 원리는 헌법상의 요청이나 실체진실주의는 법률에 내재된 목적으로 두 이념이 충돌할 때에는 적법절차의 원리를 우선하여야 한다. 따라서 두 원리의 관계는 적법절차에 의한 제한 아래에서 실체진실을 추구하는 '적법절차적 실체진실주의'로 이해하여야 한다.

Ⅲ. 무죄추정의 원리

1. 의 의

무죄추정의 원리란 피고인은 유죄의 판결이 확정될 때까지는 무죄로 추정된다는 헌법상의 원리를 말한다(헌법 제27조제4항; 제275조의2). 헌법 및 형사소송법은 그 주체를 피고인에 한정하고 있지만 피고인보다 혐의의 정도가 낮은 피의자도 당연히 포함된다(헌재결 1992. 1. 28. 91헌마111).

이 원리는 인권이 침해되기 쉬운 형사절차에서 피의자와 피고인을 어떻게 대우할 것인가에 대한 기준을 제시해 준다. 그러나 무죄로 추정된다고 하여 반드시 일반인과 절대적으로 동등하게 대우할 것을 의미하는 것은 아니다. 이는 원칙적으로 죄가 없는 자에 준하여 취급하여야 하고, 불이익을 입혀서는 안된다고 할 것으로 설령 불이익을 입힌다 하여도 이를 최소한에 그치게 하자는 것이다(헌재결 1990. 11. 19. 90헌가48).

2. 무죄추정 원리의 제도적 구현

무죄추정의 원리에 대한 주요한 제도적 보장책으로 임의수사의 원칙, 불구속 수사 및 재판의 원칙(제198조제1항), 피의자의 인권 존중(제198조제2항), 필요적 보석제도 등을 들 수 있다.

Ⅳ. 신속한 재판의 원리

1. 의　　의

헌법은 일반국민에 대하여 신속한 재판을 받을 권리 및 특히 형사피고인에 대하여 지체없이 공개재판을 받을 권리를 보장하고 있다(동법 제27조제3항). '지체없는 공개재판'이란 '신속한 재판'을 구체화한 것이다. 이는 민사절차 등의 당사자에 비하여 인권침해의 가능성이 큰 형사절차 피고인의 특성을 염두에 둔 것으로 피고인의 인권침해를 최소화하기 위한 것이다. 신속한 재판이 주로 형사절차 피고인의 권리를 중심으로 논의되는 이유도 여기에 있다.

2. 신속한 재판의 기능

재판의 신속한 진행은 피고인에게 절차가 주는 불안감으로부터 하루빨리 벗어날 수 있게 한다. 또한 범죄인의 개선·교육이라는 특별예방주의 형법이론과 결합하여 피고인의 정상적인 사회복귀를 돕는 데도 기여한다. 한편 신속한 재판은 형사사법기관의 비용절약으로 사법경제적 이익에 기여하고, 일반국민에게 국가형벌권에 대한 신뢰를 통하여 범죄예방효과를 기할 수 있는 이점이 있다.

3. 신속한 재판의 제도적 구현

신속한 재판의 제도적 구현으로는 수사기관의 구속기간의 제한(제202조, 제203조, 제205조), 고소·고발사건의 처리기간(제257조; 검사수규 제57조제1항), 공소시효제도(제249조), 공소장부본의 송달 등 공판준비절차(제266조 이하), 집중심리제도(제267조의2제2항·제4항; 특정강력범죄법 제10조제1항·제2항), 불출석재판제도(제277조의2제1항), 재판장의 소송지휘권 행사(제279조) 및 증거동의제도(제318조제1항) 등이 있다.

제 2 절 형사소송법의 구조

I. 소송구조론의 의의

소송구조란 형사소송(좁은 의미)을 이루는 골격이 무엇인가 하는 문제이다. 이는 소송관계인인 법원, 검사, 피고인 중 누가 소송의 진행을 주도하는가와 관련된 문제이다. 오늘날 소송구조론의 궁극적인 목적은 피고인에 대한 권리보호를 확대하는 데 그 의미가 있다.

II. 규문주의와 탄핵주의 소송구조

규문주의와 탄핵주의는 소송의 주체가 누구인가에 따른 분류이다. 법원이 소송의 주체인 것이 규문주의이고 법원 외에 검사와 피고인도 소송의 주체로 등장하는 것이 탄핵주의이다.

1. 규문주의

규문주의(糾問主義)는 소추기관(검사)의 소추에 의하지 않고 법원 스스로 형사절차를 개시하여 수사와 재판을 진행하는 소송구조이다(소추미분리주의).

대륙법계 국가의 전통이라고 할 수 있다. 이 절차에서는 오로지 수사 및 재판을 행하는 1인의 법관과 그 객체로서의 심판대상자만 존재하였다. 따라서 법관이 재판보다는 수사에 치중하게 되면서 재판에서의 증거가 될 자백을 얻기 위한 고문이 행하여졌다.

2. 탄핵주의

탄핵주의(彈劾主義)는 소추기관(검사)의 소추에 의하여 법원이 심판절차를 개시하는 소송구조이다(소추분리주의). 영미법계 국가의 전통이라고 할 수 있다. 이 구조에서 비로소 소추기관인 검사에 대응하여 상대방 당사자로서 일정한 지위를 가진 피고인이 등장하게 된다. 탄핵주의는 법원과 당사자(검사와 피고인) 중 누가 소송의 주도권을 행사하는가에 따라 직권주의와 당사자주의로 나누어진다.

(1) 직권주의

가. 의 의 직권주의(職權主義)는 소송절차에서의 주도적 지위를 법원이 가지는 소송구조를 말한다. 대륙법계 국가의 소송구조의 특징이다. 이 절차에서 법원은 당사자의 신청 및 주장에도 불구하고 스스로의 판단으로 실체진실을 발견하기 위하여 소송을 진행해 나가게 된다. 따라서 직권주의가 지나치면 사실상 규문절차로 흐를 우려가 있다.

나. 장점 및 단점 직권주의는 법원의 주도로 소송이 진행됨으로써 실체진실의 발견에 유리하고, 소송이 일사불란하게 되어 신속한 재판 및 소송경제에 유리하다. 이와는 달리 소송이 법원의 자의(恣意)에 흐를 수 있고, 소송주체인 피고인의 지위가 약화되어 방어권 보장에 불리할 수 있다.

(2) 당사자주의

가. 의 의 당사자주의(當事者主義)는 소송절차에서의 주도적 지위를 당사자가 가지는 소송구조를 말한다. 영미법계 국가의 소송구조의 특징이다. 당사자주의는 당사자가 서로 공격(검사)과 방어(피고인)를 주고받는 방법에 의하여 소송을 진행해 나가게 되고 법원은 실체진실 발견을 위한 필요에서 보충적인 역할에 그친다. 당사자주의 소송구조에서는 당사자의 법적 평등이 필요하므

로 그 전제로서 당사자대등주의가 요구된다.

나. 장점 및 단점 당사자주의는 민주적 형사절차를 가능케 하여 소송의 공정을 기할 수 있고, 검사와 대등한 지위에서 적극적인 해명이 가능하여 피고인의 방어권 보장에 철저할 수 있다는 등의 장점이 있다. 이와는 달리 소송을 당사자에게 맡김으로써 사건에 대한 당사자처분권주의를 인정하게 되어 형식적 진실주의로 흐를 수 있고(이 점에서 법관은 규칙에 따라 운동경기를 진행하는 중립적인 심판의 역할에 그친다는 비판이 있다), 서로간의 주장만 반복될 수 있어 신속한 재판 및 소송경제에 반한다는 단점이 있다.

Ⅲ. 형사소송법의 기본구조

1. 학설 및 판례

형사소송법의 기본구조는 당사자주의를 기본으로 하면서 직권주의를 보충하고 있다고 보는 것이 일반적이다. 판례도 1980년대 들어 당사자주의를 선언한 이래 지금까지 일관된 태도를 유지하고 있다(대판 1983. 8. 23. 83도1632).

2. 당사자주의 요소

형사소송법에서의 당사자주의 요소는 먼저 공소제기의 단계에서 ① 공소장에 피고인수에 상응한 부본의 첨부(제254조제2항), ② 심판범위의 특정(제254조제4항), ③ 공소장일본주의(규칙 제118조제2항) 등이 있다. 다음으로 공판 준비절차에서 ① 피고인 또는 변호인에 대한 공소장부본의 송달(제266조), ② 피고인 또는 변호인의 공소제기 후 검사가 보관하고 있는 서류 등의 열람·등사(제266조의3), ③ 당사자의 공판기일의 변경신청권(제270조), ④ 검사 및 피고인의 공판기일 전의 증거조사 신청권(제273조) 등이 있다. 마지막으로 공판절차에서 ① 검사 및 피고인의 출석권(제275조제2항, 제276조), ② 당사자의 증거신청권(제294조), ③ 증인에 대한 교호신문제도(제161조의2), ④ 당사자의 증거에 대한 동의제도(제318조) 등이 있다.

3. 직권주의 요소

직권주의 요소로는 ① 법원의 직권에 의한 증거조사(제295조), ② 법원의 직권에 의한 증인신문(제161조의2제2항 · 제5항), ③ 법원의 피고인신문(제296조의2제2항), ④ 법원의 공소장변경 요구(제298조제2항) 등이 있다.

제 02 편

수사절차

제1장 수사 일반

제 1 절 수사의 의의 및 구조

I. 수사의 의의

수사(搜査)란 범죄혐의가 있거나 범죄가 발생한 경우에 범인을 밝혀내고 그 증거를 수집해 나가는 수사기관의 활동을 말한다. 수사는 공소제기 전의 수사절차에서 행하여지는 것이 원칙이지만 공소제기 후에도 허용되는 경우가 있다.

II. 내사와의 구별

내사(內査)는 수사의 전단계로서 수사기관이 공식적으로 범죄를 인지·입건하기 이전에 은밀하게[內] 범죄혐의를 확인하기 위한 활동[査]을 말한다. 실질적 수사 개념에 의하면 내사도 수사의 일종으로 볼 수 있다. 비록 수사의 전단계이기는 하지만 내사의 목적도 혐의 유무를 밝히기 위한 것으로 수사와의 관계에서 볼 때 단지 절차의 발전단계의 차이에 불과하다고 볼 수 있기 때문이다. 내사를 수사의 일종으로 보면 이에 대한 통제가 가능하고 피내사자도 수사절차의 피의자와 같이 권리보호에 철저할 수 있다.

판례도 피의자의 지위는 형식적인 사건수리 절차를 밟을 때가 아니라 조사대상자에 대하여 범죄혐의가 있다고 보아 실질적으로 수사를 개시하는 행위를 한 때 인정된다고 한다(대판 2018. 12. 27. 2016다266736).

제 2 절 수사의 구조

I. ▸▸ 수사구조론의 의의

수사절차를 이에 뒤따르는 공판절차와의 관계에서 어떻게 위치지울 것인가에 대한 논의가 수사구조론이다. 이 논의는 헌법상의 이념에 맞는 수사절차의 이념형을 발견하여 해석 및 입법지침을 제공한다는 데 그 의미가 있다. 수사구조론은 소송구조론에 대응하여 규문적 수사관, 탄핵적 수사관, 소송적 수사관으로 논의가 되고 있다.

II. ▸▸ 수사구조론의 전개

1. 규문적 수사관

규문적 수사관(糾問的 搜査觀)은 규문주의 소송구조론을 원용하여 수사를 수사기관이 우월적 지위에서 강제적으로 피의자를 신문하고 증거를 수집하는 절차로 이해한다. 이에 의하면 수사기관은 수사의 주체로서 기능하고 피의자는 단순히 수사의 객체에 불과하다.

2. 탄핵적 수사관

탄핵적 수사관(彈劾的 搜査觀)은 수사를 공판절차에서와 같이 수사기관과 피의자가 서로 대립하고 대등한 입장에서 자신의 공판절차를 준비하는 절차로 이해한다. 이에 의하면 수사기관은 피의자에 대응하는 한 당사자로서의 증거수집활동을 하는 자에 불과하다.

3. 소송적 수사관

소송적 수사관(訴訟的 捜査觀)은 수사를 범죄혐의를 명백히 하여 공소를 제기할 것인가의 여부를 결정하는 독자적 목적을 가진 절차로 이해한다. 즉 검사를 판단자로 하여 사법경찰관리와 피의자 및 변호인이 서로 대립하는 형태의 소송구조를 형성하는 것을 말한다. 이에 의하면 검사를 준사법기관으로 보고 피의자를 수사절차의 주체로 보게 된다.

제 3 절 수사의 조건

수사절차는 실체진실을 발견하기 위하여 수사기관에 의한 강제력이 동원되는 등 합목적성의 이념이 강하게 작용하는 영역으로 피의자의 인권침해가 예상된다. 여기서 수사는 개시 및 실행의 조건으로 필요성이 있어야 하고 이 경우에도 상당성이 있는 방법으로 행하여질 것이 요구된다.

I. 수사의 필요성

1. 수사기관의 주관적 판단에 의하여 개시

수사는 그 목적달성을 위하여 필요한 경우에만 허용된다. 검사는 범죄의 혐의가 있다고 생각하는 때에는 범인, 범죄사실과 증거를 수사하여야 한다(제195조). 또한 사법경찰관도 범죄의 혐의가 있다고 인식하는 때에는 범인, 범죄사실과 증거에 관하여 수사를 개시·진행하여야 한다(제196조제2항). 따라서 수사는 수사기관의 주관적 판단에 의하여 개시된다고 할 수 있다.

2. 친고죄와 수사

수사는 범인을 발견하여 공소를 제기하는 것이 목적이므로 공소제기의 가능성이 있어야만 수사도 가능하다는 것이 된다. 여기서 공소제기의 유효조건으로서의 소송조건이 수사의 조건이 될 수 있는지가 문제된다. 이 문제는 특히 친고죄의 고소와 수사의 관계, 즉 친고죄에 있어서 고소가 없는 경우에도 수사를 개시할 수 있는가의 문제로 논의되고 있다. 이에 대하여는 전면적 허용설, 전면적 부정설 및 제한적 허용설이 대립하고 있다.

다수설은 고소가 없는 경우에도 법적으로 수사는 허용되지만 사실상 고소의 가능성이 없는 때에는 수사가 허용되지 않는다는 제한적 허용설을 취한다. 판례도 같은 입장이다(대판 1995. 2. 24. 94도252).

Ⅱ. 수사의 상당성

1. 의 의

수사의 상당성(相當性)은 수사가 그 목적을 달성하기 위한 적합한 방법으로 행하여져야 한다는 것을 말한다. 수사는 그 목적달성을 위한 필요최소한의 범위 내에서 이루어져야 한다거나(수사비례의 원칙), 수사는 상대방의 신뢰를 배반하지 않도록 성실하게 행하여져야 한다(수사의 신의칙)는 것이 그 내용들이다. 전자는 주로 강제처분과 관련하여 의미를 가지고(제199조제1항단서), 후자는 함정수사와 관련하여 의미를 가진다.

2. 함정수사

(1) 의 의

함정수사(陷穽搜査)란 수사기관이 일반인을 가장하여 범죄를 유발케 하여 범인을 붙잡는 수사방법을 말한다. 이는 주로 마약범죄, 조직범죄, 뇌물범죄 등에 있어서와 같이 범행이 조직적이고 은밀하게 이루어지는 영역에서 효과적인 수사방법으로 알려져 있다.

(2) 종 류

함정수사에는 범의유발형과 기회제공형이 있다. 전자는 범죄의 고의를 유발시켜 수사하는 방법이고, 후자는 이미 범죄의 고의를 가진 자에 대하여 그 기회를 제공하여 수사하는 방법을 말한다. 수사의 상당성이라는 적법절차 이념에 비추어 볼 때 범의유발형 함정수사가 위법하다는 데는 견해가 일치한다. 다만 기회제공형 함정수사에 대하여는 다툼이 있다.

(3) 함정수사에 대한 판례의 태도

판례는 범의유발형 함정수사는 위법하다고 하고, 기회유발형 함정수사에 대하여는 "범의를 가진 자에 대하여 단순히 범행의 기회를 제공하거나 범행을 용이하게 하는 것에 불과한 수사방법이 경우에 따라 허용될 수 있음은 별론으로 하고 …"라고 함으로써 원칙적으로 허용되지 않는다는 입장으로 볼 수 있다(대판 2008. 10. 23. 2008도7362 등).

(4) 함정수사와 공소제기

함정수사를 적법절차에 위반한 수사방법으로 보게 되면 이에 의한 공소제기는 공소제기의 절차가 법률의 규정에 위반하여 무효인 때에 해당하므로 법원은 공소기각의 판결로써 소송을 종결하여야 한다(제327조제2호). 또한 이에 의하여 수집한 증거는 제308조의2에 의하여 위법수집증거로서 증거로 사용할 수도 없다.

제 2 장 수사의 주체 및 객체

수사는 수사기관의 활동을 말하므로 그 주체는 수사기관이다. 수사기관에는 사법경찰관리와 검사가 있다. 사법경찰관리가 1차적 수사권을 가지고 검사는 보충적 수사권 및 특정 사건에 관한 직접수사개시권을 가진다(제196조; 검찰청법 제14조제1항). 수사의 객체는 피의자이다.

제 1 절 사법경찰관리

I. 의 의

사법경찰관리는 원칙적으로 1차적 수사를 행하는 수사기관이다(제197조). 경위 이상에 해당하는 사법경찰관과 경사 이하에 해당하는 사법경찰리를 의미하는 용어이다. 사법경찰관은 범죄의 혐의가 있다고 인식하는 때에는 범인, 범죄사실과 증거를 수사한다(동조제1항). 사법경찰리는 수사의 보조를 하여야 한다(동조제2항). 사법경찰관리의 구체적 수사활동은 형사소송법 외에 「검사와 사법경찰관의 상호협력과 일반적 수사준칙에 관한 규정」에서 정하고 있다.

경찰청 소속의 일반사법경찰관리와 별도로 공수처법에 따른 수사처수사관(제10조), 검찰청법에 따른 사법경찰관리의 직무를 수행하는 검찰청 직원(제245

조의9), 「사법경찰관리의 직무를 수행할 자와 그 직무범위에 관한 법률」에 의하여 특수한 분야의 범죄에 대한 사법경찰관리의 직무를 수행하는 특별사법경찰관리가 있다(제245조의10). 특별사법경찰관리는 일반사법경찰관리와 달리 모든 수사에 관하여 검사의 지휘를 받는다(제245조의10제2항).

Ⅱ. 사법경찰관리의 종류

사법경찰관리로 일반사법경찰관리와 특별사법경찰관리가 있다. 전자는 범죄수사의 대상에 제한이 없으나(일반), 후자는 그 대상이 특별히 정하여져 있다(특별)는 점에서 다르다.

1. 일반사법경찰관리

사법경찰관으로 경무관, 총경, 경정, 경위가 있고, 사법경찰리로 경사, 경장, 순경이 있다(제197조). 사법경찰관은 범죄의 혐의가 있다고 사료하는 때에는 범인, 범죄사실과 증거를 수사하며(제197조제1항), 사법경찰리는 수사의 보조를 하여야 한다(동조제2항). 이들은 경찰청 소속의 사법경찰관리이다.

2. 검찰청 직원

2020년 개정 형사소송법은 검찰청 직원에 대하여 별도의 규정을 두면서 그 직무를 행하는 자와 직무범위를 법률로 정하도록 하고 있다(제245조의9제1항). 검찰청 소속의 사법경찰관은 검찰수사서기관, 수사사무관, 마약수사사무관과 검찰주사·마약수사주사·검찰주사보·마약수사주사보·별정직 5급부터 7급상당 공무원으로서 검찰총장 및 지방검찰청검사장의 지명을 받은 자가 있고(제245조의9제2항 관련), 사법경찰리로 검찰서기·마약수사서기·검찰서기보·마약수사서기보·별정직 8급상당 및 9급상당 공무원으로서 검찰총장 및 지방검찰청검사장의 지명을 받은 자가 있다(동조제3항 관련; 검찰청법 제46조, 제47조).

3. 특별사법경찰관리

삼림, 해사, 전매, 세무, 군수사기관 기타 특별한 사항에 관한 범죄수사는 특별사법경찰관리가 행하도록 하고 있다(제245조의10). 7급부터 4급까지는 사법경찰관의 직무를, 8급·9급은 사법경찰리의 직무를 각각 수행한다. 주요 특별사법경찰관리로 근로감독관, 국립공원관리공단 임직원, 국가정보원 직원, 군사법경찰관리, 자치경찰공무원 등이 있다. 전매에 관한 사항은 1986. 12. 26. 전매범처벌절차법이 폐지됨에 따라 더 이상 특별사법경찰관리가 아니다.

Ⅲ. 소송법상 사법경찰관리의 지위

1. 일반사법경찰관리의 지위

사법경찰관리는 수사의 주체로서의 지위를 가진다. 특히 2020년 개정 형사소송법 및 검찰청법에서 검사의 사법경찰관에 대한 수사지휘권이 폐지되고 사법경찰관이 수사종결권을 행사할 수 있게 됨(제245조의5제2호)과 동시에 검사의 직접수사개시권이 특정 범죄에 제한됨에 따라(검찰청법 제4조제1항제1호) 사법경찰관리가 독자적이고 일차적인 수사기관으로서의 지위를 가지게 되었다(제197조). 이에 따라 검사와의 관계에서도 협력적인 관계로 바뀌었다. 검사와 사법경찰관은 수사, 공소제기 및 공소유지에 관하여 서로 협력하여야 한다(제195조제1항).

2. 검찰청 직원의 지위

검찰청 직원은 범죄수사의 대상에 있어서 검사와 함께 제한 없이 수사할 수 있는 점에서 일반사법경찰관리로 분류되어 왔다. 하지만 2020년 개정 형사소송법이 제197조의 일반사법경찰관리에서 수사관을 삭제하고 개정 검찰청법이 검사의 직접수사개시권을 제한함에 따라 검찰청 직원에 대한 부분을 독립된 규정으로 편제하면서 검사의 지휘를 받아 수사를 행하는 수사보조자로서의 성격을 뚜렷이 하였다.

사법경찰관의 직무를 행하는 검찰청 직원은 검사의 지휘를 받아 수사하고(제245조의9제2항), 사법경찰리의 직무를 행하는 검찰청 직원은 검사 또는 사법경찰관의 직무를 행하는 검찰청 직원의 수사를 보조하여야 한다(동조제3항). 사법경찰관리의 직무를 행하는 검찰청 직원에 대하여는 특별사법경찰관리와 마찬가지로 제197조의2(보완수사요구), 제197조의3(시정조치요구), 제197조의4(수사의 경합), 제221조의5(영장청구 여부에 대한 심의), 제245조의5(사법경찰관의 사건송치 등), 제245조의6(고소인 등에 대한 송부통지), 제245조의7(고소인 등의 이의신청), 제245조의8(재수사요청) 규정을 적용하지 않는다(동조제4항).

3. 수사처수사관의 지위

수사처수사관은 특별법인 공수처법에서 정하는 사법경찰관을 말한다. 수사대상이 고위공직자범죄등에 한정되어 있으며 수사처검사의 지휘·감독을 받아 수사를 진행한다는 점에서 경찰청 소속의 일반사법경찰관과 다르다. 또한 수사처검사의 수사에 참여하는 형태로 수사를 진행한다는 점에서 특별사법경찰관과도 다르다. 이런 점에서 형사소송법상 사법경찰관의 직무를 행하는 검찰청 직원의 지위와 유사하다.

수사처수사관은 수사처검사의 지휘·감독을 받아 직무를 수행하며(공수처법 제21조제1항), 고위공직자범죄등에 대한 수사에 관하여 형사소송법 제197조제1항에 따른 사법경찰관의 직무를 수행한다(동조제2항). 수사처수사관의 경우에도 검찰청 직원이나 특별사법경찰관과 마찬가지로 형사소송법 제197조의2부터 제197조의4까지, 제221조의5, 제245조의5부터 제245조의8까지의 규정이 적용되지 않는다고 해야 한다.

4. 특별사법경찰관리의 지위

특별사법경찰관리의 직무수행자 및 직무범위는 사법경찰직무법에서 정해지며(제245조의10제1항) 특별사법경찰관은 모든 수사에 관하여 검사의 지휘를 받는다(동조제2항). 이 점에서 일반사법경찰관리와 구분되지만 수사의 주체로서 그 권한에 속하는 수사활동에 있어서는 일반사법경찰관리와 동일하다.

특별사법경찰관은 범죄의 혐의가 있다고 인식하는 때에는 범인, 범죄사실과 증거에 관하여 수사를 개시·진행하여야 하며(동조제3항), 특별사법경찰관리는 검사의 지휘가 있는 때에는 이에 따라야 한다(동조제4항). 특별사법경찰관이 범죄를 수사한 때에는 지체 없이 검사에게 사건을 송치하고, 관계 서류와 증거물을 송부하여야 한다(동조제5항). 특별사법경찰관리에 대하여는 제197조의2(보완수사요구), 제197조의3(시정조치요구), 제197조의4(수사의 경합), 제221조의5(영장청구 여부에 대한 심의), 제245조의5(사법경찰관의 사건송치 등), 제245조의6(고소인 등에 대한 송부통지), 제245조의7(고소인 등의 이의신청), 제245조의8(재수사요청) 규정을 적용하지 않는다(동조제6항). 특별사법경찰관리는 검사의 지휘에 따라 수사를 행하기 때문이다.

제 2 절 검 사

I. 검사의 의의 및 성격

1. 검사의 의의

검사는 범죄수사와 공소제기 및 유지를 임무로 하는 국가기관이다(검찰청법 제4조제1항).

2. 검사의 성격

(1) 준사법기관적 성격

검사는 행정부인 법무부의 외청인 대검찰청 소속의 공무원이다(행정기관적 성격). 그럼에도 불구하고 그 권한은 오히려 사법부의 영역과 가깝다(사법기관적 성격). 이러한 이유로 검사는 준사법기관으로 불린다.

(2) 법관에 준하는 신분의 보장

검사의 준사법적 신분은 그 임용에 있어서도 법관과 유사한 자격을 요구하며(검찰청법 제29조; 법조법 제42조), 이는 신분보장에 있어서도 마찬가지이다(검찰청법 제37조; 법조법 제46조).

(3) 단독제의 행정관청

검사는 준사법기관이므로 직무에 있어서도 법관과 유사한 독립성을 요구한다. 즉 검사는 개개인 자신의 권한과 책임으로(단독제) 대·내외적으로 검찰권을 행사하는 기관(행정관청)이다. 즉 검사는 공소를 제기함에 있어서 '검사 ○○○'라는 형태로 공소를 제기하게 된다.

Ⅱ. 검사의 소송법상 지위

1. 수사의 주체

(1) 원칙적 보충수사

수사의 주체는 수사절차에서의 검사의 지위이다. 검사는 범죄의 혐의가 있다고 사료하는 때에는 범인, 범죄사실과 증거를 수사한다(제196조제1항). 검사는 모든 범죄에 대하여 수사를 행할 수 있지만 직접수사 개시의 범위는 법률로 한정되어 있다. 검사는 제197조의3제6항, 제198조의2제2항 및 제245조의7제2항에 따라 사법경찰관으로부터 송치받은 사건에 관하여는 해당 사건과 동일성을 해치지 않는 범위 내에서 수사할 수 있다(동조제2항). 사법경찰관이 송치한 사건을 검사가 수사할 때 공범이 확인되거나 추가적인 피해사실이 발견되는 경우 검사가 직접 진실을 규명할 수 있도록 함으로써 수사의 효율성을 높이기 위한 것이다. 이런 면에서 범죄수사 주체로서 검사의 지위는 원칙적으로 사법경찰관으로부터 사건송치 후 공소제기 여부의 판단을 위한 필요에서 하는 보충수사의 형태로 나타난다. 사법경찰관은 범죄의 혐의가 있다고 인정되는 경우에는 지체 없이 검사에게 사건을 송치하고 관계 서류와 증거물을 검사에게 송부하여야 한다(제245조의5제1호). 이 경우 검사는 필요하면 보충수사를 거쳐 기소나 불기소를 결정하게 된다.

(2) 예외적 직접수사

일정한 범죄의 경우 검사가 직접 수사개시를 할 수 있다. 부패범죄, 경제범죄 등 대통령령으로 정하는 중요 범죄, 경찰공무원(다른 법률에 따라 사법경찰관리의 직무를 행하는 자를 포함) 및 고위공직자범죄수사처 소속 공무원(공수처법에 따른 파견공무원을 포함)이 범한 범죄 및 이들 범죄와 사법경찰관이 송치한 범죄와 관련하여 인지한 각 해당 범죄와 직접 관련성이 있는 범죄가 그것이다(검찰청법 제4조제1항제1호). 이것은 검사의 직접수사 개시가 예외적임을 의미한다.[1]

(3) 수사의 경합시 송치 요구

검사가 사법경찰관과 동일한 범죄사실을 수사하게 된 때에는 사법경찰관에게 사건을 송치할 것을 요구할 수 있다(제197조의4제1항). 이 경우 사법경찰관은 지체 없이 검사에게 사건을 송치하여야 한다. 다만 검사가 영장을 청구하기 전에 동일한 범죄사실에 관하여 사법경찰관이 영장을 신청한 경우에는 해당 영장에 기재된 범죄사실에 대하여 계속 수사할 수 있다(동조제2항). 검사의 직접수사 개시범위가 특히 법률로 한정되어 있음을 감안하면 주로 이 범위에 해당하는 범죄가 그 대상이 될 것이다. 이는 수사의 효율성을 위한 것으로 특별히 일부 중요범죄에 대한 검사의 직접수사개시권을 둔 취지를 고려하는 측면이 있는 것으로 볼 수 있다.

(4) 특별사법경찰관리 등에 대한 수사지휘

검사는 사법경찰관의 직무를 행하는 검찰청 직원(제245조의9제2항) 및 특별사법경찰관리(제245조의10제2항)에 대하여는 수사지휘를 통하여 수사의 주체로서 역할을 한다.

2. 수사의 적정성 보장을 위한 통제기관

2020년 개정법은 경찰청 소속 사법경찰관의 독자적 수사권을 보장함과 동시에 이에 대한 보완책으로 검사의 사법경찰관 수사에 대한 통제를 강화한 데 특징이 있다. 검사는 사법경찰관의 수사과정에서의 법령위반, 인권침해 및 수사권 남용 등의 위법부당한 행위에 대하여 시정조치를 요구하거나 재수사를 요청할 수 있도록 하고 있다(제197조의2, 제197조의3).

(1) 사법경찰관에 대한 보완수사 요구

검사는 송치사건의 공소제기 여부 결정 또는 공소의 유지에 관하여 필요

1) 그럼에도 불구하고 2022.9.8.「검사의 수사개시 범죄 범위에 관한 규정」을 개정하여 검사의 직접 수사 개시 범죄의 범위를 대폭 확대함으로써 논란이 되고 있다(규정 제2조 참조). 2022.9.10. 시행.

한 경우나 사법경찰관이 신청한 영장의 청구 여부 결정에 관하여 필요한 경우 사법경찰관에게 보완수사를 요구할 수 있다(제197조의2제1항). 이 경우 사법경찰관은 정당한 이유가 없는 한 지체 없이 이를 이행하고, 그 결과를 검사에게 통보하여야 한다(동조제2항). 정당한 이유란 요구사항이 위법·부당하거나 관점의 차이에서 기인한 경우 등이 될 것이다. 검찰총장 또는 각급 검찰청 검사장은 사법경찰관이 정당한 이유 없이 검사의 보완수사 요구에 따르지 않는 때에는 권한 있는 사람에게 해당 사법경찰관의 직무배제 또는 징계를 요구할 수 있고, 그 징계 절차는 「공무원 징계령」 또는 「경찰공무원 징계령」에 따른다(동조제3항). 사법경찰관리에 대한 보완수사 요구는 검사의 고유권한(공소제기) 및 독점적 권한(영장청구)을 적정하게 행사하기 위해 마련된 법적 요청으로 볼 수 있다

(2) 사법경찰관에 대한 시정조치 요구

검사는 사법경찰관의 수사과정에서 법령위반, 인권침해 또는 현저한 수사권 남용이 의심되는 사실의 신고가 있거나 그러한 사실을 인식하게 된 경우에는 사법경찰관에게 사건기록 등본의 송부를 요구할 수 있다(제197조의3제1항). 검사로부터 사건기록 등본의 송부를 요구받은 사법경찰관은 지체 없이 이를 검사에게 송부하여야 한다(동조제2항). 사건기록 등본을 송부받은 검사는 필요하다고 인정되는 경우 사법경찰관에게 시정조치를 요구할 수 있다(동조제3항). 검사의 시정조치 요구에 대하여 사법경찰관은 정당한 이유가 없으면 지체 없이 이를 이행하고, 그 결과를 검사에게 통보하여야 한다(동조제4항). 이 경우 검사는 시정조치 요구가 정당한 이유 없이 이행되지 않았다고 인정되는 때에는 사법경찰관에게 사건을 송치할 것을 요구할 수 있다(동조제5항). 검사로부터 송치 요구를 받은 사법경찰관은 검사에게 사건을 송치하여야 한다(동조제6항). 검찰총장 또는 각급 검찰청 검사장은 사법경찰관리의 수사과정에서 법령위반, 인권침해 또는 현저한 수사권 남용이 있었던 때에는 권한 있는 사람에게 해당 사법경찰관리의 징계를 요구할 수 있고, 그 징계 절차는 「공무원 징계령」 또는 「경찰공무원 징계령」에 따른다(동조제7항).

시정조치 요구는 국민의 인권침해 방지를 막기 위하여 검사에게 사법경찰관의 독자적 수사권에 대한 통제기관으로서의 지위를 부여한 것으로 이해된다.

수사종결 후의 보완수사 요구(제197조의2)나 재수사 요청(제254조의8)이라는 장치에 비추어 이는 주로 사법경찰관이 수사 중인 사건의 경우에 문제될 것이다.

사법경찰관은 피의자를 신문하기 전에 수사과정에서 법령위반, 인권침해 또는 현저한 수사권 남용이 있는 경우 검사에게 구제를 신청할 수 있음을 피의자에게 알려 주어야 한다(동조제8항). 검사의 사법경찰관에 대한 시정조치 요구권을 현실적으로 구현하기 위한 제도적 보장책으로 볼 수 있다.

(3) 사법경찰관에 대한 재수사 요청

검사는 제245조의5제2호(사법경찰관의 서류와 증거물 송부)의 경우에 사법경찰관이 사건을 송치하지 않은 것이 위법 또는 부당한 때에는 그 이유를 문서로 명시하여 사법경찰관에게 재수사를 요청할 수 있다(제245조의8제1항). 이는 사법경찰관의 수사종결권의 적정성을 확보하기 위한 검사의 통제책이라고 할 수 있다. 검사의 재수사 요청이 있는 경우 사법경찰관은 사건을 재수사하여야 한다(동조제2항).

3. 공소권의 주체

공소권의 주체는 공소를 제기하거나 제기된 공소를 수행하는 검사의 지위를 말한다. 형사소송법은 "공소는 검사가 제기하여 수행한다"(제246조)고 하고 있다. 검사의 이러한 활동을 '소추'(訴追)라는 말로 표현하기도 한다. 이 중 공소수행자로서의 검사는 뒤에서 볼 공판절차에서 법원, 피고인과 더불어 소송의 3주체로서 등장하게 된다.

검사는 자신이 수사개시한 범죄에 대하여는 공소를 제기할 수 없다. 다만 사법경찰관이 송치한 범죄에 대하여는 그렇지 않다(검찰청법 제4조제2항).

4. 재판의 집행기관

재판의 집행은 재판이 끝난 후 그 결과에 대한 집행절차에서의 검사의 지위이다. 재판의 집행은 검사가 지휘한다(제460조; 검찰청법 제4조제4호). 그 예로 공판정에서 실형인 징역형을 선고받고 법정구속된 피고인을 교도관리를 통하여 교도소에 수감하는 행위를 들 수 있다.

5. 공익적 지위

검사는 공판절차에서 소송의 한 당사자이면서도 한편으로는 공익의 대표자로서 피의자 및 피고인의 이익을 옹호할 의무와 권한을 가진다(검찰청법 제4조). 이것이 검사의 공익적 지위로 이를 검사의 객관의무라고 하기도 한다. 예를 들어 친고죄에서 고소권자의 지정(제228조), 피고인의 이익을 위한 상소권·재심청구권(제424조), 검찰총장의 비상상고(제441조) 등이 그것이다.

Ⅲ. 검사와 검찰조직의 특징

1. 검사의 지위에 따른 특징

수사과정은 합목적성의 고려에서 인권침해적 요소가 항상 존재하고 있다. 이는 검사의 준사법기관으로서의 독립관청적 성격과 결부되어 자칫 검찰권의 자의적 행사로 이어져 검찰권 행사에 대한 폐해가 나타날 수 있다. 이에 검찰권을 행사하는 검사 개개인의 권한은 전체 검찰조직의 입장에서 어느 정도 통일성을 기할 수 있도록 제도적으로 규제될 필요가 있다. 이른바 '검사동일체의 원칙'은 이러한 요청에 대한 제도적 표현이다.

2. 검사동일체의 원칙

(1) 의 의

검사는 검찰총장에서부터 검사에 이르기까지 피라미드형의 계층조직을 이루면서 검찰권 행사에 있어서 통일적 유기체로서 활동하고 있다. 이를 검사동일체의 원칙이라고 하며 2004년 개정 전 검찰청법 제7조(현행법 제7조, 제7조의 2)를 근거로 하고 있다. 이는 검사가 수사, 공소 수행 및 재판의 집행을 함에 있어서 전국적으로 치우침 없이 적정하게 하려는 데 그 목적이 있다. 따라서 이를 검찰권의 통일적 행사로 이해할 수 있다.

(2) 구체적 모습

검사동일체의 원칙의 구체적 모습은 검찰사무에 대한 소속 상급자의 지휘·감독권의 행사로 나타난다(검찰청법 제7조제1항). 구체적 사건의 처리과정에서 소속 상급자가 행사하는 결재권을 예로 들 수 있다. 검사는 구체적 사건과 관련된 지휘·감독의 적법성 또는 정당성 여부에 대하여 이견이 있는 때에는 이의를 제기할 수 있다(동법 제7조제2항). 따라서 검사에 대한 상급자의 지휘·감독은 합법적이고 정당한 지휘·감독이어야 한다.

그 외 검찰청법상의 검사직무의 위임·이전 및 승계규정도 검사동일체의 원칙의 한 표현으로 볼 수 있다(동법 제7조의2제1항·제2항).

(3) 검사동일체의 원칙의 이해

검사동일체의 원칙은 그 폐해로 인하여 2004년 검찰청법에서 그 용어가 삭제되면서 상명하복 규정이 지휘·감독규정으로 바뀌고 이의제기권이 신설되었다. 그럼에도 불구하고 그 실질적 내용인 지휘·감독규정이 있다는 이유로 여전히 이 용어가 사용되고 있다. 그러나 이 원칙은 검사의 준사법기관으로서의 독립제 관청이라는 성격이나 정치적 중립성의 요청 등에 비추어 적합하지 않은 면이 있다. 오히려 검사의 제척 및 기피의 인정에도 장애요인이 되고 있다.

3. 법무부장관의 지휘·감독권

검사의 독립제적 성격은 법무부장관의 지휘·감독권에 의하여도 제한을 받는다. 즉 법무부장관은 검찰사무의 최고 감독자로서 일반적으로 검사를 지휘·감독하고, 구체적 사건에 대하여는 검찰총장만을 지휘·감독한다(검찰청법 제8조). '일반적으로 검사를 지휘·감독한다'는 것은 특정 사건과 무관하게 업무 전반에 대하여 예규 및 지시 등을 통한 지휘·감독을 말하고, '구체적 사건에 대하여 검찰총장만을 지휘·감독한다'는 것은 특정 사건에 대하여는 검찰총장에게만 지휘·감독권을 행사할 수 있다는 의미이다. 이는 검찰의 독선을 견제케 하면서도 그 과정에서 검찰의 정치적 중립성이 훼손되는 것을 막기 위한 것이다.

4. 검사의 제척 및 기피의 인정 여부

검사에게 법관과 같이 제척·기피를 인정할 수 있는가(입법 가능성)에 대하여는 논란이 있다. 검사는 소송의 한 당사자로서 검사동일체의 원칙의 적용을 받는다고 하면 특정 검사를 직무집행에서 배제하더라도 의미가 없으므로 이를 부인하게 된다. 동일체의 특성상 A검사가 곧 B검사이기 때문이다. 그러나 검사의 공익적 대표자라는 지위에 비추어 보면 긍정할 수 있다(다수설).

Ⅳ. 검사직무대리제도

검찰총장은 필요하다고 인정하는 경우에는 검찰수사서기관·검찰사무관·수사사무관 또는 마약수사사무관으로 하여금 지방검찰청 또는 지청검사의 직무를 대리하게 할 수 있다(검찰청법 제32조제2항). 이에 따라 검사직무대리운영규정을 두어 법원조직법에 의한 합의부 심판사건을 제외한 일정 사건 중 불구속사건으로서 약식명령을 청구할 사건 및 불기소처분 의견으로 송치된 사건 등을 처리케 하고 있다(동 규정 제5조제1항). 이 제도는 검사의 업무부담을 줄여 중대한 사건에 집중할 수 있도록 하는 데 그 의의가 있다.

Ⅴ. 전문수사자문위원제도

전문수사자문위원제도는 첨단산업분야, 지적재산권 및 국제금융 등과 같이 전문적인 지식이 필요한 사건에서 검사가 전문가의 도움을 받아 수사를 충실하게 하기 위한 것이다. 검사는 공소제기 여부와 관련된 사실관계를 분명하게 하기 위하여 필요한 경우에는 직권이나 피의자 또는 변호인의 신청에 의하여 전문수사자문위원을 지정하여 수사절차에 참여하게 하고 자문을 들을 수 있다(제245조의2제1항).

Ⅵ. ▸▸ 수사처검사

수사처검사는 공수처법상의 수사, 공소제기 및 그 유지를 행하는 검사를 말한다. 수사처검사의 경우 특별한 지위가 부여되어 있으며, 공수처법의 규정에 반하지 않는 한 검찰청법 및 형사소송법을 준용하도록 하고 있다(법 제47조).

1. 수사처검사의 직무와 권한

수사처검사는 공수처법 제2조에서 정하는 고위공직자범죄등에 관한 수사(공수처법 제3조제1항제1호)와 대법원장·대법관, 검찰총장, 판사·검사 및 경무관 이상 경찰공무원의 재직 중에 본인 또는 본인의 가족이 범한 고위공직자범죄 및 관련범죄의 공소제기와 그 유지(동조동항제2호)를 행한다(동법 제20조제1항).

수사처검사는 제3조제1항제2호에서 정하는 사건을 제외한 고위공직자범죄 등에 관한 수사를 한 때에는 관계 서류와 증거물을 지체 없이 서울중앙지방검찰청 소속 검사에게 송부하여야 한다(동법 제26조제1항). 제1항에 따라 관계 서류와 증거물을 송부받아 사건을 처리하는 검사는 처장에게 해당 사건의 공소제기 여부를 신속하게 통보하여야 한다(동조제2항). 처장은 고위공직자범죄에 대하여 불기소 결정을 하는 때에는 해당 범죄의 수사과정에서 알게 된 관련범죄 사건을 대검찰청에 이첩하여야 한다(동법 제27조).

수사처검사는 처장의 지휘·감독에 따르며, 수사처수사관을 지휘·감독한다(동법 제20조제2항). 수사처검사는 구체적 사건과 관련된 제2항에 따른 처장의 지휘·감독의 적법성 또는 정당성에 대하여 이견이 있을 때에는 이의를 제기할 수 있다(동조제3항).

2. 사건의 이첩 요청, 통보 및 이첩

수사처의 범죄수사와 중복되는 다른 수사기관의 범죄수사에 대하여 처장이 수사의 진행 정도 및 공정성 논란 등에 비추어 수사처에서 수사하는 것이 적절하다고 판단하여 이첩을 요청하는 경우 해당 수사기관은 이에 응하여야 한다(동법 제24조제1항). 다른 수사기관이 범죄를 수사하는 과정에서 고위공직자범죄등을 인지한 경우 그 사실을 즉시 수사처에 통보하여야 한다(동조제2항). 처장은 피의자, 피해자, 사건의 내용과 규모 등에 비추어 다른 수사기관이 고위공직자범죄등을 수사하는 것이 적절하다고 판단될 때에는 해당 수사기관에 사건을 이첩할 수 있다(동조제3항). 제2항에 따라 고위공직자범죄등 사실의 통보를 받은 처장은 통보를 한 다른 수사기관의 장에게 수사처규칙으로 정한 기간과 방법으로 수사개시 여부를 회신하여야 한다(동조제4항).

3. 수사처검사 및 검사의 범죄수사

처장은 수사처검사의 범죄 혐의를 발견한 경우에 관련 자료와 함께 이를 대검찰청에 통보하여야 한다(동법 제25조제1항). 수사처 외의 다른 수사기관이 검사의 고위공직자범죄 혐의를 발견한 경우 그 수사기관의 장은 사건을 수사처에 이첩하여야 한다(동조제2항).

4. 검찰청법이 준용되지 않는 지위

수사처검사도 검찰청법에 따른 검사의 지위를 준용하지만, 공수처법 제47조에서 준용되지 않음을 명확히 한 경우가 있다. 범죄수사에 관한 특별사법경찰관리 지휘·감독(검찰청법 제4조제1항제1호), 재판 집행 지휘·감독(동조동항제4호), 국가를 당사자 또는 참가인으로 하는 소송과 행정소송 수행 또는 그 수행에 관한 지휘·감독(동조동항제5호), 자신이 수사개시한 범죄에 대하여 공소제기할 수 없음(동조제2항)이 그것이다.

제 3 절 피의자

I. 의 의

피의자는 수사기관에 의하여 범죄의 혐의자로 지목되어 수사의 대상이 되고 있는 자를 말한다. 즉 수사기관에 입건된 자로서 공소제기 이전까지의 단계에 있는 자를 말한다. 피의자는 수사절차에서의 존재인 점에서 공소제기 이후의 피고인과 구별된다.

Ⅱ. 피의자의 소송법상 지위

1. 수사의 객체로서의 지위

피의자는 범죄혐의를 받고 있는 자로서 수사기관의 수사활동을 위한 대상이 된다. 이는 전통적으로 피의자의 기본적인 지위로 여겨져 온 것이다. 이 지위의 표현으로 출석요구 및 피의자신문의 대상(제200조), 체포·구속의 대상(제200조의2, 제200조의3, 제201조, 제212조), 압수·수색의 대상(제219조, 제106조, 제109조) 등이 있다.

2. 수사절차의 주체로서의 지위

피의자는 수사절차에서 수사기관에 대하여 자신의 혐의가 없음을 적극적으로 주장할 수 있다. 이러한 면에서는 피의자도 수사절차의 주체로 볼 수 있다. 변호인의 도움을 받을 권리(제30조제1항, 제243조의2), 증거보전청구권(제184조), 체포·구속취소청구권(제200조의6, 제209조, 제93조), 변호인과의 접견교통권(제209조, 제89조), 비변호인과의 접견교통권(제209조, 제91조), 압수·수색·검증영장집행에의 참여권(제209조, 제145조, 제121조), 체포·구속적부심사권(제214조의2), 진술거부권(제244조의3), 체포·구속영장등의 교부 청구권(규칙 제101조) 등은 이러한 주체로서의 지위와 관련이 있다.

3. 무죄의 추정자로서의 지위

피의자는 무죄로 추정된다. 헌법 및 형사소송법은 피고인에 대해서만 규정하고 있지만(헌법 제27조제4항; 제275조의2) 혐의발전의 정도에 비추어 피의자도 당연히 포함된다. 이 지위를 구현하기 위한 것으로 불구속 수사의 원칙(제198조제1항), 피의자의 인권존중(동조제2항; 규칙 제140조의2), 임의수사의 원칙(제199조제1항) 등이 있다.

제 3 장 변호인 및 수사의 협조자

제 1 절 변호인

I. 변호인제도의 의의

1. 변호인의 의의

변호인이란 검사의 공격으로부터 피의자나 피고인의 방어능력을 보충하기 위한 보조자를 말한다. 수사절차에서의 변호인은 우월적 지위인 수사기관의 피의자에 대한 인권침해를 방지하고 그 권리를 보장하기 위하여 필요하다. 한편 공판절차에서의 변호인은 피고인에게 검사와 대등한 입장에서 방어권을 행사하도록 하기 위한 것이다(무기대등의 원칙). 따라서 변호인제도는 피의자 및 피고인의 권리보호를 위한 방어능력을 보충하여 실체진실의 발견을 돕고 공정한 재판의 이념에 기여하는 데 그 의의가 있다.

2. 보조인과의 구별

보조인이란 피의자 또는 피고인과 일정한 신분관계에 있는 자로서 피의자 또는 피고인의 이익을 옹호하는 자를 말한다. 피의자 또는 피고인의 법정대리인, 배우자, 직계친족과 형제자매는 보조인이 될 수 있다(제29조제1항). 보조인이 될 수 있는 자가 없거나 장애 등의 사유로 보조인으로서 역할을 할 수 없는 때에는 피의자 또는 피고인과 신뢰관계 있는 자가 보조인이 될 수 있다(동조제2항). 보조인이 되고자 하는 자는 심급별로 그 취지를 신고하여야 한다(동조제3항). 보조인은 독립하여 피의자 또는 피고인의 명시한 의사에 반하지 않는 소송행위를 할 수 있다. 다만 법률에 다른 규정이 있는 때에는 예외로 한다(동조제4항).

Ⅱ. 변호인의 선임 및 선정

1. 의 의

변호인은 선임 및 선정에 의하여 그 지위가 발생한다. 즉 피의자 및 피고인과 같이 사인에 의하여 선임되는 사선변호인(제30조, 제 31조)과 법원에 의하여 선정되는 국선변호인(제33조, 제214조의2제10항, 제283조, 제438조제4항)이 있다. 변호인 선임의 법적 성질은 사선변호인의 선임은 법원 또는 수사기관에 대한 사인의 소송행위이며, 국선변호인의 선정은 결정 형태를 띠는 법원의 재판행위이다.

2. 사선변호인

(1) 변호인 선임권의 성격

피의자 또는 피고인의 변호인 선임권은 변호인의 도움을 받을 권리의 출발점이다. 따라서 이는 변호인의 도움을 받을 권리의 가장 기초적인 구성부분으로서 법률로써도 제한할 수 없다(헌재결 2004. 9. 23. 2000헌마138).

(2) 선임권자

피의자 또는 피고인은 고유의 선임권자이다(제30조제1항). 피의자 또는 피고인의 법정대리인, 배우자, 직계친족과 형제자매는 독립하여 변호인을 선임할 수 있다(선임대리권자, 동조제2항). 배우자는 법률상의 배우자를 말하고, '독립하여'란 '본인의 의사와 관계없이'라는 의미이다. 선임대리권자는 본인의 의사와 무관하게 변호인을 선임할 수 있으나 일단 선임한 이상 본인의 의사에 반하여 해임할 수는 없다.

(3) 변호인의 자격과 수

변호인은 원칙적으로 변호사 중에서 선임하여야 한다(제31조본문). 다만 대법원 이외의 법원은 특별한 사정이 있으면 변호사 아닌 자를 변호인으로 선임함을 허가할 수 있다(특별변호인, 동조단서). 대법원에서 특별대리인을 허용하지 않는 이유는 상고심은 법률심으로 법률에 대한 전문적 지식을 필요로 하기 때문이다.

피의자 및 피고인이 선임할 수 있는 변호인의 수에는 제한이 없다. 형사소송법은 소송의 원활한 진행을 위하여 3인의 범위 내에서 대표변호인제도를 두고 있다(제32조의2).

(4) 선임의 방식 및 효력

가. 선임의 방식 변호인의 선임방식은 변호인과 연명날인한 서면인 변호인선임서를 공소제기 전에는 해당 수사기관에, 공소제기 후에는 해당 법원에 제출하는 방법으로 한다(제32조제1항).

나. 선임의 효력 변호인의 선임은 수사기관 또는 법원에 대한 소송행위이므로 변호인선임서가 해당 기관에 제출되어야 변호인으로서의 지위가 발생한다. 변호인의 선임은 심급마다 하여야 한다(심급대리의 원칙, 동조제1항). 따라서 동일한 변호인을 선임하는 경우에도 1심, 2심, 3심 모두 각각 변호인선임행위를 하여야 한다. 다만 공소제기 전의 변호인선임은 제1심까지 효력이 있다(동조제2항). 환송(제366조)·이송(제367조) 전 원심에서의 변호인선임은 파기환송·파기이송 후에도 효력이 있다(규칙 제158조). 심급의 종기는 종국판결선고시가 아니라 상소에 의하여 심급이동의 효력이 발생할 때까지이며, 심급이동의 효력은 상소제기시가 아니라 상소장과 증거물 및 소송기록이 원심법원으로부터 상소법원에 송부된 때에 발생한다(통설). 심급이 넘어갈 때 변호인이 없는 상태를 방지하기 위한 것이다.

하나의 사건에 대한 변호인 선임은 피고인이나 변호인의 다른 의사표시가 없는 한 동일법원의 동일피고인에 대하여 병합된 다른 사건에도 효력이 있다(규칙 제13조).

(5) 사임 및 해임

변호인은 언제든지 사임할 수 있고, 피의자 및 피고인 또한 언제든지 변호인을 해임할 수 있다.

3. 국선변호인

(1) 의 의

법원에 의하여 선정된 변호인이 국선변호인이다. 사선변호인이 일반적이지만 이를 선임할 수 없는 경제적 약자에게는 한계가 있다. 따라서 사선변호인을 보충하는 의미에서 국선변호인제도의 의의가 있다. 이러한 의미에서 국선변호인제도의 확대야말로 헌법상 변호인의 도움을 받을 권리의 보장에 기여하는 중요한 보장책이라고도 할 수 있다. 국선변호인제도는 헌법상의 요청으로 체포·구속을 당한 형사피고인이 스스로 변호인을 구할 수 없을 때에는 국가가 변호인을 선정해 주도록 하고 있다(헌법 제12조제4항단서).

(2) 선정의 사유

가. 법 제33조(제282조, 제283조, 필요적 변호) 다음의 어느 하나에 해당하는 경우 변호인이 없는 때에는 법원은 직권으로 변호인을 선정하여야 한다(제33조제1항). ① 피고인이 구속된 때, ② 피고인이 미성년자인 때, ③ 피고인이 70세 이상인 때, ④ 피고인이 듣거나 말하는 데 모두 장애가 있는 사람인 때, ⑤ 피고인이 심신장애가 있는 것으로 의심되는 때, ⑥ 피고인이 사형, 무기 또는 단기 3년 이상의 징역이나 금고에 해당하는 사건으로 기소된 때가 그것이다. 이 경우 변호인 없이 개정할 수 없으므로 필요적 변호사유(절대적)이다(제282조, 제283조).

또한 법원은 피고인이 빈곤 그 밖의 사유로 변호인을 선임할 수 없는 경우에 피고인이 청구하면 변호인을 선정하여야 한다(제33조제2항). 법원은 피고인의 나이·지능 및 교육 정도 등을 참작하여 권리보호를 위하여 필요하다고 인정하면 피고인의 명시적 의사에 반하지 아니하는 범위에서 변호인을 선정하여야 한다(동조제3항). 제33조제2항·제3항도 변호인이 선정된 사건에 관하여는 변호인 없이 개정하지 못하므로(제282조, 제283조) 필요적 변호사유(상대적)라고 볼 수 있다.

나. 구속 전 피의자심문 구속영장을 청구 받은 지방법원판사가 피의자를 심문하는 경우 변호인이 없는 때에는 직권으로 변호인을 선정하여야 한다. 이 경우 변호인의 선정은 피의자에 대한 구속영장 청구가 기각되어 효력이 소멸한 경우를 제외하고는 제1심까지 효력이 있다(제201조의2제8항).

다. 체포·구속적부심사 체포·구속적부심을 청구한 피의자가 제33조의 국선변호인 선정사유에 해당하고 변호인이 없는 때에는 법원은 직권으로 국선변호인을 선정하여야 한다(제214조의2제10항).

라. 공판준비기일의 절차 법원은 공판준비기일이 지정된 사건에 관하여 변호인이 없는 때에는 직권으로 변호인을 선정하여야 한다(제266조의8제4항).

마. 재심사건 재심사건에서 재판장은 ① 사망자 또는 회복할 수 없는 심신장애자를 위하여 재심의 청구가 있는 때, ② 유죄의 선고를 받은 자가 재심의 판결 전에 사망하거나 회복할 수 없는 심신장애자로 된 때에 재심청구자가 변호인을 선임하지 않은 경우 직권으로 국선변호인을 선정하여야 한다(제438조제4항).

바. 특별법 사건 국민참여재판법(제7조), 군사법원법(제62조제1항) 및 치료감호법(제15조제2항)은 필요적 변호사유로서 국선변호인제도를 규정하고 있다.

(3) 국선변호인의 자격 및 수

국선변호인은 법원의 관할구역 안에 사무소를 둔 변호사, 그 관할구역 안에서 근무하는 공익법무관이나 수습 중인 사법연수생 중에서 선정한다(규칙 제14조제1항). 다만 위 변호사 등이 없거나 부득이한 경우 인접한 법원의 관할구역 안에 사무소를 둔 변호인 등이나(동조제2항) 관할구역 안에 거주하는 비변호인을 선정할 수 있다(동조제3항).

국선변호인은 피의자 또는 피고인마다 1인을 선정하는 것이 원칙이다(규칙 제15조제1항본문). 다만 필요한 경우 1인의 피의자·피고인에게 수인의 국선변호인을 선정할 수 있으며(동조동항단서) 피의자 또는 피고인 간의 이해관계가 상반되지 않는 때에는 수인의 피의자·피고인에게 동일한 국선변호인을 선정할 수 있다(동조제2항).

(4) 국선변호인의 선정

법원은 피의자 및 피고인이 국선변호인의 선정사유에 해당하는 경우 청구의 유무에 불문하고 직권으로 선정하여야 한다(필요적 선정). 따라서 국선변호인의 선정사유는 법원의 직권조사사유에 속한다. 재판장은 공소제기가 있는 때에는 변호인이 없는 피고인에게 법원이 국선변호인을 선정하게 된다는 취지 등을 서면으로 고지하여야 한다(규칙 제17조제1항~제3항). 국선변호인은 선정결정의 고지에 의하여 그 지위가 발생한다.

(5) 국선변호인의 취소 및 사임

법원 또는 지방법원판사는 ① 피의자 또는 피고인에게 변호인이 선임된 때, ② 국선변호인이 자격을 상실한 때, ③ 법원이나 지방법원판사가 질병 등 제20조 사유로 사임을 허가한 때는 국선변호인의 선정을 취소하여야 한다(필요적 취소사유, 규칙 제18조제1항). 또한 법원 또는 지방법원판사는 국선변호인이 그 직무를 성실하게 수행하지 않는 때와 같이 일정한 사유가 있는 경우 국선변호인의 선정을 취소할 수 있다(임의적 취소사유, 동조제2항). 국선변호인도 ① 질병이나 장기여행으로 인하여 직무를 수행하기 곤란할 때, ② 피의자나 피고인으로 부터 폭행, 협박이나 모욕을 당하여 신뢰관계를 지속할 수 없을 때, ③ 피의자 또는 피고인으로 부터 부정행위를 할 것을 종용받았을 때, ④ 그 밖에 국선변호인으로서의 직무수행이 어렵다고 인정할 만한 상당한 사유가 있을 때는 법원 또는 지방법원판사의 허가를 얻어 사임할 수 있다(규칙 제20조).

Ⅲ. 변호인의 소송법상 지위

1. 보호자로서의 지위

변호인의 보호자로서의 기능은 가장 중요하고도 기본적 지위이다. 이 지위로 인하여 변호인이 법적 정의감 및 개인적 양심에 의하여 피의자 및 피고인에게 불리한 행동을 하는 것은 허용되지 않는다. 변호인의 보호자적 지위는 변호인을 단순한 대리인의 역할에 머물게 하지 않는다. 따라서 변호인은 때로 자신의 판단에 따라 피의자 및 피고인의 정당한 이익을 옹호하게 된다. 여기서 변호인이 피의자 및 피고인의 의사와 무관하게 대리권을 행사할 수 있는 독립대리권이, 그리고 변호인이기 때문에 독자적으로 인정되는 고유권의 개념이 나온다.

2. 공익적 지위

(1) 의 의

변호인의 피의자 및 피고인에 대한 이익보호라는 것도 정당한 이익에 제한되고, 이를 통하여 변호인은 국가형벌권의 공정한 실현에 협력하게 된다. 이를 변호인의 공익적 지위라고 한다. 인권옹호, 사회정의 실현 및 진실의무가 변호인의 공익적 지위의 표현이다(변호사법 제1조제1항, 제24조제2항).

(2) 보호자적 지위와의 관계

변호인의 보호자적 지위와 공익적 지위가 충돌하는 경우에는 보호자적 지위를 우선하고 공익적 지위는 그 한계로서 기능한다고 보아야 할 것이다. 따라서 변호인은 피의자 및 피고인에게 자신의 법적 권리를 행사할 수 있도록 제한없이 조언할 수 있다. 변호인이 피의자 및 피고인에게 헌법상의 권리인 진술거부권을 행사하도록 권고하는 것이 그것이다. 또한 변호인이 피의자 및 피고인의 접견을 통하여 범죄행위를 알고 있는 경우에도 정상(情狀)의 변론이 아닌 무죄의 변론을 하는 것이 허용된다.

그러나 변호인이 피의자 및 피고인에게 적극적으로 허위진술을 권고하는 행위, 증거의 조작과 인멸을 권고하는 행위, 도망을 권고하는 행위 등은 공익적 지위에 명백히 반하므로 허용되지 않는다.

Ⅳ. 변호인의 형사절차상 권리

1. 대리권

변호인은 성질상 대리가 허용되는 소송행위에 대하여 피의자 또는 피고인을 포괄적으로 대리할 수 있는 권한인 포괄적 대리권을 가진다. 민사소송법과 달리 비록 명문의 규정은 없으나 변호인제도의 성질에서 나오는 당연한 것이다. 여기에는 독립대리권과 종속대리권이 있다.

(1) 독립대리권

독립대리권이란 본인(피의자 및 피고인)의 의사에 반하여 행사할 수 있는 대리권을 말한다. 변호인의 권리행사가 본인에게 유리한 경우에는 독립적으로 권리행사를 할 수 있도록 한 것이다. 여기에는 본인의 명시적 의사에 반하여 행사할 수 있는 것과 명시적 의사에는 반할 수는 없으나 묵시적 의사에 반하여 행사할 수 있는 것이 있다. 전자의 예로 구속취소청구권(제93조), 보석청구권(제94조) 및 구속적부심사청구권(제214조의2) 등이 있고, 후자의 예로 기피신청권(제18조제2항) 및 상소제기권(제341조) 등이 있다.

(2) 종속대리권

종속대리권이란 본인의 의사에 종속되는 대리권을 말한다. 변호인의 권리행사가 본인에게 불리한 경우에는 본인의 의사에 따르도록 한 것이다. 그 예로 증거동의권(제318조), 상소취하권(제349조) 및 정식재판청구취하권(제458조) 등이 있다.

2. 고유권

고유권이란 피의자 및 피고인의 소송법상의 권리와 별개로 변호인에게 본래부터 인정되어 있는 권리를 말한다. 고유권이야말로 민사소송에서의 소송대리인과 달리 변호인제도의 의의가 두드러지게 나타나는 부분이다.

고유권에는 변호인만이 가지는 권리와 변호인과 피의자 또는 피고인이 중복하여 가지는 권리가 있다. 전자의 예로 피의자신문참여권(제243조의2), 피의자 또는 피고인과의 접견교통권(제34조), 피고인신문권(제296조의2), 상고심에서의 변론권(제387조) 등이 있고, 후자의 예로 증인신문권(제161조의2), 서류·증거물의 열람·복사권(제35조, 제266조의3·4) 및 최종변론권(제303조) 등이 있다. 이 중 중요한 것으로 변호인의 피의자신문참여권, 피의자 또는 피고인과의 접견교통권 및 서류·증거물의 열람·복사권이 있다.

(1) 변호인의 피의자신문참여권

변호인의 피의자신문과정의 참여는 피의자의 인권침해를 방지하고 조서내용의 적정성을 보장하기 위한 것이다. 신체구속된 피의자에 한정하지 않는다.

검사 또는 사법경찰관은 피의자 또는 그 변호인·법정대리인·배우자·직계친족·형제자매의 신청에 따라 변호인을 피의자와 접견하게 하거나 정당한 사유가 없는 한 피의자에 대한 신문에 참여하게 하여야 한다(제243조의2제1항). 신문에 참여하고자 하는 변호인이 2인 이상인 때에는 피의자가 신문에 참여할 변호인 1인을 지정한다. 지정이 없는 경우에는 검사 또는 사법경찰관이 이를 지정할 수 있다(동조제2항). 수사기관이 피의자신문에 참여한 변호인에게 피의자 후방에 앉으라고 요구하는 행위는 변호인의 변호권을 침해한다(헌재결 2017. 11. 30. 2016헌마503). 신문에 참여한 변호인은 신문 후 의견을 진술할 수 있다. 다만 신문 중이라도 부당한 신문방법에 대하여 이의를 제기할 수 있고, 검사 또는 사법경찰관의 승인을 받아 의견을 진술할 수 있다(동조제3항). 변호인의 의견이 기재된 피의자신문조서는 변호인에게 열람하게 한 후 변호인으로 하여금 그 조서에 기명날인 또는 서명하게 하여야 한다(동조제4항). 검사 또는 사법경찰관은 변호인의 신문참여 및 그 제한에 관한 사항을 피의자신문조서에 기재하여야 한다(동조제5항).

변호인의 피의자신문참여권은 인권침해 방지라는 그 의의에도 불구하고 수사기관의 주관에 의하여 변호권이 제한된다는 비판을 받고 있다.

(2) 변호인의 접견교통권

변호인이나 변호인이 되려는 자는 신체구속을 당한 피의자 또는 피고인과 접견하고 서류 또는 물건을 주고받으며 의사에게 피의자나 피고인을 진료하게 할 수 있다(제34조). 이를 변호인의 접견교통권이라고 한다. 이는 피의자나 피고인의 신체구속 여부에 관계없이 인정되지만 현실적으로는 구속된 경우에 주로 문제된다.

접견교통권은 변호인의 고유권 가운데 가장 중요한 권리에 속한다. 헌법재판소는 변호인이 되려는 자의 피의자 접견교통권을 헌법상의 기본권으로 보고 있다(헌재결 2019. 2. 28. 2015헌마1204). 변호인이 변호활동을 하기 위해서는 피의자나 피고인과의 자유로운 접견교통을 통하여 사실관계를 정확하게 파악할 필요가 있을 뿐만 아니라 이를 통하여 피의자나 피고인에게 사실적·법적 조언을 할 수도 있기 때문이다. 따라서 변호인의 접견교통권은 법원의 결정 또는 수사기관의 처분에 의한 제한이 허용되지 않고 법령에 의해서만 제한이 가능하다(대결 2002. 5. 6. 2000모112).

변호인이 구속된 피의자 및 피고인에 대한 접견을 함에 있어서는 자유롭고 제한 없는 접견의 비밀이 보장되어야 한다. 따라서 수사기관이나 교도관리가 접견을 감시하는 행위는 허용되지 않으며 이를 침해하여 얻은 증거는 위법하게 수집한 증거로서 증거능력이 없다.

(3) 변호인의 기록열람 및 복사권

변호인은 소송계속 중의 관계 서류 또는 증거물을 열람하거나 복사할 수 있다(제35조제1항). 변호인의 변호준비는 검사의 공소사실 및 이에 대한 증거가 무엇인지를 알아야 가능하므로 이 권리는 변호활동을 하기 위한 기본전제로서 의의를 가진다. 재판장은 피해자, 증인 등 사건관계인의 생명 또는 신체의 안전을 현저히 해칠 우려가 있는 경우에는 열람·복사에 앞서 사건관계인의 성명 등 개인정보가 공개되지 않도록 보호조치를 할 수 있다(동조제3항). 개인정보 보호조치의 방법과 절차, 그 밖에 필요한 사항은 대법원규칙으로 정한다(동조제4항).

변호인의 열람 및 복사는 '소송계속 중'의 서류 또는 증거물에 제한되기 때문에 수사기록은 열람·복사의 대상이 아니다. '소송계속 중'이란 검사의 공소제기에 의하여 사건이 법원의 지배 아래 놓여있는 상태를 말한다. '공소제기 후 검사가 보관하고 있는 서류'도 증거개시의 대상으로 되어 열람·복사의 대상에 포함된다. 따라서 변호인은 검사에게 공소제기된 사건에 관한 서류 또는 물건의 목록과 공소사실의 인정 또는 양형에 영향을 미칠 수 있는 일정한 서류 등의 열람·등사 또는 서면의 교부를 신청할 수 있다(제266조의3제1항). 검사가 이를 거부하거나 그 범위를 제한한 때에는 법원에 그 교부를 허용하도록 할 것을 신청할 수 있다(제266조의4).

제 2 절 참고인

참고인이란 수사절차에서 피의사건에 대하여 잘 알고 있다고 인정되는 피의자 아닌 제3자로서 수사기관에 대하여 진술하는 자를 말한다. 참고인은 제3자로서의 사건에 대한 경험자라는 점에서 증인과 유사하나, 수사절차에서 수사기관에 대하여 진술하는 자라는 점에서 공판절차에서 법원 또는 법관에 대하여 진술하는 증인과 구별된다. 참고인은 수사의 협력자에 불과하기 때문에 수사기관의 출석요구에 응하지 않더라도 이를 강제할 수 없고,[1] 수사기관에 출석하여 허위진술을 하거나 혹은 향후 증인의 지위에서 이를 사실대로 번복하더라도 위증죄로 처벌할 수 없다. 참고인은 법률에 의하여 선서한 후에 진술하는 자가 아니기 때문이다.

1) 국가보안법위반 사건에 있어서는 참고인으로 출석을 요구받은 자가 정당한 이유 없이 2회 이상 출석요구에 불응한 때에는 관할법원판사의 구속영장을 발부받아 구인할 수 있다(동법 제18조제1항).

제 4 장 수사의 개시

제 1 절 수사의 단서

수사는 신문 기타 출판물의 기사, 익명의 신고, 풍설, 진정, 탄원, 투서(사경규 제20조제1항·제2항), 불심검문(경직법 제3조제1항), 현행범인의 체포(제212조), 변사자의 검시(제222조), 고소(제223조), 고발(제234조), 자수(제240조) 등 여러 단서에 의하여 시작된다. 이 중 중요한 것이 불심검문, 변사자의 검시, 고소, 고발 및 자수 등이다.

I. 불심검문

1. 불심검문의 의의

불심검문이란 경찰관이 행동이 수상한 자를 발견한 때에 정지시켜 질문하는 것을 말한다. 경찰관의 직무에 기한 질문이라는 뜻에서 직무질문이라고도 한다. 경찰관직무집행법은 "경찰관은 수상한 행동이나 그 밖의 주위의 사정을 합리적으로 판단하여 볼 때 어떠한 죄를 범하였거나 범하려 하고 있다고 의심할 만한 상당한 이유가 있는 사람 또는 이미 행하여진 범죄나 행하여지려고 하는 범죄행위에 관한 사실을 안다고 인정되는 사람을 정지시켜 질문할 수 있다"(동법 제3조제1항)고 함으로써 이를 규정하고 있다.

불심검문은 경찰관직무집행법에 의하여 행하여지므로 그 주체는 일반적인 경찰관이다. 그러나 불심검문에 의하여 사법경찰작용인 수사로 이어질 수도 있으므로 수사의 단서로서 형사소송법에서 다루어지고 있다.

2. 불심검문의 방법

(1) 정지 및 질문

경찰관은 행동이 수상한 사람을 정지시켜 질문할 수 있다(경직법 제3조제1항). 이 경우 경찰관은 자신의 신분을 표시하는 증표를 제시하면서 소속과 성명을 밝히고 그 목적과 이유를 설명하여야 한다(동조제4항). 해당인은 그 의사에 반하여 답변을 강요당하지 않는다(동조제7항). 즉 질문은 임의적 수단에 불과하다.

(2) 동행 요구

경찰관은 질문을 함에 있어서 해당인에게 불리하거나 교통의 방해가 된다고 인정되는 때에는 질문하기 위하여 부근의 경찰관서에 동행을 요구할 수 있다. 이 경우 해당인은 경찰관의 동행 요구를 거절할 수 있다(동조제2항). 동행을 한 경우 경찰관은 해당인의 가족 또는 친지 등에게 동행한 경찰관의 신분, 동행 장소, 동행 목적과 이유를 고지하거나 본인이 즉시 연락할 수 있는 기회를 부여하여야 하며, 변호인의 도움을 받을 권리가 있음을 알려야 한다(동조제5항). 이 경우 6시간을 초과하여 해당인을 경찰관서에 머물게 할 수 없다(동조제6항). 해당인은 형사소송에 관한 법률에 의하지 않고는 신체를 구속당하지 않으며, 그 의사에 반하여 답변을 강요당하지도 않는다(동조제7항).

(3) 흉기의 소지 여부 검사

경찰관은 행동이 수상한 사람에 대하여 질문을 할 때에 흉기의 소지 여부를 조사할 수 있다(동조제3항). 이는 검문을 행하는 경찰관이나 제3자의 안전을 위한 것으로 흉기를 가지고 있다고 볼 수 있는 고도의 개연성이 있을 때만 가능하다. 그 방법은 강제적이 아닌 의복 또는 휴대품의 바깥 부분을 가볍게 손으로 만지거나 툭툭 치는 정도의 방법으로 확인하는 데 그쳐야 한다.

(4) 자동차검문

자동차검문이란 범죄의 예방과 범인의 검거를 위하여 경찰관이 운행 중인 자동차를 정지시켜 운전자 또는 동승자에게 질문하는 것을 말한다. 이 역시 불심검문과 유사한 방법으로 이루어지고 또한 그 결과가 사법경찰작용인 수사로 이어질 수 있다는 점에서 불심검문의 한 방법으로 다루어진다.

자동차검문에는 교통검문, 긴급수배검문, 경계검문이 있다. 교통검문은 도로교통법 위반의 단속을 위한 검문(동법 제47조의 일시정지권에 근거)으로 음주운전의 단속을 예로 들 수 있다. 경계검문은 특정한 범죄일반의 예방과 검거를 위한 검문으로 불심검문과 유사한 형태의 검문이다. 긴급수배검문은 특정 범죄가 발생한 경우 범인의 검거 및 범죄 관련 정보수집을 위한 검문으로 수사활동에 속하는 것이다. 지명수배자 검거나 탈주범인 검거를 위한 검문을 예로 들 수 있다.

Ⅱ. ▸▸ 변사자의 검시

변사자의 검시란 수사기관이 사체(死體)에 대하여 자연사망이 아닌 어떠한 '변'고에 의한 '사'망의 의심이 있는 경우에 이를 조사하는 것을 말한다. 변사자 또는 변사의 의심 있는 사체가 있는 때에는 소재지를 관할하는 지방검찰청검사가 검시하여야 한다(제222조제1항). 검시 결과 범죄행위에 의한 것임이 드러나면 수사가 개시된다. 사체의 해부와 같은 검증을 함에 있어서 긴급을 요할 때에는 검증영장 없이 검증할 수 있다(동조제2항). 이는 강제수사에 해당하지만 부패우려가 있는 사체의 특성을 고려하여 영장주의의 예외를 인정한 것이다.

Ⅲ. ▸▸ 고 소

1. 의 의

(1) 고소의 의의

고소란 범죄의 피해자 또는 그와 일정한 관계에 있는 자가 수사기관에 대하여 범죄사실을 신고하여 범인의 처벌을 구하는 의사표시를 말한다. 따라서 감사원에 진정하거나 경찰서에 단순히 도난신고를 하는 것은 고소가 아니다.

(2) 형사소송법의 고소규정

형사소송법의 고소에 관한 내용은 주로 친고죄를 중심으로 다루어지고 있다. 일반적인 고소는 수사의 단서에 불과하지만, 친고죄의 고소는 수사의 단서인 동시에 소송조건으로서 공소제기 여부가 피해자의 의사에 의하여 좌우되기 때문이다.

(3) 친고죄와 고소

친고죄는 고소가 있어야 검사가 공소를 제기할 수 있는 범죄이다. 즉 고소가 수사의 단서인 동시에 소송조건이 된다. 친고죄는 법익침해가 경미하여 공익에 직접적인 영향을 미치지 않는 경우(예를 들어 모욕죄), 법익침해가 개인의 은밀한 영역과 관련되어 소추가 오히려 피해자의 명예를 해할 염려가 있는 경우(예를 들어 사자명예훼손죄) 및 범인이 피해자와 일정한 친족관계에 있기 때문에 소추가 원만한 친족관계를 해칠 염려가 있는 경우(예를 들어 친족상도례) 등에 있어서 피해자의 의사를 존중하는 것이 타당하다는 이유에서 인정된다.

가. 절대적 친고죄 절대적 친고죄는 범죄의 성질상 친고죄로 분류되는 범죄이다. 형법상의 사자명예훼손죄(제308조), 모욕죄(제311조), 비밀침해죄(제316조), 업무상 비밀누설죄(제317조)가 그것이다.

나. 상대적 친고죄 상대적 친고죄는 강도죄와 손괴죄를 제외한 재산범죄에 있어서 범인과 피해자의 일정한 신분관계로 인하여 친고죄로 되는 범죄이다. 형법상의 친족상도례 규정이 적용되는 권리행사방해죄(제328조제2항), 절도죄(제344조), 사기·공갈죄(제354조), 횡령·배임죄(제361조), 장물죄(제365조) 등이 그것이다. 범인이 피해자와 직계혈족, 배우자, 동거친족, 동거가족 또는 그 배우자간의 관계에 있는 때에는 형을 면제하지만(형법 제328조제1항), 그 외의 친족관계인 때에는 피해자의 고소가 있어야 공소를 제기할 수 있는 친고죄이다(동조제2항).

2. 고소권자

(1) 피해자

범죄로 인한 피해자(제223조)는 본래의 고소권자이다.

(2) 피해자 아닌 고소권자

가. 피해자의 법정대리인 피해자의 법정대리인은 독립하여 고소할 수 있다(제225조제1항). '독립하여'의 의미에 대하여 법정대리인의 지위에서 피해자와 별개로 본래적으로 당연히 인정되는 고유권이라는 고유권설과, 고소권은 피해자의 일신전속권이나 다만 피해자의 의사에 반하여 행사할 수 있는 독립대리권이라는 독립대리권설이 대립한다. 고유권설이 다수설 및 판례(대판 1984. 9. 11. 84도1579)의 태도이다.

나. 피해자의 배우자 및 친족 피해자의 사망과 같이 특별한 경우에는 피해자의 배우자 및 친족에게도 이를 인정하고 있다. 피해자가 사망한 때에는 그 배우자, 직계친족 또는 형제자매는 고소할 수 있다. 다만 피해자의 명시한 의사에 반하지 못한다(제225조제2항). 피해자의 법정대리인의 친족이 피의자인 때에는 피해자의 친족은 독립하여 고소할 수 있다(제226조). 예를 들어 미성년자인 피해자의 생모가 딸의 법정대리인을 강제추행 등의 범죄사실로 고소하는 경우(대판 1986. 11. 11. 86도1982)가 그것이다. 죽은 자의 명예를 훼손한 범죄에 대하여는 그 친족 또는 자손이 고소할 수 있다(제227조).

다. 지정고소권자 친고죄에 대하여 고소할 자가 없는 경우에 이해관계인의 신청이 있으면 검사는 10일 이내에 고소할 수 있는 자를 지정해야 한다(제228조).

3. 고소의 방법

(1) 고소의 방식

고소는 서면 또는 구술로써 검사 또는 사법경찰관에게 하여야 한다(제237조제1항). 검사 또는 사법경찰관이 구술에 의한 고소 또는 고발을 받은 때에는 조서를 작성하여야 한다(동조제2항). 구술에 의한 고소는 고소조서를 작성함으로써 적법한 고소로 된다. 고소는 대리인을 통하여 할 수 있다(제236조).

(2) 고소의 기간

일반적인 범죄의 고소기간은 그 기간의 제한이 없다(제230조제1항의 반대해석). 친고죄에 대하여는 범인을 알게 된 날로부터 6월을 경과하면 고소하지 못한다(동조제1항본문). 사인에 의하여 국가형벌권의 발동 여부가 장기간 불확실한 상태에 있게 되는 것을 막기 위한 것이다. 다만 고소할 수 없는 불가항력의 사유가 있는 때에는 그 사유가 없어진 날로부터 기산한다(동조제1항단서). '불가항력의 사유'란 범행 당시 고소능력이 없던 피해자가 후에 고소능력이 생긴 경우(대판 1985. 12. 10. 85도2139)와 같은 객관적 사유를 말한다.

(3) 고소의 제한

자기 또는 배우자의 직계존속은 고소하지 못한다(제224조). 다만 성폭력범죄에 대하여는 예외이다(성폭력처벌법 제18조).

4. 고소불가분의 원칙

고소불가분의 원칙은 고소의 효력은 고소권자가 임의로 나눌 수 없다는 것이다. 이는 친고죄에 있어서 고소의 효력이 미치는 범위에 관한 것이다. 이를 인정하는 이유는 친고죄의 공소제기가 고소권자에 따라 좌우되어 국가의 형사사법작용을 무의미하게 하거나 고소권자가 지정한 범인만을 처벌하는 불공평한 결과를 방지하기 위한 것이다.

이 원칙에는 주관적 불가분의 원칙과 객관적 불가분의 원칙이 있다. 형사소송법은 주관적 불가분의 원칙에 대하여만 규정하고 있으나, 객관적 불가분의 원칙도 이론상 당연한 것으로 인정되고 있다.

(1) 주관적(인적) 불가분의 원칙

가. 의 의 친고죄의 공범 중 1인 또는 수인에 대한 고소 또는 취소는 다른 공범자에 대하여도 효력이 있다(제233조).

나. 적용범위 절대적 친고죄(일반적 친고죄)는 범죄 그 자체의 성질에 의한 것이므로 이 원칙이 그대로 적용된다. 이와는 달리 범인과 피해자 사이의 일정한 신분관계가 있는 경우에 친고죄가 되는 상대적 친고죄에 있어서는 비신

분자에 대한 고소는 신분관계 있는 공범에 대하여는 그 효력이 미치지 않는다(통설). 비신분자는 친고죄의 적용을 받지 않기 때문이다. 신분자에 대한 고소 취소에서 신분관계 없는 공범에 대하여도 효력이 미치지 않음은 마찬가지이다(대판 1964. 12. 15. 64도481).

다. 일부 공범자에 대한 제1심판결 선고 후의 고소취소 공범자 일부에 대해서 이미 제1심판결이 선고된 경우, 제1심판결 선고 전의 다른 공범자에 대하여 고소를 취소할 수 없다(통설, 대판 1985. 11. 12. 85도1940). 친고죄에 있어서 고소 취소의 시기 및 고소불가분의 원칙을 둔 취지에 맞지 않기 때문이다.

(2) 객관적(물적) 불가분의 원칙

가. 의 의 1개 범죄사실의 일부에 대한 고소 또는 그 취소는 그 범죄사실의 전부에 대하여 효력이 미치는 것을 말한다. 통설 및 판례에 의하여 인정되고 있다.

나. 단순일죄와 수죄에 있어서의 적용범위 단순일죄는 언제나 이 원칙이 적용된다. 예를 들어 범인과 동거관계가 아닌 4촌의 친족관계에 있는 공갈피해자가 공갈의 수단인 폭행·협박사실로만 고소한 경우에도 고소의 효력은 공갈의 범죄사실 전체에 미치게 된다(형법 제354조, 제328조 참조). 수죄에 대하여는 객관적 불가분의 원칙이 적용되지 않는다. 이 원칙은 1개의 범죄사실을 전제로 하고 있기 때문이다. 따라서 수회의 사자명예훼손사실에 대하여 일부의 사실로만 고소하였다면 나머지 명예훼손사실에는 고소의 효력이 미치지 않는다.

다. 과형상 일죄 과형상 일죄는 원래는 수죄이기 때문에 이 원칙의 적용에 있어서 경우를 나누어 생각해야 한다.

첫째, 과형상 일죄의 각 부분이 모두 친고죄이고 피해자가 동일한 경우에는 객관적 불가분의 원칙이 그대로 적용된다. 예를 들어 동거관계가 아닌 4촌의 친족관계에 있는 동일한 피해자에게 업무상 타인의 사무를 처리하는 범인이 본인을 속이고 재물을 교부받아 업무상배임죄와 사기죄에 해당하는 때가 그것이다.[1] 이 경우 일부 범죄(예를 들어 업무상배임죄)에 대하여 고소 또는 그 취소가 있으면 범죄사실 전체(업무상배임죄와 사기죄)에 그 효력이 미친다.

1) 사례가 과형상 일죄인 상상적 경합범에 해당한다는 것으로는 대판 2002. 7. 18. 2002도669(전원합의체).

둘째, 과형상 일죄의 각 부분이 모두 친고죄이고 피해자가 다른 경우 피해자 수인 중 1인이 한 고소의 효력은 다른 피해자에게는 미치지 않는다. 예를 들어 한 장의 문서로 동시에 3명을 모욕한 경우 피해자 1인의 고소는 다른 피해자에게는 효력이 미치지 않는다.

셋째, 과형상 일죄의 일부만이 친고죄인 경우 피해자가 동일하더라도 이 원칙이 적용되지 않고 비친고죄에 대한 고소의 효력은 친고죄의 부분에는 미치지 않는다. 예를 들어 하나의 행위가 모욕죄와 폭행죄에 해당하는 경우 비친고죄인 폭행죄에 대한 고소의 효력은 친고죄인 모욕죄에는 그 효력이 미치지 않는다.

5. 고소의 취소 및 포기

(1) 고소의 취소

가. 고소취소의 시기 일반적인 범죄에 대한 고소의 취소는 제한이 없다(제232조제1항의 반대해석). 친고죄의 고소취소는 제1심판결 선고 전까지 취소할 수 있다(제232조제1항). 반의사불벌죄에 있어서 처벌을 희망하는 의사표시의 철회도 같다(제232조제3항).

나. 고소취소의 방법 고소와 마찬가지로 서면 또는 구술로써 하여야 한다(제239조). 검사 또는 사법경찰관이 구술에 의한 고소취소를 받은 때에는 고소취소조서를 작성하여야만 적법한 고소취소가 된다. 고소취소도 고소와 마찬가지로 대리인을 통하여 할 수 있다(제236조). 판례는 “가해자와 서로 원만히 합의되어 피해자는 가해자에게 이 사건과 관련하여 어떠한 민·형사상의 책임도 묻지 않기로 한다”는 취지의 합의서가 수사기관이나 법원에 제출되었다면 고소취소가 있는 것으로 본다(대판 1981. 11. 10. 81도1171 등). 그러나 고소인이 이러한 내용의 합의서를 단순히 피고인에게 작성하여 준 것만으로는 고소취소가 있은 것으로 볼 수 없다(대판 1983. 9. 27. 83도516). 고소취소는 수사기관이나 법원에 대하여 하여야 하기 때문이다.

다. 고소취소의 효과 고소를 취소한 자는 다시 고소할 수 없다(제232조제2항). 고소의 취소에 대하여도 고소불가분의 원칙이 적용된다.

(2) 고소의 포기

고소 또는 고소권의 포기란 친고죄의 고소권자가 고소기간 내에 고소권을 행사하지 않겠다는 의사를 표시하는 것을 말한다. 고소의 포기 가능 여부에 대하여 다수설은 긍정하는 입장에서 다만 고소의 취소와 같은 방식에 의하자는 절충적인 입장을 취한다. 판례는 고소권은 공법상의 권리로서 그 포기에 대하여 특히 명문의 규정이 없으므로 이를 포기할 수 없다고 한다(대판 1967. 5. 23. 67도471).

6. 고소의 추완

(1) 의 의

고소의 추완(追完)이란 친고죄에 있어서 공소제기 후 비로소 고소가 있는 경우에 공소제기의 흠결이 치유되어 적법한 공소로 되느냐의 문제이다. 친고죄에 있어서 고소는 소송조건이므로 고소의 추완은 곧 소송조건의 추완을 허용할 것인가에 관한 문제이기도 하다. 소송조건의 추완이 주로 친고죄에 있어서 고소의 추완 문제를 중심으로 다루어지고 있는 이유가 여기에 있다.

(2) 고소추완의 인정 여부

고소의 추완을 인정할 것인가에 대하여는 적극설, 소극설, 비친고죄로 공소제기된 사건이 심리결과 친고죄임이 판명된 경우에 한정하여 이를 인정하자는 절충설이 대립하고 있다. 친고죄에 있어서 고소는 공소제기의 적법·유효요건이므로 고소의 추완이 허용되지 않는다(통설). 성폭력범죄가 친고죄이던 당시의 판례도 비친고죄인 강간치사죄로 기소되었다가 친고죄이던 강간죄로 공소장이 변경된 후에 비로소 피해자의 부(父)가 고소장을 제출한 데 대하여 강간죄의 공소제기의 절차가 법률의 규정에 위반하여 무효인 때에 해당한다고 하여 소극설의 입장을 취하였다(대판 1982. 9. 14. 82도1504).

Ⅳ. 고 발

1. 의 의

고발이란 고소권자 및 범인 이외의 제3자가 수사기관에 범죄사실을 신고하여 범인의 소추를 구하는 의사표시를 말한다. 고발은 수사의 단서이나 소송조건이 되는 경우도 있다. 예를 들어 관세범에 관하여는 관세청장이나 세관장의 고발이 없으면 검사가 공소를 제기할 수 없도록 하고 있고(관세법 제284조 제1항), 조세범에 대하여는 국세청장, 지방국세청장 또는 세무서장의 고발이 없으면 검사가 공소를 제기할 수 없도록 하고 있는 것(조처법 제21조)이 그것이다.

2. 고발권자

누구든지 범죄가 있다고 생각하는 때에는 고발할 수 있다. 공무원은 그 직무를 행함에 있어 범죄가 있다고 생각하는 때에는 고발하여야 한다(제234조). 고발은 일반인에게는 권리이지만 공무원에게는 의무이다. 그러나 자기 또는 배우자의 직계존속은 고발하지 못한다(제235조).

3. 고발의 절차

고발 및 그 취소의 방식은 고소와 동일하다(제237조~제239조). 고발은 고발기간의 제한이 없고, 고발취소 후 재고발이 가능하다는 점에서 고소와 차이가 있다.

Ⅴ. 자 수

자수(自首)는 범인 스스로 수사기관에 자신의 범죄사실을 스스로[自] 자백하여[首] 처벌을 구하는 의사표시이다. 형법상으로는 형의 임의적 감면사유이지만(동법 제52조제1항), 형사소송법상으로는 수사의 단서로서 의미를 가진다. 자수에 대하여는 고소·고발의 방식(제237조) 및 고소·고발과 사법경찰관의 조치(제238조)에 관한 규정이 준용된다(제240조).

제 2 절 수사의 방법

I. 임의수사와 강제수사

수사기관이 수사를 개시하는 데 있어서는 강제력의 행사 여부를 기준으로 임의수사와 강제수사로 나눌 수 있다. 임의수사는 피의자나 참고인 등의 자발적인 협조에 의한 수사방법을 말한다. 그 예로 피의자신문(제200조), 참고인조사(제221조), 사실조회(제199조제2항) 등이 있다. 강제수사는 수사기관의 강제력에 의한 수사의 방법을 말한다. 강제수사의 개념에 대하여 다수설은 형식적인 규정이 아닌 실질적으로 상대방의 법익을 침해하면 강제수사라고 보고 있다. 그 예로 체포·구속·압수·수색·검증 등이 있다.

II. 임의수사의 원칙과 강제수사의 규제

1. 임의수사의 원칙

수사기관은 수사의 목적을 달성하기 위하여 필요한 조사를 할 수 있으나, 강제수사는 형사소송법에 특별히 규정이 있는 경우에 한하며 필요한 최소한도의 범위 안에서만 하여야 한다(제199조제1항).

2. 강제수사의 규제

(1) 강제수사법정주의

강제수사는 형사소송법에 특별한 규정이 있는 경우에 한하여 할 수 있다(제199조제1항). 인권침해가 예상되는 수사활동은 임의수사가 원칙이나 강제수사가 필요한 경우 그 종류와 절차를 법에 규정하여 이를 억제하도록 한 것이다.

(2) 영장주의 원칙

체포·구속·압수 또는 수색을 할 때에는 적법한 절차에 따라 검사의 신청에 의하여 법관이 발부한 영장을 제시하여야 한다(헌법 제12조제3항). 영장주의 원칙은 ① 법관에 의한 영장의 원칙, ② 사전영장의 원칙, ③ 일반영장금지의 원칙, ④ 영장제시의 원칙을 그 내용으로 한다.

영장주의 원칙의 예외로 체포에 있어서의 긴급체포(제200조의3), 현행범인의 체포(제212조), 체포·구속 목적의 피의자수색(제216조제1항제1호), 체포현장에서의 압수·수색·검증(동조동항제2호), 타인의 주거나 타인이 간수하는 가옥, 건조물, 항공기, 선박·차량 안에서의 피의자수색(동조동항제1호), 범죄장소에서의 압수·수색(동조제3항), 긴급체포된 자에 대한 긴급압수(제217조제1항)가 있다. 이 중 범죄장소에서의 압수·수색은 반드시 사후영장을 요구한다(제216조제3항후단).

(3) 비례성의 원칙

국가형벌권 달성을 위한 강제수사는 이로 인하여 침해될 개인적 이익과 비교하여 상당성이 유지되어야 한다. 형사소송법에서 강제수사는 필요한 최소한도의 범위 안에서만 하여야 한다(제199조제1항)는 것이 그것이다. 이는 형사절차에서 강제수사의 발동과 그 내용을 한계 짓는 역할을 한다.

Ⅲ. 임의수사와 강제수사의 한계

이는 임의수사의 적법성의 한계가 어디까지인가의 문제이기도 하다. 문제되는 것으로 임의동행, 보호실유치 및 거짓말탐지기 사용이 있다.

1. 임의동행

(1) 의 의

임의동행은 수사기관의 요구에 따라 피의자가 스스로 경찰서나 검찰청 등의 수사관서까지 함께 가는 것을 말한다. 임의동행에 대하여는 일반적으로 형사소송법 제199조제1항의 임의수사의 한 형태로 보고 있다. 판례는 엄격한 요건 아래에서 이를 인정하고 있다(대판 2006. 7. 6. 2005도6810).

(2) 임의동행의 적법성

임의동행의 적법성에 대하여 판례는 수사관이 동행에 앞서 피의자에게 동행을 거부할 수 있음을 알려 주었거나 동행한 피의자가 언제든지 자유로이 동행과정에서 이탈 또는 동행장소로부터 퇴거할 수 있었음이 인정되는 등 오로지 피의자의 자발적인 의사에 의하여 수사관서 등에의 동행이 이루어졌음이 객관적인 사정에 의하여 명백하게 입증된 경우에 한정하여 그 적법성이 인정된다고 한다(대판 2006. 7. 6. 2005도6810). 따라서 경찰관의 강제적인 임의동행 요구로부터 벗어나려고 몸싸움을 하는 과정에서 경찰관에게 경미한 상해를 입힌 것은 위법성이 결여된 행위이다(대판 1999. 12. 28. 98도138).

2. 보호실유치

보호실유치는 수사기관이 피의자의 의사와 관계없이 일정한 장소에 강제로 유치하거나(강제유치) 혹은 피의자의 승낙을 받아 유치하는 것(승낙유치)을 말한다. 원래 보호실은 타인의 생명이나 재산에 해를 끼칠 우려가 있는 정신착란자나 주취자에 대하여 가족이나 공공기관에 인계하기 전까지 보호하기 위하여 마련된 시설이다(경직법 제4조). 그러나 과거 임의동행자나 영장대기자를 일시적으로 유치하는 수단으로 변질되어 오면서 그 불법성에 대한 시비가 끊이지 않았다. 따라서 영장 없이 피의자를 보호실에 유치하는 것은 영장주의에 위배되는 위법한 구금에 해당하며, 특히 강제유치는 불법감금죄에 해당한다(대판 1995. 5. 26. 94다37226).

3. 거짓말탐지기 검사

거짓말탐지기 검사는 피검사자에게 피의사실에 관련된 질문을 할 때 나타나는 호흡, 혈압, 맥박 및 피부전류저항 등의 생리적 반응을 분석하여 그 심리상태를 추론하는 검사방법을 말한다. 이는 과학적 수사의 한 방법임에도 불구하고 인간의 심리를 기계에 의한 검사의 대상으로 삼는다는 데서 헌법상의 인격권 및 진술거부권을 침해한다는 비판이 있다. 여기서 거짓말탐지기 검사의 강제수사와 관련한 논란이 비롯된다.

따라서 피검사자로부터 동의를 받지 않은 검사는 당연히 허용되지 않지만, 피검사자로부터 동의를 받은 경우 그 허용성이 문제된다. 동의에 의한 검사 그 자체는 자백강요의 수사관행을 대체할 수 있다는 점에서 임의수사로서 허용된다고 할 것이다. 다만 판례는 거짓말탐지기의 검사결과에 대한 증거능력의 인정 여부에 있어서 사실상 부정하는 듯한 태도로 그 조건을 엄격히 하고 있다(대판 2005. 5. 26. 2005도130).

Ⅳ. 별건수사

별건수사는 수사기관이 본래 의도하는 범죄(본건)의 혐의를 수사하는 과정에서 이와는 관련 없는 다른 사건(별건)을 수사하여 수집된 증거 등을 이용해 본래의 수사목적을 달성하는 수사행태를 말한다. 피의자로서는 수사의 대상을 정확히 알기 어려워 방어권에 중대한 침해를 받을 뿐만 아니라 여기서 획득한 증거로 본건 범죄혐의의 자백을 강요당하는 수단으로 악용될 수 있어 위법성 논란이 있어왔다. 주로 구속사건에서 별건구속의 문제로 비판을 받아왔다.

수사기관은 수사 중인 사건의 범죄혐의를 밝히기 위한 목적으로 합리적인 근거 없이 별개의 사건을 부당하게 수사하여서는 안 되고, 다른 사건의 수사를 통하여 확보된 증거 또는 자료를 내세워 관련 없는 사건에 대한 자백이나 진술을 강요하여서도 안 된다(제198조제4항).

Ⅴ. 임의수사의 방법

1. 피의자신문

(1) 의 의

피의자신문이란 수사기관이 피의자를 출석시켜 사건에 관하여 질문하고 이에 대한 진술을 듣는 것을 말한다(제200조). 피의자 스스로 수사기관에 출석하여 신문을 받는 것이므로 임의수사의 방법에 속한다.

신문과 심문

형사소송법은 '신문'(訊問)과 '심문'(審問)을 구분하여 사용하고 있다. 법 규정과 관련지어 보면 신문은 실체진실을 밝히기 위하여 주체적 지위에서 캐묻는 것으로, 심문은 소송행위의 적정 여부를 제3자적 지위에서 확인하는 것으로 볼 수 있다. 피의자신문, 증인신문, 구속영장청구 피의자에 대한 판사의 심문 등이 그 사용 예이다.

(2) 피의자신문의 주체

피의자신문의 주체는 검사 및 사법경찰관이다(제241조 이하). 판례는 사법경찰리가 피의자를 신문한 후 작성한 조서도 형사소송법 제196조제2항과 이에 근거를 둔 사법경찰관리집무규칙 제2조에 의하여 사법경찰리가 검사의 지휘를 받고 수사사무를 보조하기 위하여 작성한 서류이므로 적법하다고 한다(대판 1969. 12. 9. 69도1884 등). 다만 2020년 개정법에서 검사의 사법경찰관리에 대한 수사지휘권이 폐지되었으나 사법경찰관의 독자적 수사권이 보장되었으므로 그의 지휘를 받고 보조하기 위하여 작성한 서류라고 보면 마찬가지로 이해할 수 있을 것이다.

(3) 피의자신문의 과정

가. 출석요구 수사기관이 피의자를 신문하기 위해서는 먼저 피의자에 대하여 수사관서 등 신문장소로의 출석을 요구하여야 한다. 수사기관은 출석 요구를 하기 전에 우편·전자우편·전화를 통한 진술 등 출석 대체수단의 가능성을 고려하여야 하며, 출석요구를 하려는 경우 피의자와 조사 일시·장소에 관하여 협의하여야 한다(수사준칙 제19조제1항·제2항). 피의자신문은 임의수사의 방법이므로 피의자는 수사기관의 출석요구에 대하여 응할 의무가 없고, 출석한 때에도 언제든지 퇴거할 수 있다. 다만 구속영장에 의하여 적법하게 구금된 피의자가 피의자신문을 위한 출석요구에 불응하면 수사기관은 구속영장의 효력에 의하여 피의자를 조사실로 구인할 수 있다(대결 2013. 7. 1. 2013모160).

나. 진술거부권의 고지 진술거부권은 피의자의 헌법상의 권리로서(동법 제12조제2항) 검사 또는 사법경찰관은 피의자를 신문하기 전에 진술거부권을 고

지하여야 한다(제244조의3제1항). 이 권리를 실효성 있게 하기 위하여 형사소송법은 구체적으로 이를 규정하고 있는데, ① 일체의 진술을 하지 않거나 개개의 질문에 대하여 진술을 하지 않을 수 있다는 것, ② 진술을 하지 않더라도 불이익을 받지 않는다는 것, ③ 진술거부권을 포기하고 행한 진술은 법정에서 유죄의 증거로 사용될 수 있다는 것, ④ 신문을 받을 때에는 변호인을 참여하게 하는 등 변호인의 도움을 받을 수 있다는 것이 그것이다(동조동항). 이 중 ①~③은 진술거부권에 대한 것이고, ④는 변호인의 도움을 받을 권리에 대한 것이다. 검사 또는 사법경찰관이 이를 고지한 때에는 조서에 이에 대한 피의자의 답변을 피의자의 자필로 기재하게 하거나 수사기관의 기재부분에 피의자가 기명날인 또는 서명하는 방법으로 기재케 하여야 한다(동조제3항).

다. 피의자신문 검사 또는 사법경찰관이 피의자를 신문할 때에는 먼저 그 성명, 연령, 등록기준지, 주거와 직업을 물어 피의자임에 틀림없음을 확인하여야 한다(인정신문, 제241조). 검사 또는 사법경찰관은 피의자에 대하여 범죄사실과 정상에 관한 필요사항을 신문하여야 하며 그 이익되는 사실을 진술할 기회를 주어야 한다(제242조). 검사 또는 사법경찰관이 사실을 발견함에 필요한 때에는 피의자와 다른 피의자 또는 피의자 아닌 자와 대질하게 할 수 있다(제245조).

라. 피의자신문조서의 작성 수사기관의 피의자에 대한 진술은 조서에 기재하여야 한다(제244조제1항). 이것이 피의자신문조서이다. 피의자신문조서는 피의자에게 열람하게 하거나 글을 이해하지 못하는 사람에게는 수사기관이 읽어 들려 주어야 한다. 만약 진술한 대로 기재되지 않았거나 사실과 다른 부분의 유무를 물어 피의자가 추가·삭제 또는 변경의 청구 등 이의를 제기하거나 의견을 진술한 때에는 이를 조서에 추가로 기재하여야 한다. 이 경우 피의자가 이의를 제기하였던 부분은 읽을 수 있도록 남겨 두어야 한다(조서의 열람 및 증감·변경청구권, 동조제2항). 이는 피의자에게 수사기관이 작성한 조서 기재 내용의 정확성 여부를 확인시키기 위한 것이다. 이의를 제기한 부분을 알 수 있게 남겨 두도록 하고 있는 것은 조서내용의 신빙성을 높이기 위한 것이다. 피의자가 조서에 대하여 이의나 의견이 없음을 진술한 때에는 피의자로 하여금 그 취지를 자필로 기재하게 하고 조서에 간인한 후 기명날인 또는 서명하게 한다(동조제3항).

(4) 피의자신문 과정의 적법성 보장

가. 피의자신문시의 참여 검사가 피의자를 신문할 때에는 검찰청 수사관 또는 서기관이나 서기를 참여하게 하여야 하고, 사법경찰관이 피의자를 신문함에는 사법경찰관리를 참여하게 하여야 한다(제243조). 조서작성의 정확성과 신문절차의 적법성을 보장하기 위한 것이다. 판례는 검사가 참석하지 않은 상태에서 검찰주사가 피의자를 신문하여 조서를 작성하고 조사 직후 검사가 개괄적으로 질문한 사실이 있을 뿐인 피의자신문조서의 증거능력을 부정하고 있다(대판 1990. 9. 28. 90도1483 등).

나. 변호인의 피의자신문 과정 참여 이에 대하여는 앞에서 본 변호인의 피의자신문참여권(제3장 제1절 Ⅳ. 2) 참조.

다. 피의자진술의 영상녹화 피의자진술의 영상녹화는 수사과정의 투명성을 기하고 피의자의 인권침해를 방지하기 위한 것이다. 영상녹화물의 증거법적 의의는 피의자신문조서를 대체한 독립증거로는 사용될 수 없고 기억을 환기시키기 위한 수단으로(제318조의2제2항) 사용되는 데 그친다. 영상녹화물은 법관의 심증형성에 큰 영향을 미칠 수 있기 때문이다.

피의자의 진술은 영상녹화할 수 있다. 이 경우 미리 영상녹화사실을 알려주어야 하며, 조사의 개시부터 피의자가 조서에 기명날인 또는 서명을 마치는 종료까지의 전 과정 및 객관적 정황을 영상녹화하여야 한다(제244조의2제1항; 규칙 제134조의2). 수사기관이 의도적으로 유리한 부분만을 선별녹화하는 것을 방지하기 위한 것이다.

영상녹화물에는 ① 피의자의 신문이 영상녹화되고 있다는 취지의 고지, ② 영상녹화를 시작하고 마친 시각 및 장소의 고지, ③ 신문하는 검사와 참여한 자의 성명과 직급의 고지, ④ 진술거부권·변호인의 참여를 요청할 수 있다는 점 등의 고지, ⑤ 조사를 중단·재개하는 경우 중단 이유와 중단 시각, 중단 후 재개하는 시각, ⑥ 조사를 종료하는 시각이 포함되어야 한다(규칙 제134조의2제3항). 영상녹화물은 조사가 행해지는 동안 조사실 전체를 확인할 수 있도록 녹화된 것으로 진술자의 얼굴을 식별할 수 있는 것이어야 한다(동조제4항), 영상녹화물의 재생 화면에는 녹화 당시의 날짜와 시간이 실시간으로 표시되어야 한다(동조제5항).

영상녹화가 완료된 때에는 피의자 또는 변호인 앞에서 지체 없이 그 원본을 봉인하고 피의자로 하여금 기명날인 또는 서명하게 하여야 한다(동조제2항). 이 때 피의자 또는 변호인의 요구가 있는 때에는 영상녹화물을 재생하여 시청하게 하여야 한다. 이 경우 그 내용에 대하여 이의를 진술하는 때에는 그 취지를 기재한 서면을 첨부하여야 한다(동조제3항).

라. 수사과정의 기록 검사 또는 사법경찰관은 피의자가 조사장소에 도착한 시각, 조사를 시작하고 마친 시각, 그 밖에 조사과정의 진행경과를 확인하기 위하여 필요한 사항을 피의자신문조서에 기록하거나 별도의 서면에 기록한 후 수사기록에 편철하여야 한다(제244조의4제1항). 또한 이에 대하여도 열람, 증감 및 변경청구권이 인정되고, 피의자에게 간인, 기명날인 및 서명하게 하여야 한다(동조제2항). 수사과정의 투명성과 적법성을 보장하기 위한 것이다.

2. 참고인조사

검사 또는 사법경찰관은 수사에 필요한 때에는 피의자가 아닌 자의 출석을 요구하여 진술을 들을 수 있다(제221조). 참고인의 출석요구, 진술 및 조서작성 등의 방법은 피의자의 경우와 같은 방법으로 이루어진다. 참고인은 수사기관의 출석요구에 응할 의무가 없고 출석한 경우에도 진술할 의무를 지지 않는다. 그러나 출석 및 진술을 거부하는 참고인에 대하여 검사는 제1회 공판기일 전에 한정하여 판사에게 증인신문을 청구할 수 있다(제221조의2). 수사기관도 참고인에 대하여 진술거부권을 고지할 필요가 없다. 다만 참고인이 실질적 피의자인 경우에는 진술거부권을 고지하여야 하며 이를 어기고 작성된 진술조서 등의 내용은 위법수집증거로서 증거로 할 수 없다(대판 2013. 7. 25. 2012도8698).

피해자인 참고인조사의 경우 참고인의 연령, 심신의 상태, 그 밖의 사정을 고려하여 참고인이 현저하게 불안 또는 긴장을 느낄 우려가 있거나, 13세 미만 혹은 신체적·정신적 장애로 사물을 변별하거나 의사를 결정할 능력이 미약한 때에는 조사에 지장을 초래할 우려가 있는 등 부득이한 경우가 아니면 피해자와 신뢰관계에 있는 자를 동석하게 하여야 한다(제221조제3항, 제163조의2제1항~제3항). 이는 수사과정에서 피해자의 심리적 안정을 유지케 하기 위한 배려이다.

검사 또는 사법경찰관은 참고인의 동의를 받아 그의 진술을 영상녹화할 수 있다(제221조). 이 경우 영상녹화물은 피의자의 영상녹화물에서 본 규칙 제134조의2제3항 중 제4호(진술거부권 및 변호인 참여요청권 고지)를 제외한 부분 및 제4항·제5항은 참고인조사에도 그대로 적용된다(규칙 제134조의3제3항).

3. 감정·통역·번역의 위촉

검사 또는 사법경찰관은 수사에 필요한 때에는 감정·통역 또는 번역을 위촉할 수 있다(제221조제2항). 감정이란 전문가가 자신의 지식·경험을 구체적 사실에 적용하여 얻은 판단을 수사기관에 제출하는 것을 말한다. 신체감정, 정신감정, 인영감정, 필적감정, 혈액감정 등을 예로 들 수 있다. 감정·통역·번역은 임의수사의 방법이므로 이를 강제할 수 없다. 감정인·통역인·번역인은 대체성이 인정되기 때문이다.

4. 사실조회

수사에 관하여는 공무소 기타 공사단체에 조회하여 필요한 사항의 제출을 요구할 수 있다(제199조제2항). 시·군·구청장에 대한 신원조회, 출입국관리소에 대한 출입국조회를 행하는 것 등이 그것이다. 이는 영장에 의하지 않고 국가기관 사이에 서로 협조에 의하여 그 목적을 달성할 수 있으며, 한편 상대방이 이를 거부하더라도 의무이행을 강제할 방법이 없다는 점에서 임의수사에 속한다(통설).

제 3 절 대인적 강제수사

I. 체 포

체포란 죄를 범하였다고 의심할 만한 상당한 이유가 있는 경우 피의자를 수사관서 등에 강제로 동행하여 가는 것을 말한다. 이는 수사기관이 수사 초기에 출석요구에 불응하는 피의자의 신체를 확보하여 수사의 원활한 진행을 위한 것이다. 그러므로 구속에 비하여 그 기간이 단기간이고 요건도 완화되어 있다.

체포제도에는 체포영장에 의한 체포, 긴급체포 및 현행범인의 체포가 있다.

1. 체포영장에 의한 체포

(1) 의 의

체포영장에 의한 체포란 출석요구에 불응하는 피의자에 대하여 수사기관이 법관으로부터 발부받은 체포영장으로 피의자를 체포하여 수사관서에 강제로 동행하여 가는 것을 말한다. 강제수사의 원칙적(혹은 통상적) 모습인 영장에 의하여 체포한다는 점에서 '통상체포'라고도 한다.

(2) 요 건

피의자가 죄를 범하였다고 의심할 만한 상당한 이유가 있고(범죄혐의의 상당성), 정당한 이유 없이 수사기관의 출석요구에 응하지 않거나 응하지 않을 우려가 있는 때(출석요구에 불응 혹은 불응할 우려)이다(제200조의2제1항). 다만 다액 50만원 이하의 벌금, 구류 또는 과료에 해당하는 사건에 관하여는 피의자가 일정한 주거가 없는 경우 또는 정당한 이유 없이 수사기관의 출석요구에 응하지 않은 경우에 한한다(동조동항단서). 지방법원판사는 영장의 청구가 상당하다고 인정할 때에는 체포영장을 발부한다. 다만 명백히 체포의 필요가 인정되지 않는 경우에는 그렇지 않다(체포의 필요성)(동조제2항).

(3) 체포영장의 청구, 발부 및 집행의 절차

가. 체포영장의 청구 체포영장의 청구권자는 검사이다. 사법경찰관은 검사에게 신청하여 검사의 청구로 체포영장을 발부받아야 한다(동조제1항). 검사가 사법경찰관이 신청한 영장을 정당한 이유 없이 판사에게 청구하지 않은 경우 사법경찰관은 그 검사 소속의 지방검찰청 소재지를 관할하는 고등검찰청에 영장청구 여부에 대한 심의를 신청할 수 있다(제221조의5제1항). 이 신청에 관한 사항을 심의하기 위하여 각 고등검찰청에 영장심의위원회(이하 "심의위원회")를 둔다(동조제2항). 심의위원회는 위원장 1명을 포함한 10명 이내의 외부 위원으로 구성하고, 위원은 각 고등검찰청 검사장이 위촉한다(동조제3항). 사법경찰관은 심의위원회에 출석하여 의견을 개진할 수 있다(동조제4항). 검사가 체포영장의 청구를 함에 있어서 동일한 범죄사실에 관하여 그 피의자에 대하여 전에 체

포영장을 청구하였거나 발부받은 사실이 있는 때에는 다시 체포영장을 청구하는 취지 및 이유를 기재하여야 한다(제200조의2제4항).

나. 체포영장의 발부 체포영장의 청구를 받은 지방법원판사는 상당하다고 인정할 때에는 체포영장을 발부한다(동조제2항). 만약 지방법원판사가 체포영장을 발부하지 않을 때에는 청구서에 그 취지 및 이유를 기재하고 서명날인하여 청구한 검사에게 교부한다(동조제3항). 영장의 유효기간은 7일이다. 다만 법원 또는 법관이 상당하다고 인정하는 때에는 7일을 넘는 기간을 정할 수 있다(규칙 제178조).

다. 체포영장의 집행

(가) 체포영장의 집행기관 체포영장은 검사의 지휘에 의하여 사법경찰관리가 집행한다(제200조의6, 제81조제1항). 교도소 또는 구치소에 있는 피의자에 대하여는 검사의 지휘에 의하여 교도관이 집행한다(제200조의6, 제81조제3항). 검사는 필요시 관할구역 외에서 체포영장의 집행을 지휘하거나 혹은 해당 관할구역의 검사에게 집행지휘를 촉탁할 수 있다(제200조의6, 제83조제1항). 사법경찰관리도 필요시 관할구역 외에서 체포영장을 집행하거나 혹은 해당 관할구역의 사법경찰관리에게 집행을 촉탁할 수 있다(제200조의6, 제83조제2항).

(나) 영장의 사전제시 체포영장을 집행할 때는 체포영장을 피의자에게 반드시 제시하여야 한다(제200조의6, 제85조제1항). 체포영장을 소지하지 않은 경우에 급속을 요하는 때에는 피의자에 대하여 피의사실의 요지와 영장의 발부사실을 알리고 집행할 수 있다(제200조의6, 제85조제3항). 이 경우 집행을 종료한 후에는 신속히 체포영장을 제시하여야 한다(제200조의6, 제85조제4항).

(다) 체포이유 등의 고지 검사 또는 사법경찰관이 피의자를 체포하는 때에는 피의사실의 요지, 체포의 이유와 변호인을 선임할 수 있음을 말하고 변명할 기회를 주어야 한다(제200조의5). 그 시기는 체포를 위한 실력행사 전에 하여야 하는 것이 원칙이나, 달아나거나 대항하는 피의자 등에 대하여는 붙들거나 제압한 후에 지체 없이 행할 수 있다(대판 2008. 2. 14. 2007도10006 등). 체포이유 등을 고지하지 않고 체포한 상태에서 수집한 증거는 적법한 절차에 따르지 않고 수집한 증거로서 증거능력이 없다(대판 2013. 3. 14. 2010도2094).

(라) 체포 후의 절차 피의자를 체포한 때에는 변호인에게, 변호인이 없는

경우에는 변호인 선임권자 가운데 피의자가 지정한 자에게 피의사건명, 체포일시·장소, 범죄사실의 요지, 체포의 이유와 변호인을 선임할 수 있는 취지를 서면으로 알려야 한다(제200조의6, 제87조제1항·제2항). 체포의 통지는 체포를 한 때로부터 늦어도 24시간 이내에 하여야 한다(규칙 제100조제1항, 제51조제2항). 체포된 피의자는 수사기관, 교도소장, 구치소장 및 그 대리자에게 변호사를 지정하여 변호인의 선임을 의뢰할 수 있다(제200조의6, 제90조제1항).

체포영장에 의하여 체포된 피의자를 구속하고자 할 때에는 체포한 때로부터 48시간 이내에 구속영장을 청구하여야 한다. 만약 그 기간 내에 구속영장을 청구하지 않거나 구속영장의 청구가 기각된 때에는 피의자를 즉시 석방하여야 한다(제200조의2제5항; 규칙 제100조제2항).

라. 체포영장의 갱신 검사는 체포영장의 유효기간을 연장할 필요가 있다고 인정하는 때에는 그 사유를 소명하여 다시 체포영장을 청구하여야 한다(규칙 제96조의4).

2. 긴급체포

(1) 의 의

긴급체포란 중대한 피의자에 대하여 체포영장을 발부받을 시간적 여유가 없는 긴급한 경우 수사기관이 체포영장 없이 피의자를 체포하는 것을 말한다. 영장주의 원칙의 예외이다.

(2) 긴급체포의 요건

검사 또는 사법경찰관은 ① 피의자가 사형·무기 또는 장기 3년 이상의 징역·금고에 해당하는 죄를 범하였다고 의심할 만한 상당한 이유가 있고(범죄의 중대성), ② 증거를 인멸할 염려, 도망하거나 도망할 염려가 있는 경우에(체포의 필요성), ③ 피의자를 우연히 발견한 경우 등과 같이 지방법원판사로부터 체포영장을 발부받을 시간적 여유가 없는 때에는(체포의 긴급성) 그 사유를 알리고 피의자를 체포할 수 있다(제200조의3제1항). 이 중 가장 중요한 요건은 제도인정의 취지에 비추어 긴급성이라고 할 수 있다. 따라서 긴급성 요건에 대한 판단은 엄격한 기준이 요구된다.

자진출석한 자에 대한 긴급체포는 불법한 공무집행이므로 자진출석한 자가 검사나 사법경찰관에 대하여 이를 거부하는 방법으로 폭행을 하였다고 하더라도 공무집행방해죄가 성립하지 않는다(대판 1994. 10. 25. 94도2283).

(3) 긴급체포의 절차

검사 또는 사법경찰관은 긴급체포의 사유를 알리고 체포영장 없이 피의자를 체포할 수 있다(제200조의3제1항). 현실적으로는 사법경찰리에 의하여 긴급체포가 행하여지고 있는데 긴급체포서의 작성명의를 사법경찰관으로 하는 형식을 취하고 있다.

사법경찰관이 긴급체포한 경우에는 즉시 검사의 승인을 얻어야 한다(동조제2항). 검사 또는 사법경찰관이 피의자를 체포하는 때에는 피의사실의 요지, 체포의 이유와 변호인을 선임할 수 있음을 말하고 변명할 기회를 주어야 한다(제200조의5). 이러한 고지는 체포를 위한 실력행사 전에 하여야 함은 체포영장에서 본 바와 같다. 수사기관이 체포이유 등을 고지하지 않고 피의자를 긴급체포한 상태에서 수집한 증거는 적법한 절차에 따르지 않고 수집한 증거로서 증거능력이 부정된다(대판 2013. 3. 14. 2010도2094).

(4) 긴급체포 후의 절차

가. 긴급체포서의 작성 검사 또는 사법경찰관이 피의자를 긴급체포한 경우에는 즉시 긴급체포서를 작성하여야 한다(제200조의3제3항). 이 긴급체포서의 작성권자가 곧 긴급체포권자이다. 긴급체포서에는 범죄사실의 요지 및 긴급체포의 필요성 등을 기재하여야 한다(동조제4항).

나. 변호인 등에게 범죄사실의 요지 등의 고지 피의자를 긴급체포한 때에는 변호인에게, 변호인이 없는 경우에는 변호인 선임권자 가운데 피의자가 지정한 자에게 피의사건명, 긴급체포일시·장소, 범죄사실의 요지, 체포의 이유와 변호인을 선임할 수 있는 취지를 서면으로 알려야 한다(제200조의6, 제87조제1항·제2항). 긴급체포의 통지 시기 및 방법은 체포영장의 경우에서 본 바와 같다(규칙제100조제1항, 제51조제2항·제3항). 긴급체포된 피의자는 수사기관, 교도소장, 구치소장 및 그 대리자에게 변호사를 지정하여 변호인의 선임을 의뢰할 수 있다(제200조의6, 제90조제1항).

다. 구속영장의 청구 긴급체포된 피의자를 구속하고자 할 때에는 검사는 지체 없이 지방법원판사에게 구속영장을 청구하여야 하며, 이 경우에도 피의자를 체포한 때부터 48시간 이내에 청구하여야 한다(제200조의4제1항). 만약 그 기간 내에 구속영장을 청구하지 않거나 발부받지 못한 때에는 피의자를 즉시 석방하여야 한다(동조제2항). '지체 없이' 구속영장을 청구하도록 하고 있지만 결국 48시간을 허용한다는 한계가 있다.

라. 긴급체포에 대한 통제 긴급체포되었다가 석방된 자는 영장 없이는 동일한 범죄사실에 관하여 체포하지 못한다(동조제3항).

한편 형사소송법은 긴급체포의 남용을 막기 위하여 사후통제 규정을 두고 있다. 먼저 법원에 의한 사후통제이다. 검사가 구속영장을 청구하지 않고 피의자를 석방하는 경우에는 석방일로부터 30일 이내에 긴급체포서를 첨부한 서면으로 긴급체포되었다가 석방된 자의 인적사항, 긴급체포와 석방의 일시·장소·사유 및 긴급체포와 석방한 검사·사법경찰관의 성명 등을 법원에 통지하여야 한다(동조제4항). 사법경찰관이 긴급체포한 피의자에 대하여 구속영장을 신청하지 않고 석방하는 경우에는 즉시 검사에게 보고하여야 한다(동조제6항). 다음으로 피체포자 등에 의한 사후통제이다. 긴급체포 후 석방된 자, 변호인 및 법정대리인 등 일정한 자는 위 통지서 및 관련 서류를 열람하거나 등사할 수 있다(동조제5항). 이는 위법한 긴급체포에 대한 피해배상 등 수사기관의 책임을 묻기 위한 필요에서이다.

3. 현행범인의 체포

(1) 현행범인의 의의

가. 본래적 의미의 현행범인 현행범인이란 범죄를 실행하고 있거나 실행하고 난 직후인 사람을 말한다(제211조제1항). '실행하고 난 직후'란 시간이나 장소로 보아 방금 범죄를 실행한 범인이라고 볼 명백한 증거가 있는 경우를 말한다(실행행위와의 시간적 접착). 현행범인은 '범죄를 실행하고 있거나 막 종료한 때'까지의 시간대에 있는 범인을 일컫는 말이다. 현행범인을 누구나 체포할 수 있도록 한 것은 긴급성 및 범죄와 범인의 명백성으로 부당한 인권침해가 적다는 데 있다.

나. 준현행범인 준현행범인이란 현행범인으로 간주하여 이와 동일하게

취급하는 경우를 말한다. 이에는 ① 범인으로 불리며 추적되고 있을 때, ② 장물이나 범죄에 사용되었다고 인정함에 충분한 흉기 그 밖의 물건을 소지하고 있을 때, ③ 신체 또는 의복류에 증거가 될 만한 뚜렷한 흔적이 있을 때, ④ 누구냐고 묻자 도망하려고 할 때가 그것이다(동조제2항).

(2) 체포의 요건

현행범인으로 체포하려면 먼저 범죄가 명백하여야 한다. 따라서 위법성조각사유나 책임조각사유가 있는 경우에는 체포할 수 없다. 친고죄에 있어서 고소의 가능성이 없는 때에도 마찬가지이다. 다음으로 체포의 필요성, 즉 도망 또는 증거인멸의 염려가 있어야 한다(대판 2011. 5. 26. 2011도3682). 다만 다액 50만원 이하의 벌금·구류 또는 과료에 해당하는 죄의 현행범인에 대하여는 범인의 주거가 분명하지 않은 경우에만 현행범인으로 체포할 수 있다(제214조). 강제수사에 대한 비례성의 원칙의 표현이다.

(3) 체포의 절차

가. 체포의 주체 현행범인은 누구든지 영장 없이 체포할 수 있다(제212조). 다만 사인은 체포할 권한을 가질 뿐이며 수사기관과 같이 체포할 의무를 지는 것은 아니다. 사인이 현행범인을 체포한 때에는 즉시 검사 또는 사법경찰관리에게 인도하여야 한다(제213조제1항). 사법경찰관리가 현행범인의 인도를 받은 때에는 체포자의 성명, 주거, 체포의 사유를 물어야 하고 필요한 때에는 체포자에 대하여 경찰관서에 동행할 것을 요구할 수 있다(동조제2항).

나. 체포의 이유 등의 고지 검사 또는 사법경찰관리가 피의자를 체포하는 경우에는 피의사실의 요지, 체포의 이유와 변호인을 선임할 수 있음을 말하고 변명할 기회를 주어야 한다(제213조의2, 제200조의5). 이러한 고지 등은 체포를 위한 실력행사에 들어가기 전에 미리 하여야 함은 체포영장 및 긴급체포의 경우에서 본 바와 같다. 수사기관이 현행범인을 체포하면서 체포이유 등을 고지하지 않고 체포한 상태에서 수집한 증거는 적법한 절차에 따르지 않고 수집한 증거로서 증거능력이 부정된다(대판 2013. 3. 14. 2010도2094). 사인이 현행범인을 체포하는 경우에는 이러한 권리의 고지가 필요 없다.

다. 체포에 수반하는 강제처분 검사 또는 사법경찰관이 현행범인을 체포하는 경우에 필요한 때에는 영장 없이 타인의 주거나 타인이 간수하는 가옥, 건조물, 항공기, 선박·차량 안에서 피의자를 수색할 수 있고 체포현장에서 압수·수색·검증을 할 수 있다(제216조제1항). 사인이 현행범인을 추적하여 타인의 주거에 들어갈 수 있는가에 대하여 판례는 부정적이다(대판 1965. 12. 21. 65도899).

(4) 체포 후의 절차

수사기관 아닌 사인이 현행범인을 체포한 때에는 즉시 수사기관에 인도하여야 한다(제213조제1항). 신체의 구속을 언제까지나 사인의 처분에 맡길 수 없기 때문이다. 검사 또는 사법경찰관리가 현행범인을 체포하거나 현행범인을 인도받은 경우 변호인에게, 변호인이 없는 경우 변호인 선임권자 가운데 피의자가 지정한 자에게 피의사건명, 체포일시·장소, 범죄사실의 요지, 체포의 이유와 변호인을 선임할 수 있는 취지를 서면으로 알려야 한다(제213조의2, 제87조제1항·제2항). 현행범인 체포의 통지 시기 및 방법은 체포영장과 긴급체포의 경우에서 본 바와 같다(규칙 제100조제1항, 제51조제2항·제3항).

현행범인으로 체포된 피의자를 구속하고자 할 때에는 체포한 때로부터 48시간 이내에 구속영장을 청구하여야 한다. 만약 그 기간 내에 구속영장을 청구하지 않거나 구속영장의 청구가 기각된 때에는 피의자를 즉시 석방하여야 한다(제213조의2, 제200조의2제5항; 규칙 제100조제2항).

〈체포와 구속의 비교〉

	체 포	구 속
종 류	체포영장에 의한 체포(제200조의2), 긴급체포(제200조의3), 현행범인의 체포(제212조)	체포된 피의자의 구속(제201조의2제1항), 미체포된 피의자의 구속(제201조의2제2항), 피고인의 구속
목 적	수사 초기에 피의자의 확보	전체 형사소송의 원활한 진행
기 간	비교적 단기간	비교적 장기간
긴급처분의 인정 여부	긴급체포 인정	긴급구속(1995년 개정 이전의 법 제206조) 불인정
영장주의의 예외인정 여부	인정(긴급체포, 현행범인의 체포)	불인정
처분에 대한 이의	체포적부심사제도	구속적부심사제도

Ⅱ. 피의자구속

1. 의 의

피의자구속이란 수사기관이 법관으로부터 구속영장을 발부받아 피의자의 신체의 자유를 제한하는 강제수사의 방법이다. 구속은 수사기관이 도망 및 증거를 멸실할 염려가 있는 피의자를 확보하여 수사, 재판 및 재판의 집행에 이르기까지 향후 형사절차의 원활한 진행을 위하여 인정되는 제도이다. 즉 구속은 소송절차의 수단일 뿐 유죄도 아니고 형벌도 아니다. 구속은 구인과 구금을 포함한다(제69조). 일반적으로 구속영장이라고 하면 구금영장을 의미한다.

2. 구속의 요건

피의자가 죄를 범하였다고 의심할 만한 상당한 이유가 있고, 구속의 사유로서 ① 피의자가 일정한 주거가 없을 때, ② 피의자가 증거를 인멸할 염려가 있을 때, ③ 피의자가 도망하거나 도망할 염려가 있을 때(제70조제1항)에 한정하여 피의자를 구속할 수 있다(제201조제1항). 두 가지 요건 중 범죄혐의의 존재가 전제되어야 함은 물론이나, 구속사유 중 어느 하나에 해당하면 된다.

(1) 범죄혐의의 존재

구속은 개인의 신체의 자유에 대한 중대한 침해를 수반하게 된다. 따라서 구속요건인 범죄혐의의 정도는 무죄의 추정을 깨뜨릴 정도로 유죄판결에 대한 고도의 개연성이 있을 것을 요한다.

(2) 구속의 사유

구속의 사유는 ① 주거부정, ② 증거를 인멸할 염려, ③ 도망 또는 도망할 염려가 있을 때이다. 주거부정은 독자적인 구속사유라기보다는 도망할 염려를 판단하는 기준에 불과하다. 따라서 주거부정은 다액 50만원 이하의 벌금, 구류 또는 과료에 해당하는 범죄에 대한 구속사유로서 의미가 있을 뿐이다(제201조제1항단서, 제70조제3항).

구속사유를 심사함에 있어서는 범죄의 중대성, 재범의 위험성, 피해자 및 중요 참고인 등에 대한 위해의 우려 등을 고려하여야 한다(제209조, 제70조제2항). 피의자의 경력, 가족관계나 교우관계도 증거인멸 및 도망의 염려를 판단하는 고려사항이 될 수 있다(규칙 제96조의16제2항).

(3) 비례성 원칙에의 적합성

범죄혐의가 상당할 정도로 인정되고 구속사유가 있더라도 마지막으로 비례성의 원칙을 살펴보아야 한다. 강제수사는 필요한 최소한도의 범위 안에서만 하여야 하기 때문이다(제199조제1항). 따라서 수사의 목적달성과 구속이라는 수단이 적정한지를 따져 보아야 한다. 국가형벌권 달성을 위한 구속이익이 이로 인한 개인적 침해이익보다 훨씬 큰 때에 구속이 허용된다.

3. 구속의 절차

(1) 구속영장의 청구 및 발부

검사는 관할지방법원판사에게 구속영장을 청구하여 발부받은 후 피의자를 구속한다. 사법경찰관은 검사에게 신청하여 검사의 청구로 관할지방법원판사로부터 발부받는다(제201조제1항). 사법경찰관이 신청한 영장 불청구시 청구 여부의 심의신청(제221조의5)에 관하여는 “체포영장의 청구”에서 본 바와 같다.

검사의 청구를 받은 지방법원판사는 상당하다고 인정할 때에는 구속영장을 발부한다. 이를 인정하지 않을 때에는 청구서에 그 취지 및 이유를 기재하고 서명날인하여 청구한 검사에게 교부한다(제201조제4항). 검사가 구속영장을 청구함에 있어서 동일한 범죄사실에 관하여 그 피의자에 대하여 전에 구속영장을 청구하거나 발부받은 사실이 있을 때에는 다시 청구하는 취지 및 이유를 기재하여야 한다(동조제5항).

다만 소년(19세 미만의 자)에 대한 구속영장은 부득이한 경우가 아니면 발부하지 못한다(소년법 제55조제1항)고 함으로써 영장발부를 제한하고 있다.

(2) 구속 전 피의자심문제도

가. 의 의 구속 전 피의자심문제도란 판사가 구속영장을 발부하기 전에 구속사유 여부를 판단하기 위하여 피의자를 직접 심문하는 것을 말한다. 이를 영장실질심사제도라고도 한다. 이 제도는 체포된 피의자 등에 지체없이 판사

앞에서 변명하고 유리한 자료제출의 기회를 부여하여 그 권리를 보장하는데 의의가 있다. 체포영장에 의한 체포·긴급체포 또는 현행범인의 체포에 의하여 체포된 피의자에 대하여 구속영장을 청구 받은 판사는 지체 없이 피의자를 심문하여야 한다. 이 경우 특별한 사정이 없는 한 구속영장이 청구된 날의 다음 날까지 심문하여야 한다(제201조의2제1항). 체포되지 않은 피의자에 대하여 구속영장을 청구 받은 판사는 피의자가 죄를 범하였다고 의심할 만한 이유가 있는 경우에 구인영장을 발부하여 피의자를 구인한 후 심문하여야 한다. 다만 피의자가 도망하는 등의 사유로 심문할 수 없는 경우에는 곧바로 구속영장을 발부할 수 있다(동조제2항).

나. 구속 전 피의자심문제도의 절차

(가) 심문기일의 지정 및 통지 판사는 체포된 피의자의 경우에는 즉시, 체포되지 않은 피의자는 피의자를 인치한 후 즉시 검사, 피의자 및 변호인에게 심문기일과 장소를 통지하여야 한다(동조제3항).

(나) 피의자의 인치 검사는 피의자가 체포되어 있는 때에는 심문기일에 피의자를 출석시켜야 한다(동조제3항). 판사는 피의자가 출석을 거부하거나 질병 등의 사유로 피의자를 심문법정에 인치할 수 없는 때에는 피의자의 출석 없이 심문절차를 진행할 수 있다(규칙 제96조의13제1항). 이 때는 출석한 검사 및 변호인의 의견을 듣고 수사기록 등에 의하여 구속사유의 유무를 조사할 수 있다(동조제3항). 체포되지 않은 피의자의 경우 판사가 구인영장에 의하여 피의자를 법원에 구인한 후 심문한다(제201조의2제2항).

(다) 심문기일의 절차

① 진술거부권 등의 고지 판사는 피의자에게 범죄사실의 요지 및 진술거부권을 고지하여야 한다(규칙 제96조의16제1항).

② 심문의 방법 판사는 구속 여부를 판단하기 위하여 신속하고 간결하게 심문하여야 한다(동조제2항). 검사와 변호인은 심문기일에 출석하여 판사의 심문이 끝난 후 의견을 진술할 수 있다. 다만 필요한 경우 심문 도중에도 판사의 허가를 얻어 의견을 진술할 수 있다(제201조의2제4항; 규칙 제96조의16제3항). 피의자의 법정대리인, 배우자, 직계친족, 형제자매나 가족, 동거인, 고용주도 판사의 허가를 얻어 사건에 관한 의견을 진술할 수 있다(규칙 동조제6항). 판사는 필

요한 경우 공범을 분리심문하거나 수사상의 비밀보호를 위하여 필요한 조치를 할 수 있다(제201조의2제5항). 따라서 피의자에 대한 심문절차는 공개하지 않는다. 다만 피의자의 친족, 피해자 등 이해관계인의 방청은 허가할 수 있다(규칙 제96조의14).

③ 국선변호인의 선정 심문할 피의자에게 변호인이 없는 때에는 판사는 직권으로 변호인을 선정하여야 한다. 이 경우 변호인의 선정은 피의자에 대한 구속영장 청구가 기각되어 효력이 소멸한 경우를 제외하고는 제1심까지 효력이 있다(동조제8항). 피의자심문에 참여할 변호인은 지방법원판사에게 제출된 구속영장청구서 및 그에 첨부된 고소장·고발장, 피의자의 진술을 기재한 서류와 피의자가 제출한 서류를 열람할 수 있다. 다만 구속영장청구서의 경우 지방법원판사도 열람을 제한할 수 없도록 하고 있다(규칙 제96조의21).

④ 피의자심문조서의 작성 피의자를 심문하는 경우 법원사무관 등은 심문의 요지 등을 조서로 작성하여야 한다(제201조의2제6항).

(라) 구속영장의 발부 검사의 청구를 받은 지방법원판사는 상당하다고 인정할 때에는 구속영장을 발부한다(제201조제4항). 구속영장에는 피의자의 성명, 주거, 죄명, 범죄사실의 요지, 인치구금할 장소, 발부 연월일, 유효기간과 그 기간을 경과하면 집행에 착수하지 못하며 영장을 반환하여야 할 취지를 기재하고 지방법원판사가 서명날인하여야 한다(제209조, 제75조제1항). 피의자의 성명이 분명하지 않은 때에는 인상, 체격, 기타 피의자를 특정할 수 있는 사항으로 피의자를 표시할 수 있다(제209조, 제75조제2항). 피의자의 주거가 분명하지 않은 때에는 주거의 기재를 생략할 수 있다(제209조, 제75조제3항). 피의자심문을 하는 경우 법원이 구속영장청구서 등을 접수한 날부터 구속영장을 발부하여 검찰청에 반환한 날까지의 기간은 사법경찰관 및 검사의 구속기간에 산입하지 않는다(제201조의2제7항). 영장의 유효기간은 7일이며 법원 또는 법관은 7일을 넘는 기간을 정할 수 있음(규칙 제178조)은 체포영장에서 본 바와 같다.

(마) 구속영장의 집행

① 구속영장의 집행기관 구속영장은 검사의 지휘에 의하여 사법경찰관리가 집행한다(제209조, 제81조제1항). 구치소에 있는 피의자는 검사의 지휘에 의하여 교도관이 집행한다(제209조, 제81조제3항). 검사는 관할구역 외에서 구속영장

의 집행을 지휘할 수 있고, 해당 관할구역의 검사에게 집행지휘를 촉탁할 수 있다(제209조, 제83조제1항). 사법경찰관리가 관할구역 외에서 구속영장을 집행할 때에도 마찬가지이다(제209조, 제83조제2항).

② 영장의 사전제시 구속영장을 집행할 때에는 피의자에게 반드시 이를 제시하고 그 사본을 교부하여야 하며, 신속히 구속영장에 지정된 장소에 인치하여야 한다(제209조, 제85조제1항). 구속영장을 소지하지 않은 경우에 급속을 요하는 때에는 피의자에 대하여 범죄사실의 요지와 영장의 발부사실을 알리고 집행할 수 있다(제209조, 제85조제3항). 이 경우 집행을 종료한 후에는 신속히 구속영장을 제시하고 그 사본을 교부하여야 한다(제209조, 제85조제4항).

③ 구속이유 등의 고지 검사 또는 사법경찰관이 피의자를 구속하는 때에는 피의사실의 요지, 구속의 이유와 변호인을 선임할 수 있음을 말하고 변명할 기회를 주어야 한다(제209조, 제200조의5). 수사기관이 피의자를 구속하면서 구속이유 등을 고지하지 않고 구속한 상태에서 수집한 증거는 적법한 절차에 따르지 않고 수집한 증거로서 증거능력이 없다(대판 2013. 3. 14. 2010도2094).

④ 영장집행 후의 절차 피의자를 구속한 때에는 변호인에게, 변호인이 없는 때에는 변호인 선임권자 중 피의자가 지정한 자에게 피의사건명, 구속일시·장소, 범죄사실의 요지, 구속의 이유와 변호인을 선임할 수 있음을 서면으로 알려야 한다(제209조, 제87조제1항·제2항). 구속의 통지는 구속을 한 때로부터 늦어도 24시간 이내에 해야 한다(규칙 제100조제1항, 제51조제2항).

⑤ 구속영장발부와 법원에 대한 통지 체포영장 또는 구속영장의 발부 후 피의자를 체포·구속하지 않거나 체포·구속한 피의자를 석방한 때에는 지체없이 검사는 영장을 발부한 법원에 그 사유를 서면으로 통지하여야 한다(법 제204조). 통지 사유는 ① 피의자를 체포·구속하지 않거나 못한 경우, ② 체포후 구속영장 청구기간 만료나 구속후 구속기간 만료로 피의자를 석방한 경우, ③ 체포·구속 취소로 피의자를 석방한 경우, ④ 체포된 국회의원에 대하여 헌법 제44조의 규정에 따른 석방요구가 있어 체포영장의 집행이 정지된 경우, ⑤ 구속집행정지의 경우이다(규칙 제96조의19).

4. 구속기간

사법경찰관이 피의자를 구속한 때에는 10일 이내에 피의자를 검사에게 인치하지 않으면 석방하여야 한다(제202조). 검사가 피의자를 구속한 때 또는 사법경찰관으로부터 피의자의 인치를 받은 때에는 10일 이내에 공소를 제기하지 않으면 석방하여야 한다(제203조). 검사는 지방법원판사의 허가를 얻어 10일 이내의 범위에서 1차에 한정하여 구속기간을 연장할 수 있다(제205조제1항).[2) 피의자가 체포영장에 의한 체포, 긴급체포, 현행범인의 체포에 의하여 체포 또는 구인된 때에는 구속기간은 피의자를 체포 또는 구인한 날부터 기산한다(제203조의2). 구속기간은 초일부터 1일로 산정하고(제66조제1항단서), 기간의 말일이 공휴일 또는 토요일에 해당하더라도 기간에 산입한다(동조제3항단서).

5. 재구속의 제한

검사 또는 사법경찰관에 의하여 구속되었다가 석방된 자는 다른 중요한 증거를 발견한 경우를 제외하고는 동일한 범죄사실에 관하여 다시 구속하지 못한다(제208조제1항). 이 경우 1개의 목적을 위하여 동시 또는 수단결과의 관계에서 행하여진 행위는 동일한 범죄사실로 본다(동조제2항). 예를 들어 절도범이 체포를 벗어날 목적으로 경찰관에게 폭행·협박을 가한 경우에 있어서의 준강도죄와 공무집행방해죄를 들 수 있다. 이 경우 준강도죄와 공무집행방해죄는 동일한 범죄사실로 본다.

다만 국가보안법위반 사건에서 검사로부터 공소보류 처분을 받고 법무부장관이 정한 감시·보도에 관한 규칙을 위반하여 공소보류가 취소된 자에 대하여는 동일한 범죄사실로 재구속할 수 있다(국가보안법 제20조제3항·제4항). 한편 재구속의 제한은 법원이 피고인을 구속하는 때에는 적용되지 않는다(헌재결 1993. 12. 23. 93헌가2).

2) 국가보안법위반 사건에 있어서는 제3조(반국가단체의 구성 등), 제4조(목적수행), 제5조(자진지원·금품수수), 제6조(잠입·탈출)의 죄에 해당하는 경우 사법경찰관은 검사에게 신청하여 검사의 청구로 지방법원판사의 허가를 얻어 10일의 범위 내에서 1차에 한정하여 구속기간을 연장할 수 있고(동법 제19조제1항), 검사는 지방법원판사의 허가를 얻어 10일의 범위 내에서 2차에 한정하여 구속기간을 연장할 수 있다(동조제2항).

6. 피의자에 대한 구속의 집행정지와 실효

(1) 구속의 집행정지

가. 의의 및 절차 구속의 집행정지는 구속영장의 효력을 유지시킨 채 구속의 집행만 정지하여 피의자를 석방하는 제도이다. 피의자의 중병, 출산, 가족의 장례참석시 주로 활용된다. 원칙적으로 구속영장을 발부한 지방법원판사의 권한에 속하지만 형사소송법은 검사에게도 체포·구속된 피의자에 대한 석방권한을 부여하고(제198조의2제2항, 제204조) 구속된 피의자에 대한 구속집행을 정지할 수 있도록 하고 있다(제209조, 제101조제1항; 검규 제48조). 이에 따라 검사는 상당한 이유가 있는 때에는 구속된 피의자를 친족·보호단체 기타 적당한 자에게 부탁하거나 피의자의 주거를 제한하여 구속의 집행을 정지할 수 있다(제209조, 제101조제1항). 검사가 구속한 피의자를 석방한 때에는 지체 없이 영장을 발부한 법원에 그 사유를 서면으로 통지하여야 한다(제204조).

회기 전에 구속된 국회의원에 대하여는 현행범인이 아닌 한 국회의 석방요구가 있으면 당연히 구속영장의 집행이 정지된다(제101조제4항; 헌법 제44조). 이 때 석방요구의 통고를 받은 검찰총장은 즉시 석방을 지휘하고 그 사유를 영장을 발부한 법원(지방법원판사)에 통지하여야 한다(동조제5항, 제204조).

나. 구속집행정지의 취소 검사는 피의자가 도망하거나 도망 및 죄증을 인멸할 염려가 있다고 믿을 만한 충분한 이유가 있는 때 등에 해당될 경우에는 구속의 집행정지를 취소할 수 있다(제209조, 제102조제2항본문). 다만 국회의원에 대한 구속영장의 집행정지는 그 회기 중 취소하지 못한다(제209조, 제102조제2항단서).

(2) 구속의 실효

가. 구속의 취소 구속의 사유가 없거나 소멸된 때에는 검사는 피의자에 대한 구속을 취소하여야 한다(제209조, 제93조). 구속의 사유가 없는 때란 처음부터 구속사유가 존재하지 않는 경우이다. 예를 들어 법정형이 벌금 50만원 이하인 사건에서 증거인멸 염려를 사유로 피의자를 구속한 경우(제201조제1항단서)가 그것이다. 구속사유가 소멸된 때란 구속수사 중에 구속의 사유가 소멸된 경우이다. 예를 들어 일반적인 사건(법정형이 벌금 50만원을 초과한 사건)에서 증

거인멸을 염려로 구속하였으나 충분히 증거가 드러나 더 이상 인멸할 증거가 없는 경우가 그것이다.

나. 구속의 당연실효 구속기간이 만료되면 피의자에 대한 구속영장은 당연히 그 효력을 잃는다(제202조, 제203조).

7. 관련 문제

(1) 별건구속

별건구속이란 수사기관이 본래 수사하려고 하는 중대한 범죄(본건)에 대하여는 구속요건이 구비되지 못한 경우 본건의 수사에 이용할 목적으로 본건과 관계없는 가벼운 범죄(별건)로 구속영장을 발부받아 피의자를 구속하는 것을 말한다. 예를 들어 공무원의 뇌물죄(본건)를 수사하면서 범죄혐의가 입증되지 않아 구속요건이 구비되지 않은 경우 그보다 가벼우면서 구속요건이 구비된 직무유기죄(별건)로 일단 구속영장을 발부받아 구속한 후 이를 이용하여 실제 수사는 뇌물죄의 혐의입증에 주력하여 자백을 받아 뇌물죄로 공소제기하는 경우가 그것이다. 구속 후 별건은 대개 무시하고 본건의 수사에 의하여 얻은 결과물을 가지고 본건구속으로 대체·이행하게 된다. 여기서 영장주의와 관련하여 별건구속의 위법성이 문제된다.

이에 대하여 수사기관은 수사 중인 사건의 범죄혐의를 밝히기 위한 목적으로 합리적인 근거없이 별개의 사건을 부당하게 수사하여서는 안 되고, 다른 사건의 수사를 통해 확보된 증거 또는 자료를 내세워 관련 없는 사건에 대한 자백이나 진술을 강요하여서도 안 된다(제198조제4항)고 함으로써 입법으로 해결하였다.

(2) 이중구속

이중구속이란 구속영장에 의하여 구속되어 있는 피의자에 대하여 다른 범죄사실로 구속영장을 발부받아 집행하는 것을 말한다. 현실적으로는 수사기관보다 주로 법원이 구속기간 만료에 대비하여 이전의 구속영장에 기재된 것과 다른 범죄사실로 피고인을 구속하는 경우에 볼 수 있다. 재구속이 구속되었다가 석방된 자에 대하여 동일한 범죄사실로 구속할 수 있느냐의 문제인 반면에 이중구속은 구속되어 있는 피의자에 대하여 다른 범죄사실로 구속할 수 있느냐의 문제이다.

판례는 구속의 효력은 구속영장에 기재된 범죄사실에만 미치므로 이미 구속되어 있는 피고인에 대하여 이전의 구속영장에 기재된 것과 다른 범죄사실로 구속하는 것이 허용된다고 한다(대결 2000. 11. 10. 2000모134).

Ⅲ. 체포·구속된 피의자의 권리

1. 접견교통권

(1) 의 의

접견교통권이란 체포·구속된 피의자가 변호인이나 가족·친지 등과 접견하고(접견) 서류나 물건을 주고받으며(교통) 의사의 진료를 받을 수 있는(진료) 권리를 말한다. 이 중 가장 중요한 것이 변호인과의 접견교통권으로 체포·구속된 피의자가 방어권을 충분히 행사하기 위해서는 직접 변호인과 접견교통하는 것이 필요하다. 이러한 의미에서 변호인과의 접견교통권은 헌법이 보장하고 있는 변호인의 도움을 받을 권리의 가장 중요한 내용을 이룬다.

(2) 변호인과의 접견교통권

가. 의 의 체포·구속된 피의자의 변호인과의 접견교통권은 그의 헌법상 변호인의 도움을 받을 권리를 실현하는 데 있어서 기본전제가 되는 필수불가결한 권리이다. 형사소송법도 변호인 또는 변호인이 되려는 자는 신체구속을 당한 피의자와 접견하고 서류 또는 물건을 주고받을 수 있으며 의사에게 진료하게 할 수 있다고 함으로써 이 권리를 실질적으로 보장하고 있다(제34조).

나. 변호인과의 접견교통권의 내용 체포·구속된 피의자의 변호인과의 접견교통권은 자유롭고 비밀이 보장되는 접견 및 교통을 그 내용으로 한다. 따라서 교도관이나 수사기관의 감시 및 입회 없는 자유롭고 비밀이 보장되는 접견으로 접견 시간과 횟수의 제한이 없다(형집행법 제84조제1항·제2항). 또한 체포·구속된 피의자는 법률의 범위 내에서 서류 또는 물건을 수수할 수 있다. 즉 수

용자는 시설의 안전 또는 질서를 해칠 우려가 있는 때 등을 제외하고는 변호인과 서신을 주고받을 수 있다(동법 제43조제1항).

다. 변호인과의 접견교통권의 제한 변호인과의 접견권은 피의자의 인권보장과 방어준비를 위하여 필수불가결한 권리이므로 수사기관의 처분과 법원의 결정으로 제한할 수 없다(대결 1996. 6. 3. 96모18 등). 다만 국가안전보장·질서유지 또는 공공복리를 위하여 필요한 경우에 한정하여 법률로써 제한할 수 있다고 보이나(헌법 제37조제2항), 현행법상 아무런 제한이 없으므로 거의 절대적으로 보장되고 있다(형집행법 제84조제1항·제2항). 헌법재판소는 접견이 허용된 상태에서 미결수용자와 변호인 간의 자유로운 접견은 어떠한 명분으로도 제한할 수 없다고 한다(헌재결 1992. 1. 28. 91헌마111 등).

수용자가 시설의 안전 또는 질서를 해칠 우려 등의 사유가 있는 때에는 변호인과 서신수수를 제한할 수 있다(동법 제43조제1항). 그러나 이 경우에도 미결수용자와 변호인 간의 서신은 교정시설에서 상대방이 변호인임을 확인할 수 없는 경우 등을 제외하고는 검열할 수 없다(동법 제84조제4항).

(3) 비변호인과의 접견교통권

가. 의 의 비변호인과의 접견교통권은 체포·구속된 피의자의 방어권 보장은 물론 특히 구금에 따른 불안으로부터 심리적 안정을 유지케 하는 데 중요한 역할을 한다. 피의자 또는 피고인이 갖는 비변호인과의 접견교통권은 인간으로서의 기본생활관계의 파멸을 방지하고 방어권보장을 위한 것이므로 헌법상의 기본권에 속한다(헌재결 2003. 11. 27. 2002헌마 193).

나. 비변호인과의 접견교통권의 제한 체포·구속된 피의자의 비변호인과의 접견교통권은 어느 정도 제한이 있다. 법원은 도망하거나 범죄의 증거를 인멸할 염려가 있다고 인정할 만한 상당한 이유가 있을 때에는 직권 또는 검사의 청구에 의하여 결정으로 변호인 또는 변호인이 되려는 자 외의 타인과의 접견을 금지할 수 있고, 서류나 그 밖의 물건을 수수하지 못하게 하거나 검열 또는 압수할 수 있도록 하고 있다(제200조의6, 제209조, 제91조).

2. 접견교통권의 침해에 대한 구제

접견교통권의 침해란 사법기관이 체포·구속된 피의자에 대하여 변호인 등과의 접견교통을 위법·부당하게 제한하는 것을 말한다. 변호인의 구속피의자에 대한 접견이 접견신청일이 경과하도록 이루어지지 않거나(대결 1991. 3. 28. 91모24), 피의자에 대한 구금장소의 임의적 변경이 있거나(대결 1996. 5. 15. 95모94) 혹은 변호인이 피의자를 접견할 때 수사기관이 승낙 없이 사진촬영을 하는 경우(대판 2003. 1. 10. 2002다56628)를 예로 들 수 있다.

(1) 접견교통권의 침해로 얻은 자백의 증거능력의 부정

접견교통권의 침해로 얻은 자백에 대하여는 증거능력을 부정하여야 한다. 판례도 국가안전기획부(현 국가정보원)에 구속된 피고인에 대한 변호인의 접견신청이 불허된 상태에서 검찰송치 후 검사가 작성한 제1회 피의자신문조서는 접견교통을 금지한 위법상태가 계속된 상황에서 작성된 것으로 보아 증거능력을 부정하고 있다(대판 1990. 9. 25. 90도1586).

(2) 침해에 대한 법적 구제책

접견교통권의 침해가 법원의 결정으로 인한 경우 항고로써(제402조, 제403조제2항), 수사기관의 접견교통권의 침해에 대하여는 준항고를 통하여 취소 또는 변경을 구할 수 있다(제417조).

3. 체포·구속적부심사제도

(1) 의 의

체포·구속적부심사제도는 수사기관에 의하여 체포·구속된 피의자에 대하여 관할법원이 체포·구속이 적합한지 여부를 심사하여 위법·부당한 경우 피의자를 석방시키는 제도이다(제214조의2제1항). 이 제도는 수사기관의 위법·부당한 체포·구속에 대한 구제책으로서 피의자의 인권을 보장하는 데 그 목적이 있다.

누구든지 체포 또는 구속을 당한 때에는 적부의 심사를 법원에 청구할 권리를 가진다(헌법 제12조제6항). 형사소송법에서 “체포되거나 구속된 피의자 또는 그 변호인, 법정대리인, 배우자, 직계친족, 형제자매나 가족, 동거인 또는 고용주는 관할법원에 체포 또는 구속의 적부심사를 청구할 수 있다”(제214조의2제1항)고 함으로써 이 권리를 구체화하고 있다. 또한 피의자를 체포·구속한 검사 또는 사법경찰관은 체포·구속된 피의자와 체포·구속적부심사 청구권자 중 피의자가 지정하는 사람에게 이를 청구할 수 있음을 알리도록 함으로써(동조제2항) 이 권리의 실현을 뒷받침하고 있다.

(2) 심사의 청구

가. 청구권자 체포·구속적부심사의 청구권자는 체포·구속된 피의자, 변호인, 법정대리인, 배우자, 직계혈족, 형제자매, 가족, 동거인 또는 고용주이다. 긴급체포 및 현행범인으로 체포된 자도 포함된다. 또한 적법한 체포·구속에 의한 경우는 물론 불법한 체포·구속(예를 들어 임의동행에 의하여 보호실에 유치되어 있는 자)도 그 대상이 된다.

나. 청구의 사유 체포·구속청구의 사유는 체포·구속에 대한 위법 또는 부당의 여부이다. 위법은 체포·구속이 그 요건에 적합하지 않거나 영장의 청구 및 발부가 법적 절차에 어긋나는 것을 말한다. 예를 들어 긴급체포한 후 48시간을 지나서 영장을 청구하였음에도 불구하고 이를 발부한 경우가 그것이다. 부당은 영장 발부 후 사정변경으로 체포·구속을 할 필요가 없는 경우를 말한다. 예를 들어 범죄사실을 부인하는 피의자가 증거인멸의 염려로 구속되었으나 이후 모두 자백하고 피해자와 합의까지 한 경우라면 증거인멸의 구속사유가 없어졌으므로 계속 구속상태를 유지할 필요가 없는 것이다.

다. 변호인 등의 영장등본 교부청구권 및 수사기록 열람권 구속영장이 청구되거나 체포 또는 구속된 피의자, 그 변호인, 법정대리인, 배우자, 직계친족, 형제자매나 동거인 또는 고용주는 긴급체포서, 현행범인체포서, 체포영장, 구속영장 또는 그 청구서를 보관하고 있는 검사, 사법경찰관 또는 법원사무관등에게 그 등본의 교부를 청구할 수 있다(규칙 제101조). 또한 체포·구속적부심사를 청구한 피의자의 변호인은 지방법원판사에게 제출된 구속영장청구서 및 그에 첨부된 고소·고발장, 피의자의 진술을 기재한 서류와 피의자가 제출한 서류를 열람할 수 있다(규칙 제104조의2, 제96조의21).

(3) 법원의 심사 및 결정

가. 심문기일의 지정 및 통지 법원은 체포·구속적부심사의 청구서가 접수된 때부터 48시간 이내에 피의자를 심문하여야 한다(제214조의2제4항). 이를 위하여 법원은 지체 없이 청구인, 변호인, 검사 및 피의자를 구금하고 있는 관서의 장에게 심문 기일과 장소를 통지하여야 한다(규칙 제104조제1항).

나. 심문기일의 절차 법원은 심문기일에 체포·구속된 피의자를 심문하고 수사 관계 서류와 증거물을 조사하여야 한다(제214조의2제4항). 검사, 변호인 및 청구인은 심문기일에 출석하여 의견을 진술할 수 있다(동조제9항). 체포·구속된 피의자에게 변호인이 없는 때에는 법원은 직권으로 국선변호인을 선정하여야 한다(동조제10항, 제33조). 체포·구속영장을 발부한 법관 외에 판사가 없는 경우를 제외하고는 영장을 발부한 법관은 심문·조사·결정에 참여하지 못한다(동조제12항).

다. 법원의 결정 법원은 심사의 청구가 이유 없다고 인정한 때에는 결정으로 이를 기각하고, 이유 있다고 인정한 때에는 결정으로 체포·구속된 피의자의 석방을 명하여야 한다(제214조의2제4항전단). 법원의 심사는 심사청구 후 피의자에 대하여 공소제기가 있는 경우에도 계속된다(동조제4항후단). 법원은 심사의 청구권자 아닌 사람이 청구하거나 동일한 체포영장 또는 구속영장의 발부에 대하여 재청구하거나, 공범이나 공동피의자의 순차청구가 수사방해를 목적으로 하고 있음이 명백한 때는 청구를 기각할 수 있다(동조제3항). 체포·구속의 적부심사청구에 대한 결정은 피의자에 대한 심문이 종료된 때로부터 24시간 이내에 하여야 한다(규칙 제106조). 법원의 결정에 대하여는 항고할 수 없다(제214조의2제8항).

라. 재체포·재구속의 제한 법원의 결정에 의하여 석방된 피의자는 도망하거나 범죄의 증거를 인멸하는 경우를 제외하고는 동일한 범죄사실로 다시 체포·구속하지 못한다(제214조의3제1항).

마. 심사기간의 체포·구속기간 불포함 법원이 수사 관계 서류와 증거물을 접수한 때부터 결정 후 검찰청에 반환된 때까지의 기간은 체포적부심사의 경우 체포영장에 의한 체포, 긴급체포, 현행범인의 체포에 있어서의 영장청구기간(48시간)에 산입하지 않고, 구속적부심사의 경우 수사기관의 구속기간(10일) 및 그 연장기간(검사의 경우 10일 연장)에 산입하지 않는다(제214조의2제13항).

(4) 보증금납입조건부 피의자석방

가. 의 의 보증금납입조건부 피의자석방은 구속적부심사를 청구한 피의자에 대하여 법원이 출석을 보증할 만한 보증금의 납입을 조건으로 피의자를 석방할 수 있게 하는 제도이다(제214조의2제5항본문). 피의자보석이라고도 한다. 보증금납입조건부 피의자석방은 구속적부심사의 청구가 있을 때에만 가능하다는 점, 법원의 직권에 의한 재량보석인 점 및 석방결정이 있으면 구속영장의 효력이 상실된다는 점에서 당사자의 청구에 의하고 조건에만 맞으면 필요적으로 보석이 인정되며 구속영장의 효력이 유지되는 피고인보석과 다르다.

나. 제외사유 법원은 ① 범죄의 증거를 인멸할 염려가 있다고 믿을 만한 충분한 이유가 있는 때, ② 피해자, 해당 사건의 재판에 필요한 사실을 알고 있다고 인정되는 사람 또는 그 친족의 생명·신체나 재산에 해를 가하거나 가할 염려가 있다고 믿을 만한 충분한 이유가 있는 때에는 보증금의 납입을 조건으로 석방을 명할 수 없다(동조제5항단서).

다. 피의자 보석조건의 결정 법원이 피의자에 대한 보증금납입조건부 석방을 함에 있어서는 ① 범죄의 성질 및 죄상, ② 증거의 증명력, ③ 피의자의 전과·성격·환경 및 자산, ④ 피해자에 대한 배상 등 범행 후의 정황에 관련된 사항 등을 고려하여 보증금을 정하여야 하며 피의자의 자금능력 또는 자산으로 이행할 수 없는 조건을 정할 수 없다(제214조의2제7항, 제99조제1항·제2항). 법원이 석방결정을 하는 경우에는 주거의 제한, 법원 또는 검사가 지정하는 일시·장소에 출석할 의무, 그 밖의 적당한 조건을 부가할 수 있다(제214조의2제6항).

라. 피의자 보석집행의 절차 피의자에 대한 보증금납입조건부 석방은 출석 등의 서약서, 보증금 납입 약정서, 피의자 외의 자의 출석보증서, 피해자의 권리회복을 위한 금전공탁·담보제공 및 보증금 납입 등의 조건을 이행한 후가 아니면 집행하지 못한다(제214조의2제7항, 제100조제1항). 이 경우 보석청구자 외의 자에게 보증금의 납입을 허가할 수 있다(제214조의2제7항, 제100조제2항). 법원은 유가증권 또는 피의자 외의 자가 제출한 보증서로써 보증금에 대신하게 할 수 있으며, 보증서에는 보증금을 언제든지 납입할 것을 기재하여야 한다(제214조의2제7항, 제100조제3항·제4항).

마. 재체포·재구속의 제한 보증금 납입을 조건으로 석방된 피의자가 ① 도망한 때, ② 도망하거나 범죄의 증거를 인멸할 염려가 있을 때, ③ 정당한 이유 없이 출석요구에 응하지 않을 때, ④ 주거의 제한이나 그 밖에 법원이 정한 조건을 위반한 때의 하나에 해당하는 사유가 있는 경우를 제외하고는 동일한 범죄사실에 관하여 다시 체포하거나 구속할 수 없다(제214조의3제2항).

바. 보증금의 몰수 법원은 보증금납입을 조건으로 석방된 피의자에 대하여 재체포·재구속의 제한의 예외사유(동조제2항)로 다시 구속한 때나 공소가 제기된 후 법원이 동일한 범죄사실에 관하여 피고인을 재차 구속할 때에는 납입된 보증금의 전부 또는 일부를 몰수할 수 있다(임의적 몰수, 제214조의4제1항). 또한 법원은 보증금납입을 조건으로 석방된 피의자가 동일한 범죄사실에 관하여 형의 선고를 받고 그 판결이 확정된 후, 집행하기 위한 소환을 받고 정당한 이유없이 출석하지 않거나 도망한 때에는 직권 또는 검사의 청구에 의하여 결정으로 보증금의 전부 또는 일부를 몰수하여야 한다(필요적 몰수, 동조제2항).

제 4 절 대물적 강제수사

I. 수사기관의 압수·수색

1. 의 의

(1) 압수의 의의

수사기관의 압수란 수사기관이 강제로 타인의 물건에 대한 점유를 취득하는 강제수사이다. 압수는 ① 점유취득 자체에 강제성이 수반되는 형태의 압수(제106조제1항, 협의의 압수), ② 압수할 물건을 지정하여 소유자, 소지자 또는 보관자에게 제출을 명하는 형태의 압수(동조제2항), ③ 임의제출 받은 물건이나 유류물에 대하여 영장 없이 하는 형태의 압수(제218조)가 있다. 이 중 형사소송법 제215조의 수사기관의 압수는 위 ①, ②를 말한다.

(2) 수색의 의의

수사기관의 수색이란 수사기관이 물건 또는 사람의 발견을 목적으로 물건, 장소 및 사람의 신체 등에 행하는 강제수사이다. 수색은 대개 압수를 위한 전제로서 행하여지고 있다.

2. 압수·수색의 요건

(1) 범죄혐의의 존재

압수·수색을 할 때는 피의자가 죄를 범하였다고 의심할 만한 정황이 있어야 한다(제215조). 범죄혐의의 정도는 구속에 있어서의 그것보다 낮은 수준으로도 가능하다. 따라서 압수·수색영장을 청구함에 있어서는 상당한 정도의 범죄혐의가 아닌 단순히 범죄혐의가 있다고 인정되는 정도의 자료제출을 요구하는데 그친다(규칙 제107조제1항, 제108조제1항).

(2) 압수·수색의 필요성과 비례성

압수·수색은 범죄수사에 필요한 때에 할 수 있다(제215조). 즉 압수할 물건이 증거방법으로 의미가 있게 되거나 몰수될 개연성이 있어야 하고, 수색은 압수할 물건을 발견하기 위한 것이어야 한다. 한편 압수·수색의 경우에도 강제수사 일반에 있어서와 같이 비례성의 원칙이 요구된다. 따라서 강제수사의 필요성이 인정되어야 하고 이 경우에도 최소한의 범위 내에서 압수·수색이 이루어져야 하며(최소침해의 원칙), 수사의 목적달성과 피압수자에 대한 침해가 서로 균형을 이루어야 한다(법익균형의 원칙).

(3) 피의사건과의 관련성

압수·수색은 피의사건과 관계가 있다고 인정될 수 있는 것에 한정된다(제215조, 제219조, 제106조제1항, 제107조제1항, 제109조제1항). 따라서 적법한 압수·수색 과정에서 드러난 제3자의 범행사실이 담긴 녹음파일은 제3자의 범행사실에 대하여는 위법수집증거로서 증거능력이 없을 뿐만 아니라 이로 인하여 얻은 2차적 증거도 증거로 할 수 없다(대판 2014. 1. 16. 2013도7101).

3. 압수·수색의 대상

(1) 압수의 대상

가. 압수의 목적물 압수의 대상은 피의사건과 관계가 있다고 인정할 수 있는 것에 한정하여 증거물 또는 몰수할 것으로 생각되는 물건(형법 제48조)을 압수할 수 있다. 다만 법률에 다른 규정이 있는 때에는 예외로 한다(제219조, 제106조제1항). 증거물의 압수는 형사소송의 목적을 달성하기 위한 것이고, 몰수할 것으로 생각되는 물건의 압수는 재판의 집행을 원활히 하기 위한 것이다.

나. 정보저장매체 컴퓨터용디스크, 그 밖에 이와 비슷한 정보저장매체도 압수의 대상이 된다(제219조, 제106조제3항).

다. 우체물의 압수에 대한 특칙 수사기관은 필요한 때에는 피의사건과 관계가 있다고 인정할 수 있는 것에 한정하여 우체물 또는 「통신비밀보호법」에 따른 전기통신에 관한 것으로서 체신관서, 그 밖의 관련 기관 등이 소지 또는 보관하는 물건을 압수할 수 있다(제219조, 제107조제1항). 수사기관이 압수를 할 때에는 발신인이나 수신인에게 그 취지를 통지하여야 한다(제219조, 제107조제3항).

(2) 수색의 대상

수색의 대상은 피의자의 신체, 물건 또는 주거 기타 장소로서 피의사건과 관계가 있다고 인정할 수 있는 것에 한정된다(제219조, 제109조제1항). 피의자 아닌 자의 신체, 물건, 주거 기타 장소에 관하여는 압수할 물건이 있음을 인정할 수 있는 경우에 한정하여 수색할 수 있다(제109조제2항).

(3) 압수·수색의 제한

가. 군사상 비밀과 압수 군사상 비밀을 요하는 장소는 그 책임자의 승낙 없이는 압수·수색할 수 없다. 이 경우 책임자는 국가의 중대한 이익을 해치는 경우를 제외하고는 승낙을 거부하지 못한다(제219조, 제110조제1항·제2항).

나. 공무상 비밀과 압수 공무원 또는 공무원이었던 자가 소지 또는 보관하는 물건에 관하여는 본인 또는 그 해당 공무소가 직무상의 비밀에 관한 것임을 신고한 때에는 그 소속공무소 또는 해당 감독관공서의 승낙 없이는 압수하지 못한다. 이 경우 소속공무소 또는 해당 감독관공서는 국가의 중대한 이익을 해하

는 경우를 제외하고는 승낙을 거부하지 못한다(제219조, 제111조제1항·제2항).

다. 업무상 비밀과 압수 변호사, 변리사, 공증인, 공인회계사, 세무사, 대서업자, 의사, 한의사, 치과의사, 약사, 약종상, 조산사, 간호사, 종교의 직에 있는 자 또는 이러한 직에 있던 자가 그 업무상 위탁을 받아 소지 또는 보관하는 물건으로 타인의 비밀에 관한 것은 압수를 거부할 수 있다. 다만 그 타인의 승낙이 있거나 중대한 공익상 필요가 있는 때에는 예외로 한다(제219조, 제112조).

라. 의류, 식량 등과 압수 검사 또는 사법경찰관은 체포·구속된 피의자가 도망하거나 범죄의 증거를 인멸할 염려가 있다고 인정할 만한 상당한 이유가 있을 때에는 변호인 아닌 자와의 수수할 서류 기타 물건을 압수할 수 있으나, 이때에도 의류, 식량, 의료품은 압수할 수 없다(제200조의6, 제209조, 제91조).

4. 압수·수색의 절차

(1) 압수·수색영장

가. 압수·수색영장의 청구 검사는 범죄수사에 필요한 때에는 피의자가 죄를 범하였다고 의심할 만한 정황이 있고 해당 사건과 관계가 있다고 인정할 수 있는 것에 한정하여 지방법원판사에게 청구하여 발부받은 영장에 의하여 압수, 수색 또는 검증을 할 수 있다(제215조제1항). 사법경찰관은 검사에게 신청하여 검사의 청구로 지방법원판사가 발부한 영장에 의하여 압수, 수색 또는 검증을 할 수 있다(동조제2항). 사법경찰관이 신청한 영장 불청구시 청구 여부의 심의신청(제221조의5)에 관하여는 “체포영장 및 구속영장의 청구”에서 본 바와 같다.

나. 압수·수색영장의 발부 압수·수색영장에는 피의자의 성명, 죄명, 압수할 물건, 수색할 장소·신체·물건, 영장 발부 연월일, 영장의 유효기간과 그 기간을 지나면 집행에 착수할 수 없으며 영장을 반환하여야 한다는 취지와 압수·수색의 사유를 기재하고 판사가 서명날인하여야 한다(제219조, 제114조제1항; 규칙 제109조, 제58조). 다만 압수·수색할 물건이 전기통신에 관한 것인 경우에는 작성기간을 기재하도록 함으로써(제219조, 제114조제1항단서) 그 범위를 제한하고 있다. 피의자의 성명이 분명하지 않은 때에는 인상, 체격, 기타 피의자를 특정할 수 있는 사항으로 피의자를 표시할 수 있다(제219조, 제114조제2항, 제75조제2항).

다. 압수·수색영장의 집행

(가) 집행의 기관 압수·수색영장은 검사의 지휘에 의하여 사법경찰관리가 집행한다(제219조, 제115조제1항본문). 관할구역 외에서의 검사의 압수·수색영장의 집행지휘와 그 촉탁 및 사법경찰관리의 압수·수색영장의 집행과 그 촉탁은 구속영장에 관한 것과 같다(제219조, 제115조제2항, 제83조제1항·제2항). 검사가 압수·수색을 할 때는 검찰청수사관 또는 서기관이나 서기를 참여하게 하고 사법경찰관이 압수·수색을 할 때는 사법경찰관리를 참여하게 하여야 한다(규칙 제110조, 제243조).

(나) 영장의 사전제시 압수·수색영장은 처분을 받는 자에게 반드시 제시하여야 하며 처분을 받는 자가 피고인인 경우에는 그 사본을 교부하여야 한다. 다만 처분을 받는 자가 현장에 없는 등 영장의 제시나 그 사본의 교부가 현실적으로 불가능한 경우 또는 처분을 받는 자가 영장의 제시나 사본의 교부를 거부한 때에는 예외로 한다(제219조, 제118조). 이 때의 영장은 원본이다(대판 2019. 3. 14. 2018도2841). 체포·구속에 있어서와는 달리 영장을 소지하지 않은 경우의 긴급집행(제200조의6, 제209조, 제85조제3항)은 허용되지 않는다.

(다) 집행에 필요한 처분 압수·수색영장의 집행 중에는 타인의 출입을 금지할 수 있고(제219조, 제119조), 건정(잠금장치)을 열거나 개봉 기타 필요한 처분을 할 수 있다(제219조, 제120조). 또한 압수·수색영장의 집행을 중지한 경우에 필요한 때에는 집행이 종료될 때까지 그 장소를 폐쇄하거나 간수자를 둘 수 있다(제219조, 제127조). 이메일 계정에 접근할 수 있는 압수·수색영장으로 원격지(국내외 불문)의 저장매체에 접속하여 내려받거나 현출된 정보에 대하여 범죄혐의사실과 관련된 부분을 압수·수색하는 것은 영장의 집행에 필요한 처분이다(대판 2017. 11. 29. 2017도9747).

(라) 당사자 및 관련자의 참여 검사, 피의자 및 변호인은 압수·수색영장의 집행에 참여할 수 있다(제219조, 제121조). 수사기관은 영장 집행 전에 이들에게 집행 일시와 장소를 미리 통지하여야 한다. 다만 이들이 참여하지 않는다는 의사를 명시한 때 또는 급속을 요하는 때에는 예외로 한다(제219조, 제122조). 공무소, 군사용 항공기 및 선박·차량 안에서 압수·수색영장을 집행할 때에는

그 책임자에게, 그 외의 타인의 주거, 간수자 있는 가옥·건조물·항공기 및 선박·차량 안에서 압수·수색영장을 집행할 때에는 주거주(住居主), 간수자 또는 이에 준하는 자를 참여하게 하여야 한다(제219조, 제123조제1항·제2항). 만약 이들을 참여하게 하지 못할 때에는 이웃 사람 또는 지방공공단체의 직원을 참여하게 하여야 한다(제219조, 제123조제3항). 디지털 증거의 경우 이미지파일을 제출받아 압수하였다면 파일출력 과정에까지 피의자 등을 참여케 해야 하는 것은 아니다(대판 2018. 2. 8. 2017도13263).

(마) 여자의 신체수색 여자의 신체를 수색할 때에는 성년 여자를 참여하게 하여야 한다(제219조, 제124조).

(바) 야간집행의 제한 야간(일출 전 일몰 후)에는 압수·수색영장에 야간집행을 할 수 있는 기재가 없으면 영장집행을 위하여 타인의 주거나 건조물 등에 들어가지 못한다(제219조, 제125조). 이는 피의자의 사생활을 보호하기 위한 것이므로 피의자의 동의 여부를 묻지 않는다. 그러나 도박장 등 풍속을 해치는 행위에 상용(常用)된다고 인정하는 장소나 여관, 음식점과 같이 야간에 공중이 출입할 수 있는 장소(이 경우 공개한 시간 내에 한함)에는 들어갈 수 있다(제219조, 제126조).

(사) 영장집행 후의 조치 수색한 경우에 증거물 또는 몰수할 물건이 없는 때에는 그 취지의 증명서를 교부하여야 한다(제219조, 제128조). 증거물 또는 몰수물을 압수한 경우에는 압수물의 목록을 작성하여 소유자, 소지자 및 보관자 등에게 교부하여야 한다(제219조, 제129조). 압수물 목록은 피압수자 등이 압수처분에 대한 준항고 등의 권리행사절차를 행하는 자료가 되는 동시에 피의자의 방어권 행사를 보장하기 위한 중요 자료가 되기 때문이다. 압수·수색영장의 집행을 마친 때에는 압수조서를 작성하여야 한다(제49조제1항).

(아) 전자적 정보에 대한 집행 수사기관은 압수의 목적물이 컴퓨터용디스크, 그 밖에 이와 비슷한 정보저장매체(이하 "정보저장매체 등")인 경우에는 원칙적으로 기억된 정보의 범위를 정하여 출력하거나 복제하여 제출받아야 한다. 다만 범위를 정하여 출력 또는 복제하는 방법이 불가능하거나 압수의 목적을 달성하기에 현저히 곤란하다고 인정되는 때에는 정보저장매체 등을 압수할 수 있다(제219조, 제106조제3항).

따라서 전자정보의 대량성 및 장시간 소요 등으로 인하여 범위를 정하여 출력·복제하기가 불가능한 경우에 한하여 예외적으로 저장매체 자체를 직접 반출하거나 저장매체 내의 전자파일 전부를 하드카피나 이미징 등의 복제본 형태로 수사기관 사무실 등 외부로 반출하는 방식으로 압수·수색하는 것이 허용될 수 있을 뿐이다. 이 경우에도 혐의사실과 관련된 부분으로 한정되어야 하며, 피압수자나 변호인에게 참여의 기회를 보장해야 하고 혐의사실과 무관한 전자정보의 임의적인 복제 등을 막기 위한 적절한 조치를 취하여야 한다(대결 2015. 7. 16. 2011모1839(전원합의체)).

(자) 재압수·수색의 제한 압수·수색영장의 경우 비록 압수물을 발견하지 못한 경우에도 일단 압수를 위한 수색을 시작하면 그 자체가 영장의 집행이고 이를 끝내면 집행의 종료에 해당한다. 따라서 일단 집행에 착수한 후 이를 종료하였다면 압수물을 발견하지 못한 경우에도 영장은 그 목적을 달성하여 효력을 상실하게 되어 동일한 장소에 대하여 새로이 압수·수색을 하려면 다시 영장을 발부받아야 한다(대결 1999. 12. 1. 99모161).

(2) 영장주의의 예외

가. 영장주의가 적용되지 않는 압수·수색

(가) 체포·구속 목적의 피의자 수색 검사 또는 사법경찰관은 체포영장에 의한 체포(제200조의2), 긴급체포(제200조의3) 및 현행범인의 체포(제212조)에 의하여 피의자를 체포 또는 구속영장에 의하여 구속하는 경우(제201조) 필요한 때에는 수색영장 없이 타인의 주거, 가옥, 건조물, 항공기, 선박·차량 안에 들어가 피의자 수색을 할 수 있다. 다만 영장에 의한 체포(제200조의2) 또는 구속(제201조)하는 경우의 피의자 수색은 미리 수색영장을 발부받기 어려운 긴급한 사정이 있는 때에 한정한다(제216조제1항제1호). 제216조의 규정에 의한 처분을 하는 경우에 급속을 요하는 때에는 공무소, 군사용의 항공기 또는 선박·차량에서의 영장집행과 책임자의 참여에 관한 제123조제2항 및 야간집행의 제한에 관한 제125조의 규정에 의하지 않아도 된다(제220조).

한편 법원의 피고인에 대한 구속영장 집행시의 이러한 수색은 제137조에 의하여 허용된다.

(나) 체포현장에서의 압수·수색 검사 또는 사법경찰관은 체포영장에 의한

체포, 긴급체포 및 현행범인의 체포에 의하여 피의자를 체포 또는 구속영장에 의하여 구속하는 경우 필요한 때에는 영장 없이 체포현장에서 압수·수색을 할 수 있다(제216조제1항제2호). 제217조제1항과의 관계에서 체포행위에 착수한 이후 체포되기까지의 과정에서 이루어지는 압수·수색이 그 대상이다. 검사 또는 사법경찰관은 압수한 물건을 계속 압수할 필요가 있는 경우에는 지체 없이 압수·수색영장을 청구하여야 하고, 이 경우 체포한 때로부터 48시간 이내에 하여야 한다(제217조제2항). 만약 압수·수색영장을 발부받지 못한 때에는 압수한 물건을 즉시 반환하여야 한다(동조제3항).

제216조의 규정에 의한 처분을 하는 경우 요급처분이 인정됨은 체포·구속목적의 피의자수색에서 본 바와 같다(제220조).

(다) 긴급체포 후의 긴급압수·수색 검사 또는 사법경찰관은 '긴급체포된 자'가 소유·소지 또는 보관하는 물건에 대하여 긴급히 압수할 필요가 있는 경우에는 체포한 때로부터 24시간 이내에 한정하여 영장 없이 압수·수색할 수 있다(제217조제1항). 체포현장이 아닌 장소에서 긴급체포된 자가 소유·소지 또는 보관하는 물건도 그 대상이 된다(대판 2017. 9. 12. 2017도10309). 긴급체포된 사실이 밝혀지면 피의자와 관련된 자들이 증거물을 숨기거나 멸실하는 것을 방지하기 위한 것이다. 검사 또는 사법경찰관은 압수한 물건을 계속 압수할 필요가 있는 경우에는 지체 없이 압수·수색영장을 청구하여야 하고, 이 경우 체포한 때로부터 48시간 이내에 하여야 한다(동조제2항). 만약 압수·수색영장을 발부받지 못한 때에는 압수한 물건을 즉시 반환하여야 한다(동조제3항). 제217조제1항은 체포나 구속에 수반되어 이루어지는 것이 아니라는 점에서 일종의 긴급압수·수색에 해당한다.

(라) 임의제출물 및 유류물의 압수 검사 또는 사법경찰관은 피의자 등이 유류(遺留)한 물건이나 소유자, 소지자 또는 보관자가 임의로 제출한 물건을 영장 없이 압수할 수 있다(제218조). 임의로 제출한 물건도 일단 제출하면 압수로서의 효력이 발생하여 제출자가 함부로 가져갈 수 없다. 체포현장(제216조제1항제2호) 및 범죄장소(동조제3항)에서의 유류물이나 임의제출물도 제218조의 적용대상이다. 제218조의 해석상 유류물은 소유자, 소지자 또는 보관자로부터도 이탈한 물건을 말한다.

나. 압수·수색 후의 영장청구 범행 중 또는 범행 직후의 범죄장소에서 긴급을 요하여 판사의 영장을 받을 수 없는 때에는 영장 없이 압수·수색을 할 수 있다. 이 경우에는 사후에 지체 없이 영장(압수·수색영장)을 받아야 한다(제216조제3항). 사전영장주의의 예외로서 전형적인 사후영장의 형태라고 할 수 있다. 범행 중 또는 범행 직후란 현행범인에 해당하는 것으로 현행범인의 체포에 수반되는 경우에는 제216조제1항제2호(체포현장에서의 압수·수색)가 먼저 적용된다. 따라서 이 규정은 현행범인을 체포하지 못하고 범죄장소에 남아 있는 증거물을 압수·수색하는 경우에 주로 적용된다. 이는 체포현장에서의 압수·수색이 아니라는 점에서 일종의 긴급압수·수색에 해당한다.

제216조의 규정에 의한 처분을 하는 경우 요급처분이 인정됨은 체포·구속목적의 피의자수색 및 체포현장에서의 압수·수색에서 본 바와 같다(제220조).

5. 압수물의 보관과 처분

(1) 압수물의 보관

가. 자청보관의 원칙 압수물은 압수한 수사기관이 자신의 청사로 운반하여 보관하는 것이 원칙이다.

나. 보관위탁 및 폐기 수사기관은 운반 또는 보관에 불편한 압수물에 관하여는 간수자를 두거나 소유자 등의 승낙을 얻어 보관하게 할 수 있다(제219조, 제130조제1항). 위험발생의 염려가 있는 압수물은 폐기할 수 있고(제219조, 제130조제2항), 법령상 생산·제조·소지·소유 또는 유통이 금지된 압수물로서 부패의 염려 및 보관의 어려움이 있는 것은 소유자 등의 동의를 받아 폐기할 수 있다(제219조, 제130조제3항).

다. 대가보관 몰수하여야 할 압수물로서 멸실·파손·부패 또는 현저한 가치 감소의 염려 및 보관의 어려움이 있는 것은 매각하여 대가를 보관할 수 있다(제219조, 제132조제1항). 환부하여야 할 압수물 중 환부 받을 자를 알 수 없거나 그 소재가 불명한 경우로서 이와 같은 염려 및 어려움이 있는 경우에도 마찬가지이다(제219조, 제132조제2항).

(2) 압수물의 환부·가환부 및 그 효력

가. 환부·가환부 검사는 사본을 확보한 경우 등 압수를 계속할 필요가 없다고 인정되는 압수물 및 증거에 사용할 압수물에 대하여 공소제기 전이라도 소유자, 소지자, 보관자 또는 제출인의 청구가 있는 때에는 환부 또는 가환부하여야 한다(제218조의2제1항). 압수로 인하여 피압수자의 업무에 지장을 초래하는 것을 방지하기 위하여 압수의 목적을 달성한 경우에는 이를 환부·가환부하도록 한 것이다.

청구에 대하여 검사가 이를 거부하는 경우에는 신청인은 해당 검사의 소속 검찰청에 대응한 법원에 압수물의 환부 또는 가환부 결정을 청구할 수 있다(동조제2항). 이 청구에 대하여 법원이 환부 또는 가환부를 결정하면 검사는 신청인에게 압수물을 환부 또는 가환부하여야 한다(동조제3항). 사법경찰관의 환부 또는 가환부 처분에 관하여도 마찬가지이나, 다만 이 경우 사법경찰관은 검사의 지휘를 받아야 한다(동조제4항).

피압수자가 그 소유권을 포기하여 실체법상의 권리를 상실하더라도 압수물환부에 대한 수사기관의 의무에는 영향이 없고, 수사기관에 대하여 환부청구권을 포기한다는 의사표시를 하더라도 그 효력이 없어 수사기관은 환부의무를 지게 되므로 피압수자의 환부청구권이 소멸하는 것은 아니다(대결 1996. 8. 16. 94모51(전원합의체)).

나. 압수장물의 피해자환부 압수한 장물은 피해자에게 환부할 이유가 명백한 때에는 피의사건의 종결 전이라도 검사의 처분으로 피해자에게 환부할 수 있다(제219조, 제134조). 장물을 처분하였을 때에는 그 대가로 취득한 것을 교부하여야 한다(제219조, 제333조제2항).

다. 환부·가환부의 효력 가환부는 압수의 효력이 지속되나 환부는 압수의 효력을 상실시킨다. 그러나 환부도 단지 압수를 해제하여 원상태로 환원시키는 것에 불과할 뿐 환부를 받는 자에게 소유권 등의 실체법상의 권리를 부여하는 것은 아니다(대결 1996. 8. 16. 94모51(전원합의체)).

(3) 압수물의 처분과 당사자에 대한 통지

수사기관이 압수물의 대가보관, 환부·가환부 및 압수장물의 피해자환부의 처분을 할 때에는 피해자, 피의자 또는 변호인에게 미리 통지하여야 한다(제219조, 제135조). 압수물에 대한 이해관계인들의 권리관계를 고려하여 미리 의견진술 및 이의제기의 기회를 주려는 것이다. 수사기관의 압수 또는 압수물의 환부 등에 관한 처분에 대하여는 준항고할 수 있다(제417조).

Ⅱ. ▶▶ 수사기관의 검증

1. 수사기관의 검증

(1) 검증의 의의

수사기관의 검증이란 수사기관이 사람, 장소 및 물건의 성질과 상태를 시각, 청각 등의 감각기관을 이용하여 인식하는 것을 말한다. 수사기관의 검증은 압수·수색과 마찬가지로 증거를 수집·보존하기 위한 강제수사로서 법관의 영장에 의하여야 한다(제215조).

(2) 압수·수색과 검증

수사기관의 검증은 압수·수색과 함께 규정하면서(제215조에서 제220조까지) 총칙의 규정을 준용하고 있다. 따라서 수사기관의 검증의 절차는 특히 검증이 인정되지 않는 경우(제216조제1항제1호, 체포·구속 목적의 피의자수색)를 제외하고는 압수·수색과 동일한 절차에 의하여 진행된다. 다만 수사기관이 검증을 할 때에도 신체의 검사, 사체의 해부, 분묘의 발굴, 물건의 파괴 기타 필요한 처분을 할 수 있게 하고 있다(제219조, 제140조). 검증에 수반되는 필요한 처분 중 검증의 한계로서 감정과 관련되어 논의되는 것으로서 신체검사가 있다.

(3) 신체에 대한 강제수사

사람의 신체에 대한 강제수사로는 ① 옷을 입은 상태에서 신체의 외부를 위주로 행하는 신체의 수색(제109조), ② 신체의 내부(옷 속의 피부외표 등)를 검사하는 검증의 일종인 신체검사(제219조, 제140조, 제141조), ③ 혈액채취 등과 같은 감정의 일종인 체내신체검사(제221조의4, 제173조)가 있다.

2. 신체검사

(1) 의 의

신체검사는 수사기관이 증거를 수집하기 위하여 시각, 청각 등의 감각기관에 의하여 주로 사람의 신체 내부(피부외표)를 검사하는 검증에 해당하는 강제수사의 방법이다. 예를 들어 피의자가 항문 등 신체의 은밀한 부위에 마약을 숨기고 있는지 여부를 검사하는 행위가 그것이다.

(2) 신체검사의 절차

수사기관의 신체검사는 강제수사인 검증에 해당하고 수사기관의 압수·수색과 함께 규정되어 있으므로 대부분 압수·수색에 관한 규정이 그대로 적용된다.

(3) 신체검사시의 주의사항

신체의 검사에 관하여는 검사를 받는 사람의 성별, 나이, 건강상태, 그 밖의 사정을 고려하여 건강과 명예를 해하지 않도록 주의하여야 한다(제219조, 제141조제1항). 피고인 아닌 사람의 신체검사는 증거가 될 만한 흔적을 확인할 수 있는 현저한 사유가 있는 경우에만 할 수 있다(제219조, 제141조제2항). 여자의 신체를 검사하는 경우에는 의사나 성년 여자를 참여하게 하여야 한다(제219조, 제141조제3항). 시체의 해부 또는 분묘의 발굴을 하는 때에는 예(禮)에 어긋나지 않도록 주의하고 미리 유족에게 통지하여야 한다(제219조, 제141조제4항).

Ⅲ. 수사기관의 감정

1. 수사기관의 감정

(1) 감정의 의의

수사기관의 감정이란 수사기관의 요청에 의하여 특별한 지식 및 경험을 가진 자가 이를 이용하여 얻은 판단을 수사기관에 제출하는 것을 말한다. 예를 들어 인영감정, 필적감정, 신체검사 및 시체의 해부 등이 그것이다. 검증이 단순히 감각기관을 이용하여 인식하는 것을 말함에 대하여 감정은 특별한 지식이나 경험을 이용하여 인식한다는 데서 서로 다르다.

(2) 감정의 절차

가. 감정의 위촉 검사 또는 사법경찰관은 수사에 필요한 때에는 감정을 위촉할 수 있다(제221조제2항). 이를 법원의 감정인과 구별하여 강학상 감정수촉자(혹은 감정수탁자)라고 한다.

나. 감정유치의 청구 및 유치처분 검사는 감정을 위촉하는 경우에 피의자의 정신 또는 신체에 관한 감정의 필요에 의하여 병원 등의 일정한 장소에 유치처분이 필요할 때에는 판사에게 이를 청구하여야 한다(제221조의3제1항). 판사는 검사의 청구가 상당하다고 인정할 때에는 감정유치장을 발부함으로써 유치처분을 한다(동조제2항, 제172조제4항).

다. 감정유치와 구속 감정유치는 구속에 해당하므로 유치에 관하여는 보석을 제외하고는 구속에 관한 규정이 준용된다(동조제2항, 제172조제7항). 따라서 유치는 미결구금일수의 산입에 있어서는 이를 구속으로 본다(동조제2항, 제172조제8항). 구속 중인 피의자에 대하여 감정유치장이 집행되었을 때에는 피의자가 유치되어 있는 기간 동안 구속은 그 집행이 정지된 것으로 본다. 유치처분이 취소되거나 유치기간이 만료된 때에는 구속의 집행정지가 취소된 것으로 본다(동조제2항, 제172조의2제1항·제2항).

라. 감정에 필요한 처분 감정수촉자는 검사의 청구에 의하여 판사가 발부한 허가장에 의하여 타인의 주거나 간수자 있는 가옥 등에 들어갈 수 있고 신체의 검사나 사체의 해부 등을 할 수 있다(제221조의4제1항~제3항, 제173조제1항). 허가장에는 피의자의 성명, 죄명, 들어갈 장소, 검사할 신체, 해부할 사체, 발굴할 분묘, 파괴할 물건, 감정수촉자의 성명과 유효기간을 기재하여야 한다(동조제4항, 제173조제2항). 감정수촉자는 허가장을 처분을 받는 자에게 제시하여야 한다(동조제4항, 제173조제3항).

2. 강제채혈

(1) 의 의

채혈은 혈액의 성질 및 상태를 밝히기 위한 목적으로 수사기관이 피의자의 혈액을 채취하는 체내신체검사로서 감정의 성격을 가진다. 채혈은 신체에 대한 침해를 수반하므로 원칙적으로 강제수사의 방법에 속한다. 도로교통법은 경찰공무원의 음주측정 결과에 불응하는 운전자에 대하여 그의 동의를 얻어 이를 행할 수 있도록 하고 있다(동법 제44조제3항). 채혈의 문제는 주로 신체검사의 한계와 관련하여 수사목적의 강제채혈이 허용되는가에 대한 문제로 논의되고 있다.

(2) 강제채혈의 성격

채혈은 혈액을 수집·보전하기 위한 것이라는 점에서 압수·수색의 성격을 가지고, 채혈한 것을 특별한 지식이나 경험으로 인식하여야 한다는 점에서 감정의 성격을 아울러 가진다.

(3) 강제채혈에 대한 판례의 태도

강제채혈은 압수영장에 의한 압수의 방법이나 감정처분허가장에 의한 감정에 필요한 처분으로 할 수 있다고 한다(대판 2012. 11. 15. 2011도15258). 증거수집을 위하여 법원으로부터 감정처분허가장이나 사전압수영장을 발부받을 시간적 여유가 없는 긴급한 때에는 의료인의 자격이 있는 자에게 의학적인 방법에 따라 혈액을 채취하게 한 후 이를 영장 없이 압수할 수는 있으나, 증거로 사용하려면 사후에 지체 없이 압수·수색영장을 받아야 한다(위의 판례). 강제채뇨 또한 강제채혈과 마찬가지이다(대판 2018. 7. 12. 2018도6219).

제 5 절 수사상의 증거보전

I. 증거보전

1. 의 의

증거보전이란 공판기일의 정식의 증거조사 이전에 미리 증거를 보전하지 않으면 그 증거를 사용하기 곤란한 사정이 있는 경우에 검사, 피의자, 피고인 또는 변호인의 청구에 의하여 지방법원판사가 압수, 수색, 검증, 증인신문 또는 감정을 하여 그 결과를 보전하는 것을 말한다(제184조제1항). 증거보전절차는 피의자 및 피고인이 판사를 통하여 강제적으로 자신에게 유리한 증거를 수집·보전하는 제도라는 점에서 중요한 의의가 있다. 검사의 경우 증거를 수집·보전하는 여러 강제수사의 방법이 인정되고 있을 뿐만 아니라 참고인에 대한 증인신문의 청구(제221조의2)가 독자적으로 인정되고 있어 이 절차의 실효성이 그리 크지 않아 보이기 때문이다.

2. 증거보전의 요건

증거보전은 증거를 보전하지 않으면 그 증거를 사용하기 곤란한 사정이 있는 때에 인정된다(제184조제1항). 예를 들어 장기간의 해외여행이 예정되어 있는 참고인에 대하여 피의자가 수사기관에 조사요청을 하였는데도 수사기관이 이에 응하지 않고 있는 경우가 그것이다.

증거보전의 청구는 제1회 공판기일 전에 한정하여 허용된다. 제1회 공판기일 전이란 형식적 의미가 아니라 실질적으로 수소법원에 의한 증거조사가 가능한 시점을 의미한다는 데 대체로 의견이 일치하고 있다.

3. 증거보전의 절차

(1) 증거보전의 청구

가. 청구권자 증거보전의 청구권자는 검사, 피의자, 피고인 및 변호인이다(제184조제1항). 공소제기 후 제1회 공판기일 이전까지 청구할 수 있으므로 피고인의 경우도 청구권자이다.

나. 청구의 방식 청구는 보전을 필요로 하는 증거를 관할하는 지방법원 판사에게 서면으로 하여야 한다(규칙 제91조; 제184조제3항).

다. 청구의 내용 증거보전을 청구할 수 있는 처분은 압수, 수색, 검증, 증인신문 및 감정이다. 따라서 증거보전절차에서 증거보전의 방법으로 피의자 또는 피고인에 대한 신문을 청구할 수는 없다(대판 1977. 12. 13. 77도2770 등).

(2) 증거보전의 심사

가. 지방법원판사의 결정 증거보전의 청구를 기각하는 결정에 대하여는

3일 이내에 항고할 수 있다(제184조제4항). 이는 증거보전 재판을 한 판사가 수소법원 또는 재판장과 동일한 권한이 있으며 증거보전청구가 피의자에게 유리한 제도라는 점 등의 고려에서 둔 규정이다.

나. 증거보전 판사의 권한 　증거보전의 청구를 받은 판사는 그 처분에 관하여 법원 또는 재판장과 동일한 권한이 있다(동조제2항). 따라서 법원이 행하는 압수, 수색, 검증, 증인신문 및 감정에 관한 규정이 그대로 준용된다. 당사자의 증거조사 참여권 및 증인신문권에 관한 규정도 준용된다(동조제2항, 제163조).

4. 증거보전 후의 절차

(1) 증거의 보관

증거보전에 의하여 취득한 증거(예를 들어 증인신문조서)는 증거보전을 행한 판사 소속의 법원(소송법상 의미)에서 보관한다.

(2) 서류 등의 열람·복사권

검사, 피의자, 피고인 및 변호인은 판사의 허가를 얻어 증거보전절차에 의하여 압수한 물건이나 작성된 서류 등에 대하여 열람 또는 복사할 수 있다(제185조).

(3) 증거보전절차에서 작성된 조서의 증거능력

증거보전절차에서 작성된 조서는 법원 또는 법관의 조서로서 당연히 증거능력이 인정된다(제311조). 그러나 검사나 피고인이 이를 증거로 이용하기 위해서는 수소법원에 증거조사의 신청을 하여야 한다. 이 절차에 의하여 보전된 서류 또는 물건도 공판중심주의의 요청에 의하여 증거조사를 거쳐야 사실인정의 증거로 할 수 있기 때문이다.

한편 증거보전절차에서 당사자에게 미리 통지하지 않음으로 인하여 당사자의 참여가 보장되지 않은 상태에서 이루어진 증인신문에 대한 조서는 그 증인이 후에 법정에서 진정성립을 인정하더라도 위법하게 수집된 증거로서 증거로 할 수 없다(대판 1992. 2. 28. 91도2337).

Ⅱ. ▸▸ 참고인에 대한 증인신문의 청구

1. 의 의

참고인에 대한 증인신문이란 범죄의 수사에 반드시 필요한 참고인이 수사기관의 출석 또는 진술을 거부한 경우에 검사가 제1회 공판기일 전에 한정하여 판사에게 그에 대한 증인신문을 청구하는 것을 말한다(제221조의2제1항). 이는 참고인의 지위를 어느 정도 희생해서라도 공익을 옹호할 필요성에서 인정되는 것이다. 이 제도는 제184조(증거보전)가 있음에도 불구하고 검사에게만 인정된다는 점에 그 의의가 있다.

2. 증인신문의 요건

참고인에 대한 증인신문은 범죄수사에 없어서는 안 될 사실을 안다고 명백히 인정되는 참고인이 수사기관의 출석요구에 불응하거나 진술을 거부하는 경우에 인정된다(동조제1항). 제1회 공판기일이란 앞의 증거보전절차에서 본 것과 같다.

3. 증인신문의 절차

(1) 증인신문의 청구

가. 청구권자 증인신문의 청구권자는 검사이다(동조제1항).

나. 청구의 방식 참고인에 대한 증인신문의 청구는 서면으로 그 사유를 소명하여야 한다(동조제3항).

(2) 증인신문의 방법

참고인에 대한 증인신문의 청구를 받은 판사는 증인신문에 관하여 법원 또는 재판장과 동일한 권한이 있다(동조제4항). 따라서 증인신문의 절차와 방식에 관하여 수소법원의 증인신문에 관한 규정이 그대로 적용된다. 판사가 증인신문기일을 정한 때에는 피의자, 피고인 및 변호인에게 이를 통지하여 증인신문에 참여할 수 있도록 하여야 한다(동조제5항).

4. 증인신문 후의 절차

(1) 서류의 송부

판사가 참고인에 대하여 증인신문을 한 때에는 지체 없이 이에 관한 서류를 검사에게 송부하여야 한다(동조제6항). 증거보전절차(제184조)에서 보전한 서류 등을 이를 행한 판사 소속의 법원이 보관하는 것과 다르다. 이는 소송법적으로 중요한 의미를 가지는데, 검사가 보관함에 따라 수사서류에 해당하여 피의자는 증인신문의 서류 등에 대하여 열람·복사권이 인정되지 않는다. 따라서 수사기밀이 누설될 염려가 없다. 증인신문을 검사에게만 인정한 이유가 여기에 있다.

(2) 증인신문조서의 증거능력

참고인에 대한 증인신문절차에서 작성된 증인신문조서의 증거능력은 앞에서 본 증거보전절차에서 작성된 조서의 증거능력과 같다. 따라서 증인신문절차에서 작성된 증인신문조서는 법원 또는 법관의 조서로서 당연히 증거능력이 인정된다(제311조). 검사나 피고인이 이를 증거로 이용하기 위해서는 수소법원에 증거조사의 신청을 하여야 하며, 당사자의 참여가 보장되지 않은 상태에서 이루어진 증인신문에 대한 조서는 위법하게 수집한 증거로서 증거로 할 수 없음도 마찬가지이다.

제 5 장 수사의 종결

제 1 절 사법경찰관의 수사종결

I. ▸▸ 사법경찰관의 결정

사법경찰관이 사건을 수사하게 된 경우에는 법원·검찰 송치, 불송치, 수사중지 및 이송 등의 결정을 하여야 한다(수사준칙 제51조).

II. ▸▸ 사건의 송치

1. 법원송치 (수사준칙 제51조제1호)

경찰서장은 촉법소년이나 우범소년에 대하여 직접 관할 소년부에 송치하여야 한다(소년법 제4조제2항). 소년법상의 보호사건에서 볼 수 있는데, 촉법소년은 형벌 법령에 저촉되는 행위를 한 10세 이상 14세 미만인 소년을 말하고(제4조제2호), 우범소년은 집단적으로 몰려다니며 주위 사람들에게 불안감을 조성하는 성벽이 있는 소년 등과 같이 그의 성격이나 환경에 비추어 앞으로 형벌 법령에 저촉되는 행위를 할 우려가 있는 10세 이상인 소년을 말한다(동조 제3호).

2. 검찰송치 (수사준칙 동조제2호)

사법경찰관은 범죄의 혐의가 있다고 인정되는 경우에는 지체 없이 검사에게 송치하고, 관계 서류와 증거물을 검사에게 송부하여야 한다(제245조의5제1호). 사법경찰관의 일반적인 사건송치 형태로 이는 검사로 하여금 공소제기 여부를 결정케 하기 위한 데 있다.

Ⅲ. 사건의 불송치 등

1. 사건의 불송치

(1) 의 의

사법경찰관은 사건을 검사에게 송치하는 경우를 제외하고는 그 이유를 명시한 서면과 함께 관계 서류와 증거물을 지체 없이 검사에게 송부하여야 한다. 이 경우 검사는 송부받은 날부터 90일 이내에 사법경찰관에게 반환하여야 한다(제245조의5제2호).

사법경찰관이 수사한 결과 혐의없음 등의 검사의 불기소처분의 사유에 해당한다고 판단되면 수사를 종결하도록 하여 사법경찰관의 독자적 수사권을 보장하고 있다. 나아가 서류와 증거물을 검사에게 송부하게 함으로써 검사로 하여금 사법경찰관의 수사의 적정 여부를 통제·감시케 하고 있다.

(2) 불송치의 사유

사법경찰관의 불송치결정은 검사의 불기소처분에 대응하여 그 처분 주체만 다르다고 할 수 있다. 따라서 그 구체적 내용은 검사의 처분을 규정한 검찰사건사무규칙의 불기소처분 내용과 사실상 같다.

가. 혐의없음(수사준칙 제51조제1항제3호가목) 혐의없음이란 피의자사실이 범죄를 구성하지 않거나 인정되지 않는 경우나(범죄 인정 안됨), 피의사실을 인정할 만한 충분한 증거가 없는 경우에(증거불충분) 하는 처분을 말한다(검규 제69조제3항제2호 참조).

나. 죄가안됨(수사준칙 동조동항동호나목) 죄가안됨이란 피의사실이 범죄구성요건에 해당하나 법률상 범죄의 성립을 조각하는 사유가 있어 범죄가 되지 않는 경우에 하는 처분을 말한다(검규 동조동항제3호 참조).

다. 공소권없음(수사준칙 동조동항동호다목) 공소권없음이란 피의사실에 대하여 소송조건이 결여된 경우에 하는 처분을 말한다(동조동항제4호 참조). 친고죄에 있어서 고소가 없거나 취소된 경우 혹은 공소시효가 완성된 경우 등이 여기에 해당한다.

라. 각하(수사준칙 동조동항동호라목) 각하란 고소 또는 고발이 있는 사건에 관하여 수사의 필요성이 인정되지 않는 경우 수사에 착수하지 않고 곧바로 사건을 종료하는 처분을 말한다(검규 동조동항제5호 참조).

2. 수사중지

(1) 피의자중지(수사준칙 제51조제1항제4호가목)

피의자중지란 피의자의 소재불명 등으로 수사를 종결할 수 없는 경우에 그 사유가 없어질 때까지 하는 처분이다. 검사의 기소중지에 대응하는 처분이다.

(2) 참고인중지(수사준칙 동조동항동호나목)

참고인중지란 참고인·고소인·고발인의 소재불명으로 수사를 종결할 수 없는 경우에 그 사유가 없어질 때까지 하는 처분이다.

3. 이송(수사준칙 동조동항제5호)

사법경찰관은 사건이 소속 관서에 대응한 법원의 관할에 속하지 않은 경우 사건을 관계 서류 및 증거물과 함께 관할 지역의 사법경찰관에게 이송하여야 한다(제256조 참조). 수사기관의 관할은 법원의 관할에 따르는데 법원의 관할은 범죄지, 피고인의 주소, 거소 및 현재지이다(제4조제1항).

Ⅳ. 사건의 불송치 등과 수사의 적정성 보장

1. 의 의

2020년 개정법은 사법경찰관이 불송치 등의 사유로 독자적 수사종결권을 행사케 하는 대신에 고소인 등에게는 이의신청권을 보장하고 검사에게는 재수사요청권을 부여하고 있다. 이를 통하여 검사의 통제를 받도록 하여 고소인 등의 인권보장에 기여하고 수사의 적정성을 보장하기 위한 것이다.

2. 고소인 등에 대한 송부통지와 이의신청

사법경찰관이 불송치사건 등의 관계 서류 및 증거물을 검사에게 송부하는 경우에는 그 송부한 날부터 7일 이내에 서면으로 고소인·고발인·피해자 또는 그 법정대리인(피해자가 사망한 경우에는 그 배우자·직계친족·형제자매를 포함)에게 사건을 검사에게 송치하지 않는 취지와 그 이유를 통지하여야 한다(제245조의6). 통지를 받은 고소인(고발인 제외) 등은 해당 사법경찰관의 소속 관서의 장에게 이의를 신청할 수 있다(제245조의7제1항). 고소인 등의 이의신청이 있는 경우 사법경찰관은 지체 없이 검사에게 사건을 송치하고 관계 서류와 증거물을 송부하여야 하며, 처리결과와 그 이유를 신청인에게 통지하여야 한다(동조제2항).

3. 검사의 재수사 요청

사법경찰관이 불송치사건 등을 검사에게 송부한 경우 검사는 사법경찰관이 사건을 송치하지 않은 것이 위법 또는 부당한 때에는 그 이유를 문서로 명시하여 사법경찰관에게 재수사를 요청할 수 있다(제245조의8제1항). 위법·부당한 경우란 수사과정에서의 법령위반·인권침해·현저한 수사권남용이 있는 경우, 수사를 제대로 하지 않은 경우 및 범죄혐의가 인정됨에도 불구하고 불송치 결정을 한 경우 등이 될 것이다. 이 경우 사법경찰관은 사건을 재수사하여야 한다(동조제2항).

제 2 절 검사의 수사종결

I. ▸▸ 공소의 제기

검사는 범죄의 객관적 혐의가 충분하고 소송조건을 구비하여 유죄판결을 받을 확신이 있는 때에는 관할법원에 공소를 제기한다(제246조). 검사의 직무 중 가장 중요한 행위가 공소제기와 그 유지이다.

II. ▸▸ 공소보류

국가보안법 위반 사건의 피의자에 대하여 범죄의 혐의가 인정되는 경우에도 검사는 형법 제51조(양형의 조건)의 사항을 참작하여 공소제기를 보류할 수 있다(동법 제20조제1항). 공소보류 처분을 받은 자가 공소제기 없이 2년을 경과한 때에는 소추할 수 없다(동조제2항).

III. ▸▸ 불기소처분

1. 불기소처분의 의의

불기소처분이란 검사가 피의사실에 대하여 확신이 서지 않는 경우 공소를 제기하지 않는 처분을 말한다.

2. 불기소처분

(1) 협의의 불기소처분

협의의 불기소처분이란 수사기관의 수사결과 범죄의 혐의가 없거나 공소권이 없는 것과 같이 본래적으로 공소를 제기할 수 없는 사유에 해당하는 것을 말한다. 혐의없음, 죄가안됨, 공소권없음 및 각하사유에 해당하는 경우가 그것인데(수사준칙 제52조제1항제2호나목~마목) 이들 내용에 대하여는 사법경찰관의 불송치 사유에서 본 바와 같다.

(2) 기소유예(수사준칙 동조동항동호 가목)

기소유예란 피의사실이 인정되나 범인의 연령, 성행, 범행의 동기 및 범행후의 정황 등(형법 제51조)을 참작하여 공소를 제기하지 않는 것을 말한다(동조제3항제1호). 주로 가벼운 범죄이거나 초범인 경우에 있어서 정상적인 사회복귀를 돕는 차원에서 활용되는 제도이다.

(3) 기소중지 및 참고인중지(수사준칙 동조동항3호·4호)

기소중지란 피의자의 소재불명 등으로 수사를 종결할 수 없는 경우에 그 사유가 없어질 때까지 하는 처분이다(검규 제73조). 참고인중지는 사법경찰관의 그것에서 본 바와 같다.

(4) 불기소처분의 효력

불기소처분은 재판이 아니므로 확정되더라도 일사부재리의 효력이 인정되지 않는다. 그러므로 검사는 불기소처분을 하였다가 다시 수사를 재개하여 공소를 제기할 수 있다.

(5) 불기소처분에 대한 불복

가. 검찰항고 및 재항고 검사의 불기소처분에 불복하는 고소인 또는 고발인은 그 검사 소속의 검찰청을 거쳐 서면으로 관할 고등검찰청 검사장에게 항고할 수 있다. 이 경우 원 검찰청의 검사는 항고가 이유 있다고 인정하면 그 처분을 경정하여야 한다(검찰청법 제10조제1항). 고등검찰청 검사장은 항고가 이유 있다고 인정하면 소속 검사로 하여금 원 검찰청 검사의 불기소처분을 직접 경정하게 할 수 있다(동조제2항). 항고는 고소인 등이 불기소처분의 통지를 받은 날로부터 30일 이내에 제기하여야 한다(동조제4항).

항고를 한 자(형소법 제260조에 따라 재정신청을 할 수 있는 자는 제외)는 그 항고를 기각하는 처분에 불복하거나 항고를 한 날부터 3개월이 지나도록 항고에 대한 처분이 이루어지지 않은 때에는 그 검사 소속의 고등검찰청을 거쳐 서면으로 검찰총장에게 재항고할 수 있다. 이 경우 해당 고등검찰청의 검사는 재항고가 이유 있다고 인정하면 그 처분을 경정하여야 한다(동조제3항). 재항고는 항고기각 결정을 통지받은 날 또는 항고 후 항고에 대한 처분이 이루어지지 않고 3개월이 지난 날부터 30일 이내에 하여야 한다(동조제5항).

항고 또는 재항고를 한 자가 자신에게 책임이 없는 사유로 정하여진 기간 이내에 항고 또는 재항고를 하지 못한 것을 소명하면 그 항고 또는 재항고 기간은 그 사유가 해소된 때부터 기산한다(동조제6항). 항고 및 재항고의 기간이 지난 후 접수된 항고 또는 재항고는 기각하여야 한다. 다만 중요한 증거가 새로 발견된 경우 고소인이나 고발인이 그 사유를 소명하였을 때에는 그렇지 않다(동조제7항).

나. 재정신청 고소권자로서 고소를 한 자(형법 제123조~제126조의 죄에 대하여는 고발자를 포함)는 검사로부터 공소를 제기하지 않는다는 통지를 받은 때에는 그 검사 소속의 검찰청 소재지를 관할하는 고등법원에 그 당부에 관한 재정을 신청할 수 있다(제260조제1항). 다만 형법 제126조의 죄에 대하여는 피공표자의 명시한 의사에 반하여 재정을 신청할 수 없다(동조동항단서). 재정신청을 하려면 검찰청법상의 항고를 거쳐야 한다(동조제2항본문). 재정신청을 하려는 자는 항고기각 결정을 통지받은 날 또는 재정신청의 사유가 발생한 날로부터 10일 이내에 원 처분검찰청에 재정신청서를 제출하여야 한다(동조제3항제3호본문). 법원은 신청이 이유 있는 때에는 사건에 대한 공소제기를 결정한다(제262조제2항제2호). 공수처의 고소인·고발인의 재정신청에 대하여는 특례가 인정되는데 제6절의 '재정신청제도'에서 서술한다.

다. 헌법소원 헌법소원은 공권력의 행사 또는 불행사로 인하여 헌법상 보장된 기본권을 침해받은 자가 제기할 수 있다(헌재법 제68조제1항). 그런데 고소인의 재정신청 대상을 모든 범죄로 확대하면서(고발인은 형법 제123조~제126조의 죄에 해당하는 범죄) 더 이상 불기소처분에 대한 헌법소원은 불가능하게 되었다. 다른 법률에 구제절차가 있는 경우에는 그 절차를 모두 거친 후에 헌법소원을 청구할 수 있으며(동법 제68조제1항단서), 법원의 재판에 대하여는 헌법소원이 허용되지 않기 때문이다(동조동항본문). 따라서 헌법소원은 고소인이 아닌 피해자, 기소유예 처분을 받은 피의자에게만 허용된다. 고발인은 헌법소원청구의 요건인 자기관련성이 인정되지 않으므로 헌법소원을 청구할 수 없다(헌재결 1989. 12. 22.89헌마145(전원재판부)).

Ⅳ. 이송 (수사준칙 제52조제1항제7호)

이송이란 다른 검찰청의 관할구역으로 사건을 보내는 것을 말한다. 검사는 사건이 그 소속검찰청에 대응한 법원의 관할에 속하지 않은 때에는 사건을 서류와 증거물과 함께 관할법원에 대응한 검찰청검사에게 송치하여야 한다(제256조). 또한 검사는 사건이 군사법원의 재판권에 속하는 때에는 사건을 서류와 증거물과 함께 재판권을 가진 관할 군검찰부 군검사에게 송치하여야 한다. 이 경우에 송치 전에 행한 소송행위는 송치 후에도 그 효력에 영향이 없다(제256조의2).

Ⅴ. 보호사건 송치

1. 소년보호사건 송치 (수사준칙 제52조제1항제8호)

검사는 소년에 대한 피의사건을 수사한 결과 보호자 등에게 감호위탁 등과 같은 소년법상의 보호처분에 해당하는 사유가 있다고 인정한 경우에는 사건을 관할 소년부에 송치하여야 한다(소년법 제49조제1항). 소년이란 19세 미만의 사람을 말한다(동법 제2조). 소년보호사건의 관할은 소년의 행위지, 거주지 또는 현재지로 한다(동법 제3조제1항). 소년보호사건은 가정법원소년부 또는 지방법원소년부에 속한다(동법 동조제2항).

2. 가정보호사건 송치 (수사준칙 동조동항제9호)

검사는 가정폭력범죄로서 사건의 성질·동기 및 결과, 가정폭력행위자의 성행 등을 고려하여 가정폭력행위자가 피해자 또는 가정구성원에게 접근하는 행위의 제한 등과 같은 가정폭력처벌법에 따른 보호처분을 하는 것이 적절하다고 인정하는 경우에는 가정보호사건으로 처리할 수 있다(가정폭력처벌법 제9조제

1항). 가정보호사건의 관할은 가정폭력행위자의 행위지, 거주지 또는 현재지를 관할하는 가정법원이다. 다만 가정법원이 설치되지 않은 지역에서는 해당 지역의 지방법원(지원 포함)으로 한다(동법 제10조제1항).

3. 성매매보호사건 송치 (수사준칙 동조동항제10호)

검사는 성매매를 한 사람에 대하여 사건의 성격·동기, 행위자의 성행 등을 고려하여 사회봉사나 수강명령과 같은 성매매처벌법에 따른 보호처분을 하는 것이 적절하다고 인정할 때에는 특별한 사정이 없으면 보호사건으로 관할법원에 송치하여야 한다(성매매처벌법 제12조제1항). 성매매보호사건의 관할은 성매매를 한 장소나 성매매를 한 사람의 거주지 또는 현재지를 관할하는 가정법원으로 한다. 다만 가정법원이 설치되어 있지 아니한 지역의 경우에는 해당 지역의 지방법원(지원 포함)으로 한다(동법 제13조제1항).

4. 아동보호사건 송치 (수사준칙 동조동항제11호)

검사는 아동학대범죄로서 사건의 성질·동기 및 결과 등의 사유를 고려하여 아동학대 행위자가 피해아동 또는 가정구성원에게 접근하는 행위의 제한과 같은 아동학대처벌법에 따른 아동보호처분을 하는 것이 적절하다고 인정하는 경우에는 아동보호사건으로 처리할 수 있다(아동학대처벌법 제27조제1항). 아동이란 18세 미만인 사람을 말한다(동법 제2조제1호; 아동복지법 제3조제1호). 아동보호사건의 관할은 아동학대 행위자의 행위지, 거주지 또는 현재지를 관할하는 가정법원으로 한다. 다만 가정법원이 설치되지 아니한 지역에서는 해당 지역의 지방법원(지원을 포함)으로 한다(동법 제18조제1항).

제 3 절 공소제기 후의 수사

I. 의 의

수사는 공소제기 이전의 수사절차에서 행하여지는 것이 원칙이다. 그런데 형사절차에 엄격하게 얽매이게 되면 실체진실 발견에 지장을 초래할 수도 있다. 예를 들어 공소제기 후에 수사기관에 검거된 공범이 범행을 부인하는 경우와 같이 공소제기된 피고인에 대한 참고인 자격으로서의 수사가 필요한 경우도 있을 수 있는 것이다. 여기서 공소제기 이후에 피고사건에 대한 수사기관의 수사활동이 허용되는가가 문제된다.

II. 공소제기 후 수사의 허용범위

1. 강제수사

(1) 피고인의 구속

공소제기 후의 피고인에 대한 구속은 법원이 스스로 행한다(제70조). 뿐만 아니라 대등한 당사자의 지위에서 상대방 당사자를 구속하는 것은 당사자주의 소송구조에도 어긋난다. 수사기관에 의한 피고인의 구속이 허용되지 않는다는 점에 대하여는 이견이 없다.

(2) 압수, 수색 및 검증

공소가 제기되면 사건이 법원의 지배 아래 놓이게 되므로 강제처분도 법원의 주도하에 진행된다. 따라서 수사기관의 압수, 수색 및 검증은 허용되지 않는다(통설). 판례도 공소제기 후 검사가 지방법원판사로부터 발부받은 압수·수색영장에 의하여 수집한 증거의 증거능력을 부정하고 있다(대판 2011. 4. 28. 2009도10412). 그러나 수사기관이 피고인에 대한 구속영장을 집행하는 경우에는 영장 없이 압수, 수색 및 검증을 할 수 있다(제216조제2항). 이 경우의 수사기관은 법원의 집행기관으로서의 성격을 가지지만, 그 과정에서 이루어지는 압수·수색·검증은 수사기관으로서의 지위에서 행하는 강제수사에 속한다. 이는 검사의 공소수행을 위한 필요에서 인정되는 것이다.

2. 공소제기 후의 임의수사

(1) 피고인신문

공소제기 후의 피고인신문이 가능한가에 대하여는 ① 피의자신문을 규정한 제199조제1항이 임의수사의 시기에 대하여 제한을 하고 있지 않으므로 허용된다는 적극설, ② 허용되지 않는다는 소극설, ③ 제1회 공판기일 전에 한정하여 허용된다는 절충설이 대립되고 있다. 공판절차에서 피고인은 소송의 주체로서 당사자의 지위를 가지게 되므로 서로 대등한 존재인 검사가 피고인을 수사의 차원에서 신문하는 것은 허용되지 않는다(통설).

이에 대하여 판례는 검사작성의 피고인에 대한 해당 공소사실에 관한 진술조서가 공소제기 후에 작성된 경우에도 증거능력이 인정된다고 한다(대판 1984. 9. 25. 84도1646). 이 경우 피고인에 대한 진술조서는 피의자신문조서와 같이 취급되므로 제312조제1항에 의하여 증거능력이 가려지며 따라서 미리 피의자에게 진술거부권을 고지해야 한다(대판 2009. 8. 20. 2008도8213).

(2) 참고인조사

참고인조사는 임의수사로서 공소제기 후에도 가능하다(제221조). 그러나 이 경우에도 절차의 발전상태를 존중하여 법원을 통하여 증인신문의 방식으로 행하는 것이 바람직하다. 따라서 검사가 항소한 후 수사기관이 항소심 공판기일에 증인으로 신청하여 신문할 수 있는 사람을 미리 수사기관에 소환하여 작성한 진술조서는 피고인이 증거로 할 수 있음에 동의하지 않는 한 증거능력이 없다(대판 2019. 11. 28. 2013도6825; 유사판례 대판 2000. 6. 15. 99도1108(전원합의체) 참조).

제 6 장 공소의 제기

제 1 절 공소 및 공소권

I. 공 소

공소(公訴)란 국가기관인 검사가 법원에 대하여 특정한 형사사건의 심판을 요구하는 법률행위로서의 소송행위이다. 사인의 법원에 대한 사소(私訴)에 대한 개념이다. 공소의 제기에 의하여 수사가 종결되고, 법원의 심판절차가 개시된다. 공소제기가 없으면 법원도 심판할 수 없으며(불고불리의 원칙), 검사의 공소제기에 의하여 법원의 심판범위가 제한된다.

II. 공소권

1. 의 의

공소는 검사가 제기하여 수행하도록 되어 있다(제246조). 그러므로 공소권이란 검사가 공소를 제기하고 수행하는 권한을 말한다. 검사의 공소권은 규문주의 소송구조의 법관의 전횡(專橫)에 대한 반성에서 비롯된 것으로 권력분립의 요청이 형사절차에 반영된 것이다.

2. 공소권의 본질

(1) 견해의 대립

공소권의 본질을 규명하려는 공소권이론은 공소권의 성격을 명확히 하여 검사의 공소권 남용을 억제하는 데 그 목적이 있다. 공소권의 본질에 대하여는 ① 검사가 형사사건에 관하여 공소를 제기할 수 있는 일반적 권한이라는 추상적 공소권설, ② 검사가 구체적 사건에 관하여 공소를 제기하여 유죄를 구할 수 있는 구체적 권한이라는 구체적 공소권설, ③ 검사가 구체적 사건에 관하여 유죄·무죄의 실체판결을 구하는 권리라는 실체판결청구권설이 대립되고 있다.

(2) 공소권이론 부인론

공소권이론 부인론(혹은 무용론)이란 공소권이론 자체가 무용하고 소송조건이론으로 해결하면 된다는 것이다. 이에 의하면 공소권이라는 것도 소송조건의 일부로서 소송조건을 검사의 측면(즉 공소제기가 유효한 소송조건이 갖추어진 상태)에서 본 것에 지나지 않는다.

Ⅲ. 공소권남용이론

1. 의 의

공소권남용이론이란 검사의 공소제기가 형식적으로는 적법하지만 실질적으로 부당한 경우에는 형식재판으로 소송을 종결시켜야 한다는 것을 말한다. 이를 인정하게 되면 형식재판의 사유로서 형사소송법에 규정되어 있는 정형적인 내용 외의 사유를 공소제기의 유효요건으로 보게 되어 형식재판의 사유가 늘어나게 되고 이는 피고인의 이익에 기여하게 된다.

판례도 검사가 공소권을 남용하는 경우 공소제기의 효력을 부인할 수 있다고 하면서 공소권 남용에 해당하기 위한 조건으로 '검사가 자의적(恣意的)으로 공소권을 행사하여 피고인에게 실질적인 불이익을 줌으로써 소추재량권을 현저히 일탈하였다고 보이는 경우'라고 한다. 다만 여기서 자의적 공소권 행사에 대하여 직무상의 과실만으로는 부족하고 적어도 미필적이나마 어떤 의도가 있을 것을 요구하고 있다(대판 2001. 9. 7. 2001도3026 등).

2. 공소권 남용의 유형

(1) 혐의없는 사건의 기소

혐의없는 사건의 기소란 범죄의 객관적 혐의가 없음에도 불구하고 검사가 공소를 제기한 경우를 말한다. 이에 대하여는 무죄판결설, 공소기각결정설, 공소기각판결설이 대립되고 있다.

(2) 소추재량을 벗어난 기소

소추재량을 벗어난 기소란 검사가 기소유예처분을 하는 것이 적당한데도 공소를 제기한 경우를 말한다. 이에 대하여는 공소기각판결설과 유죄판결설의 대립이 있다. 다수설은 기소유예의 정상이 소송조건이 아닌 사건의 실체에 관한 문제라는 이유로 유죄판결설을 취한다.

(3) 선별기소

선별기소(혹은 차별기소)란 피의자들의 범죄의 성질과 내용이 유사한 동일 사건에서 선별하여 일부만 기소하고 나머지는 불기소처분으로 종결하는 것을 말한다. 이에 대하여는 ① 헌법이 정한 평등권을 침해한 것으로서 공소제기의 절차가 법률의 규정에 위반하여 무효인 때(제327조제2호)에 해당하므로 공소기각의 판결을 하여야 한다는 공소기각판결설 및 ② 현행법이 검사의 공소권 행사의 재량을 인정하기 때문에 유죄·무죄의 실체판결을 하여야 한다는 실체판결설이 대립되고 있다.

판례는 검사가 싸움의 일방에 대해 정당행위로 불기소했다는 사유만으로는 나머지 일방에 대한 검사의 공소제기가 공소권을 남용한 것이라고 볼 수 없다고 한다(대판 2009. 10. 15. 2009도6446 등).

(4) 악의의 분리기소

악의의 분리기소(혹은 누락기소)란 검사가 경합범에 해당하는 수개의 범죄사실에 대하여 동시기소나 추가기소가 가능하였음에도 불구하고 피고인이 병합심리를 받지 못하게 할 의도로 일부만 기소하였다가 이에 대하여 항소심판결이 선고 또는 확정된 후에 비로소 다른 범죄사실을 공소제기하는 경우를 말한다.

검사의 자의적 공소권 행사에 대하여 단순한 직무상의 과실만으로는 부족하고 미필적이나마 어떤 의도가 있어야 함을 앞서 보았다(앞의 대판 2001. 9. 7. 2001도3026 등).

제 2 절 공소제기의 기본원칙

I. 국가소추주의

국가소추주의는 공소제기의 권한을 국가기관(특히 검사)이 가지는 것을 말한다. 공소는 검사가 제기하여 수행한다(제246조). 소추의 '소'(訴)는 처벌을 구하는 의사표시인 공소제기를 말하고 '추'(追)는 제기한 공소를 유죄판결을 위하여 수행해 나가는 것을 말한다. 대륙법계 국가의 전통으로 영미법계 국가의 사인소추주의에 대한 개념이다.

II. 기소독점주의

1. 의 의

기소독점주의란 국가기관 중에서도 검사만이 공소를 제기하고 수행할 권한을 가지는 것을 말한다. 형사소송법 제246조는 국가소추주의와 동시에 기소독점주의를 선언하고 있다.

2. 기소독점주의의 장점 및 단점

기소독점주의는 전국적으로 통일적인 조직체를 이루고 있는 검사에게 공소권 행사를 독점시켜 공소제기의 통일성 및 적정성을 보장하게 하고, 공익의 대표자로서의 검사가 공평한 공소권을 행사할 수 있게 한다. 반면에 검찰의 중립성이 보장되지 않으면 정치권력의 영향으로 부당한 공소권 행사가 우려되고, 관료제의 권력성과 결합하여 공소권 행사가 검사의 독선으로 흐를 수 있다.

3. 기소독점주의의 예외 및 제한

(1) 예 외

경찰서장의 즉결심판청구는 기소독점주의의 예외이다. 즉결심판은 시·군법원이 20만원 이하의 벌금, 구류 또는 과료에 처할 수 있는 사건(법조법 제34조 제1항제4호)에 대하여 경찰서장이 청구하도록 하고 있다(즉결심판법 제3조).

(2) 제 한

가. 재정신청에 의한 기소강제절차 검사의 불기소처분에 불복하는 고소인(형법 제123조~제126조의 범죄에 대하여는 고발인을 포함)의 재정신청에 대하여 법원의 공소제기 결정이 있는 때에는 검사의 공소제기가 강제된다(제262조제6항). 법원의 결정에 의하여 공소제기가 강제된다는 점에서 기소독점주의에 대한 중요한 규제책이다.

나. 검찰항고 검찰항고는 검사의 불기소처분 결정에 대하여 상급청의 판단을 받는다는 점에서 기소독점주의에 대한 규제책이다. 2007년의 개정법에서 재정신청을 위한 검찰항고전치주의를 도입함에 따라 검찰항고는 재정신청 전의 의무적 절차로서 의미를 지니게 되었다.

다. 불기소처분에 대한 통지 검사는 고소·고발 사건에 관하여 불기소처분을 한 때에는 그 처분한 날로부터 7일 이내에 서면으로 고소인·고발인에게 그 취지를 통지하여야 한다(제258조제1항). 이 경우 고소인·고발인의 청구가 있는 때에는 7일 이내에 그 이유를 서면으로 설명하여야 한다(제259조). 고소인·고발인에 대한 통지제도는 고소인·고발인의 검찰항고 및 재정신청의 기초를 제공하고 검사의 불기소처분을 신중히 하게 하는 기능을 수행한다.

Ⅲ. ▸▸ 기소재량주의

1. 의 의

기소재량주의(혹은 기소편의주의)란 수사결과 범죄의 객관적 혐의가 충분하고 소송조건이 구비된 경우에도 검사의 재량에 의하여 불기소를 허용하는 것을 말한다. 기소유예처분을 인정하는 입법주의라고 할 수 있다. 검사는 형법 제51조의 사항을 참작하여 공소를 제기하지 않을 수 있다(제247조)는 것이 그것이다. 기소재량주의는 범죄의 객관적 혐의가 충분하고 소송조건이 구비된 때에는 반드시 기소하여야 하는 기소법정주의에 대립되는 제도이다.

2. 기소재량주의와 기소법정주의

기소재량주의는 사건이 경미하고 피의자가 충분히 반성하여 형사처벌의 필요성이 없는 경우에는 기소를 유예함으로써 범죄인의 정상적인 사회복귀에 기여한다는 형사정책적인 관점에서 유용하다. 뿐만 아니라 소송경제에도 기여한다. 이와는 달리 사건처리에 있어서 검사의 자의를 배제하기 어렵고, 검찰의 정치적 중립이 미약한 상태에서는 정치적 권력의 영향력으로부터 벗어나기 어렵다는 단점이 있다.

기소법정주의는 검사의 소추재량을 제한함으로써 공소제기에 대한 검사의 독선 및 정치적 영향력을 배제할 수 있다는 장점이 있다. 이와는 달리 형사사법의 경직을 초래하여 구체적 타당성을 결여할 수 있다는 단점이 있다.

3. 기소재량주의의 내용으로서의 기소유예

(1) 기소유예의 의의

기소유예란 피의사실이 인정됨에도 불구하고 검사가 형법 제51조의 사항을 참작하여 공소를 제기하지 않는 것을 말한다(제247조제1항). 이는 주로 가벼운 범죄자나 초범자에 대하여 구체적 사정을 고려하여 기소를 유예함으로써 이들의 정상적인 사회복귀를 돕는다는 형사정책적 의의를 가진다.

(2) 기소유예의 기준

형법 제51조(양형의 조건)로서, 즉 ① 범인의 연령, 성행, 지능과 환경, ② 피해자에 대한 관계, ③ 범행의 동기, 수단과 결과, ④ 범행 후의 정황 등이 그 기준이 된다.

(3) 조건부 기소유예

조건부 기소유예란 피의자에게 일정한 의무를 부과하여 이를 지키는 것을 조건으로 기소를 유예하는 것을 말한다. 기소유예 제도를 형사정책적 목적과 결부시킨 것으로 범죄인의 개선과 교화를 통하여 건전한 사회복귀를 위한 것이다. 범죄예방자원봉사위원의 선도 및 소년선도 관련 단체의 교육 등을 조건으로 하는 선도조건부 기소유예(소년법 제49조의3), 보호관찰소 보호관찰관의 선도를 조건으로 하는 보호관찰관 선도조건부 기소유예(보호관찰법 제15조제3호) 등이 그것이다.

(4) 기소유예의 효과

기소유예처분은 검사의 수사종결처분이므로 확정판결과 같은 효력이 인정되지 않는다. 따라서 기소유예처분한 사건을 다시 공소제기하여 유죄판결을 선고하더라도 일사부재리의 원칙에 어긋나지 않는다(대판 1983. 12. 27. 83도2686).

(5) 기소유예에 대한 불복방법

가. 고소인 및 고발인 고소인과 고발인은 검찰항고나 재정신청의 방법에 의하여 불복이 가능하다.

나. 피의자 피의자도 혐의없음을 주장하면서 검사의 기소유예처분에 불복할 수 있다. 즉 피의자는 고소인·고발인 등과의 관계에 있어서 검찰권의 자의적 행사로 인한 헌법 제11조제1항의 평등권 및 제10조의 행복추구권 침해 등을 이유로 헌법소원이 가능하다.

Ⅳ. ▶▶ 공소의 취소

1. 의 의

공소의 취소란 검사가 법원에 제기한 공소를 철회하는 법률행위로서의 소송행위를 말한다. 이는 검사 스스로 잘못된 공소제기를 시정케 하려는 제도인 동시에 공소제기 후의 사정변경을 고려하기 위한 형사정책적인 기능을 가진다. 예를 들어 증거불충분으로 무죄선고가 예상되는 경우가 그것이다. 원칙적으로 공소취소의 사유에는 제한이 없다.

2. 공소취소의 절차

(1) 공소취소의 방법

공소취소는 사유를 기재한 서면으로 하여야 하며, 다만 공판정에서는 구술로써 할 수 있다(제255조제2항). 검사는 공소를 취소한 때에는 7일 이내에 서면으로 고소인·고발인에게 통지하여야 한다(제258조제1항).

(2) 공소취소의 시기

공소취소의 시기는 제1심 판결선고 전까지이다(제255조제1항).

(3) 공소취소의 효과

검사가 공소를 취소하면 법원은 공소기각의 결정을 선고하여야 한다(제328조제1항제1호). 공소취소에 의한 공소기각의 결정이 확정된 때에는 공소취소 후 그 범죄사실에 대한 다른 중요한 증거를 발견한 경우에 한정하여 다시 공소를 제기할 수 있다(제329조). 이에 위반하여 공소를 제기한 경우 법원은 공소기각의 판결을 선고하여야 한다(제327조제4호).

제 3 절 공소제기의 방식

I. ▸▸ 공소장의 제출

공소를 제기할 때에는 공소장을 관할법원에 제출하여야 한다(제254조제1항). 따라서 공소사실의 일부를 종이문서가 아닌 CD로 제출하는 것은 허용되지 않는다(대판 2016. 12. 15. 2015도3682). 공소제기에 관하여는 서면주의(공소장)와 엄격한 요식행위(동조제3항의 필요적 기재사항 등)를 요구한다. 이는 공소장에 의하여 법원의 심판대상을 명확하게 하고 피고인의 방어권을 보장하기 위한 것이다.

II. ▸▸ 공소장의 첨부서류

공소장에는 피고인수에 상응한 부본을 첨부하여야 한다(제254조제2항). 공소장에는 구속영장(체포되었다가 석방된 경우 체포영장 등 포함) 및 변호인선임서 등을 첨부하여야 한다(규칙 제118조제1항). 구속영장은 구금장소에 의하여 피고인의 소환 등을 위해 필요하고, 변호인선임서는 공판기일의 통지를 위하여 필요한 것이다. 이 외에 법원에 선입견이 생기게 할 수 있는 서류 기타 물건을 첨부하여서는 안 된다(동조제2항).

III. ▸▸ 공소장의 기재사항

1. 필요적 기재사항

피고인의 성명 기타 피고인을 특정할 수 있는 사항, 죄명, 공소사실 및 적용법조를 기재하여야 한다(제254조제3항).

(1) 피고인의 성명 기타 피고인을 특정할 수 있는 사항

공소장에는 피고인의 성명, 기타 피고인을 특정할 수 있는 사항으로서 주민등록번호, 직업, 주거 및 등록기준지를 기재하여야 하며, 다만 피고인이 법인인 때에는 사무소 및 대표자의 성명과 주소를 기재하여야 한다(규칙 제117조제1항). 특정의 정도는 다른 사람과 구별될 수 있을 정도이면 된다. 피고인에 대한 특정이 되지 않은 경우 공소제기의 절차가 법률의 규정에 위반하여 무효인 때에 해당하여 공소기각판결의 사유가 된다(제327조제2호).

(2) 죄 명

죄명이란 범죄의 구성요건에 따른 유형의 명칭을 나타내는 것이다. 이는 적용법조의 기재와 함께 법원의 심판대상을 한정하여 심판의 효율을 기하는 동시에 피고인의 방어권을 보장하는 데 기여한다.

(3) 공소사실

가. 의 의 공소사실이란 공소장에 기재되어 있는 범죄사실을 말한다. 검사에게는 소추의 대상이고, 법원에는 심판의 대상이며, 피고인에게는 방어의 대상이 된다.

나. 공소사실의 특정

(가) 공소사실의 특정 공소사실의 기재는 범죄의 일시, 장소와 방법을 명시하여 사실을 특정할 수 있도록 하여야 한다(제254조제4항). 공소사실을 특정함으로써 법원의 심판의 능률 및 신속을 꾀하는 동시에 피고인의 방어권 행사를 쉽게 해 주기 위한 것이다. 공소사실의 특정은 궁극적으로 피고인의 방어권 행사를 기준으로 판단하여야 한다. 따라서 공소장에 범죄의 일시, 장소, 방법 등이 부득이하게 개괄적으로 표시되더라도 그에 대한 피고인의 방어권 행사에 지장이 없다면 공소내용이 특정된 것으로 볼 수 있다(대판 2010. 8. 26. 2010도4671).

(나) 공소사실 불특정의 효과 공소사실의 특정은 공소제기의 유효요건이다. 따라서 공소사실이 특정되지 않으면 공소제기가 법률의 규정에 위반하여 무효인 때에 해당하므로 법원은 공소기각의 판결을 선고하여야 한다(제327조제2호). 한편 재판장은 소송관계를 명백하게 하기 위하여 검사, 피고인 또는 변호

인에게 사실상 및 법률상의 사항에 관하여 석명을 구하거나 입증을 촉구할 수 있다(규칙 제141조제1항). 이에 따라 판례는 검사에게 공소사실의 특정에 관한 석명에 이르지 않은 채 곧바로 그 불특정을 이유로 공소기각의 판결을 선고하는 것은 위법하다고 한다(대판 2006. 5. 11. 2004도5972 등).

(4) 적용법조

적용법조는 공소사실의 법률적 평가를 의미한다. 적용법조의 기재는 죄명과 함께 공소사실의 범위를 확정하는 데 보조적 역할을 하고 피고인의 방어권을 보장하는 역할을 한다. 따라서 적용법조의 기재에 오기나 누락이 있더라도 이로 인하여 피고인의 방어에 실질적인 불이익을 주지 않는 한 공소제기의 효력에는 영향이 없다.

2. 임의적 기재사항

(1) 의 의

공소장에는 여러 개의 범죄사실과 적용법조를 예비적 또는 택일적으로 기재할 수 있다(제254조제5항). 공소사실과 적용법조의 예비적·택일적 기재를 허용하는 이유는 검사가 공소사실에 대한 확신을 가지지 못한 경우에 있어서 공소제기를 용이하게 할 수 있도록 하기 위한 것이다.

예비적 기재란 여러 개의 공소사실 또는 적용법조에 대하여 심판의 순위를 정하여 제1차적으로 주된 A사실(예를 들어 살인)의 심판을 구하고, 만약 이것이 인정되지 않는 경우에 B사실(예를 들어 상해치사)의 심판을 구한다는 취지로 기재하는 것을 말한다. 선순위의 공소사실을 주위적(혹은 본위적) 공소사실이라 하고, 후순위의 공소사실을 예비적 공소사실이라고 한다.

택일적 기재란 여러 개의 대등한 공소사실 및 적용법조에 대하여 그 심판의 순서를 정하지 않고 어느 사실을 인정하여도 좋다는 취지로 기재하는 것을 말한다. 예를 들어 A가 B를 지칭하여 여러 사람들의 앞에서 "B는 신용불량자이니 금전거래를 조심하라"고 하였을 때 명예훼손죄와 신용훼손죄의 공소사실 및 적용법조를 동시에 기재하는 경우가 그것이다.

(2) 허용범위

공소사실과 적용법조의 예비적·택일적 기재의 허용범위는 예비적·택일적 기재에 공소사실의 동일성을 요하는가의 문제로 논의되고 있다. 여기에는 공소사실의 동일성이 인정되는 범위 내에서만 인정된다는 한정설과 동일성이 요구되지 않는다는 비한정설의 대립이 있다. 공소장 변경의 방법으로 공소사실을 예비적·택일적으로 기재할 때에는 동일성을 해치지 않는 한도에서 허용하고 있는 점(제298조제1항)에 비추어 공소제기시의 예비적·택일적 기재에 대하여도 마찬가지로 보는 것이 논리일관적이다. 따라서 동일성을 요한다고 할 것이다(다수설). 판례는 동일성을 요하지 않는다는 입장이다(대판 1966. 3. 24. 65도114(전원합의체)).

(3) 법원의 심판

가. 심판의 대상 예비적·택일적 기재의 경우에는 공소장에 기재된 공소사실 및 적용법조 전부가 현실적 심판의 대상이 된다. 따라서 제1심에서 예비적 공소사실로 유죄를 인정한 경우 항소심에서는 주위적 공소사실로서 유죄를 인정할 수 있고, 제1심에서 택일적 공소사실 중 어느 하나를 선택하여 유죄를 인정한 경우 항소심에서는 이를 파기하고 다른 하나를 선택하여 유죄로 판결할 수 있다(대판 2006. 5. 25. 2006도1146 등).

나. 심판의 순서 공소사실이 예비적으로 기재된 경우에는 주위적 공소사실에 대하여 먼저 심판하고, 주위적 공소사실이 유죄로 인정되지 않는 경우에 예비적 공소사실을 심판하여야 한다는 것이 통설 및 판례(대판 1976. 5. 26. 76도1126 등)의 태도이다. 택일적 기재는 순서에 관계없이 심판할 수 있다.

다. 심판의 방법

(가) 판결주문 판결주문에는 하나의 유죄 및 무죄의 판결만 선고하면 된다.

(나) 판결이유

① 유죄판결의 경우 예비적 기재의 경우 주위적 공소사실을 유죄로 인정하면 판결주문에서 유죄를 선고하고 예비적 공소사실에 대하여는 판단할 필요가 없다. 예비적 공소사실을 유죄로 인정하면 판결주문에서 유죄를 선고하고 주위

적 공소사실에 대하여는 왜 인정되지 않는가를 판결이유에서 판단하여야 한다. 택일적 기재의 경우 하나의 공소사실에 대하여 유죄를 인정하면 다른 하나의 공소사실에 대하여는 판단할 필요가 없다.

② 모두 무죄판결의 경우 예비적·택일적 공소사실에 대하여 모두 무죄를 선고하는 경우에는 판결주문에 무죄의 선고를 하고, 판결이유에서 모든 공소사실에 대한 판단을 하여야 한다.

Ⅳ. 공소장일본주의

1. 의 의

공소장일본주의란 공소를 제기할 때 공소장에는 사건에 관하여 법원에 선입견이 생기게 할 수 있는 서류 기타 물건을 첨부하거나 그 내용을 인용하여서는 안 된다는 것을 말한다(규칙 제118조제2항). 이는 공판절차의 개시 전에는 수사기록이 법원에 제출되지 못하게 함으로써 법원의 피고사건에 대한 선입견을 방지하여 공정한 재판이념에 기여하게 된다.

2. 공소장일본주의의 근거

(1) 당사자주의 소송구조

당사자주의 이념을 구현하기 위해서는 법관이 무(無)의 상태에서 심리를 진행할 것을 요하고, 이를 위하여 공소장일본주의가 요구된다.

(2) 공판중심주의

공소장일본주의는 당사자의 변론을 직접 보고 이에 의하여 심증을 형성하게 됨으로써 실질적인 공판중심주의를 구현하기 위한 전제로서 요청된다.

(3) 공정한 재판의 보장

공소장일본주의는 법관에게 수사기록으로부터 받는 선입견을 배제시켜 공정한 재판의 보장을 위하여 요구된다.

3. 공소장일본주의의 내용

(1) 서류 등의 첨부와 내용 등의 인용 금지

공소장에는 사건에 관하여 법원에 선입견이 생기게 할 수 있는 서류 기타 물건을 첨부하거나 그 내용을 인용해서는 안 된다(규칙 제118조제2항). 따라서 공소를 제기하면서 피의자신문조서 등의 수사기록을 공소장에 첨부시키는 것이 허용되지 않는다.

(2) 전과 및 악성 등의 기재 문제

가. 전 과　　상습범과 같이 전과 그 자체가 범죄의 구성요건인 경우에는 그 기재가 허용된다. 그러나 그 외의 전과에 대하여는 법관에게 선입견을 줄 우려가 있으므로 허용되지 않는다.

나. 피고인에게 불리한 악성 및 악경력　　악성이나 악경력 그 자체가 범죄의 구성요건이 되는 경우를 제외하고는 기재가 허용되지 않는다. 범죄구성요건과 관계없는 평소의 악성을 기재함으로써 법관에게 선입견을 줄 우려가 있다.

(3) 범죄의 동기

범죄동기는 내면의 심리상태에 불과하므로 범죄의 직접적인 동기가 아닌 한 그 기재가 허용되지 않는다. 판례는 범죄의 직접적인 동기가 아닌 경우에도 그 기재를 허용하고 있다(대판 2007. 5. 11. 2007도748).

4. 공소장일본주의의 위반

공소장일본주의의 위반은 공소제기의 방식에 관한 중대한 위반이다. 따라서 공소제기의 절차가 법률의 규정에 위반하여 무효인 때에 해당하므로 공소기각의 판결을 선고하여야 한다(제327조제2호). 여기서 위반한 법률의 규정이란 공판중심주의에 관한 여러 규정 및 이에 근거한 규칙 제118조 등을 말한다. 판례도 같은 입장이나, 다만 피고인의 이의가 없는 상태에서 증거조사절차가 마무리되어 법관의 심증형성이 이루어진 단계에서는 이미 진행된 절차의 효력을 다툴 수 없다고 한다(대판 2009. 10. 22. 2009도7436(전원합의체)).

5. 공소장일본주의의 적용범위

공판절차에 의하지 않고 서면심리에 의하여 재판을 진행하는 약식절차에는 적용되지 않는다. 따라서 약식명령을 청구하는 경우 검사는 공소제기와 동시에 수사기록과 증거물을 법원에 제출하게 된다(규칙 제170조). 공소제기시의 원칙이므로 상소심의 절차에서는 이 원칙이 적용되지 않는다.

제 4 절 공소제기의 효과

I. 공소제기의 의의

공소제기에 의하여 수사절차가 종료되고 법원에 소송이 계속되어 공판절차가 개시된다. 이에 따라 피의자는 피고인으로, 검사는 공소수행자로 각각 그 지위가 바뀌어 모두 대등한 소송의 주체로 등장하게 된다. 또한 공소장에 기재된 공소사실에 의하여 법원의 심판범위가 한정되고, 공소시효도 정지된다.

II. 공소제기의 소송법적 효과

1. 법원에 소송계속

(1) 의 의

'법원에 소송이 계속된다'는 것은 사건이 수사기관을 떠나서 법원의 지배 아래 있게 된다는 의미이다. 여기서 공소를 제기받아 현실적으로 심판을 행하는 법원을 특히 수소법원(受訴法院)이라고 한다. 따라서 이를 구체적으로 표현하면 수소법원이 심리와 재판을 진행하고 있는 상태를 말한다고 할 수 있다.

(2) 법원 소송계속의 효과

가. 적극적 효과 법원은 사건을 심판하여야 할 권리와 의무를 가지며, 검

사와 피고인은 당사자로서 해당 사건의 심리에 관여하고 심판을 받을 권리와 의무를 가진다.

나. 소극적 효과 공소제기에 의하여 사건이 특정한 법원에 계속되면 동일사건에 대하여 이중으로 공소를 제기하는 것이 허용되지 않는다(이중기소의 금지). 따라서 동일사건이 동일한 법원에 이중으로 공소제기된 경우에는 후소에 대하여는 공소기각의 판결로써 종결하여야 한다(제327조제3호). 또한 동일사건이 사물관할을 달리하는 법원에 이중으로 공소제기된 경우에는 법원합의부가 심판하고(제12조), 사물관할을 같이하는 여러 개의 법원에 계속된 때에는 먼저 공소를 받은 법원이 심판한다(제13조). 이 경우 심판할 수 없게 된 법원은 공소기각의 결정으로 사건을 종결하여야 한다(제328조제1항제3호).

2. 심판범위의 한정

탄핵주의 소송구조에서는 불고불리의 원칙이 지배하고 있으며, 현행법도 국가소추주의 및 기소독점주의를 채택하고 있다. 따라서 법원의 심판은 검사의 공소제기에 의하여 비롯되고 그 범위는 공소장에 기재된 공소사실에 한정된다.

3. 공소시효의 정지

공소제기는 공소시효의 진행을 정지하는 효력을 가진다(제253조제1항). 검사가 공소제기라는 권리행사를 하였기 때문이다.

Ⅲ. 공소제기의 효력이 미치는 범위

1. 인적 효력범위

공소의 효력은 검사가 피고인으로 지정한 자에게만 미친다(제248조). 따라서 법원은 검사가 공소장에서 성명 등의 기재에 의하여 특정한 피고인(제254조제3항제1호)에 대하여만 심판할 수 있다. 그러나 때로는 성명모용과 위장출석의 경우와 같이 공소장에 기재된 피고인과 현실적으로 심판을 받고 있는 자가 다른 경우가 있다. 이 경우 "누구에게 공소제기의 효력이 미치는가"가 문제되는 데 그 기준에 대하여 견해의 대립이 있다.

(1) 피고인 특정의 기준

피고인의 특정 기준에 대하여는 ① 검사의 의사를 기준으로 검사가 공소제기하려는 자가 피고인이라는 의사설, ② 공소장에 피고인으로 표시된 자가 피고인이라는 표시설, ③ 실제로 피고인으로 행동하거나 피고인으로 취급된 자를 피고인이라고 하는 행위설이 있다. 다수설은 표시설을 기준으로 하면서 검사의 의사나 재판에서의 피고인의 행위 여부를 참작하여 피고인을 결정해야 한다는 절충적 입장을 취하고 있다(실질적 표시설).

(2) 성명모용과 피고인의 특정

가. 성명모용과 공소제기의 효력 피고인이 타인의 성명을 모용(거짓 사용)한 경우에 공소제기의 인적 효력범위가 어떠한가가 문제될 수 있다. 예를 들어 피의자 A가 수사기관에서 사건과 무관한 B의 성명을 모용하여 B의 이름으로 공소가 제기된 경우가 그것이다. 사례의 경우 공소장에 A에 대한 공소로서는 피고인이 특정되었다고 할 수 없다. 그러나 설령 A가 B의 명의를 모용하였다고 하더라도 이는 당사자의 표시상의 착오일 뿐이다. 즉 검사는 A에 대하여 공소를 제기하고 A가 공판정에 출석하여 피고인처럼 행동한 것이므로 A가 피고인이 되고 B에게 공소의 효력이 미친다고는 할 수 없다(실질적 표시설). 따라서 검사의 피고인 표시정정을 거쳐 이를 바로잡은 후 법원은 A에 대한 심리와 재판을 진행하면 된다(대판 1997. 11. 28. 97도2215).

나. 성명모용의 처리

(가) 공판심리 중에 발견된 경우 공판심리 중에 성명모용 사실이 밝혀진 경우 검사는 공소장정정절차에 의하여 피고인 표시를 정정하면 된다(대판 1997. 11. 28. 97도2215). 만약 피모용자에게 약식명령이 송달되어 피모용자가 정식재판을 청구하면 피모용자에게 사실상 소송계속이 발생한 것으로 볼 수 있다. 따라서 이때에는 제327조제2호를 유추적용하여 공소기각의 판결로써 피모용자의 불안정한 지위를 없애 주어야 한다. 모용자는 공소장 정정을 하고 이에 따라 정정된 약식명령을 송달하면 될 것이다(대판 1997. 11. 28. 97도2215 등).

(나) 판결확정 후에 발견된 경우 피모용자(사례에서 B)에 대하여 유죄판결

이 선고된 때에도 그 효력은 B에게는 미치지 않는다.

(3) 위장출석과 피고인의 특정

가. 위장출석과 공소제기의 효력 피고인 대신 다른 사람이 피고인의 행세를 하면서 공판정에 출석하여 재판을 받은 경우에 공소제기의 인적 효력범위가 어떠한가가 문제될 수 있다. 예를 들어 피고인 A가 검사에 의하여 공소제기되었으나 공판정에는 B가 피고인처럼 행세하면서 출석하여 재판을 받은 경우가 그것이다. 이 경우 공소제기의 효력은 실질적 피고인인 A에게만 미친다.

나. 위장출석의 처리

(가) 공판심리 중에 발견된 경우 위장출석이라는 사실이 인정신문절차에서 발견되면 법원은 B를 퇴정시키고 A를 소환하여 공판절차를 진행하면 될 것이다. 그리고 사실심리절차에서 발견되면 B에 대하여는 적법한 공소제기는 없었으나 사실상의 소송계속상태가 발생하였다고 볼 수 있으므로 법원은 제327조 제2호를 유추적용하여 공소기각의 판결에 의하여 소송을 종결하고, A를 소환하여 새로이 공판절차를 진행하면 될 것이다.

(나) 판결이 확정된 후에 발견된 경우 이 경우 만약 B에 대하여 유죄판결과 동시에 법정구속이 이루어지면서 판결이 확정된 때에는 그 집행상의 효력은 형식적 피고인인 B에게 미친다. A에 대하여는 소환 후 다시 처음부터 절차를 진행하면 되지만 B에 대하여는 '유죄선고를 받은 자에 대하여 무죄를 인정할 명백한 증거가 새로 발견된 때'(제420조제5호)에 해당하는 것으로 보아 재심으로 무죄판결을 청구할 수 있도록 하면 될 것이다(다수설).

2. 물적 효력범위

(1) 공소불가분의 원칙

한 개의 범죄사실의 일부에 대한 공소의 효력은 단일한 범죄사실의 전부에 미친다(제248조제2항). 이를 공소불가분의 원칙이라고 한다. 예를 들어 과형상 일죄의 일부에 대하여만 공소제기가 있는 경우에도 그 공소제기의 효력은 과형상 일죄의 전부에 미치게 된다. 공소불가분의 원칙은 공소제기의 물적 효력범위와 관련되는 원칙으로 인적 효력범위에는 이 원칙의 적용이 없다.

(2) 일죄의 일부에 대한 공소제기

가. 의 의 일죄의 일부에 대한 공소제기란 일죄의 전부에 대하여 범죄의 객관적 혐의가 인정되고 소송조건이 구비되어 있음에도 불구하고 그 일부만을 공소제기한 경우를 말한다. 이는 공소불가분의 원칙에 따른 효력에 불구하고 검사가 단일한 범죄사실의 일부만을 기소할 수 있는 재량이 허용되는가의 문제이다. 주로 단순일죄(특히 강도강간죄와 같은 결합범 형태의 단순일죄)나 과형상 일죄에 대하여 문제된다. 예를 들어 결합범 형태의 단순일죄인 강도강간죄(강도+강간행위가 결합, 형법 제339조)의 혐의가 충분한데도 강도죄(형법 제333조)로만 공소제기하는 경우가 그것이다.

나. 공소제기의 허용성 여부 일죄의 일부에 대하여 공소를 제기하는 것이 허용되는가에 대하여는 견해가 대립되고 있으나, 소추재량권을 벗어나지 않는 한 허용된다고 할 것이다(다수설). 형사소송법상 공소권의 주체는 검사이고 검사에게는 공소권의 행사에 대한 기소재량주의가 인정되고 있기 때문이다.

다. 일죄의 일부에 대한 공소제기의 효력 검사가 일죄의 일부만을 기소한 경우에도 그 효력은 공소불가분의 원칙이 적용되어 일죄 전부에 미치게 된다(제248조제2항). 다만 법원의 현실적 심판대상은 공소장에 기재된 일죄의 일부인 공소사실에 한정되며, 잠재적 심판대상으로 남아 있는 나머지 부분은 공소장 변경을 통해서만 현실적 심판대상으로 된다.

라. 친고죄의 일부에 대한 공소제기 단순일죄 중에서도 친고죄인 경우 친고죄의 취지 및 검사의 소추재량과 관련하여 일부기소가 허용되는지가 문제될 수 있다. 이는 이전에 친고죄였던 강간죄의 경우에 있어서 고소를 하지 않거나 취소하는 경우에 검사가 강간의 수단이 된 폭행·협박에 대하여만 공소를 제기하는 것이 허용되는가를 중심으로 논의가 이루어졌다. 그러나 2012. 12. 18. 형법상의 성범죄를 비친고죄로 하면서 논의의 실익이 크지 않게 되었다.

(가) 고소가 있는 경우 친고죄에 대하여 피해자의 고소가 있는 경우에 검사가 이 중 일부에 대하여만 공소를 제기한다면 이는 일죄의 일부에 대한 공소제기의 문제에 해당한다. 검사는 공소를 제기하는 데 있어서 소추재량을 가지므로 이 경우 공소제기는 적법하며 다만 그 효력은 공소불가분의 원칙에 의하여 전체범죄에 대하여 미치게 된다.

(나) 고소가 없는 경우 친고죄에 대하여 고소가 없거나 취소된 경우 또는 고소기간이 지난 후에 고소가 있는 경우에는 비록 검사가 그 일부에 대하여 공소를 제기하더라도 소송조건이 구비되지 못하였으므로 일죄의 일부에 대한 공소제기의 문제가 아니다. 만약 이러한 공소제기를 허용한다면 일정한 죄를 친고죄로 한 취지에 반하므로 이는 공소제기의 절차가 법률에 위반되어 무효인 때로서 공소기각의 판결을 하여야 한다(대판 2002. 5. 16. 2002도51(전원합의체)).

〈고소·공소·상소불가분의 원칙 비교〉

구 분	적용대상	적용범위	불가분내용	효 력
고소불가분의 원칙	• 친고죄 • 단순일죄, 포괄일죄 • 상상적 경합범 (모두 친고죄이고 동일 피해자인 때)	인적(주관적) 불가분 (제233조), 물적(객관적) 불가분	소송법상 일죄	공소사실 전부
공소불가분의 원칙	• 모든 죄 • 단순일죄, 포괄일죄, 상상적 경합범	물적 불가분 (제248조제2항)	공소사실의 동일	공소사실 전부
상소불가분의 원칙	• 모든 죄 • 단순일죄, 포괄일죄, 상상적 경합범, 부가형, 부수처분 등	물적 불가분 (제342조제2항)	재판의 불가분	상소사실 전부(원칙), 피고인 보호를 위한 예외 인정

제 5 절 공소시효

I. 공소시효의 의의 및 본질

1. 공소시효의 의의

공소시효란 범죄 후 일정기간이 경과하면 검사의 공소권이 소멸하는 제도를 말한다. 공소시효는 범죄 후 공소제기 이전에 문제되는 것으로 공소제기의 소극적 조건에 해당한다(소극적 소송조건). 시효가 완성되면 검사의 공소권이 없어지고 공소제기 후 재판과정에서 공소제기 당시에 이미 공소시효가 완성된 것으로 드러나면 면소의 판결로 소송을 종결하여야 한다.

2. 공소시효의 본질

공소시효의 본질에 대하여는 ① 시간경과에 따른 사회일반의 처벌욕구의 감소 등으로 인하여 실체법상의 권리인 형벌권을 소멸시킨다는 실체법설, ② 형벌권과 무관하게 일정한 시간의 경과에 따른 증거의 멸실 등으로 인하여 적정한 재판을 행하기 어렵다는 소송상의 점을 고려한 것이라는 소송법설, ③ 두 측면이 동시에 고려된 것이라는 결합설(다수설)이 대립한다.

Ⅱ. 공소시효의 기간 및 기준

1. 공소시효의 기간

공소시효는 법정형의 경중에 따라 최단 1년에서 최장 25년까지이다. 즉 ① 사형에 해당하는 범죄는 25년, ② 무기징역 또는 무기금고에 해당하는 범죄는 15년, ③ 장기10년 이상의 징역 또는 금고에 해당하는 범죄는 10년, ④ 장기10년 미만의 징역 또는 금고에 해당하는 범죄는 7년, ⑤ 장기5년 미만의 징역 또는 금고, 장기10년 이상의 자격정지 또는 벌금에 해당하는 범죄는 5년, ⑥ 장기5년 이상의 자격정지에 해당하는 범죄는 3년, ⑦ 장기5년 미만의 자격정지, 구류, 과료 또는 몰수에 해당하는 범죄는 1년을 경과함으로써 완성한다(제249조제1항). 공소가 제기된 범죄는 판결의 확정이 없이 공소를 제기한 때로부터 25년을 경과하면 공소시효가 완성된 것으로 본다(의제공소시효, 동조제2항).

특별형사절차로서 공직선거법 위반범죄에 대하여는 해당 선거일 후 6개월(선거일 후에 행하여진 범죄는 그 행위가 있는 날부터 6개월)을 경과함으로써 완성한다(공직선거법 제268조제1항). 다만 국외 등 도피범에 대하여는 3년의 기간으로 공소시효가 완성한다(동법 동조동항단서).

2. 공소시효의 기준

(1) 법정형

공소시효의 기준이 되는 형은 법정형이다. 법정형은 형법각칙에 개별적으로 규정된 형량을 말한다. 따라서 형법에 의하여 형을 가중 또는 감경한 경우에는 가중 또는 감경하지 않은 형이 공소시효기간의 기준이 된다(제251조). 예를 들어 상습절도죄를 범한 자의 경우 그 죄에 정한 형의 2분의 1까지 가중하도록 하고 있으나(형법 제332조), 공소시효는 원래 법정형인 6년 이하의 징역이 기준으로 되어 7년이 된다. 그러나 이는 형법 이외의 법률에 의하여 형을 가중하거나 감경할 경우에는 적용되지 않는다.

두 개 이상의 형을 병과(倂科)하거나 두 개 이상의 형에서 그 한 개를 과(科)할 범죄에는 무거운 형이 공소시효기간의 기준이 된다(제250조).

(2) 공소장에 기재된 공소사실

법정형을 판단함에 있어서 그 기초가 되는 범죄사실은 공소장에 기재된 공소사실을 기준으로 한다. 따라서 과형상 일죄의 경우 실체법적으로는 수죄에 해당하므로 각 죄에 대하여 개별적으로 판단하여야 하고, 공소사실의 예비적·택일적 기재의 경우에도 각 죄에 대하여 개별적으로 판단하여야 한다(통설).

(3) 공소장 변경의 경우

공소제기 후 공소장이 변경된 경우에도 공소장 변경시가 아니라 공소제기시를 기준으로 하여야 한다. 공소제기의 효력은 공소장에 기재된 공소사실과 동일성이 인정되는 사실에 대하여도 미치기 때문이다. 따라서 사기죄로 공소제기 되었다가 예비적으로 배임죄를 추가하는 공소장 변경이 된 경우 배임죄의 공소시효의 완성 여부는 공소제기시가 된다(대판 2004. 7. 22. 2003도8153 등).

(4) 법 개정으로 공소시효기간이 변경된 경우

법 개정으로 공소시효기간이 변경된 경우 공소제기 전이면 형법 제1조를 유추적용하여 가장 짧은 공소시효기간을 기준으로 그 완성 여부를 판단하여야 한다. 형법 제1조제2항은 범죄 후 법률의 개정으로 그 행위가 범죄를 구성하지 않거나 형이 구법보다 가벼운 때에는 신법에 의하도록 하고 있기 때문이다.

3. 공소시효의 기산점

(1) 범죄행위의 종료시

공소시효는 범죄행위가 종료한 때로부터 진행한다(제252조제1항). 따라서 결과범은 결과발생시에, 거동범 및 미수범은 실행행위를 종료한 때에, 계속범(예를 들어 주거침입죄)은 법익침해가 종료한 때에 공소시효가 각각 진행한다. 포괄일죄는 일죄에 해당하므로 최종의 범죄행위가 종료된 때를 기준으로 해야 한다(대판 2009. 10. 29. 2009도8069 등). 과형상 일죄는 본래 수죄에 해당하므로 개별적으로 판단하여야 한다.

(2) 공범에 관한 특칙

공범의 경우에는 최종행위가 종료한 때로부터 모든 공범에 대한 시효기간을 기산한다(동조제2항). 이는 시효를 획일적으로 정함으로써 모든 공범에 대한 처벌의 형평을 기하기 위한 것이다.

(3) 미성년자에 대한 성폭력범죄에 관한 특례

미성년자에 대한 성폭력범죄의 공소시효는 해당 성폭력범죄로 피해를 당한 미성년자가 성년에 달한 날부터 진행한다(성폭력처벌법 제21조제1항).

4. 공소시효의 계산방법

공소시효를 계산함에 있어서는 초일은 시간을 계산함이 없이 1일로 산정한다(제66조제1항단서). 기간의 말일이 공휴일에 해당하는 날도 기간에 산입한다(동조제3항).

Ⅲ. 공소시효의 정지

1. 의 의

공소시효의 정지란 공소제기와 같이 일정한 사유로 인하여 공소시효의 진행이 정지되는 것을 말한다. 정지된 공소시효는 정지사유가 없어진 때로부터 나머지 시효기간이 다시 진행한다. 공소시효는 정지만 인정되고 일정한 사유가 있으면 처음부터 다시 시효가 진행하는 중단은 인정하지 않는다.

2. 공소시효정지의 사유

(1) 공소의 제기

공소시효는 공소의 제기로 진행이 정지되고, 공소기각 또는 관할위반의 재판이 확정된 때로부터 진행한다(제253조제1항). 공소기각 등의 형식재판은 일사부재리의 효력이 인정되지 않으므로 형식요건을 구비하면 또다시 공소를 제기할 수 있기 때문이다.

(2) 재정신청

불기소처분을 받은 고소인·고발인에 의한 재정신청이 있으면 고등법원의 재정결정이 확정될 때까지 공소시효의 진행이 정지된다(제264조의4제1항).

(3) 범인의 국외도피

범인이 형사처분을 면할 목적으로 국외에 있는 경우 그 기간 동안 공소시효는 정지된다(제253조제3항). '형사처분을 면할 목적'은 국외체류의 유일한 목적일 필요가 없고 범인이 가지는 여러 국외체류 목적 중에 포함되어 있으면 된다(대판 2013. 6. 27. 2013도2510). 또한 국외에서 범죄를 저지르고 형사처분을 면할 목적으로 국외에 체류를 계속하는 경우도 포함된다(대판 2015. 6. 24. 2015도5916). 형사처분을 면할 목적으로 국외에 체류하는 중 공소제기 된 때로부터 25년을 경과하면 공소시효가 완성된다(대판 2022. 9. 29. 2020도13547).

(4) 소년법상의 심리개시결정

소년보호사건에 대하여 소년부판사의 심리개시결정이 있었던 때로부터 그 사건에 대한 보호처분의 결정이 확정될 때까지 공소시효의 진행이 정지된다(소년법 제54조).

3. 공소시효정지의 효력이 미치는 범위

공소시효정지의 효력은 공소제기된 피고인, 재정신청의 대상이 된 피의자 및 소년보호사건의 소년범에게만 미친다. 한편 공범의 1인에 대한 공소제기가 있으면 다른 공범자에 대하여도 공소시효가 정지되고 해당 사건의 재판이 확정된 때로부터 진행한다(제253조제2항). 공범은 임의적 공범과 필요적 공법을 포함한다.

Ⅳ. ▸▸ 공소시효의 배제

사람을 살해한 범죄(종범은 제외)로 사형에 해당하는 범죄에 대하여는 공소시효를 배제한다(제253조의2). 헌정질서 파괴사범(형법상 내란죄·외환죄, 군형법상 반란죄·이적죄)도 공소시효 적용이 배죄된다(「헌정질서 파괴범죄의 공소시효 등에 관한 특례법」 제3조).

성폭력범죄에서도 공소시효의 적용을 배제하고 있다. ① 강간등(강간, 유사강간, 강제추행, 준강간, 준강제추행, 특수강도강간, 특수강간, 친족관계에 의한 강간, 장애인에 대한 강간·강제추행) 살인(성폭력처벌법 제21조제4항), ② 19세 미만의 사람에 대한 위계·위력에 의한 간음·추행 살인(동조제4항; 청소년성보호법 제10조제1항), ③ 13세 미만의 사람 및 신체적인 또는 정신적인 장애가 있는 사람에 대한 강간, 강제추행, 준강간, 준강제추행, 강간등(강간, 유사강간, 강제추행, 준강간, 준강제추행) 상해·치상, 강간등 살인·치사(성폭력처벌법 제21조제3항) 등을 범한 때가 그것이다.

Ⅴ. ▸▸ 공소시효의 완성

공소의 제기 없이 공소시효기간이 경과하면 공소시효가 완성된다(제249조제1항). 공소제기된 사건에 있어서 이후 재판 과정에서 공소시효의 완성사실이 드러나면 법원은 면소판결에 의하여 소송을 종결하여야 한다(제326조제3호).

제 6 절 재정신청제도

I. ▸▸ 의 의

재정신청제도란 검사의 불기소처분에 불복하는 고소인 등의 신청에 따라 법원이 공소제기 여부를 '재'(裁)판에 의하여 '정'(定)하는 제도이다. 이는 검찰권 행사에 있어서 검사의 기소독점주의나 기소재량주의에 대한 규제책으로서 의의를 지닌다.

II. ▸▸ 재정신청절차의 구조

재정신청절차의 구조에 대하여는 이를 어떻게 파악하느냐에 따라 신청인과 피의자의 절차참여 가능 여부가 달라진다.

일반적으로는 형사소송과 유사한 재판절차로 파악하면서 수사의 성격도 가지는 것으로 본다(형사소송유사설, 통설)이 있다. 이에 따르면 수사절차와 같이 신청인과 피의자의 절차에의 참여권이 인정되지 않고, 필요한 경우 법원의 재량에 의하여 인정될 수 있을 뿐이다(규칙 제24조제2항).

III. ▸▸ 재정신청권자 및 신청의 대상

1. 재정신청권자

재정신청권자는 검사나 수사처검사로부터 불기소처분의 통지를 받은 고소인과 고발인이다(제260조제1항; 공수처법 제29조). 고소 또는 고발을 취소한 자는 재고소금지 규정에 비추어 재정신청을 할 수 없다. 대리인에 의한 재정신청도 가능하다(제264조제1항).

2. 재정신청의 대상

재정신청은 고소·고발사건에 대한 검사의 불기소처분을 대상으로 한다. 협의의 불기소처분과 기소유예를 포함한다. 고소인은 모든 범죄에 대하여 재정신청이 가능하지만, 고발인은 형법 제123조부터 제126조까지의 범죄에 한한다. 다만 형법 제126조의 경우 피공표자의 명시한 의사에 반하여 재정을 신청할 수 없다(제260조제1항).

IV. 재정신청의 절차

1. 검찰항고전치주의

재정신청을 하려면 검찰청법상의 검찰항고를 거쳐야 한다(검찰항고전치주의, 제260조제2항). 재정신청 이전에 상급검찰청의 판단을 받게 하여 그 남용을 방지하고 효율성을 기하기 위한 것이다. 검찰항고는 고등검찰청에의 항고를 말한다. 한편 ① 항고 이후 재기수사가 이루어진 다음에 다시 공소를 제기하지 않는다는 통지를 받은 경우, ② 항고 신청 후 항고에 대한 처분이 행하여지지 않고 3개월이 경과한 경우, ③ 검사가 공소시효 만료일 30일 전까지 공소를 제기하지 않는 경우에는 검찰항고를 요하지 않는다(동조동항단서). 재정신청을 할 수 있는 자는 대검찰청에 재항고할 수 없다(검찰청법 제10조제3항).

공수처 사건에 대한 재정신청의 경우 상급기관이 존재하지 않는 그 성격상 검찰항고전치주의가 적용될 여지가 없다.

2. 재정신청의 방식

재정신청을 하려는 자는 항고기각 결정을 통지받은 날 또는 제260조제2항 제1호·제2호(위 1.의 ①, ②)의 사유가 발생한 날부터 10일 이내에 불기소처분을 한 검사 소속의 지방검찰청검사장 또는 지청장에게 재정신청서를 제출하여야 한다. 다만 제260조제2항제3호(위 1.의 ③)의 경우에는 공소시효 만료일 전날까지 재정신청서를 제출할 수 있다(동법 제10조제3항). 이에 대하여 공수처의 고소인·

고발인은 공소를 제기하지 않는다는 통지를 받은 날부터 30일이내에 처장에게 재정신청서를 제출하면 된다는 특례(공수처법 제29조제2항)가 인정되고 있다.

재정신청서에 대하여는 재소자에 대한 특례 규정(제344조제1항)이 없으므로 구금 중인 고소인이 재정신청서를 그 기간 안에 교도소장 또는 그 직무를 대리하는 사람에게 제출하였다 하더라도 재정신청서가 그 기간 안에 불기소처분을 한 검사가 소속한 지방검찰청의 검사장 또는 지청장에게 도달하지 않은 이상 적법한 재정신청서의 제출이라고 할 수 없다(대결 1998. 12. 14. 98모127). 신청기간이 경과하면 기각사유에 해당한다(제262조제2항제1호). 재정신청서에는 재정신청의 대상이 되는 사건의 범죄사실 및 증거 등 재정신청의 이유를 기재하여야 한다(동조제4항).

3. 재정신청의 효력

재정신청이 있으면 그 결정이 확정될 때까지 공소시효의 진행이 정지되고 (제262조의4제1항), 사건에 대한 공소제기결정이 있는 때에는 공소시효에 관하여 그 결정이 있는 날에 공소가 제기된 것으로 본다(동조제2항). 수인의 재정신청권자가 있는 경우 공동신청권자 중 1인의 신청은 그 전원을 위하여 효력을 발생한다(제264조제1항).

4. 재정신청의 취소

재정신청은 그 결정이 있을 때까지 취소할 수 있다. 재정신청을 취소한 자는 다시 신청을 할 수 없다(제264조제2항). 수인의 재정신청권자가 있는 경우 공동신청권자 중 1인의 취소는 다른 공동신청권자에게 효력을 미치지 않는다(동조제3항).

5. 지방검찰청검사장 및 지청장 등의 처리

재정신청서를 제출받은 지방검찰청검사장 또는 지청장은 이로부터 7일 이내에 재정신청서·의견서·수사 관계 서류 및 증거물을 관할 고등검찰청을 경유하여 관할 고등법원에 송부하여야 한다. 다만 항고전치주의가 적용되지 않는 경우(제260조제2항제1호~제3호)에는 지방검찰청검사장 또는 지청장은 ① 신청이 이유 있는 것으로 인정하는 때에는 즉시 공소를 제기하고 그 취지를 관할 고등법원과 재정신청인에게 통지하고, ② 신청이 이유 없는 것으로 인정하는 때에는 30일 이내에 관할 고등법원에 송부한다(제261조).

한편 공수처자이 재정신청서를 제출받은 경우 7일이내에 재정신청서 등을 서울고등법원에 송부하여야 하며, 신청이 이유 있는 것으로 인정되면 즉시 공소를 제기하고 그 취지를 서울고등법원과 재정신청인에게 통지한다(공수처법 제29조제4항)고 함으로써 그 특례가 인정되고 있다.

V. 고등법원의 심리와 결정

1. 고등법원의 심리

(1) 신청인 및 피의자에 대한 통지

법원은 재정신청서를 송부받은 날부터 10일 이내에 피의자 및 재정신청인에게 그 사실을 통지하여야 한다(제262조제1항; 규칙 제120조).

(2) 심리방식

법원은 재정신청서를 송부받은 날부터 3개월 이내에 항고의 절차에 준하여 결정하고, 필요한 때에는 증거를 조사할 수 있다(제262조제2항). 3개월의 기간은 훈시적 규정이다. 심리는 항고절차에 준하므로 구두변론에 의하지 않고 서면심리에 의할 수 있다(제37조제2항). 따라서 심리과정은 비공개로 진행되므로(제262조제3항) 당사자가 아닌 법원의 직권에 의하여 심리절차가 진행된다. 만약 구두변론에 의하는 경우에는 증거조사를 할 수 있고(규칙 제24조제1항; 제262조제2항), 이 경우 검사, 피의자 또는 변호인을 참여하게 할 수 있다(규칙 동조제2항). 따라서 신청인과 피의자의 참여권(제163조)은 보장되지 않고 고등법원의 재량사항에 속한다.

2. 재정결정

(1) 기각결정

재정신청이 법률상의 방식에 위배되거나 이유 없는 때에는 신청을 기각한다(제262조제2항제1호). 법원은 기각결정을 한 때에는 즉시 그 정본을 재정신청인·피의자와 관할 지방검찰청검사장 또는 지청장에게 송부하여야 한다(동조제5항).

(2) 공소제기 결정

법원은 신청이 이유 있는 때에는 사건에 대한 공소제기를 결정한다(동조제2항제2호). 이 경우 관할 지방검찰청검사장 또는 지청장에게 사건기록을 함께 송부하여야 한다(동조제5항). 재정결정서를 송부받은 관할 지방검찰청검사장 또는 지청장은 지체 없이 담당검사를 지정하고 지정받은 검사는 공소를 제기하여야 한다(동조제6항).

3. 재정결정에 대한 불복

재정신청 기각결정에 대하여는 대법원에 즉시항고할 수 있다. 그러나 공소제기결정에 대하여는 불복할 수 없다(동조제4항). 공소제기결정은 본안재판에서 다툴 수 있는 길이 열려 있기 때문이다. 기각결정이 확정된 사건에 대하여는 다른 중요한 증거를 발견한 경우를 제외하고는 소추할 수 없다(동조제4항).

VI. 기록의 열람·복사의 제한 및 비용부담

1. 재정신청사건 기록의 열람·복사의 제한

재정신청사건의 심리 중에는 관련 서류 및 증거물을 열람·복사할 수 없다. 다만 법원이 증거조사를 행한 경우에는 그 과정에서 작성된 서류의 전부 또는 일부의 열람·복사를 허가할 수 있다(제262조의2). 이는 고소인이 민사소송의 증거서류 확보의 방편으로 재정을 신청하는 것을 방지하기 위한 것이다.

2. 비용부담

법원은 재정신청에 대한 기각결정 또는 신청에 대한 취소가 있는 때에는 결정으로 재정신청인에게 신청절차에서 생긴 비용의 전부 또는 일부를 부담하게 할 수 있다(제262조의3제1항). 또한 법원은 직권 또는 피의자의 신청에 따라 재정신청인에게 피의자가 신청절차에서 부담하였거나 부담할 변호인선임료 등 비용의 전부 또는 일부의 지급을 명할 수 있다(동조제2항). 비용부담 및 지급의 결정에 대하여는 즉시항고를 할 수 있다(동조제3항). 형사소송법은 고소·고발사건에 있어서 무죄 또는 면소의 판결을 받은 경우에 고소·고발인에게 고의 또는 중과실이 있는 경우에는 소송비용의 전부 또는 일부를 부담하게 하고 있다(제188조). 그럼에도 불구하고 재정신청의 남용을 방지하기 위하여 특히 이 규정을 두고 있는 것이다.

제 03 편

공판절차

제1장 공판절차의 기초

제 1 절 소송절차

I. ▸▸ 소송절차의 본질

1. 법률관계설

소송의 본질을 소송주체들 사이에 존재하는 법률관계의 통일체로 파악하는 견해이다. 법원은 심판의 권리와 의무를, 당사자들은 심판을 받을 권리와 의무를 각각 가지는데 이러한 법률관계가 발전해 나가는 데 소송의 본질이 있다고 한다. 특정 시점에서의 권리·의무라는 법률관계는 법정(法定)되어 있으므로 법률관계설은 정적·고정적 입장을 취하게 된다.

2. 법률상태설

소송의 본질을 실체판결의 종국적인 효력인 기판력을 향한 유동적인 법률상태로 파악하는 견해이다. 소송주체간의 소송법상의 권리와 의무는 종국판결의 효력에 의하여 실현되므로 그 이전에는 단지 유리한 혹은 불리한 판결을 받을 가능성에 불과하다고 한다. 이러한 가능성이라는 당사자의 지위는 유동적인 법률적 상태이므로 소송은 유동적인 법률상태라고 하게 된다.

3. 이면설

전체로서의 소송을 실체면과 절차면으로 구분하여 소송의 실체면은 법률상태로 파악하고 소송의 절차면은 법률관계로 파악하는 견해이다. 즉 소송의 실체면은 구체적 사건에 있어서 실체적 법률관계가 소송을 통하여 확정되기까지는 유동적 법률상태라고 하고, 소송의 절차면은 각 단계마다 소송주체들 사이의 권리와 의무를 발생시키는 소송행위의 효력에 의하여 발전하므로 법률관계라는 것이다(통설).

Ⅱ. 소송절차의 두 측면

1. 소송의 실체면과 절차면

(1) 소송의 실체면

소송의 실체면이란 구체적 사건에 관하여 유죄·무죄라는 실체적인 법률관계가 형성·확정되는 과정을 말한다. 이러한 실체형성과정은 유동적인 성질을 가지므로 소송의 본질론과 관련하여서는 법률상태설이 타당하게 된다.

(2) 소송의 절차면

소송의 절차면이란 형사소송 중 실체면을 제외한 절차적 측면을 말한다. 절차면은 실체를 형성하기 위하여 소송의 각 단계마다 소송주체들 사이에 권리와 의무를 발생시키는 소송행위의 효력에 의하여 발전하므로 소송의 본질론과 관련하여서는 법률관계설이 타당하게 된다.

2. 구별의 실익

소송을 두 측면으로 구별함으로써 소송행위, 소송조건 및 재판의 효력 등에 대하여 이론적 체계를 세울 수 있는 근거를 제공해 주는 실익이 있다. 즉 실체면에 관련된 실체적 소송조건과 절차면에 관련된 형식적 소송조건으로 구분할 수 있는 근거를 제시함으로써 소송조건의 흠결을 이유로 하는 경우에도 일사부재리의 효력이 인정되는 면소판결과 그렇지 않은 관할위반의 판결, 공소기각의 재판을 구별하는 이론적 근거를 제공하기도 한다.

제 2 절 소송행위

I. ▸▸ 소송행위의 의의

소송행위란 소송절차를 형성해 나가는 개개의 행위로서 소송법상의 효과가 인정되는 것을 말한다. ① 소송행위란 소송절차를 형성해 나가는 행위이다. ② 소송행위는 소송법적 효과가 인정되는 행위여야 한다. 예를 들어 공소제기는 소송이 법원에 계속되는 소송법적 효과가 발생하지만, 법관의 임면행위는 소송법적 효과가 인정되지 않으므로 소송행위가 아니다. ③ 소송행위는 원칙적으로 취소를 인정하지 않고 하자의 치유를 인정할 필요가 있다. 동적·발전적 성격을 가진 형사소송의 절차 유지의 원칙의 요청 때문이다. 한편 형사소송행위의 이러한 특성은 개개 소송행위의 형식적 확실성을 요구하게 된다.

II. ▸▸ 소송행위의 종류

1. 주체에 의한 분류

(1) 법원에 의한 소송행위

법원에 의한 소송행위는 피고사건에 대한 심리와 재판이 가장 중요하다. 재판장·수명법관·수탁판사의 소송행위도 법원의 소송행위에 준한다.

(2) 당사자의 소송행위

가. 신청(혹은 청구) 신청(혹은 청구)은 법원에 대하여 일정한 재판을 구하는 소송행위이다. 공소의 제기, 관할이전의 신청, 기피신청 등이 그것이다.

신청이 당사자의 권리인 경우에는 법원은 이에 대한 재판을 하여야 한다.

나. 입 증 입증은 증거에 의하여 사실관계를 밝히려는 당사자의 소송행위를 말한다. 법원은 주로 당사자의 입증활동을 통하여 사실관계에 대한 심증을 형성하게 된다.

다. 진 술 진술이란 법원에 대하여 사실을 알리거나 사실상·법률상의 의견을 제시하는 소송행위를 말한다. 사실을 알리는 소송행위로는 피고인의 진술, 증인의 증언 등이 있으며, 의견을 제시하는 소송행위로는 검사의 논고, 변호인의 변론 등이 있다.

(3) 제3자의 소송행위

제3자의 소송행위란 법원 또는 당사자 이외의 자에 의한 소송행위를 말한다. 참고인의 진술, 증인의 진술 등이 그것이다.

2. 성질에 의한 분류

(1) 법률행위적 소송행위

법률행위적 소송행위란 일정한 소송법적 효과를 목적으로 하는 의사표시를 요소로 하는 소송행위를 말한다. 고소, 영장의 발부, 공소의 제기, 보석의 청구 및 상소의 제기 등이 그것이다. 법률행위적 소송행위는 이에 상응하는 소송법적 효과가 발생하나 형사소송법의 규정에 따라 정형적 효과가 발생한다. 예를 들어 친고죄인 사자명예훼손죄 고소에 있어서 2인의 공범 중 1인에 대하여 고소가 있으면 이에 상응하여 수사가 개시되는데 고소권자의 의사와는 달리 2인 모두에 대하여 고소의 효력이 있게 된다(제233조).

(2) 사실행위적 소송행위

사실행위적 소송행위란 행위자의 의사와 관계없이 행위 자체에 대하여 일정한 소송법적 효과가 발생하는 소송행위를 말한다. 증인의 증언, 검사의 논고·구형, 변호인의 최종변론 및 영장의 집행행위 등이 여기에 해당한다. 예를 들어 검사에 의하여 피고인에 대한 징역 1년의 구형이 있는 경우 검사가 원하는 법률효과와 관계없이 검사의 최후의견진술이 있었다는 소송법상의 효력이 발생한다.

3. 역할에 의한 분류

(1) 실체형성행위

실체형성행위란 피고사건에 대한 법관의 실체적 판단에 영향을 미치는 소송행위를 말한다. 증인의 증언, 피고인의 진술, 법원의 검증, 변호인의 변론 등이 그것이다. 예를 들어 증인의 증언에 의하여 실체관계가 밝혀지게 된다.

(2) 절차형성행위

절차형성행위란 형사절차의 진행과 관련된 소송행위를 말한다. 공소제기, 공판기일의 지정, 소송관계인의 소환, 증거조사의 신청 등이 그것이다. 절차형성행위는 앞뒤의 행위가 불가분적인 관련을 맺고 발전해 나가므로 이를 유지하기 위하여 절차의 안정성 및 확실성이 요구된다.

4. 기능에 의한 분류

(1) 효과부여 소송행위

효과부여 소송행위란 행위 그 자체만으로 일정한 소송법적 효과가 발생하는 소송행위를 말한다. 여효적(與效的) 소송행위라고도 한다. 변호인의 선임, 공소의 취소, 상소의 취소 등이 그것이다. 예를 들어 변호인의 선임이 있으면 피선임자는 변호인으로서의 법적 권리와 의무를 지게 된다.

(2) 효과요구 소송행위

효과요구 소송행위란 행위자의 소송행위에 대하여 재판이라는 법원의 소송행위가 있어야 비로소 그 효과가 발생하는 소송행위를 말한다. 취효적(取效的) 소송행위라고도 한다. 기피신청, 관할위반의 신청, 증거조사의 신청 등이 그것이다.

Ⅲ. 소송행위의 대리

1. 의 의

법원과 검사는 법률에 의하여 이미 그 주체가 정해져 있으므로, 대리는 피의자·피고인 혹은 제3자의 소송행위에 있어서 문제된다. 이 경우에도 피고인의 진술이나 증인의 증언과 같은 실체형성행위는 일신전속적 소송행위로서의 성격을 가지므로 대리가 허용되지 않는다. 따라서 대리는 증거조사의 신청과 같은 절차형성행위나 피의자 또는 피고인의 소송능력이 없는 경우에 인정된다. 한편 형사소송은 동적·발전적 성격으로 인하여 절차의 형식적 확실성이 강하게 요청되므로 소송행위에 대한 대리의 허용범위 여부를 검토할 필요가 있다.

2. 대리의 허용범위

(1) 명문의 규정이 있는 경우

가. 포괄적 대리가 인정되는 경우 포괄적 대리가 인정되는 경우로 의사무능력자인 피의자·피고인에 대한 법정대리인의 대리(제26조), 법인인 피의자·피고인에 대한 대표자의 대리(제27조, 제276조단서), 피의자·피고인에 대한 변호인·보조인의 대리(제36조, 제29조), 경미사건에 있어서의 피고인에 대한 대리(제277조) 등이 있다.

나. 특정한 소송행위에 대하여만 인정되는 경우 특정한 소송행위에 대하여만 대리가 인정되는 경우로 고소 및 그 취소의 대리(제236조), 재정신청의 대리(제264조), 변호인선임의 대리(제30조), 체포·구속적부심사청구의 대리(제214조의2), 상소의 대리(제340조, 제341조) 등이 있다.

(2) 명문의 규정이 없는 경우

형사소송법상 대리의 허용범위가 문제되는 것은 명문의 규정이 없는 경우이다. 그 인정 여부에 대하여는 견해가 일치하지 않고 있다. 판례는 형식적 확실성을 중시하여 부정적 입장을 취한다(대판 1953. 6. 9. 4286형항3).

3. 대리권의 행사

대리권의 행사는 그 성질상 본인의 의사에 따라야 한다. 따라서 대리인이 본인의 의사에 반하여 행한 소송행위는 무효이다. 그러나 형사소송법은 피의자·피고인에 대한 대리인의 후견적 역할을 중시하여 본인의 명시적·묵시적 의사에 반하여 대리권을 행사할 수 있도록 하는 경우가 있다. 변호인의 독립대리권이나 법정대리인의 상소권 등이 그것이다(제36조, 제341조제2항).

Ⅳ. ▶▶ 소송행위의 방식

1. 의 의

소송행위의 방식은 소송행위를 하는 데 있어서 상대방에 대한 외부적 표현방식을 말한다. 소송행위의 방식을 요구하는 이유는 형식적 확실성을 통하여 절차의 안정성을 기하고, 법원이나 수사기관의 자의적 소송행위를 배제하여 피의자·피고인의 인권보호를 기하는 데 있다.

2. 구두주의와 서면주의

(1) 구두주의

구두주의는 소송행위를 직접 대면하여 말로 표현하는 것이다. 이는 소송행위의 신속을 도모하고 그 내용이 상대방에게 정확하게 표시된다는 이점이 있다. 범죄사실에 대한 실체형성행위는 원칙적으로 이 방식에 의한다. 판결은 법률에 다른 규정이 없으면 구두변론에 의하여야 하며(제37조제1항), 공판정에서의 변론은 구두로 하여야 한다(제275조의3). 구두주의의 예로 검사의 모두진술(제285조), 피고인의 모두진술(제286조), 증인신문(제161조의2), 검사의 의견진술(제302조), 피고인의 최후진술(제303조) 등을 들 수 있다.

(2) 서면주의

서면주의는 소송행위를 서류로 하는 것을 말한다. 이는 소송행위의 내용을 명확히 하여 절차의 형식적 확실성을 기할 수 있는 이점이 있다. 형식적 확실성을 요하는 절차형성행위는 원칙적으로 이 방식에 의한다. 서면주의의 예로 변호인선임신고(제32조제1항), 영장의 청구(규칙 제93조제1항), 공소제기(제254조), 상소제기(제343조제1항), 재심청구(규칙 제166조) 등을 들 수 있다.

(3) 구두주의 혹은 서면주의의 혼용

혼용주의는 어느 방식을 택하든 절차의 진행을 침해하지 않을 것으로 보이는 소송행위에서 주로 이용되고 있다. 형사소송법에서 혼용주의를 명시적으로 규정하고 있는 경우도 있다. 고소·고발 및 그 취소(제237조제1항, 제239조), 공소의 취소(제255조제2항), 상소의 포기·취하(제352조), 약식명령에 대한 정식재판청구의 취하(제458조) 등이 그것이다. 한편 법원 또는 판사에 대한 신청 기타 진술은 다른 규정이 없으면 서면 또는 구술로 할 수 있다(규칙 제176조제1항). 검사, 피고인 및 변호인의 기피신청 등이 그것이다.

3. 방식에 위반한 소송행위

소송행위가 방식에 위반되고 그 방식에 관한 규정이 효력규정인 때에는 그 소송행위는 무효이다. 따라서 구두에 의한 공소제기 및 상소제기는 무효이고, 서면에 의한 판결선고도 무효이다.

V. 소송행위의 기간

1. 기간의 종류

(1) 행위기간과 불행위기간

가. 행위기간 행위기간이란 일정한 기간 내에만 적법하게 소송행위를 할 수 있는 기간을 말한다. 친고죄의 고소기간(제230조), 재정신청기간(제260조제3항), 상소제기기간(제358조, 제374조) 등이 그것이다.

나. 불행위기간 불행위기간이란 일정한 기간 내에는 소송행위를 할 수 없도록 정해진 기간을 말한다. 예를 들어 제1회 공판기일 유예기간은 피고인의

방어권을 보장하기 위하여 소환장의 송달 후 5일 이상의 유예기간을 두도록 하고 있는데(제269조), 이 경우 소환장 송달 후 5일 이내에는 법원이 공판기일 지정이라는 소송행위를 할 수 없도록 하고 있다.

(2) 법정기간과 재정기간

가. 법정기간 법정기간이란 기간의 길이가 법에 정하여져 있는 기간을 말한다. 대부분의 기간이 여기에 해당한다. 구속기간(제92조), 상소제기기간(제358조, 제374조) 등이 그것이다.

나. 재정기간 재정기간이란 기간의 길이가 재판에 의하여 정하여지는 기간을 말한다. 구속기간의 연장(제205조), 감정유치기간의 연장·단축(제172조제6항) 등이 그것이다.

(3) 불변기간과 훈시기간

가. 불변기간 불변기간이란 기간이 경과한 후에 한 소송행위는 무효로 되는 경우의 기간을 말한다. 효력기간이라고도 한다. 친고죄의 고소기간(제230조), 재정신청기간(제260조제3항), 상소제기기간(제358조, 제374조), 상소이유서 제출기간(제361조의3, 제379조) 등이 그것이다.

나. 훈시기간 훈시기간이란 주의를 촉구하기 위한 것으로 기간이 경과한 후에 소송행위를 하여도 그 효력에 영향이 없는 기간을 말한다. 검사의 고소·고발사건의 처리기간(제257조), 판결선고기간(제318조의4) 등이 그것이다.

2. 기간의 계산

기간의 계산에 관하여는 시(時)로 계산하는 것은 즉시부터 기산하고 일, 월 또는 연으로 계산하는 것은 초일을 산입하지 않는다(제66조본문). 다만 시효와 구속기간의 초일은 시간을 계산하지 않고 1일로 산정한다(동조단서). 기간의 말일이 공휴일이거나 토요일이면 그날은 기간에 산입하지 않는다. 다만 시효와 구속의 기간에 관하여는 예외로 한다(동조제3항).

Ⅵ. ▸▸ 소송행위의 성립과 효력에 대한 가치판단

1. 의 의

일정한 소송행위에 대하여 소송법적 효과의 부여 여부를 판단하기 위한 가치판단의 기준에는 ① 성립과 불성립, ② 적법과 부적법, ③ 유효와 무효, ④ 이유의 유무의 네 가지가 있다. 따라서 소송행위가 성립, 적법, 유효, 이유가 있으면 그 효과가 발생하게 된다. 소송행위에 대한 가치판단은 형식적인 기준으로부터 실질적인 기준으로 옮겨가면서 하게 되는데 대체로 ① 성립·불성립, ② 적법·부적법, ③ 유효·무효, ④ 이유의 유무라는 순서로 행하여진다.

2. 소송행위의 성립과 불성립

소송행위의 성립 여부는 특정한 소송행위가 소송행위로서 갖추어야 할 본질적 요소를 갖추고 있는가에 의하여 판단된다. 예를 들어 공소제기에 있어서 검사의 공소장 제출은 공소제기라는 소송행위가 성립하기 위한 본질적 요소이므로 공소장의 제출이 없는 경우에는 소송행위로서의 공소제기가 성립되었다고 할 수 없다. 일단 소송행위가 성립한 때에는 비록 무효인 때에도 법원은 이에 대한 판단을 하여야 한다.

3. 소송행위의 적법·부적법

소송행위의 적법·부적법이란 소송행위로서 성립된 행위가 법률의 규정에 합치하는가에 대한 가치판단을 말한다. 소송행위의 성립을 전제로 한다는 점에서 소송행위의 유효·무효와 비슷하다. 소송행위의 적법·부적법은 소송행위에 형식적으로 구비되어야 하는 것으로 유효·무효에 대하여 사전판단의 성격을 가진다. 소송행위의 적법·부적법은 유효·무효와 대부분 일치하지만 반드시 그런 것은 아니다. 훈시규정 및 효력규정에 위반한 소송행위는 모두 부적법하지만 훈시규정에 위반한 소송행위는 유효하기 때문이다.

4. 소송행위의 유효와 무효

(1) 의 의

소송행위의 유효와 무효는 소송행위의 성립을 전제한 것으로 해당 소송행위 본래의 효력을 인정할 것인가에 대한 가치판단을 말한다. 무효인 소송행위의 경우 그 본래적 효력은 인정되지 않지만 일정한 소송법적 효과는 발생할 수 있다. 따라서 이 경우에도 법원은 판단을 하여야 한다. 예를 들어 고소가 없는 친고죄에 대하여 공소제기가 있는 경우 그 실질은 무효이지만 소송행위로서 성립은 하였으므로 공소시효정지 및 소송계속이라는 소송법적 효과는 발생하게 된다. 따라서 법원은 이에 대하여 공소기각의 판결이라는 소송행위로 이를 종결하여야 한다(제327조제2호).

(2) 무효의 원인

가. 행위주체의 하자 행위주체의 무효행위에 관한 것으로는 행위주체에게 행위적격이 없는 경우와 의사표시의 하자가 있는 경우를 들 수 있다.

행위주체에게 소송행위에 필요한 행위적격이 없는 경우로 고소권자 아닌 자의 고소, 상소권자 아닌 자의 상소제기, 대리권이 없는 자에 의한 소송행위 등이 있다. 이 경우의 소송행위는 무효로 된다. 소송능력이 없는 자에 의한 소송행위에 대하여는 절차형성행위는 무효이지만 피고인의 진술이나 증인의 증언과 같은 실체형성행위는 유효하다는 것이 다수설이다. 판례도 사건 당시 만 3세~6세가량이던 유아의 증언능력 및 그 진술의 신빙성을 인정하고 있다(대판 2006. 4. 14. 2005도9561 등).

행위주체의 착오나 사기·강박에 의한 소송행위와 같이 그 의사표시에 하자가 있는 경우는 원칙적으로 무효가 되지 않는다. 착오에 의한 소송행위가 중요한 점에 관한 착오로서 행위자에게 귀책사유가 없고 유효로 하는 것이 현저히 정의에 반하는 경우에는 예외적으로 무효로 될 수 있다(대결 1992. 3. 13. 92모1).

나. 행위내용의 하자 소송행위의 내용으로 보아 법률상 또는 사실상 절차진행이 불가능한 경우 그 소송행위는 무효가 된다. 법정형을 초과한 형을 선고

한 판결, 허무인에 대한 고소 등이 그것이다.

다. 행위방식의 하자 소송행위의 방식의 하자는 그 방식을 요구하는 취지 등을 고려하여 개별적으로 판단하여야 한다. 예를 들어 공소제기를 서면으로 하게 한 취지는 검사의 공소사실을 분명히 하여 법원의 심판범위를 확정짓고 피고인의 방어권을 보장하기 위한 것이므로 구두에 의한 공소제기는 중대한 방식의 하자로 무효가 된다.

(3) 무효의 치유

가. 의 의 소송행위의 하자란 소송행위가 성립하지 않거나, 무효이거나, 부적법하거나, 이유가 없는 경우에 내려지는 부정적 가치판단을 말한다. 동적·발전적 성격의 형사절차에서는 절차의 안정성이 강하게 요청되지만, 한편 이러한 형사절차의 성격으로 인하여 소송행위 이후의 사정변경에 따라 행위 당시의 하자를 유효하게 할 필요가 있을 수 있다. 이것이 하자의 치유문제이다. 소송행위의 하자의 치유는 주로 무효인 하자의 치유의 문제로서 다루어진다. 무효의 치유는 소송의 발전에 따른 하자의 치유와 소송행위의 추완의 경우로 살펴볼 수 있다.

나. 소송의 발전에 따른 하자의 치유 이는 절차상의 하자에 대하여 당사자의 이의 없이 소송이 일정한 단계에 이르면 그 무효가 치유되는 것을 말한다. 따라서 공소장부본 송달의 하자, 제1회 공판기일유예기간의 하자, 증인신문의 일시·장소 통지의 하자, 증인신문순서의 하자 등에 대하여 피고인이 제1심에서 이의를 제기하지 않고 공소사실에 대하여 충분히 진술할 기회를 부여받으면 하자가 치유된다(대판 1992. 3. 10. 91도3272).

다. 무효인 소송행위의 추완 소송행위의 추완이란 법정기간이 경과한 후에 추가로 요건을 보완한 소송행위에 대하여 그 기간 내에 행한 소송행위와 같은 효력을 인정할 것인가의 문제를 말한다. 여기에는 단순추완과 보정적 추완이 있다.

(가) 단순추완 법정기간이 경과한 후의 추완행위에 의하여 법정기간 내에 행한 소송행위와 같은 효력을 인정하는 것을 말한다. 소송행위의 무효원인 자체를 소멸시키지 않고 단순히 사후적으로 추완만 한다는 의미에서 단순추완

이라고 한다. 기간이 지난 후에 상소권회복청구(제345조)나 정식재판청구권회복청구(제458조)를 통하여 이들 소송행위를 추완할 수 있도록 하는 경우가 그 예이다.

(나) 보정적 추완　　이미 행하여진 소송행위에 대하여 무효원인을 사후에 보완하고 바로잡는 방법에 의한 추완행위를 통하여 소송행위의 하자를 치유하는 것을 말한다. 이를 인정하여야 한다는 데는 이견이 없으나 그 인정범위에 대하여는 견해가 대립되고 있다.

① 변호인선임의 추완　　이는 변호인선임신고를 제출하기 전에 변호인이 한 소송행위가 유효한가의 문제이다. 이를 인정하게 되면 포괄적 대리권을 가지는 변호인의 소송행위가 피고인의 장래의 선임의사에 따라 좌우되어 형사절차의 확실성을 해칠 수 있다. 판례도 부정적 입장이다(대결 2005. 1. 20. 2003모429).

② 공소사실의 추완　공소사실은 법원의 심판대상이 될 뿐만 아니라 피고인의 방어준비를 위한 기초가 된다는 점에서 매우 중요한 소송법적 의미를 가진다. 따라서 특정되지 않은 공소사실은 허용되지 않는다. 판례는 공소사실의 구체적 특정 없이 한 검사의 공소제기는 무효이나 공소장변경의 절차라는 추완행위를 거치면 하자가 치유되는 것으로 보고 있다(대판 2009. 8. 20. 2009도9).

③ 고소의 추완　　고소의 추완은 친고죄에 있어서 고소가 없음에도 불구하고 검사의 공소제기 후 고소가 있는 경우에 공소가 적법한 것으로 되어 법원이 심판할 수 있는가의 문제이다. 친고죄에서의 고소는 소송조건이므로 고소의 추완은 친고죄에서의 고소를 중심으로 다루어지고 있다.

이를 인정할 것인가에 대하여는 ㉠ 소송경제 및 절차유지의 원칙 등의 이유로 이를 인정하여야 한다는 적극설, ㉡ 친고죄에서의 고소는 공소제기의 적법·유효요건이므로 인정할 수 없다는 소극설(다수설), ㉢ 공소제기시에 공소사실이 친고죄임을 알면서도 고소 없이 공소를 제기한 경우에는 이를 인정할 수 없지만, 비친고죄로 공소제기된 사건이 심리결과 친고죄로 판명된 경우 등에는 이를 인정할 수 있다는 절충설이 대립되고 있다. 판례는 소극설의 입장에서(대판 2006. 4. 28. 2005도8976 등), 설령 비친고죄로 기소되었다가 친고죄로 공소장이 변경되는 경우에도 마찬가지라고 한다(대판 1982. 9. 14. 82도1504). 세무공무원의 고발 없이 조세범칙사건의 공소가 제기된 후에 세무공무원이 고발을 하여도 그 공소절차의 무효가 치유되지 않는다(대판 1970. 7. 28. 70도942).

(4) 무효인 소송행위의 취소와 철회

가. 소송행위의 취소 소송행위의 취소란 일단 유효하게 성립한 소송행위의 효력을 그 하자(사기, 강박, 착오 등)를 이유로 소급하여 무효로 하는 것을 말한다. 소송행위는 절차유지의 원칙에 의하여 원칙적으로 그 효력을 인정하여야 하며 예외적으로 무효로 취급하면 되고 취소는 인정되지 않는다.

나. 소송행위의 철회 소송행위의 철회란 일단 유효하게 성립한 소송행위를 장래에 향하여 그 효력을 소멸시키는 것을 말한다. 고소의 취소(제232조), 공소의 취소(제255조), 상소취하(제349조) 등이 그것이다. 이 경우 '취소'라는 용어를 사용하고 있지만 그 성격은 철회에 해당한다. 철회는 장래의 효력을 소멸시키는 것이므로 절차의 안정을 해치지 않는 한 명문의 규정이 없는 경우에도 절차형성행위에 한정하여 인정될 수 있다(다수설).

5. 소송행위의 이유의 유무

소송행위의 이유의 유무란 법률행위적 소송행위에 관하여 그 의사표시의 내용이 정당한가, 즉 이유 있는가에 대한 가치판단을 말한다. 이유의 유무는 적법·유효한 소송행위를 전제로 하며, 당사자의 신청(혹은 청구) 등과 같이 법원의 재판을 구하는 효력요구 소송행위에서 문제된다.

Ⅶ. 소송서류

1. 의 의

소송서류란 특정한 형사소송에 관하여 작성되는 모든 서류를 말한다. 법원에서 작성되는 서류뿐만 아니라 소송관계인이 법원에 제출하는 서류도 포함한다. 소송에 관한 서류는 공판의 개정 전에는 공익상 필요 기타 상당한 이유가 없으면 공개하지 못한다(제47조). 이는 소송관계인 및 고소인이 아닌 일반에게 공표되는 것을 금지하여 이해관계인의 인격과 명예를 보호하고 심판에 대한 외부로부터의 부당한 영향을 배제하기 위한 것이다(대판 2006. 5. 25. 2006두3049).

2. 소송서류의 종류

(1) 공무원 작성의 서류와 비공무원 작성의 서류

공무원이 작성하는 서류에는 법률에 다른 규정이 없는 때에는 작성 연월일과 소속공무소를 기재하고 기명날인 또는 서명하여야 하며, 서류에는 간인하거나 이에 준하는 조치를 하여야 한다(제57조제1항·제2항). 공무원이 서류를 작성할 때에는 문자를 변개(變改, 변경)하지 못하며, 삽입, 삭제 또는 난외기재를 할 때에는 이 기재한 곳에 날인하고 그 자수를 기재하여야 한다. 다만 삭제한 부분은 해득할 수 있도록 자체(字體)를 존치하여야 한다(제58조제 1항·제2항).

공무원 아닌 자가 작성하는 서류에는 연월일을 기재하고 기명날인 또는 서명하여야 한다. 인장이 없으면 지장으로 한다(제59조). 만약 서명날인을 하여야 할 경우에 서명을 할 수 없으면 타인이 대서(代書)하되, 대서한 자가 그 사유를 기재하고 기명날인 또는 서명하여야 한다(규칙 제41조).

(2) 의사표시적 문서와 보고적 문서

소송서류는 일정한 소송법적 효과의 발생을 목표로 하는 의사표시의 유무에 따라 의사표시적 문서와 보고적 문서로 나누어진다. 고소장, 공소장, 상소장, 재판서 등은 일정한 의사표시를 내용으로 하는 문서에 해당한다. 이와는 달리 공판조서, 검증조서, 각종 신문조서, 진술서 등은 법원에 대하여 일정한 사실의 보고를 내용으로 하는 문서에 해당한다. 두 문서의 구별실익은 전자는 당사자 일방의 의사표시에 불과하므로 증거능력이 인정되지 않으나 후자는 일정한 요건 아래 형사소송법에 의하여 증거능력이 인정된다는 점에 있다.

3. 조 서

(1) 의 의

조서란 보고적 문서 중 소송의 진행과정과 내용을 공적으로 증명하기 위하여 수사기관이나 법원이 작성하는 공문서를 말한다. 수사기관의 조서인 피의자신문조서, 참고인진술조서 등에 대하여는 수사절차에서 살펴보았다. 법원이 작성하는 조서에는 공판기일의 공판절차의 진행경과를 기재한 공판조서와 공판기일 외에서의 절차의 진행경과를 기재한 그 외의 조서가 있다.

(2) 공판조서

가. 의 의 공판조서란 공판기일에서의 소송의 진행과정과 그 내용에 관하여 법원사무관 등이 작성한 조서를 말한다.

나. 공판조서의 작성주체 공판조서의 작성주체는 공판기일에 참여한 법원사무관 등이다. '법원사무관 등'이란 법원서기관, 법원사무관, 법원주사 또는 법원주사보를 말한다(제25조제1항).

다. 공판조서의 기재사항

(가) 형식적 기재사항 공판조서의 형식적 기재사항으로는 ① 공판을 행한 일시와 법원, ② 법관, 검사, 법원사무관 등의 관직, 성명, ③ 피고인, 대리인, 대표자, 변호인, 보조인과 통역인의 성명, ④ 피고인의 출석 여부, ⑤ 공개의 여부와 공개를 금한 때에는 그 이유가 있다(제51조제2항제1호~제5호).

(나) 실질적 기재사항 공판조서의 실질적 기재사항으로는 ① 공소사실의 진술 또는 그를 변경하는 서면의 낭독, ② 피고인에게 그 권리를 보호함에 필요한 진술의 기회를 준 사실과 그 진술한 사실, ③ 피의자, 피고인, 증인, 감정인, 통역인, 번역인의 진술 및 증인, 감정인, 통역인, 번역인이 선서를 하지 않은 때에는 그 사유, ④ 증거조사를 한 때에는 증거 될 서류, 증거물과 증거조사의 방법, ⑤ 공판정에서 행한 검증 또는 압수, ⑥ 변론의 요지, ⑦ 재판장이 기재를 명한 사항 또는 소송관계인의 청구에 의하여 기재를 허가한 사항, ⑧ 피고인 또는 변호인에게 최종 진술할 기회를 준 사실과 그 진술한 사실, ⑨ 판결 기타의 재판을 선고 또는 고지한 사실이 있다(동조제2항제6호~제14호).

라. 공판조서의 속기, 녹취 및 영상녹화 법원은 검사, 피고인 또는 변호인의 신청이 있는 때에는 특별한 사정이 없는 한 공판정에서의 심리의 전부 또는 일부를 속기사로 하여금 속기하게 하거나 녹음장치 또는 영상녹화장치를 사용하여 녹음 또는 영상녹화(녹음이 포함된 것)하여야 하며, 필요하다고 인정하는 때에는 직권으로 이를 명할 수 있다(제56조의2제1항). 법원은 속기록·녹음물 또는 영상녹화물을 공판조서와 별도로 보관하여야 한다(동조제2항). 검사, 피고인

또는 변호인은 비용을 부담하고 속기록·녹음물 또는 영상녹화물의 사본을 청구할 수 있다(동조제3항). 재판장은 피해자나 소송관계인의 사생활에 관한 비밀 혹은 신변에 대한 위해를 방지하기 위해 필요한 경우 이를 불허하거나 범위를 제한할 수 있다(규칙 제38조의2제1항).

마. 공판조서의 정리 및 고지 공판조서는 각 공판기일 후 신속히 정리하여야 한다(제54조제1항). 다음 회의 공판기일에 있어서는 전회의 공판심리에 관한 주요사항의 요지를 조서에 의하여 고지하여야 한다. 다만 다음 회의 공판기일까지 전회의 공판조서가 정리되지 않은 때에는 조서에 의하지 않고 고지할 수 있다(동조제2항). 검사, 피고인 또는 변호인은 공판조서의 기재에 대하여 변경을 청구하거나 이의를 제기할 수 있다(동조제3항). 이 경우 그 취지와 이에 대한 재판장의 의견을 기재한 조서를 해당 공판조서에 첨부하여야 한다(동조제4항).

바. 공판조서의 열람·복사권 피고인은 공판조서의 열람 또는 복사를 청구할 수 있다(제55조제1항). 이는 조서기재의 정확성을 확보하고 피고인의 방어권을 보장하는 데 그 이유가 있다. 피고인이 공판조서를 읽지 못하는 때에는 공판조서의 낭독을 청구할 수 있으며(동조제2항), 재판장의 명에 의하여 법원사무관 등이 낭독하거나 녹음물 또는 영상녹화물을 재생한다(규칙 제30조). 피고인의 공판조서에 대한 열람, 복사 및 낭독청구에 응하지 않은 때에는 그 공판조서를 유죄의 증거로 할 수 없다(제55조제3항).

(3) 공판기일 외의 절차에 관한 조서

가. 신문조서 공판기일 외에서 피의자, 피고인, 증인, 감정인, 통역인 또는 번역인을 신문하는 때에는 신문에 참여한 법원사무관 등이 조서를 작성하여야 한다(제48조제1항). 조서에는 피의자·피고인·증인·감정인·통역인·번역인의 진술 및 증인·감정인·통역인·번역인이 선서를 하지 않은 때에는 그 사유를 기재하여야 한다(동조제2항). 조서는 진술자에게 읽어주거나 열람하게 하여 기재내용이 정확한지를 물어야 하고, 진술자가 조서에 대하여 추가, 삭제 또는 변경의 청구를 한 때에는 그 진술을 조서에 기재하여야 한다(동조제3항·제4항). 신문에 참여한 검사, 피의자, 피고인 또는 변호인이 조서기재 내용의 정확성에 대하여 이의를 진술한 때에는 그 진술의 요지를 조서에 기재하여야 한다(동조제5

항). 이 경우 재판장이나 신문한 법관은 그 진술에 대한 의견을 기재하게 할 수 있다(동조제6항). 조서에는 진술자가 간인 및 서명날인하게 하여야 하는데, 진술자가 이를 거부한 때에는 그 사유를 기재하여야 한다(동조제7항). 공판기일 외의 조서에는 조사 또는 처분의 연월일시와 장소를 기재하고 그 조사 또는 처분을 행한 자와 참여한 법원사무관 등이 기명날인 또는 서명하여야 한다. 다만 공판기일 외에 법원이 조사 또는 처분을 행한 때에는 재판장 또는 법관과 참여한 법원사무관 등이 기명날인 또는 서명하여야 한다(제50조).

나. 압수·수색·검증조서 공판기일 외에서의 압수, 수색 또는 검증에 관하여는 조서를 작성하여야 한다(제49조제1항). 압수조서에는 품종, 외형상의 특징과 수량을 기재하여야 한다(동조제3항). 검증조서에는 검증목적물의 현상을 명확하게 하기 위하여 도화나 사진을 첨부할 수 있다(동조제2항). 공판기일 외의 압수·수색·검증조서의 조사 연월일시, 장소 및 참여한 법원사무관 등의 날인에 대하여는 앞서 본 공판기일 외의 신문조서와 같다(제50조).

4. 확정된 형사재판기록 등의 열람과 복사

(1) 의 의

형사소송법은 헌법상의 재판공개의 원칙(동법 제27조제3항, 제109조)을 실질적으로 구현하고 형사사법의 영역에서 국민의 알권리를 충분히 보장하기 위하여 확정된 형사재판기록 및 판결서에 대한 열람과 복사를 허용하고 있다. 형사소송법 제59조의2와 제59조의3은 「공공기관의 정보공개에 관한 법률」에 대한 특칙을 이룬다. 따라서 형사재판확정기록의 공개에 관하여는 정보공개법에 의한 공개청구가 허용되지 않는다(대판 2016. 12. 15. 2013두20882).

(2) 확정된 형사재판기록의 열람과 복사

가. 열람·복사의 신청 누구든지 권리구제·학술연구 또는 공익적 목적으로 재판이 확정된 사건의 소송기록을 보관하고 있는 검찰청에 그 소송기록의 열람 또는 복사를 신청할 수 있다(제59조의2제1항). 신청권자에는 제한이 없다.

나. 열람·복사의 제한 검사는 다음 각 호의 어느 하나에 해당하는 경우에는 소송기록의 전부 또는 일부의 열람·복사를 제한할 수 있다. 다만 소송관

계인이나 이해관계 있는 제3자가 열람·복사에 관하여 정당한 사유가 있다고 인정되는 경우에는 그렇지 않다(동조제2항). 검사의 제한사유는 ① 심리가 비공개로 진행된 경우, ② 소송기록의 공개로 인하여 국가의 안전보장, 선량한 풍속, 공공의 질서유지 또는 공공복리를 현저히 해칠 우려가 있는 경우, ③ 소송기록의 공개로 인하여 사건관계인의 명예나 사생활의 비밀 또는 생명·신체의 안전이나 생활의 평온을 현저히 해칠 우려가 있는 경우, ④ 소송기록의 공개로 인하여 공범관계에 있는 자 등의 증거인멸 또는 도주를 용이하게 하거나 관련 사건의 재판에 중대한 영향을 초래할 우려가 있는 경우, ⑤ 소송기록의 공개로 인하여 피고인의 개선이나 갱생에 현저한 지장을 초래할 우려가 있는 경우, ⑥ 소송기록의 공개로 인하여 사건관계인의 영업비밀(부정경쟁방지법 제2조제2호의 영업비밀을 말함)이 현저하게 침해될 우려가 있는 경우, ⑦ 소송기록의 공개에 대하여 해당 소송관계인이 동의하지 않는 경우이다(동조제2항단서). 검사가 소송기록의 열람·등사를 제한하는 때에는 신청인에게 그 사유를 명시하여 통지하여야 한다(동조제3항).

다. 등본의 열람·복사 검사는 소송기록의 보존을 위하여 필요하다고 인정하는 경우에는 그 소송기록의 등본을 열람·복사하게 할 수 있다. 다만 원본의 열람·복사가 필요한 경우에는 그렇지 않다(동조제4항).

라. 열람·복사한 자의 의무 및 불복 소송기록을 열람·복사한 자는 이에 의하여 알게 된 사항을 이용하여 공공의 질서 또는 선량한 풍속을 해치거나 피고인의 개선 및 갱생을 방해하거나 사건관계인의 명예 또는 생활의 평온을 해치는 행위를 하여서는 안 된다(동조제5항). 소송기록의 열람·복사를 신청한 자가 이에 관한 검사의 처분에 불복하는 때에는 해당 기록을 보관하고 있는 검찰청에 대응한 법원에 그 처분의 취소 또는 변경을 신청할 수 있다(동조제6항). 불복신청에 대하여는 수사기관의 처분에 대한 준항고에 관한 규정들이 준용된다(동조제7항, 제418조, 제419조).

(3) 확정된 판결서 등의 열람과 복사

가. 열람·복사의 신청 누구든지 판결이 확정된 사건의 판결서 또는 그 등본, 증거목록 또는 그 등본, 그 밖에 검사나 피고인 또는 변호인이 법원에 제

출한 서류·물건의 명칭·목록 또는 이에 해당하는 정보(이하 '판결서 등'이라 함)를 보관하는 법원에서 해당 판결서 등을 열람 및 복사(인터넷, 그 밖의 전산정보처리시스템을 통한 전자적 방법을 포함)할 수 있다(제59조의3제1항본문). 신청권자에는 제한이 없다.

나. 열람·복사의 제한 열람·복사를 하는 신청하는 경우에도 다음 각 호의 어느 하나에 해당하는 때에는 판결서 등의 열람·복사를 제한할 수 있다. 제한사유는 ① 심리가 비공개로 진행된 경우, ② 「소년법」 제2조에 따른 소년에 관한 사건인 경우, ③ 공범관계에 있는 자 등의 증거인멸 또는 도주를 용이하게 하거나 관련 사건의 재판에 중대한 영향을 초래할 우려가 있는 경우, ④ 국가의 안전보장을 현저히 해칠 우려가 명백하게 있는 경우, ⑤ 소송기록의 공개로 인하여 사건관계인의 명예나 사생활의 비밀 또는 생명·신체의 안전이나 생활의 평온을 현저히 해칠 우려가 있는 경우, ⑥ 소송기록의 공개로 인하여 사건관계인의 영업비밀(부정경쟁방지법 제2조제2호의 영업비밀을 말함)이 현저하게 침해될 우려가 있는 경우이다. ⑤와 ⑥의 사유는 소송관계인의 신청이 있는 경우에 한한다(제59조의3제1항단서).

다. 법원사무관 등의 개인정보 보호조치 법원사무관 등이나 그 밖의 법원공무원은 열람·복사에 앞서 판결서 등에 기재된 성명 등 개인정보가 공개되지 않도록 대법원규칙으로 정하는 보호조치를 하여야 한다(동조제2항). 개인정보 보호조치를 한 법원사무관 등은 고의 또는 중대한 과실로 인한 것이 아니면 열람·복사와 관련하여 민사상·형사상의 책임을 지지 않는다(동조제3항).

라. 열람·복사를 신청한 자의 불복 열람·복사에 관하여 정당한 사유가 있는 소송관계인이나 이해관계 있는 제3자는 제1항단서에도 불구하고 확정된 판결서 등을 보관하는 법원사무관 등이나 그 밖의 법원공무원에게 판결서 등의 열람·복사를 신청할 수 있다. 이 경우 법원사무관 등의 열람·복사에 관한 처분에 불복하는 때에는 확정된 판결문 등을 보관하는 법원에 처분의 취소 또는 변경을 신청할 수 있다(동조제4항). 불복신청에 대하여는 수사기관의 처분에 대한 준항고에 관한 규정들이 준용된다(동조제5항, 제417조, 제418조). 판결서 등의 열람·복사의 방법과 절차, 개인정보 보호조치의 방법과 절차, 그 밖에 필요한 사항은 대법원규칙으로 정한다(동조제6항).

5. 소송서류의 송달

(1) 송달의 의의

송달이란 당사자 기타 소송관계인에 대하여 소송서류의 내용을 알리는 법원 또는 법관의 소송행위를 말한다. 송달은 통지와는 달리 법률이 규정한 일정한 방식에 따라 행하여지고 그 법률적 효과가 인정된다. 서류의 송달에 관하여 법률에 다른 규정이 없는 때에는 민사소송법을 준용한다(제65조).

(2) 송달장소 및 송달영수인

송달은 받을 사람의 주소, 거소, 영업소 또는 사무소에서 하는 것이 원칙이다(민소법 제183조제1항). 피고인, 대리인, 대표자, 변호인 또는 보조인이 법원 소재지에 서류의 송달을 받을 수 있는 주거 또는 사무소를 두지 않은 때에는 법원 소재지에 주거 또는 사무소 있는 자를 송달영수인으로 선임하여 연명한 서면으로 신고하여야 한다(제60조제1항). 송달영수인은 송달에 관하여 본인으로 보고 그 주거 또는 사무소는 본인의 주거 또는 사무소로 본다(동조제2항). 교도소, 구치소 또는 국가경찰관서의 유치장에 체포, 구속 또는 유치된 사람에게 할 송달은 교도소, 구치소 또는 국가경찰관서의 장에게 한다(민소법 제182조).

(3) 송달의 방법

가. 교부송달 교부송달은 송달받을 사람에게 직접 서류의 등본 또는 부본을 교부하는 것이다(민소법 제178조제1항). 근무장소 외의 송달할 장소에서 송달받을 사람을 만나지 못한 때에는 그 사무원, 피용자 또는 동거인으로서 사리를 분별할 지능이 있는 사람에게 서류를 교부할 수 있다. 근무장소에서 송달받을 사람을 만나지 못한 때에는 송달받을 사람이 고용, 위임 그 밖에 법률상 행위로 취업하고 있는 다른 사람 또는 그 법정대리인이나 피용자 그 밖의 종업원으로서 사리를 분별할 지능이 있는 사람이 서류의 수령을 거부하지 않으면 그에게 서류를 교부할 수 있다(보충송달, 동법 제186조제1항·제2항). 만약 서류를 송달받을 사람이 정당한 사유 없이 송달받기를 거부하는 때에는 송달할 장소에 서류를 놓아둘 수 있다(유치송달, 동법 동조제3항).

나. 우편송달 보충송달 및 유치송달도 불가능한 경우로서 주거, 사무소

또는 송달영수인의 선임을 신고하여야 할 자가 그 신고를 하지 않는 때에는 법원사무관 등은 서류를 우체(郵遞, 우편)에 부치는 방법에 의하여 송달할 수 있다(제61조제1항). 서류를 우체에 부친 경우에는 도달된 때에 송달된 것으로 본다(동조제2항).

다. 송달함송달 송달함송달은 교부송달, 보충송달, 유치송달, 우편송달 등의 방법에 불구하고 법원장 또는 지원장에게 신청하여 법원 안에 송달함을 설치하여 여기에 송달할 서류를 넣는 방법에 의한 송달을 말한다(민소법 제188조; 동 규칙 제52조). 이는 주로 민사소송에서 소송사건이 많은 로펌이나 대기업을 고려한 것으로 일종의 사서함제도와 유사한 것이다.

라. 공시송달 피고인의 주거, 사무소와 현재지를 알 수 없는 때에는 공시송달을 할 수 있다(제63조제1항). 피고인이 재판권이 미치지 않는 장소에 있는 경우에 다른 방법으로 송달할 수 없는 때에도 같다(동조제2항). 공시송달은 법원이 명한 때에 한정하여 하되, 법원사무관 등이 송달할 서류를 보관하고 그 사유를 법원게시장에 공시하는 방법으로 한다(제64조제2항). 법원은 공시송달의 사유를 관보나 신문지상에 공고할 것을 명할 수 있다(동조제3항). 최초의 공시송달은 공시한 날로부터 2주일을 경과하면 그 효력이 생긴다. 다만 제2회 이후의 공시송달은 5일을 경과하면 그 효력이 생긴다(동조제4항).

제 3 절 소송조건

I. 의 의

소송조건이란 전체로서의 소송이 성립·유지·발전하기 위한 기본조건을 말한다. 소송의 핵심은 법원의 실체심판에 있으므로 이를 실체심판의 전제조건이라고 할 수 있다. 예를 들어 친고죄에 있어서는 피해자의 고소가 있어야 법원이 피고사건의 실체에 대한 심판을 진행할 수 있는데 여기서 고소가 소송조건이 된다.

Ⅱ. 소송조건의 분류

1. 일반소송조건과 특별소송조건

일반소송조건은 일반사건에 공통적으로 필요한 소송조건을 말한다. 법원의 관할권, 재판권 등이 여기에 해당한다. 특별소송조건은 특별사건에 대하여만 요구되는 소송조건을 말한다. 친고죄에서의 고소, 반의사불벌죄에서의 처벌불원의사표시가 없을 것 등이 여기에 해당한다.

2. 절대적 소송조건과 상대적 소송조건

절대적 소송조건은 전체로서의 소송의 성립·유지·발전을 위하여 반드시 갖추어야 하는 기본적 조건으로 법원이 직권으로 조사해야 하는 소송조건을 말한다. 대부분의 소송조건이 여기에 해당한다. 상대적 소송조건은 당사자의 신청을 기다려 법원이 조사하는 소송조건을 말한다. 토지관할이 여기에 해당한다.

3. 적극적 소송조건과 소극적 소송조건

적극적 소송조건이란 일정한 사실의 존재가 소송조건이 되는 것을 말한다. 법원의 관할권, 재판권 등이 여기에 해당한다. 소극적 소송조건이란 일정한 사실의 부존재가 소송조건이 되는 것을 말한다. 동일사건에 대하여 이중의 공소제기가 없을 것, 공소시효가 완성되지 않을 것 등이 여기에 해당한다.

4. 형식적 소송조건과 실체적 소송조건

형식적 소송조건이란 절차면에 속하는 소송조건을 말한다. 친고죄에서의 고소의 취소, 피고인의 사망, 관할위반 등과 같이 공소기각·관할위반의 재판사유에 해당하는 것이 여기에 해당한다. 실체적 소송조건이란 실체면에 속하는 소송조건을 말한다. 확정판결이 있는 경우, 공소시효의 완성 등과 같이 면소판결의 재판사유에 해당하는 것이 여기에 해당한다. 예를 들어 확정판결이 있는 경우 두 사건이 동일한 사건인지를 판단하기 위해서는 사건의 실체를 어느 정도 심리하여야 한다.

Ⅲ. ▸▸ 소송조건의 조사

1. 법원의 직권조사

소송조건은 소송의 성립·유지·발전을 위한 전제이므로 상대적 소송조건을 제외하고는 법원이 그 여부를 직권으로 조사하여야 한다. 다만 상대적 소송조건인 토지관할에 대하여는 피고인의 신청이 있는 때에 한정하는데(제320조제1항), 공소제기시에 존재하면 된다.

2. 소송조건의 판단기준

소송조건은 절차의 모든 과정에서 갖추어져야 하므로 소송조건의 유무는 특정 심사시점의 피고사건을 기준으로 판단하여야 한다. 또한 소송조건은 공소제기시부터 판결시까지 모든 심급에서 갖추어져야 한다. 따라서 법원은 절차의 모든 단계에서 그 유무를 직권으로 조사하여야 한다.

한편 소송조건은 공소제기의 유효조건이기도 하므로 공소사실을 기준으로 판단하여야 하며 공소장이 변경된 경우에는 변경된 공소사실을 기준으로 판단하여야 한다. 다만 공소시효의 완성을 판단함에 있어서는 공소장 변경시가 아닌 공소제기시의 범죄사실을 기준으로 하여야 한다. 공소제기시에 공소시효가 완성되지 않았으면 공소제기가 가능하고, 공소제기의 효력은 공소장에 기재된 공소사실과 동일성이 인정되는 사실에 대하여도 미치기 때문이다.

3. 소송조건의 증명

소송조건에 대한 증명은 실체법적 범죄사실에 대한 것이 아니고 소송법적 사실이므로 법원의 재량에 의하여 증명하면 된다(자유로운 증명). 이는 실체법상의 공소사실의 인정은 증거능력 있는 증거로서 정식의 증거조사를 거친 증거에 의하여 증명되어야 한다(엄격한 증명)는 것과 구별된다.

Ⅳ. 소송조건의 흠결의 법적 효과

1. 형식재판에 의한 종결

법원에 소송이 계속된 사건에 대하여 소송조건이 존재하지 않으면 유죄·무죄의 실체심리 없이 형식재판으로 소송을 종결하여야 한다. 이 경우에도 형식적 소송조건을 결여한 경우에는 관할위반의 판결(제319조), 공소기각의 판결(제327조), 공소기각의 결정(제328조)을 선고하고, 실체적 소송조건을 결여한 경우에는 면소의 판결(제326조)을 선고한다.

2. 소송조건 흠결의 경합

소송조건에 대한 법원의 심사결과 형식적 소송조건과 실체적 소송조건이 경합한 경우에는 형식적 소송조건의 흠결을 이유로 재판하여야 하고, 여러 개의 형식적 소송조건의 흠결이 경합하는 경우에는 하자의 정도가 중한 흠결을 기준으로 재판하여야 한다. 따라서 ① 실체적 면소판결의 사유와 공소기각판결 사유가 경합하는 경우에는 형식적 소송조건인 공소기각판결로 재판하고, ② 공소기각의 사유와 관할위반의 사유가 경합하는 경우에는 하자가 중대한 공소기각재판으로 하고, ③ 공소기각결정 사유와 공소기각판결 사유가 경합하는 경우에는 하자가 중대한 공소기각결정으로 재판하여야 한다.

Ⅴ. 소송조건의 추완

소송조건의 추완이란 소송조건이 구비되지 않은 상태에서 소송계속 중에 추가로 소송조건을 완성한 경우에 그 하자가 치유되는가의 문제를 말한다. 이는 주로 친고죄에 있어서의 고소의 추완과 공소사실이 특정되지 않은 경우에 공소장 변경에 의하여 이를 특정하는 것을 허용할 것인가의 문제로서 논의된다. 이에 대하여는 앞서 무효인 소송행위의 치유의 문제에서 본 것이 그대로 타당하다. 판례는 사안을 구별하여 친고죄에서의 고소의 추완은 인정되지 않는다고 하면서도(대판 2006. 4. 28. 2005도8976 등), 특정되지 않은 공소사실에 대한 추완은 인정된다고 한다(대판 2009. 8. 20. 2009도9).

제 2 장 공판절차의 주체

공판절차도 일정한 주체의 활동에 의하여 그 절차가 진행되는데 공판절차의 3주체로 법원, 검사 및 피고인이 있다.[1] 법원은 재판을 행하는 주체이고, 검사와 피고인은 재판을 청구하거나 받는 주체이다. 다만 검사는 공소권의 주체이고, 피고인은 방어권의 주체라는 점에서 서로 구별되는데 양자를 특히 공판절차의 당사자라고 한다. 이러한 공판절차의 주체를 전제로 하여 공판절차는 심판자인 법원을 중심으로 두 당사자 간의 공격과 방어에 의하여 진행되어 나간다. 소송당사자와 그 보조자(피고인의 보조자인 변호인, 검사의 보조자인 사법경찰관리 등)를 합하여 소송관계인이라고 한다.

제 1 절 법 원

I. 법원의 의의와 종류

1. 법원의 의의

법원이란 입법기관인 국회 및 행정기관인 정부에 대응하여 사법권을 행사

1) 대부분의 책에서는 법원, 검사 및 피고인을 소송의 3주체로서 총칙편에서 다루고 있으나, 소송의 개념 및 형사소송법의 체계에 비추어 공판절차에서의 소송의 3주체로서 이해하는 것이 정확하다.

하는 국가기관을 말한다. 이러한 법원은 두 가지 의미로 사용되고 있는데, 조직법상 의미의 법원과 소송법상 의미의 법원이 그것이다.

(1) 조직법상(국법상) 의미의 법원

조직법상 의미의 법원은 넓은 의미의 개념으로 재판기관뿐만 아니라 여러 사법행정기관으로 이루어진 인적·물적 통일체로서의 사법행정권을 수행하는 의미에서의 법원을 말한다. 여기서 조직법은 법원조직법을 말한다. 일반적으로 국법상 의미의 법원으로 통칭되고 있다.[2] 여기에는 사법행정권의 주체인 각급의 법원장(법조법 제13조, 제26조, 제29조) 혹은 대법관회의(동법 제16조)와 같은 '관청으로서의 법원'과 그 자체로서는 아무런 권한도 갖지 않고 인적·물적 집합체로서의 사법행정상의 단위를 지칭하는 데 불과한 '관서로서의 법원'이 있다. "서울중앙지방법원은 서울 서초동에 있다"고 할 때의 법원은 관서로서의 법원이다. 조직법상 법원 안에는 하나 또는 여러 개의 소송법상 의미의 법원이 설치되어 있다.

(2) 소송법상 의미의 법원

소송법상 의미의 법원은 좁은 의미의 개념으로 법원 본연의 임무인 구체적 사건에 대한 심리와 재판을 행하는 기관으로서의 법원을 말한다. 합의부 혹은 단독판사가 그것인데, 실무에서의 재판부를 말한다. 형사소송법에서의 법원은 소송법상 의미의 법원을 의미한다. "법원에서 증인소환장이 왔다"고 하는 경우의 법원은 소송법상 의미의 법원이다.

2. 법원의 종류

(1) 조직법상 의미의 법원

조직법상 의미의 법원에는 최고법원인 대법원과 하급법원인 고등법원, 특허법원, 지방법원, 가정법원 및 행정법원이 있다(법조법 제3조제1항). 지방법원 및 가정법원의 사무의 일부를 처리하게 하기 위하여 그 관할구역 안에 지원과 가정지원, 시법원 또는 군법원 및 등기소를 둘 수 있다(동법 동조제2항).

2) 대부분 이를 국법상 의미의 법원이라고 하고 있으나 이는 일본에서 들여온 용어를 여과 없이 그대로 사용하는 것으로 개념이 분명하지 않다. 왜냐하면 소송법상 의미의 법원이 전제하는 형사소송법도 다 같은 국법이기 때문이다. 조직법상 의미의 법원이 정확한 표현이며 또한 이해하기도 쉽다.

(2) 소송법상 의미의 법원

가. 수소법원과 수소법원 이외의 법원 수소법원은 공소제기에 의하여 구체적으로 사건을 배당받아 현실적으로 소송을 진행하고 있는 법원을 말한다. 제101조제5항과 같이 이를 특히 명시하기도 하지만 형사소송법은 별도로 이를 구분하지 않고 법원으로 통칭하고 있다.

수소법원 이외의 법원은 수사절차나 재판이 확정된 후의 소송절차에서 활동하는 법원을 말한다. 수사절차에서 각종 영장을 발부하는 법원, 증거보전을 행하는 법원(제184조), 체포·구속적부심사를 하는 법원(제214조의2), 참고인에 대하여 증인신문을 하는 법원(제221조의2), 재정신청사건을 심판하는 법원(제262조), 재심사건을 심판하는 법원(제423조), 비상상고를 받은 법원(제441조) 등이 여기에 해당한다.

나. 단독제와 합의제 소송법상 의미의 법원에는 1인의 법관으로 구성되는 단독제와 3인 이상의 법관으로 구성되는 합의제가 있다. 단독제는 소송의 신속 및 법관의 책임감을 담보할 수 있는 장점이 있으나 재판이 법관의 자의에 흐를 수 있다는 단점이 있다. 이와는 달리 합의제는 사건을 신중하게 처리할 수 있다는 장점이 있으나 소송의 진행이 지연되기 쉽다. 형사소송법은 제1심법원의 경우 단독제를 원칙으로 하면서 두 제도를 함께 사용하고 있고(제17조제4항·제5항), 상소법원은 합의제에 의하고 있다.

다. 법원의 구성원 소송법상 의미의 법원구성원에는 수소법원과 관련된 재판장, 수명법관, 수탁판사와 이와 무관한 수임판사가 있다.

(가) 재판장 법원의 소송지휘권 등 재판진행에 관한 권한은 그 기관인 재판장을 통하여 행사된다. 법원이 합의제인 경우에는 합의부원 중 1인이 재판장이 되나, 단독판사인 법원의 경우 1인의 판사가 법원 및 재판장의 역할을 동시에 수행한다. 재판장은 법원을 대표하는 기관으로서 혹은 독립하여 권한을 가진다. 법원을 대표하는 기관으로서의 권한으로는 공판기일의 지정권(제267조), 소송지휘권(제279조), 법정경찰권(제281조제2항) 등이 있으며, 법원과 독립한 재판장의 권한으로는 급속을 요하는 경우 피고인을 소환·구속할 수 있는 권한(제80조) 등이 있다. 합의제에 있어서 재판장은 재판진행에 있어서는 다른 합의

부원보다 큰 권한을 가지나 재판의 합의에 있어서는 동일한 권한을 가진다(법조법 제66조).

(나) 수명법관 수명법관이란 합의제법원으로부터 특정한 소송행위에 관하여 명을 받은 합의제법원의 구성원을 말한다(제37조제4항, 제136조, 제167조 등). 예를 들어 법원이 법정 외에서 증인신문을 하는 경우 합의부원 중 1인에게 이를 명할 수 있는데 이 법관이 수명법관이다.

(다) 수탁판사 수소법원으로부터 특정한 소송행위를 촉탁받아 수행하는 다른 지방법원의 법관(제37조제4항, 제77조제2항, 제136조 등)을 수탁판사라고 한다. 수탁판사로부터 전촉을 받은 경우에도 수탁판사이다(제77조제2항). 예를 들어 서울중앙지방법원에 계속 중인 사건에 있어서 증인소재지 법원인 제주지방법원의 판사가 증인신문을 촉탁받아 이를 행하는 경우의 판사가 수탁판사이다.

(라) 수임판사 수임판사란 수소법원과 무관하게 소송법상의 권한을 행사하는 개개의 법관을 말한다. 수사절차에서 검사가 청구한 체포영장이나 구속영장의 발부 여부를 결정하는 판사(제200조의2, 제201조, 제221조의2 등), 증거보전절차를 행하는 판사(제184조), 참고인에 대하여 증인신문을 하는 판사(제221조의2)가 그것이다. 수임판사는 '지방법원판사'인 법원의 구성원으로서의 법관이다.

Ⅱ. 법원의 관할

1. 관할의 의의

관할이란 특정한 법원이 구체적 사건에 대한 심판권을 행사할 수 있는 권한을 말한다. 이는 여러 법원 간의 재판권의 분배에 관한 문제이다. 관할을 인정하고 있는 이유는 심리의 편의를 기하는 한편 검사의 관할 선택에 대한 자의를 방지하여 피고인의 방어권을 보장하는 데 그 이유가 있다.

재판권과 관할권

재판권은 법원이 어떠한 사항에 관하여 심판권을 행사할 수 있는가를 정해 놓은 추상적 권한을 말한다. 여기에는 민사재판권, 비송사건재판권, 형사재판권, 군사재판권이 있다. 관할권은 재판권을 전제로 이를 구체적으로 어느 법원에서 행사케 할 것인가의 문제이다. 예를 들어 형사재판권을 가지는 법원간의 재판권의 분배가 곧 관할권이다.

2. 관할의 종류

관할은 피고사건 자체의 심판에 관한 관할인 일반관할(혹은 사건관할)과 재심사건 등과 같은 특별절차의 심판에 관한 관할인 특별관할(혹은 직무관할)로 나눌 수 있다.

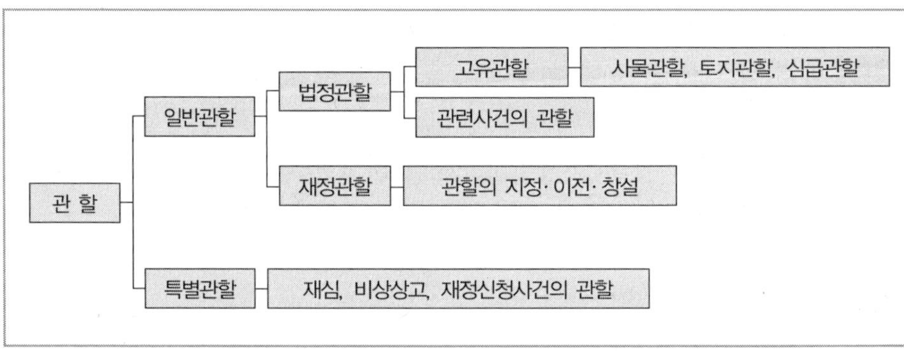

[그림 2-1] 관할의 종류

(1) 법정관할

가. 고유의 법정관할

(가) 사물관할 사물관할(事物管轄)은 사건의 경중이나 성질을 기준으로 정하여진 제1심법원의 관할을 말한다. 특정 사건과 목적물이 단독판사와 합의부 가운데 어느 법원의 심판대상에 속하는가의 문제이다. 지방법원과 그 지원 및 시·군법원의 심판권은 단독판사가 행한다(제7조제4항). 지방법원 등은 제1심법원을 지칭하는 의미로 사용되므로, 제1심법원은 원칙적으로 단독판사의 관할

이라는 의미이다.

지방법원과 그 지원의 합의부가 제1심으로 심판하는 사건으로 ① 합의부에서 심판할 것으로 합의부가 결정한 사건, ② 사형·무기 또는 단기 1년 이상의 징역 또는 금고에 해당하는 사건과 이와 동시에 심판할 공범사건, ③ 지방법원판사에 대한 제척·기피사건, ④ 다른 법률에 의하여 지방법원합의부의 권한에 속하는 사건이 있다(법조법 제32조제1항).

(나) 토지관할　　토지관할(土地管轄)은 제1심법원 사이에 있어서의 사건의 장소적 관계에 의한 관할의 분배를 말한다. 이는 소송절차의 효율적 진행 및 피고인의 방어·출석 등의 편의를 고려한 것이다. 토지관할은 범죄지, 피고인의 주소, 거소 또는 현재지로 한다(제4조제1항). 피고인의 주소 및 거소는 공소제기 당시에 법원의 관할구역 내에 있으면 된다. 국외에 있는 대한민국의 선박 및 항공기 내에서 범한 죄에 관하여는 범죄지, 피고인의 주소, 거소, 현재지뿐만 아니라 선적지(船籍地, 선박의 등록지)·기적지(機籍地, 항공기의 등록지) 또는 범죄 후의 선착지(船着地, 선박의 도착지)·기착지(機着地, 항공기의 도착지)도 토지관할의 기준이 된다(동조제2항·제3항).

(다) 심급관할　　심급관할(審級管轄)은 심판법원 사이의 위계관계인 상소에 관한 관할을 말한다. 먼저 판결에 대한 심급관할에 대하여서이다. 판결에 대한 상소는 항소와 상고이다. 제1심법원의 판결에 대한 항소는 지방법원단독판사가 선고한 것은 지방법원본원합의부가, 지방법원합의부가 선고한 것은 고등법원이 각각 관할한다(제357조). 제2심판결에 대한 상고사건은 대법원이 관할한다(제371조). 다음으로 결정·명령에 대한 심급관할에 대하여서이다. 결정 및 명령에 대한 상소는 항고와 재항고가 있다. 지방법원단독판사의 결정·명령에 대한 항고사건은 지방법원본원합의부가 관할한다(법조법 제32조제2항). 지방법원합의부의 제1심 결정·명령에 대한 항고사건은 고등법원이 관할한다(동법 제28조제1호). 항고법원 또는 고등법원의 결정·명령에 대한 재항고사건은 대법원이 관할한다(동법 제14조제2호).

(라) 수사처검사 공소제기사건의 관할　　수사처검사가 공소를 제기하는 고위공직자범죄등 사건의 제1심 재판은 서울중앙지방법원의 관할로 한다. 다만 범죄지, 증거의 소재지, 피고인의 특별한 사정 등을 고려하여 수사처검사는 형사

소송법에 따른 관할 법원에 공소를 제기할 수 있다(공수처법 제31조).

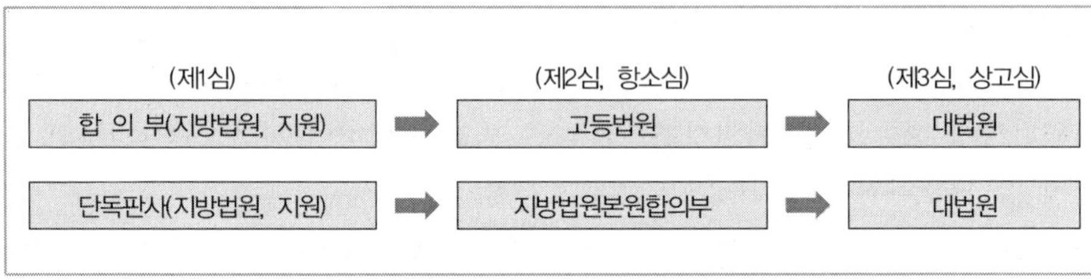

[그림 2-2] 심급관할(판결)

나. 관련사건의 관할

(가) 관련사건의 의의 관련사건이란 여러 개의 사건이 인적, 시간적, 내용적 요소 등에 의하여 서로 관련되어 있는 것을 말한다. 관련사건은 여러 개의 사건으로 존재한다는 그 성질상 여러 법원의 관할에 해당할 뿐만 아니라 현실적으로도 여러 법원에 소송계속 중일 수 있다. 따라서 심리의 중복이나 모순된 판결을 피하기 위하여 병합관할을 인정하여 병합심리할 필요가 있다. 여기에 관련사건 및 그 관할의 의의가 있다. 관련사건은 다음과 같다(제11조).

① 1인이 범한 수죄 형법 제37조의 실체적 경합범을 말한다.

② 수인이 공동으로 범한 죄 임의적 공범(공동정범, 교사범, 종범), 필요적 공범, 합동범, 공동과실범 등을 말한다(대판 1978. 10. 10. 78도2225).

③ 수인이 동시에 동일한 장소에서 범한 죄 동시범(형법 제19조, 제263조)을 말한다.

④ 범인은닉죄, 증거인멸죄, 위증죄, 허위감정통역죄 또는 장물에 관한 죄와 그 본범의 죄 장물죄와 그 본범인 절도죄의 경우를 예로 들 수 있다.

(나) 관련사건의 병합관할 관련사건의 병합관할이란 관련사건의 일부에 대하여 관할권이 있는 법원은 나머지 사건에 대하여도 관할권을 가지게 되는 것을 말한다. 관련사건의 병합관할은 사물관할과 토지관할에 대하여만 인정된다.

사물관할을 달리하는 여러 개의 사건이 관련된 때에는 법원합의부가 병합관할한다(제9조). 예를 들어 甲이 범한 살인죄(합의부 관할)와 甲을 은닉한 乙의 범인은닉죄(단독판사 관할)가 있는 경우 검사는 이 두 개의 죄를 하나의 공소장으로 공소제기하여 합의부가 병합하여 심판하게 하는 경우가 그것이다.

토지관할을 달리하는 여러 개의 사건이 관련된 때에는 1개의 사건에 관하여 관할권 있는 법원은 다른 사건까지 관할할 수 있다(제5조). 토지관할을 달리하는 여러 개의 사건이란 사물관할은 동일하나 토지관할을 달리하는 여러 개의 사건을 말한다.

(다) 관련사건의 병합심리　　병합심리 혹은 심리의 병합은 병합관할이 인정되는 여러 개의 관련사건이 각각 다른 법원에 공소가 제기된 경우에 하나의 법원이 심리하는 것을 말한다.

병합관할과 병합심리

병합관할은 검사의 공소제기 여부와 무관하게 관할의 유무에 관한 문제이고, 병합심리는 현실적으로 여러 개의 관련사건이 여러 관할법원에 소송계속된 후의 문제이다. 따라서 병합심리는 여러 개의 관련사건에 대하여 공소제기 당시 병합관할을 고려하지 않고 여러 개의 법원에 공소제기하거나 혹은 공소제기 당시는 병합관할을 고려하였으나 이후에 새로운 사건이 관련사건으로 다른 법원에 공소제기된 경우 등에 있어서 문제된다.

사물관할을 달리하는 여러 개의 관련사건이 각각 법원합의부와 단독판사에 계속된 때에는 합의부는 결정으로 단독판사에 속한 사건을 병합하여 심리할 수 있다(제10조). 법원합의부와 단독판사에 계속된 각 사건이 토지관할을 달리할 때도 같다(규칙 제4조제1항). 법 제10조와 규칙 제4조제1항 규정은 고등법원과 지방법원본원합의부에 여러 개의 관련항소사건이 계속된 때도 같다(규칙 제4조의2제1항).

토지관할을 달리하는 여러 개의 관련사건이 각각 다른 법원에 계속된 때에는 공통되는 바로 위의 상급법원은 검사 또는 피고인의 신청에 의하여 결정으로 한 개의 법원이 병합심리하게 할 수 있다(제6조). '각각 다른 법원'이란 사물관할은 같으나 토지관할을 달리하는 동종, 동등의 법원을 말한다(대결 1990. 5. 23. 90초56). '공통되는 바로 위의 상급법원'이란 형사사건의 토지관할 구역을 정해 놓은 법원설치법에서 정한 제1심법원들의 토지관할 구역을 포괄하여, 관할하는 고등법원이 된다. 예를 들어 피고인에 대한 관련사건이 서울중앙지방법원과 수원지방법원에 각각 계속 중인 때에는 그 바로 위의 상급법원은 두 법원의 공통 상급법원인 서울고등법원이 된다.

(라) 심리의 분리 사물관할을 달리하는 여러 개의 사건을 병합심리하고 있는 법원합의부는 결정으로 관할권 있는 법원단독판사에게 이송할 수 있다(제9조단서). 또한 토지관할을 달리하는 여러 개의 관련사건이 같은 법원에 계속된 경우에 병합심리의 필요가 없는 때에는 법원은 결정으로 이를 분리하여 관할권 있는 다른 법원에 이송할 수 있다(제7조).

(2) 재정관할

가. 의 의 재정관할(裁定管轄)이란 법원의 재판에 의하여 정해지는 관할을 말한다. 이는 법정관할이 없거나 혹은 법정관할이 있는 법원이 재판권을 행사할 수 없는 특별한 사정이 있는 경우에 법원이 재판에 의하여 관할을 정하는 제도이다. 관할의 지정 및 이전이 그것이다.

나. 관할의 지정·이전

(가) 관할의 지정 관할의 지정이란 관할법원이 없거나 명확하지 않은 경우에 상급법원이 사건을 심판할 법원을 지정하는 것을 말한다. 그 사유는 ① 법원의 관할이 명확하지 않은 때, ② 관할위반을 선고한 재판이 확정된 사건에 관하여 다른 관할법원이 없는 때이다(제14조).

관할지정은 검사가 제1심법원에 공통되는 바로 위의 상급법원에 신청한다(제14조). '공통되는 바로 위의 상급법원'이란 제6조의 토지관할 병합심리에서와 마찬가지이다. 따라서 위 ①의 사유에 의한 경우에는 의문이 있는 관련법원의 공통된 바로 위의 상급법원에 신청하면 되고, ②의 사유에 의한 경우에는 관할위반의 판결을 선고한 제1심법원의 바로 위의 상급법원에 하면 된다. 공소제기 후 관할의 지정을 신청할 때에는 즉시 공소를 접수한 법원에 통지하여야 한다(제16조제2항). 법원은 관할지정의 신청이 있으면 결정이 있기까지 소송절차를 정지하여야 한다(규칙 제7조).

(나) 관할의 이전 관할의 이전이란 법원의 관할권을 관할권이 없는 법원으로 이전하는 것을 말한다. 그 사유는 ① 관할법원이 법률상의 이유 또는 특

별한 사정으로 재판권을 행할 수 없는 때(예를 들어 법관의 제척·기피·회피 등으로 인하여 법원을 구성할 수 없는 때), ② 범죄의 성질, 지방의 민심, 소송의 상황 기타 사정으로 재판의 공평을 유지하기 어려운 염려가 있는 때이다(제15조).

관할이전의 절차는 검사 및 피고인 모두 신청권자이며 이전희망법원과 소송계속법원의 공통되는 바로 위의 상급법원이 아닌 소송계속법원의 바로 위의 상급법원에 신청한다는 점이 관할의 지정과 서로 다르다. 그 외의 점에서는 관할의 지정과 동일하다(제16조; 규칙 제5조~제8조). 관할이전은 토지관할의 경우에만 허용된다.

3. 관할의 경합

(1) 의 의

관할의 경합이란 동일한 사건에 대하여 2개 이상의 법원이 관할권을 가지는 경우를 말한다. 관할권이 있으면 검사는 어느 법원에나 공소를 제기할 수 있다. 따라서 형사소송법은 동일사건에 대한 이중의 심판을 방지하기 위하여 심판의 순서를 정하고 있다.

(2) 관할경합의 처리

가. 사물관할의 경합 동일사건이 사물관할을 달리하는 여러 개의 법원(조직법상 및 소송법상 의미)에 계속된 때에는 법원합의부가 심판한다(제12조).

나. 토지관할의 경합 동일사건이 사물관할을 같이하는 여러 개의 법원(조직법상 의미)에 계속된 때에는 먼저 공소를 받은 법원이 심판한다. 다만 각 법원에 공통되는 바로 위의 상급법원은 검사 또는 피고인의 신청에 의하여 결정으로 뒤에 공소를 받은 법원으로 하여금 심판하게 할 수 있다(제13조). 여러 개 법원의 사물관할이 동일하므로 토지관할의 경합이 있는 경우이다.

다. 관할경합의 처리 심판을 하지 않게 된 법원은 공소기각의 결정으로 소송을 종결시켜야 한다(제328조제1항제3호). 만약 그 중 어느 하나의 사건에 대하여 판결이 확정된 경우에는 다른 법원은 면소의 판결로써 소송을 종결시켜야 한다(제326조제1호). 동일사건에 대하여 여러 개의 법원에서 판결이 확정된 경우에는 먼저 확정된 판결이 유효하고 뒤에 확정된 판결은 당연히 무효이다.

4. 관할위반의 효과

(1) 관할권의 직권조사

관할권은 소송조건이므로 법원은 직권으로 관할을 조사하여야 한다(제1조). 관할권 존재의 판단시기는 토지관할의 경우에는 공소제기시를 기준으로 하지만 후에 관할권이 생기면 하자는 치유된다. 이와는 달리 사물관할은 공소제기시부터 재판종결에 이르기까지 전체 심리과정에 존재하여야 한다.

(2) 관할위반의 판결

피고사건이 법원의 관할에 속하지 않은 때에는 판결로써 관할위반의 선고를 하여야 한다(제319조). 관할위반의 판결은 다음과 같이 예외가 인정된다.

가. 토지관할의 경우 법원은 피고인의 신청이 없으면 토지관할에 관하여 관할위반의 선고를 하지 못한다(제320조제1항). 이 경우 피고인의 관할위반의 신청은 피고사건에 대한 진술, 즉 피고인의 모두진술 전에 하여야 한다(동 조항). 이때까지 피고인의 신청이 없으면 관할위반의 하자가 치유되어 법원은 관할권을 가지게 된다.

나. 관할구역 외에서의 집무 법원은 사실발견을 위하여 필요하거나 긴급을 요하는 때에는 관할구역 외에서 직무를 행하거나 사실조사에 필요한 처분을 할 수 있다(제3조).

다. 소송행위의 효력 소송절차를 이루는 개별 소송행위는 관할위반인 경우에도 그 효력에 영향이 없다(제2조). 따라서 관할권 없는 법원이 행한 증거조사도 법원의 증거조사로서 효력을 가지게 된다.

5. 사건의 이송

(1) 의 의

사건의 이송이란 법원이 소송계속 중인 사건을 다른 법원 또는 군사법원으로 이송하는 것을 말한다.

(2) 사건의 직권이송

법원은 피고인이 그 관할구역 내에 현재하지 않는 경우에 특별한 사정이 있으면 결정으로 사건을 피고인의 현재지를 관할하는 동급법원에 이송할 수 있다(제8조제1항). '동급법원'이란 법원설치법에 의하여 관할구역을 달리하는 같은 심급의 법원을 의미한다. 지방법원의 본원과 지원은 제1심법원으로서 동급법원이다.

(3) 공소장 변경으로 인한 이송

단독판사의 관할사건이 공소장 변경에 의하여 합의부 관할사건으로 변경된 경우에 법원은 결정으로 관할권이 있는 법원에 이송한다(동조제2항). 이 경우 원칙적으로는 관할위반의 판결을 선고하여야 하나(제319조) 소송경제의 차원에서 합의부로 이송하도록 하고 있는 것이다.

(4) 사건의 군사법원 이송

법원은 공소가 제기된 사건에 대하여 군사법원이 재판권을 가지게 되었거나 재판권을 가졌음이 판명된 때에는 결정으로 사건을 재판권이 있는 같은 심급의 군사법원으로 이송한다. 이 경우에 이송 전에 행한 소송행위는 이송 후에도 그 효력에 영향이 없다(제16조의2). 한편 군사법원이 군사범죄를 범한 일반국민에 대하여 재판권을 가지는 때에도 이전 또는 이후에 범한 다른 일반범죄는 일반법원이 재판권을 가진다(대판 2016. 6. 16. 2016초기318(전원합의체)).

일반법원과 군사법원 간의 이송은 관할의 문제가 아니라 재판권에 관한 문제이다. 그럼에도 불구하고 소송경제의 차원에서 군사법원으로 이송하도록 하고 있다.

(5) 사건의 소년부 송치

법원은 소년에 대한 피고사건을 심리한 결과 보호처분에 해당할 사유가 있다고 인정하면 결정으로 사건을 관할 소년부에 송치하여야 한다(소년법 제50조).

Ⅲ. 제척, 기피 및 회피

1. 의 의

사건에 대한 법원의 공정한 재판은 일차적으로 공평한 법원의 구성을 전제로 한다. 그 제도적 장치의 하나가 법관의 제척, 기피 및 회피제도이다.

2. 제 척

(1) 의 의

제척(除斥)이란 구체적 사건의 심판에 있어서 법관이 불공평한 재판을 할 염려가 있는 경우에 그 법관이 직무집행으로부터 당연히 배제되는 것을 말한다. 그 사유는 형사소송법 제17조에 정형적으로 규정되어 있다.

(2) 제척의 원인

제척의 원인은 ① 법관이 피해자인 때(제1호), ② 법관이 피고인 또는 피해자의 친족 또는 친족관계가 있었던 자인 때(제2호), ③ 법관이 피고인 또는 피해자의 법정대리인, 후견감독인인 때(제3호), ④ 법관이 사건에 관하여 증인, 감정인, 피해자의 대리인으로 된 때(제4호), ⑤ 법관이 사건에 관하여 피고인의 대리인, 변호인, 보조인으로 된 때(제5호), ⑥ 법관이 사건에 관하여 검사 또는 사법경찰관의 직무를 행한 때(제6호), ⑦ 법관이 사건에 관하여 전심재판 또는 그 기초되는 조사, 심리에 관여한 때(제7호) ⑧ 법관이 사건에 관하여 피고인의 변호인이거나 피고인·피해자의 대리인인 법무법인, 법무법인(유한), 법무조합, 법률사무소, 「외국법자문사법」 제2조제9호에 따른 합작법무법인에서 퇴직한 날부터 2년이 지나지 않은 때(제8호), ⑨ 법관이 피고인인 법인·기관·단체에서 임원 또는 직원으로 퇴직한 날부터 2년이 지나지 않은 때이다.

제7호 사유에서 전심(前審)이란 상소관계에 있어서의 그것을 말한다. 제2심에 대한 제1심, 제3심에 대한 제2심이 각각 전심의 관계에 있다. 따라서 상급법원으로부터 파기환송된 사건에 있어서 환송 전의 재판에 관여한 법관이 재판에 관여한 경우나 약식명령을 행한 법관이 정식재판절차의 제1심판결에 관여한 경우에는 제척원인에 해당하지 않는다. 그리고 전심재판의 기초되는 조사, 심리에 관여한 때란 전심재판의 내용형성에 영향을 미친 조사, 심리에 관여한 때를 의미한다. 법관이 전심의 공판절차에서 증거조사를 행하거나 피고인의 신문과정에 참여한 경우 등이 여기에 해당한다.

(3) 제척의 효과

법관이 제척원인에 해당하는 경우에는 해당 사건의 직무집행에서 당연히 배제된다(제17조). 즉 법원의 재판에 의하지 않고 법에 의하여 배제가 강제되는 것을 말한다. 만약 제척원인에 해당하는 법관이 심판에 관여한 경우에는 '법률상 그 재판에 관여하지 못할 판사가 그 사건의 심판에 관여한 때'로 되어 항소이유가 된다(제361조의5제7호).

3. 기 피

(1) 의 의

기피(忌避)란 법관이 제척의 원인에 해당하거나 혹은 불공평한 재판을 할 염려가 있는 때에 당사자의 신청에 의하여 그 법관을 직무집행으로부터 배제시키는 제도를 말한다(제18조제1항). 기피는 그 원인이 정해져 있지 않고 당사자의 신청이 있는 경우에 법원의 결정에 의하여 비로소 법관을 직무집행에서 배제시킨다.

(2) 기피의 원인

기피의 원인은 법관이 제척의 원인에 해당하거나 혹은 불공평한 재판을 할 염려가 있는 때이다(제18조제1항). 법관이 심리 중에 피고인에게 유죄를 예단하는 취지로 미리 법률판단을 하거나, 혹은 당사자에게 모욕적인 발언을 하는 경우 등이 여기에 해당한다.

(3) 기피신청의 절차

기피의 신청권자는 당사자인 검사 또는 피고인이다(제18조제1항). 변호인은 피고인의 명시한 의사에 반하지 않는 때에 한정하여 기피를 신청할 수 있다(동조제2항). 신청대상은 수소법원을 구성하는 법관(제19조)이 원칙이나, 증거보전

(제184조) 및 참고인에 대한 증인신문(제221조의2)을 행하는 판사에 대하여도 가능하다고 보고 있다(통설). 신청시기에는 제한이 없다. 신청은 서면 또는 구술로 할 수 있다(규칙 제176조제1항). 합의법원의 법관에 대한 기피는 그 법관소속의 법원에 신청하고 수명법관, 수탁판사 또는 단독판사에 대한 기피는 해당 법관에게 신청하여야 한다(제19조제1항). 기피사유는 신청한 날로부터 3일 이내에 서면으로 소명하여야 한다(동조제3항).

(4) 기피신청에 대한 재판

가. 재판법원 기피신청에 대한 재판은 기피당한 법관의 소속법원(조직법상 의미) 합의부에서 결정으로 하여야 한다(제21조제1항). 기피당한 법관은 재판에 관여하지 못한다(동조제2항). 기피당한 판사의 소속법원이 조직의 규모 등에서 합의부를 구성하지 못하는 때에는 바로 위의 상급법원(조직법상 의미)이 결정하여야 한다(동조제3항).

나. 신청받은 법원 등의 처리 기피신청이 소송의 지연을 목적으로 함이 명백하거나 관할위반 및 3일 이내에 기피사유를 소명하지 못한 경우에는 신청을 받은 법원 또는 법관이 결정으로 이를 기각한다(제20조제1항). 신청받은 법원 또는 법관이 곧바로 기각한다는 점에서 '간이기각결정'이라고 한다. 기피신청을 기각한 결정에 대하여는 즉시항고를 할 수 있다(제23조제1항). 다만 이 경우의 즉시항고는 재판의 집행을 정지하는 효력이 없다(동조제2항).

기피신청이 적법하면 기피당한 법관은 지체 없이 기피신청에 대한 의견서를 제출하여야 하며(제20조제2항), 이 경우에 기피당한 법관이 기피신청을 이유 있다고 인정하는 때에는 그 결정이 있은 것으로 본다(동조제3항).

다. 소송진행의 정지 기피신청이 있는 때에는 간이기각결정을 하는 경우를 제외하고는 소송진행을 정지하여야 한다(제22조본문). 다만 피고인에 대한 구속기간의 만료가 임박했다는 사정이 있는 경우(대판 1994. 3. 8. 94도142 등)와 같이 급속을 요하는 경우에는 예외로 한다(동조단서). 기피신청에 의하여 소송진행이 정지된 경우 그 기간은 구속기간에 포함하지 않는다(제92조제3항, 제22조).

라. 기피의 효과 기피신청에 대하여 인용결정이 있으면 해당 법관은 직무집행으로부터 당연히 배제된다. 만약 기피원인에 해당하는 법관이 심판에 관

여한 경우에는 '법률상 그 재판에 관여하지 못할 판사가 그 사건의 심판에 관여한 때'로 되어 항소이유가 된다(제361조의5제7호).

(5) 회 피

가. 의 의 회피란 법관이 스스로 기피의 원인에 해당하는 사유가 있다고 생각하는 경우에 그 법관의 신청에 의한 법원의 재판에 의하여 해당 사건의 직무집행으로부터 탈퇴하는 제도이다(제24조제1항). 회피는 법관의 직무상의 의무에 해당한다.

나. 회피신청의 절차 회피는 소속법원에 서면으로 신청하여야 한다(동조제2항). 기피와 같이 신청시기에 제한이 없으며 이에 대한 재판법원 역시 기피의 경우와 같다(동조제3항, 제21조).

(6) 법원사무관 등에 대한 제척, 기피 및 회피

법관의 제척, 기피 및 회피에 대한 규정은 제17조제7호의 규정(법관이 사건에 관하여 전심재판 또는 그 기초되는 조사, 심리에 관여한 때)을 제외하고는 법원서기관, 법원사무관, 법원주사, 법원주사보 및 통역인에 준용한다(제25조제1항). 법원사무관 등과 통역인에 대한 기피재판은 그 소속법원이 결정으로 하여야 한다(동조제2항본문). 다만 간이기각결정의 사유에 해당하는 경우에는 기피당한 자의 소속법관이 한다(동조제2항단서). 따라서 법관과 같이 반드시 합의부심판의 원칙이 준용되는 것은 아니다. 법원사무관 등에 관한 제척 및 기피는 전문심리위원에게 준용한다(제279조의5제1항).

Ⅳ. 배심원

1. 의 의

배심원이란 일반법관과 함께 형사재판에 참여하여 유죄·무죄의 평결을 행하고 양형에 대한 의견을 개진하는 사람을 말한다. 「국민의 형사재판 참여에 관한 법률」에서 규정하고 있다. 이는 사법영역에 국민의 참여 및 건전한 상식을 반영하여 그 민주적 정당성을 확보하고 신뢰를 높이기 위하여 도입되었다.

2. 국민참여재판의 특징 및 대상사건

(1) 국민참여재판의 특징

가. 입법례

(가) 배심제 배심제(陪審制)란 일반국민으로 구성된 배심원단이 형사재판에 참여하여 직업법관으로부터 독립하여 유죄·무죄의 평결(評決)을 내리고 법관은 그 평결에 구속되는 제도를 말한다. 배심제도는 사법민주주의를 구현하는 데 있어서 중요한 역할을 한다는 면에서 장점이 있지만, 사건마다 배심원단을 구성하여야 하므로 사법경제적 손실이 크다는 비판을 받고 있다. 영미법계 국가에서 채택하고 있다.

(나) 참심제 참심제(參審制)란 일반국민인 참심원이 직업법관과 함께 형사재판에 참여하여 유죄·무죄 및 양형판단을 행하는 제도를 말한다. 배심원이 일회성 활동에 그치고 유죄·무죄의 평결만 행하는 데 반하여 참심원은 임기가 정해져 있고 유죄·무죄의 평결뿐만 아니라 양형에도 관여한다는 점에서 서로 다르다. 참심제도는 국민의 사법참여를 구현하면서 사법경제적 손실이 작다는 점에서 장점이 있다. 그러나 비전문가인 참심원의 재판참여가 전문가인 직업법관의 영향으로 형식적인 참여에 그친다는 비판이 있다. 프랑스 및 독일을 비롯한 주로 대륙법계 국가들에서 채택하고 있다.

(다) 국민참여재판 국민참여재판은 순수한 형태의 배심제나 참심제가 아닌 절충적 제도라고 할 수 있다. 배심제적 성격으로는 평결과정에서 직업법관의 관여 없이 배심원의 만장일치로 결정하게 하는 점이나 양형에 있어서 배심원이 직업법관에 대하여 그 의견만 개진할 수 있도록 한 점을 들 수 있다. 한편 참심제적 성격으로는 평결과정에서 배심원의 만장일치에 이르지 못한 경우 다수결로 결정한다는 점이나 양형에 있어서 직업법관과 함께 토의한다는 점 등을 들 수 있다.

(2) 국민참여재판의 대상사건

중죄의 형사사건으로 ① 법원조직법 제32조제1항(제2호·제5호는 제외)에 따른 합의부 관할 사건, ② 위 ①에 해당하는 미수죄·교사죄·방조죄·예비죄·음모죄에 해당하는 사건, ③ 위 ①, ②사건과 형사소송법 제11조에 따른 관련사건으로서 병합하여 심리하는 사건 등이 그것이다(국민참여재판법 제5조제1항). 다만 피고인이 국민참여재판을 원하지 않거나 이에 의하여 진행하는 것이 부적당하여 법원이 배제결정을 한 경우에는 국민참여재판을 하지 않는다(동법 동조 제2항).

3. 배심원의 선정, 해임 및 사임

(1) 배심원의 선정

가. 배심원의 자격　　배심원은 만 20세 이상의 대한민국 국민 중에서 선정된다(동법 제16조). 이에 대하여 국가공무원법상의 결격사유에 해당하는 자(동법 제17조), 대통령, 국회의원, 법관, 검사, 변호사·법무사, 법원·검찰·경찰·교정·보호 공무원 등 공정한 재판에 영향을 미칠 수 있는 직업 등에 따른 제외사유에 해당하는 자(동법 제18조), 형사소송법상의 법관에 대한 제척사유에 해당하는 자(제19조)는 배심원으로 선정될 수 없다. 또한 만 70세 이상인 자, 과거 5년 이내에 배심원후보자로서 선정기일에 출석한 사람, 금고 이상의 형에 해당하는 죄로 기소되어 사건이 종결되지 않은 자, 법령에 따라 체포·구금되어 있는 자, 중병 등으로 법원에 출석하기 곤란한 자, 부득이한 사유로 배심원 직무를 수행하기 어려운 자 등의 면제사유에 해당하는 경우(이 경우는 법원의 직권 또는 해당인의 신청이 필요)에는 배심원 직무의 수행을 면제할 수 있다(동법 제20조).

나. 배심원의 수　　법정형이 사형, 무기징역·금고에 해당하는 대상사건에 대한 국민참여재판에는 9인의 배심원이, 그 외의 대상사건에 대하여는 7인의 배심원이 각각 참여한다. 다만 법원은 피고인 또는 변호인이 공판준비절차에서 공소사실의 주요내용을 인정한 때에는 5인의 배심원이 참여하게 할 수 있다(동법 제13조제1항). 법원은 특별한 사정이 있다고 인정되는 경우에는 검사 또는 피고인·변호인의 동의가 있는 경우에 한정하여 결정으로 배심원의 수를 7인과 9인 중에서 위와 달리 정할 수 있다(동조제2항).

다. 배심원의 선정

(가) 배심원 후보자의 결정　　지방법원장은 매년 행정안전부장관에게 요청

하여 송부받은 그 관할 구역 내에 거주하는 만 20세 이상 국민의 주민등록자료를 활용하여 배심원후보예정자명부를 작성한다(동법 제22조). 법원은 이 명부 중에서 필요한 수의 배심원후보자를 무작위 추출 방식으로 정하여 배심원과 예비배심원의 선정기일을 통지하여야 한다(동법 제23조제1항).

(나) 선정기일의 절차 법원의 배심원 선정기일은 공개하지 않는다(동법 제24조제2항). 선정기일에는 검사와 변호인(변호인이 없으면 국선변호인)이 출석하여야 하고 피고인은 법원의 허가를 받아 출석할 수 있다(동법 제27조제2항).

(다) 기피신청

① 법령에 의한 기피신청 법원은 배심원후보자가 결격사유 등에 해당하거나 불공평한 판단을 할 우려가 있다고 인정되는 때에는 직권 또는 검사·피고인·변호인의 기피신청에 따라 해당 배심원후보자에 대하여 불선정결정을 하여야 한다(동법 제28조제3항).

② 무이유부기피신청 무이유부기피신청은 국민참여재판법에서 규정하고 있는 배심원의 결격사유 등에 의한 것이 아니라 이유를 제시하지 않고 배심원을 기피하는 제도이다. 이는 당사자의 입장에서는 공정성에 의심이 있지만 법원으로부터 기피신청이 기각되는 경우 등을 예상하여 공정한 배심원을 구성하기 위한 것이다. 검사, 피고인 및 변호인은 각자 배심원이 9인인 경우는 5인, 배심원이 7인인 경우는 4인, 배심원이 5인인 경우는 3인의 각각 범위 내에서 배심원후보자에 대하여 이유를 제시하지 않는 기피신청을 할 수 있다(동법 제30조제1항). 무이유부기피신청이 있는 때에는 법원은 해당 배심원후보자를 배심원으로 선정할 수 없다(동조제2항).

(라) 선정결정 및 불선정결정 법원은 선정기일에 출석한 배심원후보자 중에서 해당 재판에서 필요한 배심원과 예비배심원수에 해당하는 배심원후보자를 무작위로 뽑고 이들을 대상으로 직권, 기피신청 또는 무이유부기피신청에 따른 불선정결정을 한다(동법 제31조제1항). 불선정결정이 있는 경우에는 그 수만큼 무작위선정과 기피신청 및 무이유부기피신청에 따른 불선정결정의 절차를 반복한다(동조제2항). 즉 배심원선정은 배심원후보자에 대한 기피신청과 이에 따른 불선정결정의 반복에 의하게 된다. 이러한 절차를 거쳐 필요한 수의 배심원과 예비배심원 후보자가 확정되면 법원은 무작위의 방법으로 배심원과

예비배심원을 선정한다(동조제3항).

(2) 배심원의 해임과 사임

법원은 배심원 또는 예비배심원이 선서를 하지 않은 경우와 같이 일정한 경우에는 직권 또는 검사·피고인·변호인의 신청에 따라 배심원 또는 예비배심원을 해임하는 결정을 할 수 있다. 이 경우 검사·피고인 또는 변호인의 의견을 묻고 출석한 해당 배심원 또는 예비배심원에게 진술기회를 부여하여야 한다(동법 제32조제2항).

배심원과 예비배심원은 직무를 계속 수행하기 어려운 사정이 있는 때에는 법원에 사임을 신청할 수 있다(동법 제33조제1항). 법원은 신청이 이유 있는 때에는 검사 또는 피고인·변호인의 의견을 들은 후 해당 배심원 또는 예비배심원을 해임하는 결정을 할 수 있다(동조제2항·제3항).

4. 배심원의 권한과 의무

(1) 총칙상의 권한과 의무

배심원은 국민참여재판을 하는 사건에 관하여 사실의 인정, 법령의 적용 및 형의 양정에 관한 의견을 제시할 권한이 있다(동법 제12조제1항). 그러나 배심원의 평결이나 양형에 관한 의견은 법원을 기속하지 않고 권고적 효력에 그친다(동법 제46조제5항). 배심원은 법령을 준수하고 독립하여 성실히 직무를 수행하여야 하며 그 직무상 알게 된 비밀을 누설하거나 재판의 공정을 침해하는 행위를 하여서는 안 된다(동법 제12조제2항·제3항).

(2) 절차상의 권리와 의무

배심원과 예비배심원은 피고인·증인에 대하여 필요한 사항을 신문하여 줄 것을 재판장에게 요청하는 행위, 필요하다고 인정되는 경우 재판장의 허가를 받아 각자 필기를 하여 이를 평의에 사용하는 행위를 할 수 있다(동법 제41조제1항). 한편 배심원과 예비배심원은 심리 도중에 법정을 떠나는 행위, 평의·평결 또는 토의가 완결되기 전에 재판장의 허락 없이 평의·평결 또는 토의 장소를 떠나는 행위, 평의가 시작되기 전에 해당 사건에 관한 자신의 견해를 밝히거나 의논하는 행위, 재판절차 외에서 해당 사건에 관한 정보를 수집하거나 조사하는 행위, 이 법에서 정한 평의·평결 또는 토의에 관한 비밀을 누설하는 행위를 하여서는 안 된다(동조제2항).

5. 배심원의 보호규정

(1) 불이익취급의 금지

누구든지 배심원·예비배심원 또는 배심원후보자인 사실을 이유로 해고하거나 그 밖의 불리한 처우를 하여서는 안 된다(동법 제50조).

(2) 배심원 등에 대한 접촉의 규제

누구든지 해당 재판에 영향을 미치거나 배심원 또는 예비배심원이 직무상 취득한 비밀을 알아낼 목적으로 배심원, 예비배심원 또는 그 직무에 종사하였던 사람과 접촉하여서는 안 된다. 다만 연구에 필요한 경우는 그렇지 않다(동법 제51조).

(3) 배심원 등의 개인정보 공개 금지

법령에 의한 경우를 제외하고는 누구든지 배심원·예비배심원 또는 배심원후보자의 성명·주소와 그 밖의 개인정보를 공개하여서는 안 된다(동법 제52조 제1항). 이들 배심원 등의 직무를 수행하였던 사람들의 개인정보에 대하여는 본인이 동의할 때 한정하여 공개할 수 있다(동조제2항).

(4) 배심원 등에 대한 신변보호조치

재판장은 배심원 또는 예비배심원에 대한 위해의 우려가 있거나 공정한 심리나 평의에 지장을 초래할 염려가 있다고 인정하는 때에는 배심원 또는 예비배심원의 신변안전을 위하여 보호, 격리, 숙박, 그 밖에 필요한 조치를 취할 수 있다. 검사, 피고인, 변호인, 배심원 또는 예비배심원은 재판장에게 위의 조치를 취하도록 요청할 수 있다(동법 제53조).

제 2 절 검 사

수사절차에서 검사는 수사의 주체로서의 지위를 가짐을 보았다. 공판절차에서는 당사자주의 소송구조가 본격화되면서 검사와 피고인이 대등한 당사자로 등장하게 된다. 검사의 당사자로서의 지위는 자신이 제기한 공소사실에 대한 유죄판결을 받기 위하여 주장과 입증을 통하여 이를 수행해 나가는 모습으로 나타난다. 공판절차에서의 이러한 검사의 활동을 공소수행자로서의 역할이라고 한다. 공소는 검사가 제기하여 수행한다(제246조)는 형사소송법의 규정 중 '수행한다'는 문구가 그것이다.

제 3 절 피고인

I. 의 의

피고인이란 범죄혐의자로서 검사에 의하여 공소가 제기된 사람을 말한다. 경찰서장에 의하여 즉결심판이 청구된 자도 피고인에 포함된다. 형사소송의 발전적 성격의 특성상 피의자가 피고인으로 됨에 따라 그 지위에 있어서도 변화가 있게 된다. 즉 피고인은 소송의 당사자로서 주체적 지위에서 그 방어활동을 더욱 적극적으로 전개하게 된다. 이러한 피고인의 소송당사자로서의 활동은 크게 방어권 및 소송절차참여권으로 나누어 볼 수 있다. 그리고 피의자의 지위에서 인정되던 진술거부권, 무죄추정권, 변호인의 도움을 받을 권리 등은 중요한 의의를 지닌 채 피고인에게도 그대로 인정된다.

한편 공판절차에서 피고인은 인적 증거로 되기도 하고(예를 들어 피고인의 진술), 절차의 대상으로 되기도 한다(예를 들어 압수·수색·구속 등의 강제처분). 그러나 피고인의 지위는 당사자로서의 지위가 기본이며 다른 지위는 보충적인 것으로 이해하여야 한다.

Ⅱ. ▸▸ 소송당사자로서의 지위

1. 방어권의 주체로서의 지위

공판절차에서의 피고인은 검사와 대등한 지위에서 적극적으로 자신의 무고함을 주장하고 이를 입증해 나가게 된다. 이러한 피고인의 지위를 방어권의 주체로서의 지위라고 한다. 이러한 피고인의 지위를 보장하기 위한 것으로, 피의자에게도 인정되던 진술거부권(제283조의2), 변호인선임권(제30조) 및 접견교통권(제34조, 제89조) 등의 권리는 피고인에게도 그대로 인정된다.

한편 피고인에게 고유하게 인정되는 권리로 공판준비의 단계에서 공소장 부본을 송달받을 권리(제266조), 공판기일변경신청권(제270조), 소송계속 중의 서류 열람·복사권(제35조제1항) 등을 들 수 있다. 또한 증거조사의 단계에서 증거신청권(제294조), 증거조사에 대한 이의신청권(제296조), 증인신문권(제161조의2) 등을 들 수 있다.

2. 소송절차참여자로서의 지위

(1) 법원의 구성에 관여할 권리

피고인은 공정한 재판을 받기 위한 전제로 공평한 법원의 구성에 관여할 권리를 가진다. 피고인의 기피신청권(제18조), 관할이전신청권(제15조), 관련사건의 병합심리신청권(제6조) 및 변론의 분리·병합·재개신청권(제300조, 제305조) 등이 그것이다.

(2) 공판정에 출석할 권리

피고인이 공판기일에 출석하지 않은 때에는 특별한 규정이 없으면 개정하지 못한다(제276조). 피고인의 공판정 출석권은 피고인의 권리인 동시에 의무이다.

(3) 증거조사에 참여할 권리

피고인의 증거조사참여권은 공정한 재판을 위한 전제가 된다. 이러한 피고인의 권리로 증거보전절차로서의 증거조사(제184조), 공판기일 전의 증거조사(제273조), 증인신문참여권(제163조), 검증에의 참여권(제145조), 감정에의 참여권(제176조), 통역과 번역에의 참여권(제183조) 등이 있다.

(4) 강제처분절차에 관여할 권리

피고인은 압수·수색영장의 집행에 참여할 수 있다(제121조). 이는 수사기관 등의 압수·수색영장의 집행에 대하여 적법·타당한 집행을 보장하기 위한 것이다.

Ⅲ. 증거방법으로서의 지위

피고인은 사건의 직접적 관계자이므로 그의 진술은 재판에 있어서 중요한 증거가 된다. 형사소송법이 피고인신문을 인정하고 있는 이유도 여기에 있다(제296조의2). 이러한 점에서 피고인은 인적 증거방법으로서의 지위를 가진다고 할 수 있다. 한편 피고인의 신체는 증거조사방법으로서의 검증의 대상이 되기도 한다(제139조, 제140조). 이것이 피고인의 물적 증거방법으로서의 지위이다.

Ⅳ. 절차의 대상으로서의 지위

피고인은 형사소송의 목적을 달성하기 위한 법원의 소환·구속·압수·수색 등의 강제처분의 대상이 된다. 피고인의 이러한 지위를 절차의 대상으로서의 지위라고 한다.

제 3 장 공판절차의 일반

제 1 절 공판절차의 일반

I. ▸▸ 공판절차의 의의

공판절차란 검사로부터 공소가 제기되어 소송이 법원에 계속된 후부터 소송이 끝날 때까지의 절차를 말한다. 공판기일의 절차, 공판기일 외의 절차 등을 모두 포함하는 개념이다(넓은 의미). 이에 대하여 정해진 일시에 법원의 주재 아래 당사자를 비롯한 소송관계인들이 공판정에 출석하여 심리, 변론 등의 절차가 진행되는 '공판기일의 절차'를 원래 의미의 공판절차라고 한다(좁은 의미). 공판기일의 절차는 크게 심리절차와 재판절차로 나누어 볼 수 있다.

II. ▸▸ 공판중심주의

1. 의 의

공판중심주의란 피고사건에 대한 법관의 심증형성은 공판정의 심리에 의하여야 한다는 것을 말한다. 이에 공판중심주의의 구현을 위한 원칙으로서 공개주의, 구두변론주의, 직접주의, 집중심리주의 등이 요청된다. 이러한 원칙들이 공판중심주의의 내용이라면 앞에서 본 공소장일본주의는 공판중심주의의 전제가 된다.

2. 2007년의 개정법에 반영된 공판중심주의의 내용

(1) 증거개시제도의 도입

증거개시제도는 피고인의 방어권을 실질적으로 보장하기 위하여 제1회 공판기일 전에 검사가 피고인 또는 변호인에게 수사기록의 열람을 허용함으로써 수사기록에 대한 실질적 접근권을 보장하는 것을 내용으로 한다(제266조의3). 피고인이 보관하고 있는 서류 등에 대한 검사의 열람·등사(제266조의11)도 마찬가지이다.

(2) 공판준비절차의 도입

공판준비절차는 집중심리제의 활성화를 위하여 공판기일 전에 증거개시, 쟁점정리, 입증계획의 수립 등을 위한 필요에서 도입되었다. '공판준비절차'라는 표제로 제266조의5 이하에서 신설·규정하고 있다. 공판준비기일을 열어서 절차를 진행할 수 있다는 점에서 이전의 공판준비에 관한 절차와 다르다.

(3) 집중심리제도의 강화

집중심리제도를 도입하여(제267조의2) 이를 통한 연일개정 및 집중증거조사가 가능하도록 하고 사건관계인에게도 그러한 절차에 협력할 의무를 지우고 있다. 그 구체적 내용으로 공판조서 정리의 신속 도모(제54조), 증인불출석의 경우 과태료 등의 상향조정(제151조), 피의자·피고인 또는 변호인의 증인신문참여권 보장(제221조의2제5항), 증거조사의 순서 신설(제291조의2), 당사자의 증거신청 기간의 신설(제294조제2항), 즉일판결선고기일의 신설(제318조의4) 등을 들 수 있다.

(4) 피고인의 방어권 강화

피고인의 방어권 강화를 위한 공판중심주의의 내용으로 공판정에서 피고인과 검사의 좌석을 대등하게 규정(제275조제3항), 검사의 모두진술시 공소사실에 대한 전체낭독의 원칙(제285조), 재판장의 쟁점정리 및 검사·변호인의 증거관계 등에 관한 진술의 신설(제287조) 등을 들 수 있다.

Ⅲ. ▸▸ 공판절차의 기본원칙

1. 공개주의

(1) 의 의

공개주의란 일반국민에게 법원의 심리과정에 대한 방청을 허용하는 것을 말한다. 공개주의는 공판심리절차에서의 공정을 기하여 재판에 대한 국민의 신뢰를 높이기 위하여 인정되는 것이다. 헌법은 형사피고인의 공개재판을 받을 권리를 기본권으로서 보장하고(동법 제27조제3항) 재판공개의 원칙을 선언하고 있다(동법 제109조).

(2) 공개주의의 제한

가. 법정질서 유지를 위한 제한 재판장은 법정질서를 유지하기 위하여 필요하다고 인정한 때에는 방청석 수만큼의 방청을 허용할 수 있고, 위험물 등의 물품을 가진 자의 입정을 금지하게 할 수 있다(법정방청규칙 제2조).

나. 소년보호사건 등의 비공개 소년보호사건에 대한 심리는 소년의 건전한 육성을 위하여 원칙적으로 공개하지 않는다(소년법 제24조제2항). 성폭력범죄에 대한 심리도 피해자의 사생활을 보호하기 위하여 결정으로써 공개하지 않을 수 있다(성폭력처벌법 제31조제1항).

다. 녹화 및 촬영 등의 금지 누구든지 법정 안에서는 재판장의 허가 없이 녹화·촬영·중계방송 등의 행위를 하지 못한다(법조법 제59조).

2. 구두변론주의

구두변론주의란 법원이 당사자의 구두에 의한 변론을 기초로 심판하여야 한다는 원칙을 말한다. 이는 당사자의 대립구조를 통하여 주장과 입증을 하게 함으로써 헌법상의 공정한 재판의 이념을 달성하고(제37조제1항) 실체적 진실발견에 기여하기 위한 것이다. 공판정에서의 변론은 구두로 하여야 한다(제275조의3).

실체형성행위에 대하여는 이 원칙이 그대로 적용된다. 따라서 검사 및 피고인의 모두진술(제285조, 제286조), 증인신문(제161조의2), 피고인신문(제296조의2) 등은 구두변론에 의하여야 한다. 반면에 절차형성행위는 이 원칙이 적용되지 않는다. 따라서 기피신청(제18조), 증거조사의 신청(제294조), 변론의 분리·병합의 신청(제300조) 등은 서면에 의한 신청이 허용된다. 항소심(제364조제5항)과 상고심(제390조)에서는 예외적으로 서면심리에 의한 판결이 허용되며 약식절차도 서면심리주의에 의한다.

3. 직접심리주의

직접심리주의란 법원이 공판정에서 직접 조사한 증거만 재판의 기초로 할 수 있다는 원칙을 말한다. 직접심리주의는 법관에게 신선한 인상을 주어 정확한 심증형성을 가능케 할 뿐만 아니라(실체진실의 발견) 피고인에게도 증거에 대하여 이의를 제기할 기회를 주는 데(공정한 재판의 실현) 그 의의가 있다.

직접심리주의를 실현하기 위한 제도적 표현으로 판사가 바뀔 때 공판절차를 갱신하는 제도(제301조), 제311조부터 제316조까지에 규정한 것을 제외하고는 공판준비 및 공판기일에서의 진술만 증거로 할 수 있다는 규정(제310조의2) 등을 들 수 있다.

4. 집중심리주의

집중심리주의란 법원이 공판기일에 하나의 사건을 집중적으로 심리하고, 심리에 2일 이상이 필요한 경우에는 계속 개정하여 심리를 행하여야 한다는 원칙을 말한다. 이는 불연속적인 심리로 인하여 법관의 심증형성이 흐려지는 것을 방지함으로써 공정하고 신속한 재판을 기하기 위한 것이다. 형사소송법은 공판기일의 심리는 집중되어야 한다고 함으로써 이를 분명히 하고 있다(제267조의2제1항). 심리에 2일 이상이 필요한 경우에는 부득이한 사정이 없으면 매일 계속 개정하여야 한다(동조제2항). 재판장은 검사·피고인 또는 변호인의 의견을 들어 여러 공판기일을 일괄하여 지정할 수 있다(동조제3항; 규칙 제124조의2). 재판장은 부득이한 사정으로 매일 계속 개정하지 못하는 경우에도 특별한 사정이 없으면 전회의 공판기일부터 14일 이내로 다음 공판기일을 지정하여야 한다(동조제4항).

이러한 심리의 집중을 위해서는 사전에 공판에 대한 충분한 준비가 필요한데, 공판준비절차 규정을 두어 그 실효성을 확보하고 있다(제266조의5~16).

Ⅳ. 공판절차이분론

공판절차이분론은 공판절차를 사실인정절차와 양형절차로 분리하여 진행하여야 한다는 것을 말한다.[1] 이는 우선 사실인정절차에서 양형의 요소를 배제함으로써 법관의 편견과 선입견을 차단하여 판단의 순수성을 기하자는 데 그 의의가 있다(사실인정절차의 순수성). 다음으로 양형절차를 별도로 개시함으로써 피고인의 인격이나 주위환경에 대한 철저한 조사 및 심리가 가능하여 피고인의 재사회화라는 특별예방의 목적을 달성할 수 있다는 데서 주장되고 있다(양형의 합리화).

현재 국민참여재판에서 사실인정은 배심원이, 양형은 법관이 각각 담당하는 방법으로 공판절차가 이분되어 진행되고 있다.

제 2 절 공판심리의 범위

공판심리의 범위는 검사가 제기한 공소장의 공소사실에 한정된다. 따라서 법원의 심판을 위해서는 우선 검사의 공소제기를 필요로 하게 된다. 여기서 불고불리의 원칙이 나온다.

Ⅰ. 불고불리의 원칙

1. 의 의

불고불리(不告不理)의 원칙이란 검사의 공소제기가 없으면 법원이 심판할

1) 소송절차이분론으로도 불리고 있으나 공판절차에 관한 원칙이므로 공판절차이분론이라고 하는 것이 정확한 표현이다.

수 없다는 원칙이다. 이는 소추기관과 재판기관을 분리하는 탄핵주의 소송구조에서 비로소 근대 형사소송의 원칙으로 확립되었다.

2. 불고불리의 원칙의 내용

이 원칙은 단순한 심판개시의 제한 원리에서 나아가 심판의 범위를 한정하는 기능까지 수행하고 있다. 즉 사기피고사건의 심판 도중에 사기와 동일성이 인정되는 배임임이 드러나더라도 법원이 배임으로 심판하기 위해서는 반드시 검사에 의한 공소장변경이라는 절차를 거쳐서 심판하도록 하고 있다(제298조).

3. 불고불리의 원칙의 위반

검사의 공소제기가 없음에도 불구하고 법원이 심판하는 것은 현행의 소송구조상으로 생각하기 어렵다. 따라서 현실적으로 이 원칙의 위반은 공소제기 이후의 문제인 공소장변경과 관련하여 의미를 가진다. 즉 검사가 제기한 공소사실과 법원이 현실적으로 심판한 사실의 동일성이 인정된다고 하더라도 공소장변경을 거치지 않고 심판을 하거나 혹은 공소장변경을 거쳐 심판하였으나 공소장변경 전후의 공소사실의 동일성이 인정되지 않는 경우가 그것이다. 이 경우 모두 판결에 영향을 미친 헌법·법률·명령 또는 규칙의 위반이 있는 때에 해당하여 항소이유 및 상고이유가 된다(제361조의5제1호, 제383조제1호).

Ⅱ. ▸▸ 심판의 대상

1. 의 의

검사의 공소제기에 의하여 법원의 심판이 개시되는데 이때 심판의 범위는 공소장에 기재된 공소사실이다. 형사소송법은 국가형벌권의 적정한 실현을 위하여 공소사실과 동일성이 인정되는 범위 내에서는 비록 공소장에 기재되어 있지 않은 사실이라도 심판할 수 있도록 하고 있다. 그러나 이 경우에도 피고인의 방어권 행사와 조화를 이루도록 하기 위하여 공소장변경의 절차를 거친 후

심판하도록 하고 있다. 뒤에서 보듯이 공소장변경제도를 논의하는 이유가 여기에 있다.

2. 심판의 대상

공소사실을 중심으로 하여 법원의 심판대상이 무엇인가에 대하여는 대체로 법원의 현실적 심판의 대상은 공소장에 기재된 공소사실이고 이와 동일성이 인정되는 사실에 대하여도 잠재적 심판의 대상으로서 공소장변경의 절차를 거쳐 심판할 수 있다고 한다(통설).

판례도 피고인의 방어권 행사에 실질적인 불이익을 초래할 염려가 없는 때에는 공소사실의 동일성 범위 내에서 공소장변경절차를 거치지 않고 심판할 수 있다고 한다(대판 1988. 6. 14. 88도592). 그러나 동일성이 인정되는 잠재적 사실을 심판하기 위해서는 원칙적으로 공소장변경을 거쳐 현실적 심판의 대상이 되어야 한다고 함으로써(대판 1991. 5. 28. 90도1977 등) 같은 입장을 취한다.

Ⅲ. 공소장변경

1. 의 의

공소장변경은 검사가 공소장에 기재한 공소사실 또는 적용법조를 추가·철회·변경하는 것을 말한다(제298조제1항). 공소장변경제도의 존재이유는 국가형벌권의 적정한 행사와 피고인의 방어권 보장에 있다. 공소장변경을 인정하지 않으면 법원은 해당 공소사실에 대하여 무죄판결을 선고할 수밖에 없고, 검사는 그와 동일성이 인정되는 사실을 가지고 공소를 제기할 수 없게 된다. 또한 공소사실과 동일성이 인정될 경우 공소장의 변경 없이도 법원이 모두 심판할 수 있다고 한다면 피고인에게 심판대상에 대한 예측을 어렵게 하여 방어권에 중대한 제약을 가할 수 있는 것이다.

2. 공소장변경의 허용범위

공소장변경은 공소사실의 동일성을 해치지 않는 범위에서 허용된다(제208

조제1항).

공소사실의 동일성 인정기준에 대하여는 공소사실을 그 기초가 되는 사회적 사실에 비추어(자연적·전법률적 관점) 그러한 사실 사이에 다소 차이가 있더라도 기본적인 면에서 동일하면 동일성을 인정해야 한다고 하는 기본적 사실동일설이 지배적인 견해다. 이에 따르면 돈을 받은 사실이 있는 이상 보관하고 있는 돈을 떼어먹는 횡령행위나 속여서 돈을 떼어먹는 사기행위는 동일성이 있다.

판례는 기본적 사실동일성을 기초로 이에 더하여 규범적 요소까지도 고려해야 한다는 입장이다(대판 1994. 3. 22. 93도2080(전원합의체)).

3. 공소장변경의 필요성

(1) 의 의

공소사실의 동일성이 인정되는 경우 공소장의 변경에 의하여 비로소 심판의 대상이 된다고 하여 모든 경우에 공소장변경의 절차를 거쳐야 하는지 문제될 수 있다. 이렇게 되면 재판의 지연을 초래하고 소송경제에 반할 수 있기 때문이다. 여기서 공소장의 변경 없이도 법원이 어느 정도의 범위에서 공소사실과 다른 사실을 인정할 수 있는지가 문제되는데 이것이 공소장변경의 필요성에 관한 문제이다.

(2) 필요성의 판단기준

공소장변경의 필요성을 판단하는 기준에 대하여는 ① 구체적인 사실관계가 다르더라도 형벌조항의 변경이 없으면 공소장 변경절차를 거치지 않고 공소사실과 다른 사실을 인정할 수 있다는 동일벌조설, ② 구체적 사실관계가 다르더라도 그 법률구성에 영향이 없으면 공소장변경을 필요로 하지 않고 공소사실과 다른 사실을 인정할 수 있다는 법률구성설, ③ 공소사실의 사실적 측면을 중시하여 공소장에 기재된 사실과 실질적으로 다른 사실을 인정할 때에는 공소장변경을 필요로 하며 이 경우 실질적 차이의 여부는 피고인의 방어권 행사에 불이익을 초래하느냐를 기준으로 판단하여야 한다는 사실기재설이 대립되고 있다. 사실기재설이 통설 및 판례(대판 2010. 5. 13. 2010도2095)의 태도이다.

(3) 구체적 유형에 있어서의 필요성 여부

통설인 사실기재설에 의하여 공소장변경의 필요성을 판단하는 경우에도 어떠한 경우에 피고인의 방어권 행사에 실질적인 불이익을 초래한다고 할 것인가가 문제된다.

가. 구성요건이 같은 경우

(가) 범죄의 일시 및 장소　범죄 일시 및 장소를 구체적으로 상세히 특정한 것이거나 명백한 오기를 바로잡은 경우에 있어서는 공소장변경을 요하지 않는다. 즉 범죄의 일시는 공소사실의 특정을 위한 요인이지 범죄사실의 기본적 요소는 아니므로 그 일시가 조금 다르더라도 공소장변경을 요하지 않으나, 그 일시의 간격이 길고 범죄의 성부에 중대한 관계가 있는 경우에는 피고인의 방어에 실질적 불이익을 줄 염려가 있으므로 공소장변경을 요한다(대판 1982. 12. 28. 82도2156).

(나) 범죄의 수단과 방법　범죄의 수단·방법도 피고인의 방어행위와 밀접한 관련을 가지므로 공소장변경이 필요하다. 예를 들어 강도죄에 있어서 폭행에 의한 강취냐 협박에 의한 강취냐 하는 것은 그 수단에 따라 피고인의 방어행위가 달라질 수밖에 없으므로 공소장변경이 필요하다.

(다) 범죄의 객체　범죄의 객체가 달라진 경우 피고인의 방어권 행사에 중요한 영향을 미치므로 공소장의 변경이 필요하다. 예를 들어 살인죄에서 범죄의 객체인 피해자나 횡령죄에서 횡령한 금액 등이 달라지면 이에 따른 피고인의 방어행위도 달라질 수밖에 없으므로 공소장변경이 필요하다.

나. 구성요건이 다른 경우

(가) 일반적인 경우　구성요건이 어떠한가에 따라 사실 및 적용법조가 달라져 피고인의 방어권 행사에 중대한 영향을 미치므로 구성요건이 다른 때에는 공소장변경이 필요하다. 따라서 살인죄를 폭행치사죄로(대판 2001. 6. 29. 2001도1091) 인정하는 경우 등과 같이 범죄의 유형인 구성요건이 바뀌는 경우에는 공소장변경이 필요하다.

(나) 구성요건이 달라도 공소장변경을 필요로 하지 않는 경우

① 공소사실보다 가벼운 사실의 인정　구성요건을 달리하는 사실이 이미 공소

사실에 포함되어 있는 경우에는 피고인의 방어권 행사에 불리하지 않으므로 공소장을 변경할 필요가 없다. 따라서 허위사실적시 명예훼손죄를 사실적시 명예훼손죄로(대판 2008. 10. 9. 2007도1220) 인정하는 경우에는 공소장변경이 필요 없다.

② 법률적 평가만을 달리하는 경우　사실의 변경 없이 법률적 평가만을 달리하는 경우에는 원칙적으로 공소장변경을 필요로 하지 않는다. 따라서 배임죄로 기소된 공소사실에 대하여 횡령죄를 적용하여 처벌하는 경우(대판 1999. 11. 26. 99도2651)에는 공소장변경이 필요 없다.

4. 공소장변경의 절차

공소장변경은 원칙적으로 검사의 신청에 의하여 이루어지지만 보충적으로 법원의 요구에 의하는 것도 인정하고 있다.

(1) 검사의 신청에 의한 공소장변경

가. 공소장변경의 신청　공소장변경은 검사의 신청에 의한다(제298조제1항). 검사가 공소장변경을 신청할 때에는 그 취지를 기재한 공소장변경허가신청서를 법원에 제출하여야 한다(규칙 제142조제1항). 법원은 피고인이 재정하는 공판정에서는 피고인에게 이익이 되거나 피고인이 동의하는 경우 구술에 의한 공소장변경을 허가할 수 있다(동조제5항). 검사가 공소장변경신청을 하면서 일부 변경사실만 진술하고 나머지는 CD에 저장하여 제출한 경우 진술한 부분에 대해서만 허가신청이 인정된다(대판 2016. 12. 29. 2016도11138). 상고심은 사후심으로서 원판결의 당부를 판단하는 데 그치고 새로이 증거조사를 허용하지 않으므로 공소장변경이 허용되지 않는다.

나. 공소장변경신청에 대한 법원의 허가　검사의 공소장변경신청이 있으면 법원은 공소사실의 동일성을 해치지 않는 한 이를 허가하여야 한다. 법원의 허가는 의무적이다. 법원의 허가결정 및 이에 대한 취소결정에 대하여는 항고가 허용되지 않는다(제403조제1항). 다만 결정과정의 위법이 판결에 영향을 미친 경우에 한정하여 상소로써 다툴 수 있을 뿐이다.

다. 허가 후의 절차　공소장의 변경이 허가된 때에는 검사는 공판기일에 공소장변경허가신청서에 의하여 변경된 공소사실·죄명 및 적용법조를 낭독하여야 한다. 다만 재판장은 필요하다고 인정하는 때에는 공소장변경의 요지를 진술하게 할 수 있다(규칙 제142조제4항). 법원은 공소장변경이 피고인의 불이익을 증가시킬 염려가 있다고 인정한 때에는 직권 또는 피고인이나 변호인의 청구에 의하여 피고인에게 방어 준비를 할 수 있도록 하기 위하여 결정으로 필요한 기간 공판절차를 정지할 수 있다(제298조제4항).

(2) 법원의 공소장변경 요구

가. 의 의 법원은 심리의 경과에 비추어 상당하다고 인정할 때에는 공소사실 또는 적용법조의 추가 또는 변경을 요구하여야 한다(제298조제2항). 법원이 심리과정에서 공소사실과 다른 사실을 확신하고 있음에도 불구하고 검사의 공소장변경신청이 없다는 이유로 피고사건에 대한 무죄판결을 하여야 하는 불합리를 방지하기 위한 것이다.

나. 법적 성격 법원의 공소장변경 요구에 대하여는 현행법이 "법원은 … 요구하여야 한다"(제298조제2항)고 함으로써 마치 법원의 의무처럼 보인다. 그러나 당사자주의 소송구조가 기본을 이루고 직권주의를 보충적으로 가미하는 현행법에 비추어 공소장변경 요구가 전적으로 법원의 의무나 재량으로 보기는 어렵다. 따라서 원칙적으로 법원의 재량에 속하지만 공소장변경 요구를 하지 않고 무죄판결을 하는 것이 현저히 정의에 벗어나는 경우에는 예외적으로 법원의 의무에 속한다고 할 것이다(다수설). 판례는 공소장변경 요구는 전적으로 법원의 권한에 속한다는 입장이다(대판 2006. 9. 14. 2005도2518 등).

다. 공소장변경 요구의 효력 법원의 검사에 대한 공소장변경 요구는 공판기일에서의 법원의 소송지휘권에 기한 재판(결정)에 해당한다. 따라서 재판을 받는 주체인 검사는 법원의 공소장변경 요구에 따라야 한다는 것이 일반적이다.

(3) 항소심과 공소장변경

항소심에서의 공소장변경의 허용 여부는 항소심구조와 관련을 가진다. 항소심을 속심으로 보면 공소장변경이 가능하지만 사후심으로 보면 허용될 수 없기 때문이다. 항소심을 속심으로 이해하는 현행법의 태도에 따르면 항소심에서도 공소장변경이 허용된다(통설). 판례도 같은 입장이다(대판 2004. 7. 22. 2003도8153).

제 4 장 공판준비절차 및 공판절차

제 1 절 공판준비절차

I. 의 의

공판준비절차란 공판기일의 심리를 준비하기 위하여 수소법원이 행하는 여러 절차를 말한다. 이는 공판절차의 중심이 되는 공판기일의 절차 진행을 신속하고 효율적으로 행하기 위하여 인정되는 것이다. 다만 공판기일의 절차가 형식화되지 않도록 그 효율적인 심리를 할 수 있는 범위에서 이루어져야 한다.

II. 공판준비절차의 종류

제3장 제1절에서 '공판준비와 공판절차'라는 제목으로 규정하고 있는 공판준비절차를 넓은 의미의 공판준비절차라고 할 수 있다. 이 중 특히 '공판준비절차'(제266조의5 이하)라고 하여 공판준비기일을 열어 진행하는 공판준비절차를 좁은 의미의 공판준비절차라고 한다. 따라서 공판준비절차는 넓은 의미의 공판준비절차 중 좁은 의미의 공판준비절차를 제외한 일반적 공판준비절차와 좁은 의미의 공판준비절차로 나누어 살펴볼 수 있다.

Ⅲ. ▸▸ 일반적 공판준비절차

1. 공소장부본의 송달

법원은 공소의 제기가 있는 때에는 지체 없이 공소장의 부본을 피고인 또는 변호인에게 송달하여야 한다. 다만 제1회 공판기일 전 5일까지 송달하여야 한다(제266조). 만약 공소장부본의 송달이 없거나 제1회 공판기일 5일 전까지 송달되지 않으면 피고인은 심리개시에 대하여 이의신청을 할 수 있다(제269조).

2. 의견서의 제출

피고인 또는 변호인은 공소장부본을 송달받은 날부터 7일 이내에 공소사실에 대한 인정 여부, 공판준비절차에 관한 의견 등을 기재한 의견서를 법원에 제출하여야 한다. 다만 피고인이 진술을 거부하는 경우에는 그 취지를 기재한 의견서를 제출할 수 있다. 의견서가 제출된 때에는 이를 검사에게 송부하여야 한다(제266조의2). 피고인에게 공판기일 이전에 미리 의견을 밝히게 함으로써 법원의 심리계획 및 피고인의 방어권에 도움을 주기 위한 것이다. 그러나 피고인에게 진술거부권이 인정되므로 의견서 제출은 의무사항은 아니다.

3. 공판기일의 지정·변경 등

(1) 공판기일의 지정 및 변경

재판장은 공판기일을 정하여야 한다(제267조제1항). 재판장은 직권 또는 검사, 피고인이나 변호인의 신청에 의하여 공판기일을 변경할 수 있다(제270조제1항).

(2) 공판기일의 소환 및 통지

공판기일에는 피고인, 대표자 또는 대리인을 소환하여야 한다(제267조제2항). 피고인에 대한 제1회 공판기일소환장은 공소장부본의 송달전에는 송달해서는 안된다(규칙 제123조). 공판기일은 검사, 변호인과 보조인에게 통지하여야 한다(동조제3항). 법원의 구내에 있는 피고인에 대하여 공판기일을 통지한 때에는 소환장 송달의 효력이 있다(제268조). 제1회 공판기일은 소환장의 송달 후 5일 이상의 유예기간을 두어야 한다(제269조제1항). 피고인의 방어준비 기간을 고려한 것이다. 따라서 피고인의 이의가 없는 때에는 유예기간을 두지 않을 수 있다(동조제2항). 공판기일에 소환 또는 통지서를 받은 자가 질병 기타의 사유로 출석하지 못할 때에는 의사의 진단서 기타의 자료를 제출하여야 한다(제271조).

4. 국선변호인 선정에 관한 고지

재판장은 공소제기가 있는 때에는 변호인 없는 피고인에게 ① 국선변호인의 선정사유에 해당하는 경우 변호인 없이 개정할 수 없는 취지와 피고인 스스로 변호인을 선임하지 않을 때에는 법원이 국선변호인을 선정하게 된다는 취지를, ② 빈곤 그 밖의 사유로 변호인을 선임할 수 없는 사유가 있는 경우 법원에 대하여 국선변호인의 선정을 청구할 수 있다는 취지를, ③ 피고인의 연령·지능 및 교육 정도 등을 참작해 볼 때 그 권리보호를 위하여 필요하다고 인정되는 때에도 법원에 대하여 국선변호인의 선정을 희망하지 않는다는 의사를 표시할 수 있다는 취지를 고지하여야 한다(규칙 제17조제1항). 고지는 서면으로 한다(동조제2항).

5. 공판기일 전의 증거조사

(1) 증거조사의 필요성과 내용

공판기일의 효율적 심리를 위해서는 공판기일 전에도 일정한 범위 내에서 증거를 수집·정리할 필요가 있다. 그러나 공판기일 전의 증거조사는 공판중심주의를 실현하려는 현행법의 태도에 맞지 않다. 2007년의 개정법은 특히 공판준비절차(제266조의5 이하)를 두고 있으므로 필요한 경우 이 절차를 이용하여 공판기일의 효율적 심리를 기하여야 할 것이다.

(2) 증거조사의 내용

법원은 직권 또는 검사, 피고인이나 변호인의 신청에 의하여 공무소 또는 공사단체에 조회하여 필요한 사항의 보고 또는 그 보관서류의 송부를 요구할 수 있다(제272조제1항). 또한 법원은 검사, 피고인 또는 변호인의 신청에 의하여 공판준비에 필요하다고 인정한 때에는 공판기일 전에 피고인 또는 증인을 신문할 수 있고 검증, 감정 또는 번역을 명할 수 있다(제273조제1항). 한편 검사, 피고인 또는 변호인은 공판기일 전에 서류나 물건을 증거로 법원에 제출할 수 있다(제274조).

(3) 증거조사의 시기

공판기일 전의 증거조사는 법관의 선입견을 배제하기 위한 공소장일본주의의 취지에 비추어 타당하지 않다. 따라서 공판기일 전의 증거조사가 가능한 기일을 '제1회 공판기일 이후의 공판기일'(예를 들어 제2회 공판기일)을 의미하는 것으로 엄격히 해석하는 것이 일반적이다.

Ⅳ. 좁은 의미의 공판준비절차

1. 의 의

좁은 의미의 공판준비절차는 넓은 의미의 공판준비절차 가운데 특히 일정한 형식적 절차에 따라 법원이 행하는 준비절차를 말한다. 재판장은 효율적이고 집중적인 심리를 위하여 사건을 공판준비절차에 부칠 수 있다(제266조의5제1항). 공판준비절차는 법원에 의한 임의적인 절차이나 국민참여재판에 있어서는 필수적인 절차로 하고 있다(국민참여재판법 제36조제1항).

2. 공판준비절차의 방법

(1) 공판준비서면의 제출

검사, 피고인 또는 변호인은 법률상·사실상 주장의 요지 및 입증취지 등이 기재된 서면을 법원에 제출할 수 있다(제266조의6제1항). 또한 재판장은 검사, 피고인 또는 변호인에 대하여 서면의 제출을 명할 수 있다(동조제2항). 법원은 당사자의 공판준비서면이 제출된 때에는 그 부본을 상대방에게 송달하여야 한다(동조제3항). 재판장은 검사, 피고인 또는 변호인에게 공소장 등 법원에 제출된 서면에 대한 설명을 요구하거나 그 밖에 공판준비에 필요한 명령을 할 수 있다(동조제4항).

(2) 기일 외 공판준비

검재판장은 검사·피고인 또는 변호인에게 기한을 정하여 공판준비 절차의 진행에 필요한 사항을 미리 준비하게 하거나 공판준비에 필요한 명령을 할 수 있다(규칙 제123조의9제1항). 재판장은 기한을 정하여 법 제266조의6제2항의 공판준비를 위한 서면의 제출을 명할 수 있다(동조제2항). 이 서면에는 필요한 사항을 구체적이고 간결하게 기재하여야 하고 증거로 할 수 없거나 증거로 신청할 의사가 없는 자료에 기초하여 법원에 사건에 대한 편견을 발생하게 할 염려가 있는 사항을 기재해서는 안 된다(동조제3항).

(3) 공판준비기일절차

가. 공판준비기일의 지정 법원은 검사, 피고인 또는 변호인의 의견을 들어 공판준비기일을 지정할 수 있다(제266조의7제1항). 검사, 피고인 또는 변호인은 법원에 대하여 공판준비기일의 지정을 신청할 수 있다. 이 경우 해당 신청에 관한 법원의 결정에 대하여는 불복할 수 없다(동조제2항). 법원은 합의부원에게 공판준비기일을 진행하게 할 수 있다. 이 경우 수명법관은 공판준비기일에 관하여 법원 또는 재판장과 동일한 권한이 있다(동조제3항). 공판준비기일은 절차의 진행이 방해될 우려가 있는 때를 제외하고는 공개하여야 한다(동조제4항).

나. 검사 및 변호인 등의 출석 공판준비기일에는 검사 및 변호인이 출석하고, 법원사무관 등이 참여한다(제266조의8제1항 · 제2항). 법원은 검사, 피고인 및 변호인에게 공판준비기일을 통지하여야 하고(동조제3항), 공판준비기일이 지정된 사건에 관하여 변호인이 없는 때에는 직권으로 변호인을 선정하여야 한다(동조제4항). 법원은 필요하다고 인정하는 때에는 피고인을 소환할 수 있으며, 피고인은 법원의 소환이 없는 때에도 공판준비기일에 출석할 수 있다(동조제5항). 이때 재판장은 출석한 피고인에게 진술을 거부할 수 있음을 알려 주어야 한다(동조제6항). 법원은 피고인이 출석하지 않는 경우 상당하다고 인정하는 때에는 검사와 변호인의 의견을 들어 비디오 등 중계장치에 의한 중계시설을 통하거나 인터넷 화상장치를 이용하여 공판준비기일을 열 수 있다(제266조의17제1항). 이때의 기일은 검사와 변호인이 법정에 출석하여 이루어진 공판준비기일로 본다(동조제2항).

다. 공판준비기일절차의 내용

(가) 공판준비기일절차의 내용 제266조의9가 규정하는 공판준비기일 절차의 내용으로 ① 공소사실 또는 적용법조를 명확하게 하는 행위(제1호), ② 공소사실 또는 적용법조의 추가·철회 또는 변경을 허가하는 행위(제2호), ③ 공소사실과 관련하여 주장할 내용을 명확히 하여 사건의 쟁점을 정리하는 행위(제3호), ④ 계산이 어렵거나 그 밖에 복잡한 내용에 관하여 설명하도록 하는 행위(제4호), ⑤ 증거신청을 하도록 하는 행위(제5호), ⑥ 신청된 증거와 관련하여 입증 취지 및 내용 등을 명확하게 하는 행위(제6호), ⑦ 증거신청에 관한 의견을 확인하는 행위(제7호), ⑧ 증거 채부(採否)의 결정을 하는 행위(제8호), ⑨ 증거조사의 순서 및 방법을 정하는 행위(제9호), ⑩ 서류 등의 열람 또는 등사와 관련된 신청의 당부를 결정하는 행위(제10호), ⑪ 공판기일을 지정 또는 변경하는 행위(제11호), ⑫ 그 밖에 공판절차의 진행에 필요한 사항을 정하는 행위(제12호)가 있다.

(나) 공판준비기일절차의 종결

① 종결의 사유 법원은 쟁점 및 증거의 정리가 완료된 때, 사건을 공판준비절차에 부친 뒤 3개월이 지난 때, 검사·변호인 또는 소환받은 피고인이 출석하지 않은 때에는 공판준비절차를 종결하여야 한다. 다만 앞의 두 사유에 해당하는 경우로서 공판의 준비를 계속하여야 할 상당한 이유가 있는 때에는 그렇지 않다(제266조의12). 법원은 필요하다고 인정한 때에는 직권 또는 검사, 피고인이나 변호인의 신청에 의하여 결정으로 종결한 변론을 재개할 수 있다(제266조의14, 제305조).

② 종결의 효과(실권효 규정) 공판준비기일에서 신청하지 못한 증거는 그 신청으로 인하여 소송을 현저히 지연시키지 않는 때, 중대한 과실 없이 공판준비기일에 제출하지 못하는 등 부득이한 사유를 소명한 때에만 공판기일에 신청할 수 있다. 다만 이 경우에도 법원은 직권으로 증거를 조사할 수 있다(제266조의13).

③ 공판준비기일 결과의 확인 법원은 공판준비기일을 종료하는 때에는 검사, 피고인 또는 변호인에게 쟁점 및 증거에 관한 정리결과를 고지하고, 이에 대한 이의의 유무를 확인하여야 한다(제266조의10제1항). 법원은 쟁점 및 증거에

관한 정리결과를 공판준비기일조서에 기재하여야 한다(동조제2항). 공판준비조서도 그 증거능력 면에서는 공판조서와 동일하다(제311조).

(4) 기일간 공판준비절차

법원은 쟁점 및 증거의 정리를 위하여 필요한 경우에는 제1회 공판기일 후에도 사건을 공판준비절차에 부칠 수 있다. 이를 기일간(期日間) 공판준비절차라고 한다. '기일간'이란 제1회 기일과 제2회 기일 사이 등을 이르는 말이다. 이 경우 기일 전 공판준비절차에 관한 규정(제266조 이하)을 준용한다(제266조의15).

V. 증거개시제도

1. 의 의

증거개시(discovery)란 공소제기 후 당사자가 보관하거나 공판정에 제출하려는 증거를 상대방에게 열람·등사하도록 하는 것을 말한다. 이는 당사자 사이에 증거의 개시를 통하여 당사자주의를 철저히 구현하고 효율적인 절차 진행을 통하여 공판중심주의를 실현하기 위한 제도이다. 증거개시는 당사자주의를 고려하여 피고인과 검사의 상호개시를 내용으로 하고 있다.

2. 검사의 증거개시

(1) 의 의

피고인 또는 변호인은 검사에게 공소제기된 사건에 관한 서류 또는 물건의 목록과 공소사실의 인정 또는 양형에 영향을 미칠 수 있는 서류 등의 열람·등사 또는 서면의 교부를 신청할 수 있다. 다만 피고인에게 변호인이 있는 경우에는 피고인은 열람만을 신청할 수 있다(제266조의3제1항). 검사의 증거개시는 검사가 신청할 예정인 증거뿐만 아니라 피고인에게 유리한 증거까지 포함되는 전면적 개시이다.

(2) 증거개시의 대상

증거개시의 대상은 공소제기된 사건에 관한 서류 또는 물건의 목록과 공소사실의 인정 및 양형에 영향을 미칠 수 있는 서류이다.

공소제기된 사건에 관한 서류 또는 물건의 목록에 대하여는 검사가 열람·등사를 거부할 수 없다(동조제5항). 공소사실의 인정 및 양형에 영향을 미칠 수 있는 서류로서 ① 검사가 증거로 신청할 서류 등, ② 검사가 증인으로 신청할 사람의 성명·사건과의 관계 등을 기재한 서면 또는 그 사람이 공판기일 전에 행한 진술을 기재한 서류 등, ③ 위의 서류 등의 증명력에 관련된 서류 등, ④ 피고인 또는 변호인이 행한 법률상·사실상 주장과 관련된 서류 등(관련 형사재판확정기록, 불기소처분기록 등을 포함)이 있다(동조제1항). 여기서 '서류 등'은 도면·사진·녹음테이프·비디오테이프·컴퓨터용 디스크, 그 밖에 정보를 담기 위하여 만들어진 물건으로서 문서가 아닌 특수매체를 포함한다. 이 경우 특수매체에 대한 등사는 필요 최소한의 범위에 한정된다(동조제6항).

(3) 증거개시의 제한

검사는 국가안보, 증인보호의 필요성, 증거인멸의 염려, 관련사건의 수사에 장애를 가져올 것으로 예상되는 구체적인 사유 등 열람·등사 또는 서면의 교부를 허용하지 않을 상당한 이유가 있다고 인정하는 때에는 이를 거부하거나 그 범위를 제한할 수 있다(제266조의3제2항). 이 경우에도 서류 또는 물건의 목록에 대하여는 열람·등사를 거부할 수 없음은 앞에서 본 바와 같다(동조제5항). 검사는 열람·등사 또는 서면의 교부를 거부하거나 그 범위를 제한하는 때에는 지체 없이 그 이유를 서면으로 통지하여야 한다(동조제3항).

3. 피고인 또는 변호인의 증거개시

(1) 의 의

검사는 피고인 또는 변호인이 공판기일 또는 공판준비절차에서 현장부재·심신상실 또는 심신미약 등 법률상·사실상의 주장을 한 때에는 피고인 또는 변호인에게 서류 등의 열람·등사 또는 서면의 교부를 요구할 수 있다(제266조의11제1항). 피고인 또는 변호인의 증거개시는 검사의 경우와 달리 일정한 경우에 인정되는 제한적 개시이다.

(2) 증거개시의 대상

피고인 또는 변호인의 증거개시의 대상은 검사의 경우와 동일하다. 구체적으로 보면 ① 피고인 또는 변호인이 증거로 신청할 서류 등, ② 피고인 또는 변호인이 증인으로 신청할 사람의 성명, 사건과의 관계 등을 기재한 서면, ③ 위 서류 또는 서면의 증명력과 관련된 서류 등, ④ 피고인 또는 변호인이 행한 법률상·사실상의 주장과 관련된 서류 등이다(제266조의11제1항). '서류 등'에 특수매체가 포함되며, 이 경우 등사는 필요 최소한의 범위에 한정하는 것도 검사의 경우와 같다(동조제5항, 제266조의3제3항).

(3) 증거개시의 거부

피고인 또는 변호인은 검사가 서류 등의 열람·등사 또는 서면의 교부를 거부한 때에는 검사가 요구한 서류 등의 열람·등사 또는 서면의 교부를 거부할 수 있다. 다만 법원이 피고인 또는 변호인의 검사에 대한 증거개시 신청을 기각한 경우에는 그렇지 않다(제266조의11제2항).

4. 증거개시에 관한 법원의 결정

(1) 법원에 대한 증거개시의 신청

피고인 또는 변호인은 검사가 서류 등의 열람·등사 또는 서면의 교부를 거부하거나 그 범위를 제한한 때에는 법원에 이를 허용하도록 할 것을 신청할 수 있다(제266조의4제1항). 검사도 피고인 또는 변호인이 서류 등의 열람·등사 또는 서면의 교부를 거부한 때에는 법원에 이를 허용하도록 할 것을 신청할 수 있다(제266조의11제3항).

(2) 법원의 결정 및 효력

법원은 당사자의 신청이 있는 때에는 열람·등사 또는 서면의 교부를 허용하는 경우에 생길 폐해의 유형·정도, 피고인의 방어 또는 재판의 신속한 진행을 위한 필요성 및 해당 서류 등의 중요성 등을 고려하여 이를 허용할 것을 명할 수 있다. 이 경우 열람 또는 등사의 시기·방법을 지정하거나 조건·의무를 부과할 수 있다(제266조의4제2항). 법원이 이러한 결정을 하는 때에는 상대방에게 의견을 제시할 수 있는 기회를 부여하여야 한다(동조제3항). 법원은 필요하다고 인정하는 때에는 상대방에게 해당 서류 등의 제시를 요구할 수 있고, 신청인이나 그 밖의 이해관계인을 심문할 수 있다(동조제4항). 증거개시 신청을 받은 당사자가 증거개시에 관한 법원의 결정을 지체 없이 이행하지 않는 때에는 해당 증인 및 서류 등에 대한 증거신청을 할 수 없다(동조제5항).

제 2 절 공판정의 심리

I. 공판정의 구성

1. 판사, 법원사무관 등의 출석과 공판정의 배치

공판기일에는 공판정에서 심리한다(제275조제1항). 공판정은 판사, 검사 및 법원사무관 등이 출석하여 개정한다(동조제2항). 검사의 좌석과 피고인 및 변호인의 좌석은 대등하며, 법대의 좌우측에 마주 보고 위치하고, 증인의 좌석은 법대의 정면에 위치한다. 다만 피고인신문을 하는 때에는 피고인은 증인석에 앉는다(동조제3항).

2. 소송관계인의 출석

(1) 피고인의 출석

가. 피고인의 출석권리·의무 피고인이 공판기일에 출석하지 않은 때에는 특별한 규정이 없으면 개정하지 못한다. 다만 피고인이 법인인 경우에는 대리인을 출석하게 할 수 있다(제276조). 따라서 공판정 개정의 요건으로서의 피고인의 출석은 피고인의 권리에 속한다. 만약 피고인이 출석하지 않는 경우 법원의 구인에 의하여 출석이 강제되기도 하므로(제70조) 이는 피고인의 의무이기도 하다. 출석한 피고인은 재판장의 허가 없이 퇴정하지 못하고, 재판장은 피고인의 퇴정을 제지하거나 법정의 질서를 유지하기 위하여 필요한 처분을 할 수 있다(제281조).

나. 피고인의 출석 없이 재판할 수 있는 경우

(가) 피고인이 의사무능력자이거나 법인인 경우　형법 제9조(형사미성년자), 제10조(심신장애인), 제11조(청각 및 언어장애인)의 규정의 적용을 받지 않는 범죄사건에 관하여 피고인의 의사능력이 없는 때에는 그 법정대리인이 소송행위를 대리한다(제26조). 형사미성년자·심신장애인·청각 및 언어장애인 경우에는 필요적 변호사유에 해당하기 때문이다(제33조). 법정대리인이 없으면 법원은 직권 또는 검사의 청구에 의하여 특별대리인을 선임하여야 한다(제28조제1항). 피고인이 법인인 때에는 그 대표자가 소송행위를 대표한다(제27조제1항). 대표자가 없으면 법원은 직권 또는 검사의 청구에 의하여 특별대리인을 선임하여야 한다(제28조제1항). 이 경우에도 대리인을 출석하게 할 수 있다(제276조).

(나) 경미한 사건 등의 경우　경미한 사건이나 피고인에게 유리한 재판을 하는 경우 등에 있어서는 피고인의 출석을 요하지 않는다(제277조). 따라서 법원은 피고인의 권리를 통지하는 차원에서 피고인을 소환하여야 하고, 피고인은 대리인을 출석하게 할 수 있다(동조본문).

① 경미한 사건　다액 500만원 이하의 벌금 또는 과료에 해당하는 사건에 대하여는 피고인의 출석을 요하지 않는다(동조제1호).

② 피고인에게 유리한 재판을 하는 경우　공소기각 또는 면소의 재판을 할 것이 명백한 사건에 대하여도 피고인의 출석을 요하지 않는다(동조제2호).

③ 피고인의 불출석신청을 법원이 허가한 경우　장기 3년 이하의 징역·금고, 다액 500만원을 초과하는 벌금·구류에 해당하는 사건에서 피고인의 불출석허가신청이 있고 법원이 피고인의 불출석이 그의 권리를 보호함에 지장이 없다고 인정하여 이를 허가한 사건에 있어서는 피고인의 출석을 요하지 않는다. 다만 인정신문을 행하거나 판결선고의 공판기일에는 출석하여야 한다(동조제3호).

④ 피고인만 정식재판을 청구하여 판결을 선고하는 사건　피고인만 정식재판의 청구를 하여 판결을 선고하는 사건에 있어서도 피고인의 출석을 요하지 않는다(동조제4호).

⑤ 즉결심판사건　즉결심판사건에서 피고인에게 벌금 또는 과료를 선고하는 경우에도 피고인의 출석을 요하지 않는다(즉결심판법 제8조의2제1항).

(다) 피고인이 퇴정하거나 퇴정명령을 받은 경우 피고인이 진술하지 않거나 재판장의 허가 없이 퇴정하거나 재판장의 질서유지를 위한 퇴정명령을 받은 때에는 피고인의 진술 없이 판결할 수 있다(제330조). '판결'할 수 있다고 함으로써 이 조항의 적용범위에 대하여 견해가 대립되고 있으나, 다수설 및 판례(대판 1991. 6. 28. 91도865 등)는 판결뿐만 아니라 심리에도 미친다고 한다.

재판장은 증인 또는 감정인이 피고인 또는 어떤 재정인(在廷人)의 면전에서 충분한 진술을 할 수 없다고 인정한 때에는 그를 퇴정하게 하고 진술하게 할 수 있다. 피고인이 다른 피고인의 면전에서 충분한 진술을 할 수 없다고 인정한 때에도 같다(제297조제1항). 증인 등의 진술의 자유를 보장하기 위한 것이다. 한편 이 경우 증인, 감정인 또는 공동피고인의 진술이 종료한 때에는 퇴정한 피고인을 입정(入廷)하게 한 후 법원사무관 등으로 하여금 진술의 요지를 고지케 하고 있는데(동조제2항) 증인 등의 진술의 보장과 동시에 피고인의 증인신문권의 보장을 위한 것이다.

(라) 피고인이 불출석하는 경우

① 구속된 피고인의 출석거부 피고인이 출석하지 않으면 개정하지 못하는 경우에 구속된 피고인이 정당한 사유 없이 출석을 거부하고, 교도관에 의한 인치가 불가능하거나 현저히 곤란하다고 인정되는 때에는 피고인의 출석 없이 공판절차를 진행할 수 있다. 이 경우 출석한 검사 및 변호인의 의견을 들어야 한다(제277조의2). 결석재판제도는 구속된 피고인이 재판의 지연을 초래하는 것을 막기 위한 것이다.

② 피고인의 소재불명 제1심 공판절차에서 피고인에 대한 송달불능보고서가 접수된 때부터 6개월이 지나도록 피고인의 소재를 확인할 수 없는 경우에는 대법원규칙이 정하는 바에 의하여 피고인의 진술 없이 재판할 수 있다. 다만 사형, 무기 또는 장기 10년이 넘는 징역이나 금고에 해당하는 사건의 경우에는 그렇지 않다(소송촉진법 제23조).

③ 항소심에서의 불출석 피고인이 정당한 이유 없이 항소심의 공판기일에 2회 이상 연속으로(대판 2012. 6. 28. 2011도16166 등) 출석하지 않은 때에는 피고인의 진술 없이 판결을 할 수 있다(제365조).

④ 정식재판청구에 의한 공판절차에서의 피고인의 불출석 약식명령에 대하여 정식재판을 청구한 피고인이 정식재판절차의 공판기일에 2회 이상 출석하지 않은 경우에는 피고인의 진술 없이 심판할 수 있다(제458조제2항, 제365조).

(마) 상고심의 경우 상고심의 공판기일에는 피고인의 소환이 필요 없다(제389조의2). 상고심은 법률심의 성격을 가지므로 법률전문가인 변호인 아니면 피고인을 위하여 변론하지 못하기 때문이다(제387조).

(2) 검사의 출석

검사의 출석은 공판개정의 요건이다(제275조제2항). 만약 검사가 공판기일의 통지를 2회 이상 받고 출석하지 않거나 판결만을 선고하는 때에는 검사의 출석 없이 개정할 수 있다(제278조). 2회 이상이란 검사가 2회째 출석하지 않은 경우에는 그 2회째에는 검사 없이도 개정할 수 있다는 의미이다(대판 1967. 2. 21. 66도1710).

(3) 변호인의 출석

변호인은 피고인의 보조자에 불과하므로 그의 출석은 공판정 개정의 요건이 아니다. 그러나 필요적 변호사건 및 국선변호사건에 대하여는 변호인 없이 개정하지 못한다. 다만 판결만을 선고할 경우에는 예외로 한다(제282조). 따라서 필요적 변호사건에서 변호인이 출석하지 않은 때에는 법원은 직권으로 변호인을 선정하여야 한다(제283조).

(4) 전문심리위원의 참여

가. 의 의 법원은 소송관계를 분명하게 하거나 소송절차를 원활하게 진행하기 위하여 필요한 경우에는 직권 또는 검사, 피고인 또는 변호인의 신청에 의하여 결정으로 전문심리위원을 지정하여 공판준비 및 공판기일 등 소송절차에 참여하게 할 수 있다(제279조의2제1항). 주로 첨단산업분야, 지적재산권, 국제금융 기타 전문적인 지식이 필요한 사건에서 참여가 필요하다.

나. 전문심리위원의 지정 및 취소 법원은 전문심리위원을 소송절차에 참여시키는 경우 검사, 피고인 또는 변호인의 의견을 들어 각 사건마다 1인 이상의 전문심리위원을 지정한다(제279조의4제1항). 법원은 상당하다고 인정하는 때에

는 검사, 피고인 또는 변호인의 신청이나 직권으로 전문심리위원의 공판참여결정을 취소할 수 있다. 또한 법원은 검사와 피고인 또는 변호인이 합의하여 공판참여결정을 취소할 것을 신청한 때에는 그 결정을 취소하여야 한다(제279조의3제1항 · 제2항).

다. 전문심리위원의 소송절차 참여 전문심리위원은 전문적인 지식에 의한 설명 또는 의견을 기재한 서면을 제출하거나 기일에 전문적인 지식에 의하여 설명이나 의견을 진술할 수 있다. 다만 재판의 합의에는 참여할 수 없다(제279조의2제2항). 법원은 전문심리위원이 제출한 서면이나 전문심리위원의 설명 또는 의견의 진술에 관하여 검사, 피고인 또는 변호인에게 구술 또는 서면에 의한 의견진술의 기회를 주어야 한다(동조제4항). 전문심리위원은 기일에 재판장의 허가를 받아 피고인 또는 변호인, 증인 또는 감정인 등 소송관계인에게 소송관계를 분명하게 하기 위하여 필요한 사항에 관하여 직접 질문할 수 있다(동조제3항).

라. 전문심리위원의 제척 및 기피 법관이나 법원사무관 등에 대한 제척 및 기피에 관한 규정(제17조~제20조 및 제23조)은 전문심리위원에게 준용한다(제279조의5제1항). 제척 또는 기피 신청이 있는 전문심리위원은 그 신청에 관한 결정이 확정될 때까지 해당 사건의 소송절차에 참여할 수 없다. 이 경우 전문심리위원은 해당 제척 또는 기피 신청에 대하여 의견을 진술할 수 있다(동조제2항).

마. 비밀누설의 금지 등 전문심리위원 또는 전문심리위원이었던 자가 그 직무수행 중에 알게 된 다른 사람의 비밀을 누설한 때에는 2년 이하의 징역이나 금고 또는 1천만원 이하의 벌금에 처한다(제279조의7). 전문심리위원은 형법 제129조부터 제132조까지의 규정에 따른 벌칙의 적용에서는 공무원으로 본다(제279조의8).

Ⅱ. 소송지휘권과 법정경찰권

1. 소송지휘권

(1) 의 의

소송지휘권이란 소송의 진행을 질서 있게 하고 심리를 원활하게 하기 위한 법원의 활동을 말한다. 소송지휘권은 원래 법원의 권한이지만 공판기일의 소송지휘는 포괄적으로 재판장에게 위임되어 있다(제279조). 소송지휘권은 법률에 의하여 법원에 부여되는 권한이 아니라 사법권에 내재하는 법원의 고유한 권한이라고 할 수 있다. 따라서 법원은 법률 등의 규정에 한하지 않고 소송의 진행에 따라 필요한 경우 적절한 소송지휘를 행할 수 있다.

(2) 소송지휘권의 내용

가. 재판장의 소송지휘권 재판장의 소송지휘권으로 공판기일의 지정과 변경(제267조, 제270조), 인정신문(제284조), 증인신문순서의 변경(161조의2제3항), 불필요한 변론의 제한(제299조), 석명권의 행사(규칙 제141조제1항) 등이 있다. 이 중 특히 중요한 것이 불필요한 변론의 제한과 석명권의 행사이다.

재판장은 소송관계인의 진술 또는 신문이 중복된 사항이거나 그 소송에 관계없는 사항인 때에는 소송관계인의 본질적 권리를 침해하지 않는 한도에서 이를 제한할 수 있다(제299조). 또한 재판장은 소송관계를 명확하게 하기 위하여 검사, 피고인 또는 변호인에게 사실상과 법률상의 사항에 관하여 석명을 구하거나 입증을 촉구할 수 있다(제141조제1항). 합의부원은 재판장에게 알리고 석명을 구하거나 입증을 촉구할 수 있다(동조제2항).

나. 법원의 소송지휘권 공판기일에서의 법원의 소송지휘권은 포괄적으로 재판장에게 위임되어 있다. 그러나 피고인의 방어권 보호와 실체적 진실 발견을 위하여 중요한 것은 법률에 의하여 법원이 행사하도록 하고 있다. 이러한 것으로 국선변호인의 선정(제283조), 증거신청에 대한 결정(제295조), 증거조사에 대한 이의신청에 대한 결정(제296조제2항), 공소장변경의 허가와 요구(제298조제1항·제2항), 공판절차의 정지(제306조), 변론의 분리·병합·재개(제300조, 제305조) 등이 있다.

(3) 소송지휘권의 행사

소송지휘는 사실행위로써 하는 경우도 있으나 대부분 재판에 의하여 행하여진다. 재판에 의하는 경우 법원의 소송지휘권의 행사는 '결정'(決定)의 형식을 취하고, 재판장의 소송지휘는 '명령'(命令)의 형식을 취한다.

(4) 소송지휘권에 대한 불복

검사, 피고인 또는 변호인은 재판장의 처분에 대하여 이의신청을 할 수 있다. 이의신청이 있는 때에는 법원은 결정을 하여야 한다(제304조). 재판장의 처분에 대한 이의신청은 법령의 위반이 있는 경우에 한정된다(규칙 제136조). 법원의 소송지휘권 행사는 판결 전의 소송절차에 관한 결정이므로 특히 즉시항고를 할 수 있는 경우 외에는 항고하지 못한다(제403조제1항).

2. 법정경찰권

(1) 의 의

법정경찰권이란 법정질서를 유지하고 심판의 방해를 제지 또는 예방하기 위하여 행하는 법원의 권력작용을 말한다. 법정경찰권도 넓은 의미에서는 소송지휘권의 한 내용이라고 할 수 있다. 법정경찰권은 원래 법원의 권한이지만 질서유지의 신속을 기하기 위하여 재판장의 권한으로 하고 있다(법조법 제58조).

(2) 법정경찰권의 내용

가. 방해배제작용 재판장은 피고인의 퇴정을 제지하거나 법정의 질서를 유지하기 위하여 필요한 처분을 할 수 있고(제281조제2항), 법정의 존엄과 질서를 해칠 우려가 있는 자의 퇴정을 명할 수 있다(법조법 제58조제2항). 누구든지 법정 안에서는 재판장의 허가 없이 녹화·촬영·중계방송 등의 행위를 하지 못한다(동법 제59조).

나. 방해예방작용 재판장은 법정의 존엄과 질서를 해칠 우려가 있는 자의 입정금지를 명할 수 있다(법조법 제58조제2항). 이에 따라 필요하다고 인정한 때에는 방청석 수에 해당하는 방청권을 발행하여 그 소지자에 한정하여 방청을 허용하게 하거나(법정방청규칙 제2조제1호) 법원경위로 하여금 방청인의 의복 또는 소지품을 검사케 하고 위험물 기타 법정에서 소지함이 부적당하다고 인정되는 물품을 가진 자의 입정을 금지하게 할 수 있다(동조제2호).

다. 제재조치 법원은 재판장에 의한 입정금지, 퇴정명령, 법정에서의 녹화·촬영·중계방송 등의 행위 제한에 위반하거나 폭언·소란 등의 행위로 법원의 심리를 방해하거나 재판의 위신을 현저하게 훼손한 자에 대하여 결정으로 20일 이내의 감치 또는 100만원 이하의 과태료에 처하거나 이를 병과할 수 있다(법조법 제61조제1항). 감치를 위하여 행위자를 구속할 수 있으며 감치는 경찰서유치장·교도소 또는 구치소에 유치함으로써 집행한다(동조제2항·제3항). 감치 또는 과태료의 재판에 대하여는 항고 또는 특별항고를 할 수 있다(동조제5항).

제 3 절 공판기일의 절차

공판기일은 법관, 검사, 피고인 등의 소송관계인이 공판정에 출석하여 소송행위를 진행하도록 정해진 일자를 말한다. 공판기일의 절차는 크게 모두(최초)절차, 사실심리절차, 판결선고절차로 이루어진다.

I. ▸▸ 모두절차

1. 진술거부권의 고지

재판장은 피고인에게 진술하지 않거나 개개의 질문에 대하여 진술을 거부할 수 있고 이익되는 사실을 진술할 수 있음을 고지하여야 한다(제283조의2제2항; 규칙 제127조).

2. 인정신문

재판장은 피고인의 성명, 연령, 등록기준지, 주거와 직업을 물어서 피고인임에 틀림없음을 확인하여야 한다(제284조).

3. 검사의 모두(최초)진술

검사는 공소장에 의하여 공소사실·죄명 및 적용법조를 낭독하여야 한다. 다만 재판장은 필요하다고 인정하는 때에는 검사에게 공소의 요지를 진술하게 할 수 있다(제285조). 검사의 모두진술은 공판기일에 직접 구두로 진술하게 함으로써 피고인에게 방어준비의 기회를 보장하고 방청인에게도 공소사실이 무엇인지를 밝히게 하려는 데 그 이유가 있다.

4. 피고인의 모두(최초)진술

피고인은 검사의 모두진술이 끝난 뒤에 공소사실의 인정 여부를 진술하여야 한다. 다만 피고인이 진술거부권을 행사하는 경우에는 그렇지 않다(제286조제1항). 이에 따라 재판장은 검사의 모두진술이 끝난 뒤에 피고인에게 공소사실의 인정 여부를 물어야 한다(규칙 제127조의2제1항). 만약 피고인이 공소사실을 인정하면 간이한 증거조사 등에 의하여 신속하게 절차가 진행되는 간이공판절차에 의하여 심판하게 된다(제286조의2).

피고인 및 변호인은 이익이 되는 사실 등을 진술할 수 있다(제286조제2항). 또한 피고인은 이 절차를 이용하여 관할이전의 신청(제15조), 기피신청(제18조), 국선변호인의 선정 청구(제33조제2항), 공판기일의 변경 신청(제270조), 변론의 병합과 분리의 신청(제300조) 등을 할 수 있다. 그리고 피고인은 이 절차에서 그 때까지의 절차 진행에 대한 하자를 다툴 수 있다. 특히 토지관할위반의 신청(제320조제2항), 공소장부본 송달의 하자에 대한 이의신청(제266조), 제1회 공판기일의 유예기간에 대한 이의신청(제269조) 등은 늦어도 이 절차에서 하여야 한다. 그렇지 않으면 그 하자가 치유되어 피고인은 더 이상 절차상의 하자를 다툴 수 없게 된다.

5. 재판장의 쟁점정리 및 검사·변호인의 증거관계 등에 대한 진술

재판장은 피고인의 모두진술이 끝난 다음에 피고인 또는 변호인에게 쟁점의 정리를 위하여 필요한 질문을 할 수 있다(제287조제1항). 쟁점을 정리함으로써 증거조사절차에서의 효율적인 심리를 위한 것이다. 또한 재판장은 증거조사를 하기에 앞서 검사 및 변호인에게 공소사실 등의 증명과 관련된 주장 및 입증계획 등을 진술하게 할 수 있다. 다만 증거로 할 수 없거나 증거로 신청할 의사가 없는 자료에 기초하여 법원에 사건에 대한 선입견을 줄 염려가 있는 사항은 진술할 수 없다(동조제2항). 증거능력 없는 증거에 의한 법원의 심증형성을 방지하기 위한 것이다.

Ⅱ. ▸▸ 사실심리절차

사실심리란 법원이 공소사실에 대한 실체진실을 발견하기 위하여 피고인을 신문하거나 증거를 조사하고 이에 의하여 피고사건에 대한 심증을 형성해 나가는 소송행위를 말한다. 이 절차는 증거조사, 피고인신문, 최후진술로 이루어진다.

1. 증거조사

증거조사란 법원이 피고사건의 사실 인정과 형량을 정하기 위한 심증을 형성하기 위하여 여러 증거를 조사하여 그 내용을 인식하는 소송행위를 말한다. 여기에는 증거조사의 실시뿐만 아니라 증거신청 및 증거결정과 이들에 대한 이의신청 등의 절차가 포함된다.

2. 피고인신문

(1) 의 의

피고인신문이란 검사, 변호인 또는 법원이 피고인에 대하여 공소사실과 그 정상에 관한 사항을 신문하는 절차를 말한다. 이는 피고인의 증거방법으로서의 지위를 전제하고 있는 것이다. 그러나 이 경우에도 피고인의 당사자로서의 지위가 침해되지 않도록 하기 위하여 일반증인과 달리 진술거부권을 인정하고 있고(제283조의2제1항), 피고인신문을 증인신문의 방법에 의하도록 하고 있다(제296조의2제3항).

(2) 피고인신문의 순서

검사 또는 변호인은 증거조사가 끝난 후에 순차로 피고인에게 공소사실 및 정상에 관하여 필요한 사항을 신문할 수 있다. 다만 재판장은 필요하다고 인정하는 때에는 증거조사가 완료되기 전이라도 이를 허가할 수 있다(제296조의2제1항). '순차로'란 검사, 피고인의 순서대로라는 의미이다. 재판장은 필요하다고 인정하는 때에는 어느 때나 피고인을 신문할 수 있으며 신문순서도 변경할 수 있다(동조제2항·제3항, 제161조의2제3항). 합의부원은 재판장에게 알리고 신문할 수 있다(동조제3항, 제161조의2제5항).

(3) 신문의 방법

피고인신문을 하는 때에는 피고인은 증인석에 좌석한다(제275조제3항단서). 피고인의 당사자적 지위 및 증거방법으로서의 지위를 고려한 것이다. 재판장은 피고인이 어떤 재정인의 앞에서 충분한 진술을 할 수 없다고 인정한 때에는 그 재정인을 퇴정하게 하고 진술하게 할 수 있다(규칙 제140조의3).

(4) 신뢰관계에 있는 자의 동석

재판장 또는 법관은 ① 피고인이 신체적 또는 정신적 장애로 사물을 변별하거나 의사를 결정·전달할 능력이 미약한 경우, ② 피고인의 연령·성별·국적 등의 사정을 고려하여 그 심리적 안정의 도모와 원활한 의사소통을 위하여 필요한 경우의 어느 하나에 해당하는 때에는 직권 또는 피고인·법정대리인·검사의 신청에 따라 피고인과 신뢰관계에 있는 사람을 동석하게 할 수 있다(제276조의2제1항). 피고인과 동석할 수 있는 신뢰관계에 있는 자란 피고인의 배우자, 직계친족, 형제자매, 가족, 동거인, 고용주 그 밖에 피고인의 심리적 안정과 원활한 의사소통에 도움을 줄 수 있는 자를 말한다(규칙 제126조의2제1항).

3. 최후진술

최후진술(혹은 최종변론)은 검사의 의견진술, 피고인과 변호인의 의견진술의 순서로 진행된다. 재판장은 필요하다고 인정하는 경우 검사, 피고인 또는 변호인의 본질적인 권리를 해치지 않는 범위 내에서 의견진술의 시간을 제한할 수 있다(제145조).

(1) 검사의 의견진술

증거조사와 피고인신문이 종료한 때에는 검사는 사실과 법률적용에 관하여 의견을 진술하여야 한다. 다만 검사의 출석 없이 개정한 경우에는 공소장의 기재사항에 의하여 검사의 의견진술이 있는 것으로 본다(제302조). 검사가 이 절차에서 양형에 관한 의견진술을 하지 않았다 하더라도 위법하지 않으며, 한편 법원은 검사의 양형에 관한 의견진술에 구속되지 않는다(대판 2001. 11. 30. 2001도5225). 따라서 법원은 검사의 구형보다 낮은 형뿐만 아니라 높은 형도 선고할 수 있다(대판 1984. 4. 24. 83도1789).

(2) 피고인과 변호인의 의견진술

재판장은 검사의 의견을 들은 후 피고인과 변호인에게 최후의 의견을 진술할 기회를 주어야 한다(제303조). 최후의견진술은 피고인과 변호인의 소송법상의 권리이므로 피고인과 변호인 모두에게 그 기회를 주어야 한다. 다만 피고인과 변호인 모두에게 그 기회를 주면 되고 현실적으로 의견진술을 하여야 하는 것은 아니다. 피고인과 변호인에게 최후의견진술의 기회를 주지 않은 채 심리를 마치고 선고한 판결은 위법하여 상소이유가 된다(대판 1975. 11. 11. 75도1010).

검사의 의견진술과 피고인과 변호인의 최후진술이 있으면 사실심리가 끝나게 된다. 그러나 이 경우에도 법원은 필요하다고 인정한 때에는 직권 또는 검사, 피고인이나 변호인의 신청에 의하여 결정으로 종결한 변론을 재개할 수 있다(제305조). 변론이 재개되면 당사자의 최후진술 이전의 절차로 돌아가게 된다.

Ⅲ. 판결의 선고

1. 즉일선고의 원칙

판결의 선고는 변론을 종결한 기일에 하여야 한다(즉일선고원칙). 다만 특별한 사정이 있는 때에는 따로 선고기일을 지정할 수 있다(제318조의4제1항). 따로 선고기일을 정하는 경우에도 변론종결 후 14일 이내로 지정되어야 한다(동조제3항).

2. 판결선고의 방식

판결의 선고는 공판정에서는 재판서에 의하여야 한다(제42조). 다만 변론을 종결한 기일에 판결을 선고하는 경우에는 판결의 선고 후에 판결서를 작성할 수 있다(제318조의4제2항). 판결의 선고는 재판장이 하고 판결을 선고할 때는 주문을 낭독하고 이유의 요지를 설명하여야 한다(제43조). 판결이유의 요지는 말이나 판결서 등본 혹은 초본의 교부 등 적절한 방법으로 설명한다(규칙 제147조 제1항). 형을 선고하는 경우에는 재판장은 피고인에게 상소할 기간 및 법원을 고지하여야 한다(제324조).

3. 피고인의 출석

판결선고기일도 공판기일의 한 내용을 이루므로 원칙적으로 피고인의 출석을 요한다. 다만 피고인이 진술하지 않거나 재판장의 허가 없이 퇴정하거나 재판장의 질서유지를 위한 퇴정명령을 받은 때에는 피고인의 진술 없이 판결할 수 있다(제330조). 변호인은 필요적 변호사건이라도 판결선고기일에 출석을 요하지 않고(제282조단서), 검사도 판결선고기일에 출석을 요하지 않는다(제278조).

제 4 절 증거조사

I. 의 의

증거조사는 법원이 피고사건의 사실 인정과 형량을 정하기 위한 심증을 형성하기 위하여 인정되는 법원의 소송행위를 말한다(좁은 의미). 넓은 의미의 증거조사는 이 외에도 증거조사와 관련된 소송행위인 당사자의 증거신청, 법원의 증거결정, 당사자의 이의신청 등을 포함한다. 증거조사의 주체는 법원이다.

증거조사는 공판기일에서 법원이 직접 행하는 것이 원칙이나 예외적으로 공판기일 외에서의 증거조사도 허용된다. 공판기일 외에서의 증거조사의 예로 법정 외에서의 증인신문(제165조), 수명법관이나 수탁판사에 의한 증인신문(제167조), 공판기일 전의 증거조사(제273조) 등이 있다.

Ⅱ. ▸▸ 증거조사의 절차

1. 증거조사의 신청

(1) 의 의

증거조사의 신청이란 당사자가 법원에 대하여 특정한 증거의 조사를 행할 것을 요구하는 소송행위이다. 이를 증거신청이라고도 한다.

(2) 증거조사의 신청권자

검사, 피고인 또는 변호인은 서류나 물건을 증거로 제출할 수 있고, 증인·감정인·통역인 또는 번역인의 신문을 신청할 수 있다(제294조제1항). 증거조사는 당사자의 신청을 기다려 행하는 것이 원칙이나 법원이 직권으로 증거조사를 할 수도 있다(제295조후단).

(3) 신청의 시기와 순서

증거조사의 신청시기에 대하여는 제한이 없다. 그러나 원칙적으로는 재판장의 쟁점정리 등의 절차가 끝난 뒤에 신청하도록 하고 있다(제297조). 만약 당사자가 고의로 증거를 늦게 신청함으로써 공판의 완결을 지연하는 것으로 인정할 때에는 법원은 직권 또는 상대방의 신청에 따라 결정으로 이를 각하할 수 있다(제294조제2항).

법원은 검사가 신청한 증거를 조사한 후 피고인 또는 변호인이 신청한 증거를 조사한다(제291조의2제1항). 그러므로 증거신청은 검사가 먼저 한 후에 피고인 또는 변호인이 신청한다(규칙 제133조). 공소사실에 대하여 검사가 입증책임을 지기 때문이다. 법원은 당사자가 신청한 증거조사가 끝난 후 직권으로 결정한 증거를 조사한다(제291조의2제2항). 한편 법원은 직권 또는 검사, 피고인·변호인의 신청에 따라 증거조사의 순서를 변경할 수 있다(동조제3항).

(4) 신청의 방법

가. 증거신청 일반 증거의 신청은 서면 또는 구술로 할 수 있다(제176조제1

항). 검사·피고인 또는 변호인은 특별한 사정이 없는 한 필요한 증거를 일괄하여 신청하여야 한다(규칙 제132조). 일괄신청주의는 당사자에게 공격·방어의 대상을 명확히 하고 법원의 효율적인 심리절차의 진행을 위한 것이다. 검사, 피고인 또는 변호인이 증거신청을 함에 있어서는 그 증거와 증명하고자 하는 사실과의 관계, 즉 입증취지를 구체적으로 명시하여야 한다(규칙 제132조의2제1항).

증거로 신청할 서류나 물건은 이를 특정하여 개별적으로 신청하여야 한다. 따라서 서류나 물건의 일부에 대한 증거신청을 할 때에는 증거로 할 부분을 특정하여 명시하여야 하며(동조제3항), 증거로 신청할 서류나 물건이 수사기록의 일부인 때에는 검사는 이를 특정하여 개별적으로 제출하는 방법으로 신청하여야 한다(규칙 제132조의3제1항).

나. 영상녹화물의 조사신청

(가) 피고인이 아닌 피의자의 진술에 대한 영상녹화물 검사는 피고인이 아닌 피의자(이하 '피의자')의 진술을 영상녹화한 사건에서 피의자가 그 조서기재내용이 자신의 진술 내용과 다르게 기재되어 있다고 주장하는 경우 그 부분의 성립의 진정을 증명하기 위하여 영상녹화물의 조사를 신청할 수 있다(규칙 제134조의2제1항). 영상녹화물은 조사가 개시된 시점부터 조사가 종료되어 피의자가 조서에 기명날인 또는 서명을 마치는 시점까지 전과정이 영상녹화된 것으로, ① 피의자신문이 영상녹화되고 있다는 취지 고지, ② 영상녹화를 시작하고 마친 시각 및 장소 고지, ③ 신문하는 검사와 참여자의 성명과 직급 고지, ④ 진술거부권·변호인 참여를 요청할 수 있다는 점 등의 고지, ⑤ 조사 중단·재개시 중단이유와 중단시각, 중단 후 재개시각, ⑥ 조사 종료시각이 포함되어야 한다(동조제3항).

(나) 제3자의 진술에 대한 영상녹화물 검사는 피의자 아닌 자(이하 '제3자')가 공판준비 또는 공판기일에서 조서가 자신이 검사 또는 사법경찰관 앞에서 진술한 내용과 다르게 기재되어 있다고 주장하는 경우 그 부분의 성립의 진정을 증명하기 위하여 영상녹화물의 조사를 신청할 수 있다(규칙 제134조의3제1항). 이 경우 제3자가 영상녹화에 동의하였다는 취지로 기재하고 기명날인이나 서명한 서면을 첨부하여야 한다(동조제2항). 피의자진술의 영상녹화물에 관한 제134조의2제3항은 제4호를 제외한 각 호, 동조 제4항·제5항은 검사가 제3자

에 대한 영상녹화물의 조사를 신청하는 경우에 준용한다(동조제3항).

2. 법원의 증거결정

(1) 의의 및 성격

당사자의 증거신청에 대하여 법원은 증거조사 대상으로서의 그 채택 여부에 대한 결정을 하여야 하는데(제295조전단), 이를 증거결정이라고 한다. 이는 법원의 재량행위이다(대판 2010. 1. 14. 2009도9963 등).

(2) 증거결정의 절차

법원은 증거결정을 함에 있어서 필요하다고 인정할 때에는 그 증거에 대한 검사, 피고인 또는 변호인의 의견을 들을 수 있다(임의적 의견진술, 규칙 제134조제1항). 법원은 서류 또는 물건이 증거로 제출된 경우에는 제출한 자가 상대방에게 제시케 하여 상대방이 그 증거능력 유무에 관한 의견을 진술하게 하여야 한다(필요적 의견진술, 동조제2항본문). 법원은 검사가 영상녹화물의 조사를 신청한 경우 피고인이나 변호인에게 영상녹화물이 적법한 절차와 방식에 따라 작성되어 봉인된 것인지 여부에 관한 의견을 진술하게 해야 한다(규칙 제134조의4제1항). 증거능력이 있어야 사실인정의 자료로 사용될 수 있을 뿐만 아니라 향후 증거조사의 방향을 설정하는 데도 필요하기 때문이다. 다만 간이공판절차의 결정에 의하여 증거의 동의가 있는 것으로 간주되는 때에는 그렇지 않다(동조제2항단서).

(3) 증거기각의 결정

증거신청의 방법(규칙 제132조의2제5항, 제132조의3제2항)에 위반한 신청은 기각할 수 있다. 증거능력이 없는 증거에 대한 증거신청에 대하여도 기각결정을 하여야 한다. 예를 들어 영장에 의하지 않고 강제로 압수한 증거물이 그것이다. 또한 증거능력이 있더라도 요증사실과의 관계에서 볼 때 증거조사를 할 가치가 없는 경우에는 증거신청을 기각할 수 있다. 예를 들어 공지의 사실이나 사건과 무관한 증거 등이 그것이다.

증거신청기각결정은 '판결 전의 소송절차에 관한 결정'에 해당하므로 항고가 허용되지 않는다(제403조제1항). 다만 이의신청이나(제296조제1항) 상소로써(제361조의5제14호, 제383조제4호) 불복할 수 있을 뿐이다(대판 1990. 6. 8. 90도646).

3. 증거조사의 실시

형사소송법은 증거조사에 대하여 서류와 물건(제291조, 제292조, 제292조의2~3), 검증(제139조~제145조), 증인신문(제146조~제168조), 감정(제169조~제179조의2), 통역과 번역(제180조~제183조)을 규정하고 있다. 이 중 공판절차에서의 증거조사에 관한 것은 서류와 물건에 대하여만 규정하고 있고, 나머지는 제1편 총칙 부분에서 규정하고 있는데 이들은 수사절차에도 준용되기 때문이다. 구체적인 증거조사의 방식에 대하여는 항목을 바꾸어 서술하기로 한다.

4. 증거조사 후의 절차

(1) 증거조사결과에 대한 피고인의 의견진술

재판장은 피고인에게 각 증거조사의 결과에 대한 의견을 물어야 하며(제293조전단), 필요한 증거조사를 신청할 수 있음을 고지하여야 한다(제293조). 이는 피고인에게 공판기일에 행하여진 증거조사의 결과에 대한 의견진술의 기회를 보장하기 위한 것이다.

(2) 증거조사신청권의 고지

재판장은 피고인에게 권리를 보호하는 데 필요한 증거조사를 신청할 수 있음을 고지하여야 한다(제293조후단). 이는 재판장이 각 증거조사가 끝난 후 피고인에게 다른 증거조사를 신청할 수 있음을 고지케 하여 피고인의 증거조사신청권(제294조)을 절차적으로 보장하기 위한 것이다.

5. 증거조사에 대한 이의신청

(1) 의 의

검사, 피고인 또는 변호인은 증거조사에 관하여 이의신청을 할 수 있다(제296조제1항). 이는 증거조사 과정상의 잘못을 즉시 시정하여 공정하고 신속한 소송의 진행을 기하는 데 그 입법취지가 있다.

(2) 이의신청의 사유와 방식

이의신청은 법령의 위반이 있거나 상당하지 않음을 이유로 하여 할 수 있다. 다만 재판장의 증거결정에 대한 이의신청은 법령의 위반이 있는 경우에만 인정된다(규칙 제135조의2). 이의신청은 서면뿐만 아니라 공판정에서는 구술로도 할 수 있다(규칙 제176조제1항).

(3) 이의신청에 대한 결정

이의신청에 대한 결정은 이의신청이 있은 후 즉시 하여야 한다(규칙 제138조).

가. 기각결정 　시기에 늦은 이의신청, 소송지연을 목적으로 하는 것이 명백한 이의신청, 이유 없다고 인정되는 이의신청은 결정으로 이를 기각하여야 한다. 다만 시기에 늦은 이의신청이 중요한 사항을 대상으로 하고 있는 경우에는 이것만을 이유로 하여 기각하여서는 안 된다(규칙 제139조제1항·제2항).

나. 인용결정 　이의신청이 이유 있다고 인정되는 경우에는 결정으로 이의신청의 대상이 된 행위, 처분 또는 결정을 중지, 철회, 취소, 변경하는 등 이에 상응하는 조치를 취하여야 한다(동조제3항).

다. 증거배제결정 　증거조사를 마친 증거가 증거능력이 없음을 이유로 한 이의신청을 이유 있다고 인정할 때에는 그 증거의 전부 또는 일부를 배제한다는 취지의 결정을 하여야 한다(동조제4항).

Ⅲ. ▸▸ 서류와 물건 등에 대한 증거조사

1. 증거조사 방식의 일반원칙

소송관계인이 증거로 제출한 서류나 물건, 공무소 등의 조회서류, 공판기일 전의 증거조사절차에 의하여 법원이 작성한 신문조서·검증조서·감정서·번역서 등은 검사, 변호인 또는 피고인이 공판정에서 개별적으로 지시설명하여 조사하여야 한다(제291조제1항). 개별적 지시설명은 서류 및 물건 등에 대한 증거조사 방식의 일반원칙으로 증거조사의 대상을 명확히 하기 위한 것이다.

2. 증거서류의 조사방식

검사, 피고인 또는 변호인의 신청에 따라 증거서류를 조사하는 때에는 신청인이 이를 낭독하여야 한다(제292조제1항). 법원이 직권으로 증거서류를 조사하는 때에는 소지인 또는 재판장이 낭독하여야 하며 재판장은 필요하다고 인정하는 때에는 그 내용을 고지하는 방법으로 조사할 수 있다(동조제2항·제3항). 내용고지는 그 요지를 고지하는 방법으로 한다(규칙 제134조의6제1항). 재판장은 법원사무관 등에게 낭독이나 고지를 하게 할 수 있으며(동조제4항), 낭독에 갈음하여 그 요지를 진술하게 할 수 있다(규칙 제134조의6제2항). 한편 재판장은 열람이 다른 방법보다 적절하다고 인정하는 때에는 증거서류를 제시하여 열람하게 하는 방법으로 조사할 수 있다(동조제5항). 제시는 물건에 대한 증거조사의 방식이지만 열람의 필요에서 증거서류에 대하여도 제시케 하는 것이다.

3. 증거물의 조사방식

검사, 피고인 또는 변호인의 신청에 따라 증거물을 조사하는 때에는 신청인이 이를 제시하여야 한다(제292조의2제1항). 법원이 직권으로 증거물을 조사하는 때에는 소지인 또는 재판장이 제시하여야 한다(동조제2항). 재판장은 법원사무관 등에게 증거물을 제시하게 할 수 있다(동조제3항).

증거물의 한 종류로서 '증거물인 서면'이 있다. 위조문서, 음란문서 등이 그 예이다. 이는 원래 증거물이지만 증거서류로서의 성격도 가지고 있다. 따라서 증거조사의 방식에 있어서도 증거물의 조사방식인 제시와 증거서류의 조사방식인 낭독 또는 내용의 고지 및 제시·열람케 하는 절차를 병행하게 된다.

4. 특수매체 등의 조사방식

(1) 영상녹화물의 조사방식

법원은 공판준비 또는 공판기일에서 봉인(封印)을 해체하고 영상녹화물의 전부 또는 일부를 재생하는 방법으로 조사하여야 한다. 이 때 영상녹화물은 그 재생과 조사에 필요한 전자적 설비를 갖춘 법정 외의 장소에서 재생할 수 있다

(규칙 제134조의4제3항). 피고인 또는 피고인 아닌 자의 진술에 대한 기억의 환기를 위한 영상녹화물의 재생은 검사의 신청이 있는 경우에 한하고, 기억의 환기가 필요한 피고인 또는 피고인 아닌 자에게만 이를 재생하여 시청하게 하여야 한다(규칙 제134조의5제1항). 영상녹화물의 재생화면에는 녹화 당시의 날짜와 시간이 실시간으로 표시되어야 한다(규칙 제134조의2제5항).

(2) 컴퓨터디스크(CD) 등에 기억된 문자정보 등에 대한 조사방식

컴퓨터디스크 등(컴퓨터용 디스크 및 이와 비슷한 정보저장매체)에 기억된 문자정보를 증거자료로 하는 경우에는 읽을 수 있도록 출력하여 인증한 등본을 낼 수 있다(규칙 제134조의7제1항). 컴퓨터디스크 등에 기억된 정보가 도면·사진 등인 경우에도 마찬가지이다(동조제3항). 컴퓨터디스크 등의 특성을 고려하여 그 내용을 출력한 문서를 내게 함으로써 증거조사의 편의를 기하기 위한 것이다.

(3) 음성·영상자료 등에 대한 조사방식

녹음·녹화테이프, 컴퓨터용 디스크, 그 밖에 이와 비슷한 방법으로 음성이나 영상을 녹음 또는 녹화하여 재생할 수 있는 매체('녹음·녹화매체 등')에 대한 증거조사는 이를 재생하여 청취 또는 시청하는 방법으로 한다(규칙 제134조의8제3항). 위 규칙 제134조의7이 문자정보에 대한 것이라면 제134조의8은 녹음·녹화된 음성이나 영상자료 등에 대한 증거조사의 방식이다. 다만 증거능력은 둘 다 제313조제1항·제2항의 적용대상이므로 동일한 요건 아래 가려진다.

(4) 도면·사진 등의 조사방식

도면·사진 그 밖에 정보를 담기 위하여 만들어진 물건으로서 문서가 아닌 증거의 조사에 관하여는 특별한 규정이 없으면 증거서류 및 증거물의 조사방식을 준용한다(규칙 제134조의9). 사진의 경우 증거물의 사본인 사진은 제시의 방법에 의하며(제292조의2제1항), 서류의 사본인 사진은 낭독이 원칙이나 내용의 고지 및 제시하여 열람케 하는 방법에 의한다(제292조). 진술의 일부인 사진은 그 진술증거와 일체적으로 증거조사를 실시한다. 현장사진은 비진술증거이므로 증거물의 경우와 같이 제시의 방법에 의한다(규칙 제134조의9; 제292조의2제1항).

IV. 증인신문

1. 의 의

증인신문이란 법원 또는 법관이 증인으로부터 그 경험(목격, 청취 등)한 사실에 대한 진술을 듣는 증거조사를 말한다. 증인은 법원 또는 법관에 대하여 자신이 경험한 사실을 진술하는 제3자로서 수사절차에서의 참고인과 유사하나 출석 및 증언의무가 강제된다는 점에서 다르다. 증인신문은 법원 또는 법관의 앞에서 행하여지므로 증언뿐만 아니라 그 진술태도까지도 심증형성에 영향을 미칠 수 있다는 점에서 증거조사방법으로서 매우 중요한 의의를 지닌다.

2. 증인적격

(1) 의 의

증인적격이란 증인이 될 수 있는 적합한 자격을 말한다. 법원은 법률에 다른 규정이 없으면 누구든지 증인으로 신문할 수 있다고 함으로써(제146조) 누구나 증인적격이 인정된다. 다만 예외적으로 공익의 필요나 증인 개념에 비추어 증인적격이 제한되는 경우가 있다. 이 경우에도 법률의 규정에 의한 경우를 제외하고는 주로 소송주체의 증인적격성이 문제된다.

(2) 공무원

공무원 또는 공무원이었던 자가 그 직무에 관하여 알게 된 사실에 관하여 본인 또는 해당 공무소가 직무상 비밀에 속한 사항임을 신고한 때에는 그 소속공무소 또는 감독관공서의 승낙 없이는 증인으로 신문하지 못한다(제147조제1항). 다만 그 소속공무소 또는 해당 감독관공서는 국가의 중대한 이익을 해치는 경우를 제외하고는 승낙을 거부하지 못한다(동조제2항). 이를 증언의무가 있는 증인이 증언을 거부할 수 있는 증언거부권과 구별하여 증인거부권이라고 한다.

(3) 법 관

해당 사건을 맡고 있는 법관은 증인이 될 수 없다. 만약 법관이 사건에 관하여 증인이 된 때에는 제척사유로 되어 직무집행에서 당연히 배제된다(제17조 제4호). 법원사무관 등도 법관과 마찬가지이다(제25조).

(4) 검 사

검사의 증인적격성 여부에 대하여는 명문의 규정이 없다는 이유 등으로 이를 인정하자는 견해도 있다. 그러나 검사는 해당 사건의 공판에 관여하고 있는 소송의 당사자이므로 제3자로서의 증인 개념에 적합하지 않다(다수설).

(5) 변호인

변호인에 대하여도 검사와 마찬가지로 견해의 대립이 있다. 변호인은 피고인의 보호자로서 사실상 피고인과 일체적 관계에 있다고 보아야 하므로 증인적격을 인정하기 어렵다. 설령 증인적격을 인정하더라도 업무상 비밀에 대한 증언거부권이 인정되므로(제149조) 피고인에게 유리한 증언만 드러날 수 있는 불합리가 있다.

(6) 피고인 및 공동피고인

가. 피고인 피고인은 소송의 당사자이므로 검사와 마찬가지로 증인지위에 적합하지 않다. 헌법상의 진술거부권과의 관계에서도 인정될 수 없다.

나. 공동피고인 공동피고인은 공범인가의 여부에 따라 다르다. 공범인 공동피고인은 증인적격이 없으나(대판 2008.6.26.2008도3300), 공범 아닌 공동피고인은 자기의 피고사건과 실질적 관련성이 없으므로 증인적격이 인정된다(대판 1982.9.14. 82도1000). 따라서 공범인 공동피고인은 변론을 분리하여 피고인의 지위에서 벗어나야 증인적격이 있다.

3. 증인의 의무와 권리

(1) 증인의 의무

가. 출석의무

(가) 의 의 증인은 법원의 소환에 응하여 출석할 의무가 있다. 출석의무는 공판기일에 소환받은 증인뿐만 아니라 공판기일 전의 증거조사(제273조), 증거보전절차(제184조), 수사상의 증인신문(제221조의2)에 소환받은 증인도 출석

의무가 있다. 증인(證人)거부권자(제147조)는 출석의무가 없으나 증언(證言)거부권자(제148조, 제149조)는 출석 자체를 거부할 수는 없다.

(나) 증인의 소환 법원은 소환장의 송달, 전화, 전자우편, 모사전송, 휴대전화 문자전송 그 밖의 상당한 방법으로 증인을 소환한다(제150조의2제1항; 규칙 제67조의2제1항). 다만 증인이 법원의 구내에 있는 때에는 소환하지 않고 신문할 수 있다(제154조). 증인의 소환에 대하여는 피고인의 소환에 관한 규정이 준용된다(제153조; 규칙 제73조~제75조). 증인이 출석요구를 받고 기일에 출석할 수 없을 때에는 법원에 바로 그 사유를 밝혀 신고하여야 한다(규칙 제68조의2).

(다) 증인의 동행명령 법원은 필요한 때에는 결정으로 지정한 장소에 증인의 동행을 명할 수 있다(제166조제1항). 이는 법원(조직법상 의미)에서 신문할 예정으로 소환하였다가 재판부가 법원 밖에서 신문하기로 한 경우에 활용된다.

(라) 출석의무위반에 대한 제재 법원은 소환장을 송달받은 증인이 정당한 사유 없이 출석하지 않은 때에는 결정으로 해당 불출석으로 인한 소송비용을 증인이 부담하도록 명하고, 500만원 이하의 과태료를 부과할 수 있다(제151조제1항).

법원은 증인이 과태료 재판을 받고도 정당한 사유 없이 다시 출석하지 않은 때에는 결정으로 7일 이내의 감치에 처한다(동조제2항). 법원은 감치재판기일에 증인을 소환하여 불출석에 따른 정당한 사유가 있는지의 여부를 심리하고(동조제3항), 정당한 사유가 없는 경우에는 교도소·구치소 또는 경찰서유치장에 유치하여 집행한다(동조제4항). 증인에 대한 법원의 과태료 및 감치재판의 결정에 대하여는 즉시항고를 할 수 있으나 집행정지의 효력은 인정되지 않는다(동조제8항). 감치재판절차 개시 후 결정 전에 그 증인이 증언을 하면 법원은 불처벌결정을 해야 한다. 감치재판개시결정과 불처벌결정에 대하여는 불복할 수 없다(규칙 제68조의4제2항·제3항). 정당한 사유 없이 소환에 응하지 않거나 동행에 응하지 않는 증인은 구인할 수 있다(제152조, 제166조제2항).

나. 선서의무

(가) 선서의 의의 증인에게는 법률에 다른 규정(제159조, 선서무능력자)이 있는 경우를 제외하고는 신문 전에 선서하게 하여야 한다(제156조). 선서란 증인 또는 감정인이 법원에 대하여 위증의 벌을 담보로 진실을 말할 것을 맹세하

는 것을 말한다. 선서능력 있는 증인이 선서 없이 증언한 때에는 그 증언은 증거능력이 없다(대판 1982. 9. 14. 82도1000 등).

(나) 선서무능력자 증인이 16세 미만의 자이거나 선서의 취지를 이해하지 못하는 자인 때에는 선서 없이 신문하여야 한다(제159조). 이를 선서무능력자라고 한다. 선서무능력자가 한 선서는 효력이 없으며 허위증언을 한 경우에도 선서가 없으므로 위증죄의 처벌을 받지 않는다.

(다) 선서의 방법 선서는 증인신문 이전에 하여야 한다(제156조). 재판장은 선서할 증인에 대하여 선서 전에 위증의 벌을 경고하여야 한다(제158조). 선서는 선서서에 따라 하는데(제157조제1항), 선서서에는 "양심에 따라 숨김과 보탬이 없이 사실 그대로 말하고 만일 거짓말이 있으면 위증의 벌을 받기로 맹세합니다"라고 기재하여야 한다(동조제2항). 재판장은 증인에게 선서서를 낭독하고 기명날인 또는 서명하게 하여야 한다. 다만 증인이 선서서를 낭독하지 못하거나 서명을 하지 못하는 경우에는 참여한 법원사무관 등이 이를 대신 행한다(동조제3항). 선서는 일어서서 엄숙하게 행한다(동조제4항).

(라) 선서의무위반에 대한 제재 증인이 정당한 이유 없이 선서를 거부한 때에는 결정으로 50만원 이하의 과태료에 처할 수 있다(제161조제1항). 이에 대하여는 즉시항고를 할 수 있다(동조제2항).

다. 증언의무 증인은 신문받은 사항에 대하여 증언할 의무가 있다. 증언의무는 증인에게 증언능력이 있음을 전제로 한다. 증언능력이란 증인이 경험한 사실을 진술하고 표현할 수 있는 정신적 능력을 말한다. 증언능력은 선서능력과 반드시 일치하는 것은 아니다. 증언능력이 없으면 선서능력의 문제도 생기지 않는다. 경험사실을 진술할 정신적 능력이 없으면 비록 증인적격이 있다고 하더라도 그 증언을 증거로 할 수 없기 때문이다. 반면에 증언능력이 있어도 선서능력이 없는 경우가 있다. 예를 들어 14세 된 자는 증언능력은 있으나 선서능력이 없는 경우에 해당한다.

선서 유무는 위증죄의 성립 여부에 관한 것이다. 선서능력이 없는 경우에도 증언능력이 있으면 선서 없이 증언할 수 있고 그 증언은 증거능력이 있다. 판례는 비교적 단순한 성폭행사건에서 3~4세가량의 피해자인 유아의 증언능력을 거의 일관되게 인정하고 있다(대판 2006. 4. 14. 2005도9561 등).

증인이 정당한 이유 없이 증언을 거부한 때에는 결정으로 50만원 이하의 과태료에 처할 수 있다(제161조제1항). 이에 대하여는 즉시항고를 할 수 있다(동조제2항).

(2) 증인의 권리

가. 증언거부권

(가) 의 의 　증언거부권이란 증언의무가 있는 증인이 일정한 사유를 근거로 하여 증언을 거부할 수 있는 권리를 말한다.

(나) 증언거부의 사유

① 자기 또는 근친자의 형사책임과 증언거부권 　누구든지 자기, 친족이거나 친족이었던 사람, 법정대리인, 후견감독인의 어느 하나에 해당하는 자가 형사소추 또는 공소제기를 당하거나 유죄판결을 받을 사실이 드러날 염려가 있는 증언을 거부할 수 있다(제148조).

② 업무상 비밀과 증언거부권 　변호사, 변리사, 공증인, 공인회계사, 세무사, 대서업자, 의사, 한의사, 치과의사, 약사, 약종상, 조산사, 간호사, 종교의 직에 있는 자 또는 이러한 직에 있던 자가 그 업무상 위탁을 받은 관계로 알게 된 사실로서 타인의 비밀에 관한 것은 증언을 거부할 수 있다. 다만 본인의 승낙이 있거나 중대한 공익상 필요 있는 때에는 예외로 한다(제149조). 이 규정은 형사소송의 목적인 실체적 진실 발견의 요청을 희생하면서 직업윤리 및 개인의 사생활 보호를 꾀하는 것이므로 제한적 열거의 성격으로 이해하여야 한다(통설).

(다) 증언거부권의 고지 　증인이 증언거부권자에 해당하는 경우에는 재판장은 신문 전에 증언을 거부할 수 있음을 설명하여야 한다(제160조). 증언거부권 고지제도는 증인의 증언거부권을 보장하기 위한 제도적 장치이다. 판례는 증언거부권을 고지하지 않은 경우라도 증인이 선서하고 증언한 이상 그 증언의 효력에는 영향이 없다는 태도를 취해 왔다(대판 1957. 3. 8. 4290형상23). 이후 증언거부사유가 있음에도 증언거부권을 고지받지 못함으로 인하여 그 증언거부권을 행사하는 데 사실상 장애가 초래되었다고 볼 수 있는 경우에는 위증죄가 성립하지 않는다고 함으로써 해당 사건에서 증인이 처한 상황 등을 종합적으로 고려하고 있다(대판 2010. 1. 21. 2008도942(전원합의체)).

(라) 증언거부권의 행사와 포기 증언거부권은 증인의 권리이므로 증언거부권이 있는 경우에도 이를 거부할 것인가의 여부는 증인의 자유이다. 다만 증언을 거부하는 자는 거부사유를 소명하여야 한다(제150조).

나. 비용청구권 소환받은 증인은 「형사소송비용 등에 관한 법률」이 정하는 바에 따라 여비, 일당과 숙박료를 청구할 수 있다. 다만 정당한 사유 없이 선서 또는 증언을 거부한 자는 예외로 한다(동법 제168조).

다. 신변보호청구권 특정강력범죄사건의 증인은 피고인 또는 그 밖의 사람으로부터 생명·신체에 해를 입거나 입을 염려가 있다고 인정될 때에는 검사에게 신변안전을 위하여 필요한 조치를 할 것을 청구할 수 있다(특정강력범죄법 제7조제1항). 성폭력범죄의 증인에 있어서도 마찬가지이다(성폭력처벌법 제22조).

라. 증인신문조서의 열람·등사권 증인은 자신에 대한 증인신문조서 및 그 일부로 인용된 속기록, 녹음물, 영상녹화물 또는 녹취서의 열람, 등사 또는 사본을 청구할 수 있다(규칙 제84조의2).

4. 증인신문의 절차 및 방법

(1) 증인신문의 준비절차

가. 신문사항의 제출명령 재판장은 피해자·증인의 인적사항 공개나 누설방지 및 안전을 위하여 필요하다고 인정할 때에는 증인신문을 청구한 자에 대하여 사전에 신문사항을 기재한 서면의 제출을 명할 수 있다(규칙 제66조).

나. 당사자의 참여기회 보장 검사, 피고인 또는 변호인은 증인신문에 참여할 수 있다(제163조제1항). 증인신문의 일시와 장소는 참여할 수 있는 자에게 미리 통지하여야 한다. 다만 참여하지 않는다는 의사를 명시한 때에는 예외로 한다(동조제2항). 당사자의 참여는 상대방이 신청한 증인의 증언에 대한 반대신문권을 행사하기 위한 전제로서 중요한 의미를 가지는데 특히 피고인의 참여는 방어권 행사를 위하여 중요하다. 검사, 피고인 또는 변호인이 증인신문에 참여하지 않을 경우에는 법원에 대하여 필요한 사항의 신문을 청구할 수 있다(제164조제1항). 피고인 또는 변호인의 참여 없이 증인을 신문한 경우에 피고인에게 예기치 않은 불리한 증언이 진술된 때에는 반드시 그 진술내용을 피고인 또는

변호인에게 알려 주어야 한다(동조제2항).

법원이 당사자에게 참여기회를 주지 않고 행한 증인신문은 위법한 것으로서 그 증언은 증거로 할 수 없다. 다만 판례는 이 경우에도 증인신문결과를 소송관계인에게 고지하였음에도 불구하고 당사자가 이의를 제기하지 않았다면 책문권의 포기로 그 하자가 치유된다고 한다(대판 1974. 1. 15. 73도2967).

(2) 증인신문의 실시

가. 인정신문 및 증언거부권의 고지 출석한 증인에 대하여 재판장은 주민등록증 등 신분증을 제시받거나 그 밖의 적당한 방법으로 증인임이 틀림없음을 확인하여야 한다(규칙 제71조). 재판장은 선서할 증인에 대하여 선서 전에 위증의 벌을 경고하여야 한다(제158조). 증인이 증언거부권자에 해당하는 경우에는 재판장은 신문 전에 증언을 거부할 수 있음을 설명하여야 한다(제160조). 이후 선서를 하게 하고 신문을 진행하게 된다(제156조).

나. 증인신문의 방식 증인신문은 각 증인에 대하여 개별적으로 신문하는 것이 원칙이나 필요한 경우 증인과 다른 증인 또는 피고인과 대질하여 신문하게 할 수 있다(제162조). 증인에 대하여는 ① 위협적·모욕적인 신문, ② 전의 신문과 중복된 신문, ③ 의견을 묻거나 의논에 해당하는 신문, ④ 증인이 직접 경험하지 않은 사항에 대한 신문을 해서는 안된다(규칙 제74조제2항).

증인신문은 상대방 당사자의 반대신문을 보장하기 위하여 구두로 하여야 하는 것이 원칙이다. 그러나 증인이 듣거나 말할 수 없는 때에는 서면에 의하여 묻고 답하게 할 수 있다(규칙 제73조).

다. 교호신문제도

(가) 교호신문제도의 의의 증인은 신청한 검사, 변호인 또는 피고인이 먼저 이를 신문하고(주신문) 다음에 다른 검사, 변호인 또는 피고인이 신문한다(반대신문). 재판장은 당사자의 신문이 끝난 뒤에 신문할 수 있다(제161조의2제1항·제2항). 이와 같이 '주신문→반대신문→재주신문→재반대신문 …' 등의 순서로 증인신문이 행하여지는 것을 교호(혹은 상호)신문제도라고 한다.

(나) 주신문 주신문(主訊問)이란 증인을 신청한 당사자가 하는 신문을 말한다. 이는 자신에게 유리한 증언을 얻으려는 데 그 목적이 있다. 주신문은

증명할 사항과 이에 관련된 사항에 관하여 한다(규칙 제75조제1항). 주신문에 있어서는 유도신문을 하여서는 안 된다(동조제2항본문). 주신문의 경우에는 대개 신문자와 증인이 우호적 관계에 있는 경우가 많으므로 증인이 신문자에게 영합한 진술을 할 가능성이 있기 때문이다.

그러나 증인과 피고인과의 관계, 증인의 경력, 교우관계 등 실질적인 신문에 앞서 미리 밝혀 둘 필요가 있는 준비적인 사항에 관한 신문의 경우나 검사, 피고인 및 변호인 사이에 다툼이 없는 명백한 사항에 관한 신문의 경우 등에 있어서는 유도신문이 허용된다(동조제2항단서 참조).

(다) 반대신문 반대신문(反對訊問)이란 주신문 후에 반대당사자가 하는 신문을 말한다. 반대신문은 주신문에 의한 증언의 모순점을 나타내 보이고 반대당사자에게 유리한 진술을 얻어 냄으로써 전체적으로 증인의 신용성에 의문을 제기하여 증명력을 떨어뜨리는 데 그 목적이 있다.

반대신문은 주신문에 나타난 사항과 이에 관련된 사항 및 증언의 증명력을 다투기 위하여 필요한 사항에 관하여 한다(규칙 제76조제1항, 제77조제1항). 반대신문의 기회에 주신문에 나타나지 않은 새로운 사항에 관하여 신문하고자 할 때에는 재판장의 허가를 받아야 한다(규칙 제76조제4항). 이 때의 신문은 그 사항에 관하여는 주신문으로 본다(규칙 제76조제5항). 반대신문에 있어서는 유도신문이 허용된다(동조제2항).

(라) 재주신문 및 추가신문 주신문을 한 검사, 피고인 또는 변호인은 반대신문이 끝난 후 반대신문에 나타난 사항과 이와 관련된 사항에 관하여 다시 신문할 수 있다(규칙 제78조제1항). 이를 재주신문(再主訊問)이라고 한다. 재주신문은 주신문의 예에 의한다(동조제2항). 재주신문의 기회에 반대신문에 나타나지 않은 새로운 사항에 관하여 신문하고자 할 때에는 재판장의 허가를 받아야 한다(규칙 제78조제3항, 제76조제4항). 검사, 피고인 또는 변호인은 재주신문이 끝난 후에도 재판장의 허가를 얻어 다시 신문을 할 수 있다(규칙 제79조). 이 규정은 소송의 원활한 진행을 위한 것으로 재반대신문부터 적용된다.

라. 교호신문제도의 수정 증인신문이 너무 당사자주의에 의존하면 당사자간의 협상에 의하여 실체진실이 왜곡될 수 있으며 지나친 교호신문으로 신속한 재판의 이념을 해칠 수 있다. 이에 실체진실의 발견과 효율적 소송 진행을 위

하여 직권주의에 의하여 어느 정도 수정을 가하고 있다. 즉 재판장은 필요하다고 인정하면 어느 때나 신문할 수 있으며(제161조의2제3항전단) 신문순서를 변경(증인신문순서변경권)할 수 있다(동조동항후단). 제161조의2제3항전단에 따라 재판장이 먼저 신문한 경우 그 후에 하는 검사, 피고인, 변호인의 신문에 관하여는 이를 신청한 자와 상대방의 구별에 따라 주신문과 반대신문의 교호신문 방식으로 진행된다(규칙 제80조제1항).

법원이 직권으로 신문할 증인이나 범죄로 인한 피해자의 신청에 의하여 신문할 증인의 신문방식은 재판장이 정하는 바에 의한다(동조제4항). 이 경우 재판장이 신문한 후 검사, 피고인 또는 변호인이 신문하는 때에는 반대신문의 예에 의한다(규칙 제81조). 한편 간이공판절차에서의 증인신문은 교호신문 방식에 의하지 않고 법원이 상당하다고 인정하는 방법으로 할 수 있다(제297조의2).

마. 서류 또는 물건 등의 이용

(가) 서류나 물건에 관한 신문　　서류나 물건의 성립, 동일성 등에 관한 증인신문을 할 때에는 서류 또는 물건을 제시할 수 있다(규칙 제82조제1항). 증거조사를 마치지 않은 서류나 물건은 먼저 상대방에게 열람기회를 주어야 한다(동조제2항).

(나) 기억의 환기가 필요한 경우　　증인의 기억이 명백하지 않은 사항에 관하여 기억을 환기시켜야 할 필요가 있을 때에는 재판장의 허가를 얻어 서류나 물건을 제시하면서 신문할 수 있다(규칙 제83조제1항). 이 경우 제시하는 서류의 내용이 증인의 진술에 부당한 영향을 미치지 않도록 하여야 한다(동조제2항). 증거조사를 마치지 않은 서류나 물건은 먼저 상대방에게 열람할 기회를 주어야 한다(동조제3항).

(다) 증언을 명확히 할 필요가 있는 경우　　증인의 진술을 명확히 할 필요가 있을 때에는 도면, 사진, 모형, 장치 등을 이용하여 신문할 수 있다(규칙 제84조제1항). 이 경우 제시하는 도면 등의 내용이 증인의 진술에 부당한 영향을 미치지 않도록 하여야 한다(동조제2항).

(3) 공판정 외의 신문

증인신문은 공판기일의 공판정에서 행하여지는 것이 원칙이나(제275조제1

항), 증인의 연령, 직업, 건강상태 기타의 사정을 고려하여 검사, 피고인 또는 변호인의 의견을 묻고 법정 외에 소환하거나 현재지에서 신문할 수 있다(제165조). 공판정 외의 증인신문이 행하여지는 경우로 법원이 합의부원(수명법관)에게 법정 외의 증인신문을 명하는 경우나 증인 현재지의 지방법원판사(수탁판사)에게 신문을 촉탁하거나(제167조제1항) 수탁판사가 증인이 관할구역 내에 현재하지 않아 현재지의 지방법원판사에게 전촉(轉囑)하는 경우(동조제2항) 등을 들 수 있다.

(4) 비디오 등 중계장치 및 가림 시설에 의한 증인신문

가. 의의 및 요건　　성폭력범죄 이외의 범죄피해자나 증인 등에 대하여도 피고인이나 방청인 앞에서 증언할 경우 정신적 압박과 고통을 받을 수 있는 점을 고려하여 비디오 등 중계장치에 의한 중계시설(이하 '중계시설') 등에 의한 증인신문방법에 의하도록 하고 있다. 즉 법원은 ① 아동복지법 제71조제1항제1호·제1호의2·제2호·제3호에 해당하는 죄의 피해자, ② 청소년성보호법 제7조, 제8조, 제11조~제15조 및 제17조제1항의 규정에 해당하는 죄의 대상이 되는 아동·청소년 또는 피해자, ③ 범죄의 성질, 증인의 나이, 심신의 상태, 피고인과의 관계, 그 밖의 사정으로 인하여 피고인 등과 대면하여 진술할 경우 심리적인 부담으로 정신의 평온을 현저하게 잃을 우려가 있다고 인정되는 사람의 어느 하나에 해당하는 자를 증인으로 신문하는 경우 상당하다고 인정하는 때에는 검사와 피고인 또는 변호인의 의견을 들어 중계시설을 통하여 신문하거나 가림 시설 등을 설치하고 신문할 수 있다(제165조의2제1항).

또한 증인이 멀리 떨어진 곳이나 교통이 불편한 곳에 살고 있거나 건강상태 그 밖의 사정으로 말미암아 법정에 직접 출석하기 어렵다고 인정하는 때에는 검사와 피고인 또는 변호인의 의견을 들어 중계시설을 통하여 신문할 수 있다(동조제2항).

나. 증신신문의 방법

(가) 비디오 등 중계장치에 의한 신문　　중계시설을 통하여 증인을 신문하는 경우 검사, 변호인을 중계시설에 출석케 하거나 인터넷 화상장치를 이용하여 지정된 인터넷주소에 접속하게 하고, 영상과 음향의 송수신에 의하여 법관, 검

사, 변호인이 상대방을 인식할 수 있는 방법으로 한다(규칙 제123조의13제1항). 중계시설은 법원 청사 안에 설치하되, 필요한 경우 법원 청사 밖에 설치할 수 있다(동조제2항). 신문절차에서 서류 등의 제시는 중계시설이나 인터넷 화상장치, 모사전송, 전자우편 등의 방법으로 할 수 있다(동조제4항). 통신불량, 소음, 서류 등 확인의 불편, 제3자 관여 우려 등의 사유로 증인신문 실시에 적당하지 않은 당사자의 경우 법원은 기일을 연기하거나 속행하여 당사자가 법정에 직접 출석하는 기일을 지정할 수 있다(동조제6항).

(나) 심리의 비공개 법원은 법 제165조에 따른 아동·청소년 또는 피해자 등에 대하여 중계시설 또는 가림 시설을 통하여 증인을 신문하는 경우 증인 보호를 위하여 필요한 때에는 결정으로 이를 공개하지 않을 수 있다(규칙 제84조의6제1항). 소환 받은 증인과 그 가족도 증인신문의 비공개를 신청할 수 있다(동조제2항).

(다) 신뢰관계에 있는 자의 동석 법원은 중계시설을 통하여 증인을 신문하는 경우 신뢰관계에 있는 사람을 동석하게 할 때에는 중계시설에 동석하게 한다(규칙 제84조의7제1항).

5. 범죄피해자의 진술권

(1) 의 의

법원은 범죄로 인한 피해자 또는 그 법정대리인(피해자가 사망한 경우에는 배우자·직계친족·형제자매를 포함하며, 이하 '피해자 등'이라 함)의 신청이 있는 때에는 ① 피해자 등이 이미 해당 사건에 관하여 공판절차에서 충분히 진술하여 다시 진술할 필요가 없다고 인정되는 경우, ② 피해자 등의 진술로 인하여 공판절차가 현저하게 지연될 우려가 있는 경우의 어느 하나에 해당하는 때를 제외하고는 그 피해자 등을 증인으로 신문하여야 한다(제294조의2제1항).

(2) 범죄피해자 진술권의 행사방법

가. 증인신문의 방법에 의하여 진술 범죄피해자의 진술은 증인신문의 절차에 의한다. 따라서 범죄피해자의 진술신청이 있을 때에는 법원은 이에 대한 증거결정을 하여야 한다(제295조). 범죄피해자에 대한 증인신문은 재판장이 정하

는 바에 따른다(제161조의2제4항). 따라서 법원은 증인신문의 일반원칙인 교호신문의 방법에 의할 필요가 없다.

법원은 피해자 등을 신문하는 경우 피해의 정도 및 결과, 피고인의 처벌에 관한 의견, 그 밖에 해당 사건에 관한 의견을 진술할 기회를 주어야 한다(제294조의2제2항). 이 경우 범죄사실의 인정에 해당하지 않는 사항에 관하여는 증인신문에 의하지 않고 의견을 진술하게 할 수 있다(규칙 제134조의10). 이 진술 및 진술을 대신한 서면은 범죄사실의 인정을 위한 증거로 할 수 없다(규칙 제134조의12).

나. 심리의 비공개 법원은 범죄피해자를 증인으로 신문하는 경우 해당 피해자·법정대리인 또는 검사의 신청에 따라 피해자의 사생활의 비밀 및 신변보호를 위하여 필요한 때에는 결정으로 심리를 공개하지 않을 수 있다(제294조의3제1항). 비공개 결정은 이유를 붙여 고지하고, 이 경우에도 적당하다고 인정되는 자의 재정(在廷)을 허가할 수 있다(동조제2항·제3항).

다. 신뢰관계에 있는 자의 동석 법원은 범죄피해자를 증인으로 신문하는 경우 그의 연령, 심신상태 등을 고려하여 증인이 현저하게 불안 또는 긴장을 느낄 우려가 있다고 인정되는 때에는 직권 또는 피해자·법정대리인·검사의 신청에 따라 피해자와 신뢰관계에 있는 사람을 동석하게 할 수 있다(제163조의2제1항). 법원은 범죄피해자가 13세 미만이거나 신체적·정신적 장애로 사물을 변별하거나 의사를 결정할 능력이 미약한 때에는 재판에 지장을 초래할 우려가 있는 등 부득이한 경우가 아닌 한 피해자와 신뢰관계에 있는 사람을 동석하게 하여야 한다(동조제2항). 피해자와 동석할 수 있는 신뢰관계에 있는 자는 피해자의 배우자, 직계친족, 형제자매, 가족, 동거인, 고용주, 변호사 그 밖에 피해자의 심리적 안정과 원활한 의사소통에 도움을 줄 수 있는 자를 말한다(규칙 제84조의3제1항).

(3) 범죄피해자 등의 공판기록 열람·복사권

소송계속 중인 사건의 피해자(피해자가 사망하거나 그 심신에 중대한 장애가 있는 경우에는 그 배우자·직계친족 및 형제자매를 포함), 피해자 본인의 법정대리인 또는 이들로부터 위임을 받은 피해자 본인의 배우자·직계친족·형제자매·변호사는 재판장에게 소송기록의 열람·복사를 신청할 수 있다(제294조의4제1항). 재판장은 열람·복사를 허가하는 경우 복사한 소송기록의 사용목적을 제한하거나 적당하다고 인정하는 조건을 붙일 수 있다(제294조의2제4항). 열람·복사의 허가 여부 및 그 허가시의 조건에 관한 재판에 대하여는 불복할 수 없다(동조제6항).

V. 검 증

1. 의 의

검증이란 법원 또는 법관이 사람, 장소 및 물건 등의 성질과 상태를 시각, 청각 등의 감각기관을 이용하여 인식하는 증거조사방법을 말한다. 예를 들어 문서위조사건에서 어떤 필기도구에 의하여 작성되었는가를 확인하는 것은 법관이 감각기관에 의하여 인식하는 것이므로 검증에 해당한다.

피고사건에 대한 검증은 원칙적으로 수소법원의 권한이다(제139조). 검증은 그 상대방에게 이에 응할 의무를 부과하고 강제성을 띤다는 점에서 강제처분의 성격을 가진다. 그러나 수사기관의 대물적 강제수사로서의 검증과는 달리 법원이 증거조사로써 행하는 검증은 영장발부의 주체인 법원이 직접 시행하므로 영장주의가 적용되지 않는다.

2. 검증의 절차

(1) 검증의 준비

가. 검증기일의 지정 검증기일의 지정에 대하여는 공판기일의 그것(제267조제1항)과 달리 명문의 규정은 없으나 이에 준하여 재판장이 지정권을 가진다. 다만 수명법관이나 수탁판사가 검증을 행하는 경우에는 그 법관 및 판사가 지정권을 가진다.

나. 참여권자 등에 대한 통지 검사, 피고인 또는 변호인은 검증에 참여할 권리를 가진다. 따라서 재판장은 당사자가 불참의사를 명시하거나 급속을 요하는 때를 제외하고는 검증의 일시와 장소를 통지하여야 한다(제145조, 제121조, 제122조). 공무소, 군사용의 항공기 또는 선박·차량 안에서 검증을 행할 때에는 그 책임자에게 참여할 것을 통지하여야 한다. 그 외의 타인의 주거, 간수

자 있는 가옥, 건조물, 항공기 또는 선박·차량 안에서 검증을 행한 때에는 주거주(住居主, 집주인), 간수자 또는 이에 준하는 자를 참여하게 하되 그렇지 못한 경우에는 이웃 사람 또는 지방공공단체의 직원을 참여하게 하여야 한다(제145조, 제122조).

참여권자에게 참여의 기회를 보장하지 않은 상태에서 한 검증의 결과는 위법하게 수집한 증거로서 증거로 할 수 없다.

다. 신체검사와 소환 사람의 신체도 검증의 대상이 되므로 신체검사도 검증의 일종이다. 법원은 신체를 검사하기 위하여 피고인 아닌 자를 법원 기타 지정한 장소에 소환할 수 있다(제142조). 피고인 아닌 자의 신체검사를 위한 소환에 관하여는 피고인의 소환에 관한 규정(제68조 등)이나 증인의 소환에 관한 규정(제150조의2~제155조)이 적용되지 않는다.

(2) 검증의 방법

가. 검증에 필요한 처분 검증을 함에는 신체의 검사, 사체의 해부, 분묘의 발굴, 물건의 파괴 기타 필요한 처분을 할 수 있다(제140조). 사체의 해부 또는 분묘의 발굴을 하는 때에는 예(禮)를 잃지 않도록 주의하고 미리 유족에게 통지하여야 한다(제140조제4항). 검증을 함에 있어서는 타인의 출입을 금하거나(제145조, 제119조제1항) 건정(鍵錠, 자물쇠)을 열거나 개봉 기타 필요한 처분을 할 수 있고(제145조, 제120조제1항), 검증을 중지한 경우에 필요한 때에는 검증이 종료될 때까지 그 장소를 폐쇄하거나 간수자를 둘 수 있다(제145조, 제127조). 검증을 함에 필요한 때에는 사법경찰관리에게 보조를 명할 수 있다(제144조).

나. 검증시각의 제한 일출 전, 일몰 후에는 가주(家主), 간수자 또는 이에 준하는 자의 승낙이 없으면 검증을 하기 위하여 타인의 주거, 간수자 있는 가옥, 건조물, 항공기, 선박·차량 안에 들어가지 못한다. 다만 일출 후에는 검증의 목적을 달성할 수 없을 염려가 있는 경우에는 예외로 한다(제143조제1항). 일몰 전에 검증에 착수한 때에는 일몰 후라도 검증을 계속할 수 있다(동조제2항). 도박 기타 풍속을 해치는 행위에 상용된다고 인정하는 장소나 여관, 음식점 기타 야간에 공중이 출입할 수 있는 장소 등과 같이 야간의 압수·수색이 허용되는 장소에서는 이러한 시각의 제한을 받지 않는다(동조제3항).

다. 신체검사에 대한 특례 피고인 아닌 자의 신체검사는 증거가 될 만한 흔적을 확인할 수 있는 현저한 사유가 있는 경우에 한정하여 할 수 있다(제141조제2항). 또한 검사를 당하는 사람의 성별, 나이, 건강상태, 그 밖의 사정을 고려하여 그 사람의 건강과 명예를 해치지 않도록 주의하여야 한다(동조제1항). 여자의 신체를 검사하는 경우에는 의사나 성년 여자를 참여하게 하여야 한다(동조제3항).

3. 검증조서

검증에 관하여는 검증의 결과를 기재한 조서를 작성하여야 한다(제49조제1항). 검증조서에는 검증목적물의 현상을 명확하게 하기 위하여 도화나 사진을 첨부할 수 있다(동조제2항). 다만 공판정에서 행한 검증은 별도의 검증조서를 작성하지 않고 공판조서에 그 결과를 기재한다(제51조제2항제10호). 공판기일에 수소법원에 의한 검증결과가 기재된 공판조서는 공판중심주의의 요청을 거친 것이므로 당연히 증거능력이 있을 뿐만 아니라 그 자체가 증거로 되어 별도의 증거조사가 필요 없다(대판 1956. 2. 17. 4288형상308).

한편 공판기일 외에서 행한 검증의 결과를 기재한 검증조서도 법관의 앞에서 작성된 조서로 당연히 증거능력 있는 서류가 된다. 다만 이를 증거로 이용하려면 수명법관이 행한 것이든 수소법원이 행한 것이든 공판기일에서 수소법원에 증거조사의 신청을 하여 증거조사를 거쳐야 한다. 증거보전절차에서 작성된 검증조서의 경우도 마찬가지이다.

VI. 감 정

1. 의 의

(1) 감정의 의의

감정이란 법원의 명에 의하여 특별한 지식 및 경험을 가진 제3자가 이를 이용하여 얻은 판단을 법원에 제출하는 것을 말한다. 감정행위 그 자체를 감정이라고도 하지만(제171조제1항·제3항, 제172조제1항, 제176조), 감정의 본질은 법원의 명에 의하여 행한 감정의 내용을 법원 또는 법관에게 제출하는 것이다. 예를 들어 법원의 명에 의하여 국립과학수사연구소가 문서위조 여부를 가려 그 결과를 법원에 제출하는 경우가 그것이다.

법원은 학식·경험이 있는 자에게 감정을 명할 수 있도록 하고 있다(제169조). 학식·경험은 반드시 학술적인 것에 한하지는 않지만 특별한 학식 및 경험을 말한다. 법원 또는 법관으로부터 감정의 명을 받은 자를 감정인이라고 한다. 감정인은 공판정에서는 증인으로 선서한 이후에 그 결과를 진술하므로 인적 증거로서 증인과 유사하다. 이러한 이유로 감정인에 대하여도 구인에 관한 규정을 제외하고는 증인신문에 관한 규정이 준용된다(제177조).

(2) 감정인과 감정증인

감정증인은 '특별한 지식에 의하여' 알게 된 사실을 진술하는 자라는 점에서 감정인과 유사하다. 그러나 감정증인은 감정인과 달리 대체성이 없다는 점에서 감정인이 아니라 증인으로 분류된다. 예를 들어 피해자의 시체를 해부한 의사로부터 해부 당시의 체험한 사실에 대하여 진술을 듣는 것이 그것이다.

2. 감정의 절차

일반적으로 감정은 ① 신청 혹은 직권에 의한 감정 결정, ② 감정인의 지정, ③ 감정인신문, ④ 감정인의 감정 실시, ⑤ 감정결과의 보고 등의 순서로 진행된다. 감정인은 소환을 받고 공판기일 또는 공판준비기일에 출석하여 선서를 한 뒤에 감정을 하고 그 경과 및 결과를 서면으로 보고한다(제170조, 제171조).

(1) 감정의 결정

증거신청에 대하여 현행법은 감정이 아닌 감정인의 신문을 신청하도록 하고 있다(제294조). 그러나 증거신청 및 증거결정의 단계에서는 추상적인 감정 그 자체를 신청하고 이를 결정하는 것이 보통이다.

(2) 감정인의 지정 및 소환

가. 감정인의 지정 법원의 감정결정이 있으면 법원은 감정을 행할 감정

인을 지정하게 된다. 감정인을 누구로 할 것인가는 법원의 권리에 속한다. 감정인에게도 증인의 증언거부권과 마찬가지로 감정거부권이 인정된다. 따라서 감정인은 자기나 근친자가 형사소추 또는 공소제기를 당하거나 유죄판결을 받을 사실이 드러날 염려 있는 증언을 거부할 수 있으며, 업무처리상 알게 된 타인의 비밀에 관한 증언도 거부할 수 있다(제177조, 제148조, 제149조). 공무원 또는 공무원이었던 자의 공무상 비밀에 대하여는 증인에서와 마찬가지로 감정인거부권이 인정된다(제177조, 제147조).

나. 감정인의 소환 감정인의 소환방법은 구인을 제외하고는 증인의 소환방법에 의한다(제177조, 제153조). 따라서 감정인의 출석을 위하여 소환이나 동행명령을 발할 수 있으나, 이에 불응한 때에도 과태료 및 비용배상을 명할 수 있는 데 그친다(제177조, 제151조).

(3) 감정인신문

가. 감정인의 선서 감정인에게는 감정 전에 선서서에 의하여 선서하게 하여야 한다(제170조제1항·제2항). 선서서에는 "양심에 따라 성실히 감정하고 만일 거짓이 있으면 허위감정의 벌을 받기로 맹세합니다"라고 기재하여야 한다(동조제2항). 선서하지 않은 감정인의 감정은 증거능력이 없다. 다만 공무소·학교·병원 등의 단체 또는 기관에 대하여 감정을 촉탁하는 경우에는 선서 없이 감정할 수 있다(제179조의2제1항).

나. 감정인신문

(가) 의 의 감정인신문은 두 가지 의미로 사용된다. 하나는 감정인을 소환하여 선서를 시키고 감정사항을 알린 후 감정결과를 제출하도록 명하는 절차이고, 다른 하나는 위 절차에 의하여 감정서가 제출된 경우에 감정인으로부터 그 경과와 결과에 대한 설명을 듣기 위하여 감정인을 신문하는 절차이다(제171조제4항). 전자는 감정의 신청, 감정인의 지정에 이어 기일(감정기일 혹은 감정인신문기일)을 지정하여 행하여야 하는 필요적 절차인 반면에 후자는 법원의 필요에 따라 행하는 임의적 절차이다.

(나) 감정인신문의 방법 감정인신문에는 증인신문에 관한 규정이 준용된다(제177조).

(다) 감정인신문조서 등의 작성 감정인신문을 행한 때에는 조서를 작성하여야 한다(제48조제1항, 제51조제2항제8호). 다만 공판기일에 행한 감정인신문은 별도의 감정인신문조서를 작성하지 않고 공판조서에 그 결과를 기재한다(제51조제2항제8호).

공판기일에 감정인신문이 행하여진 경우 감정인의 진술이 기재된 공판조서는 그 조서만으로써 증명할 수 있으므로 별도의 증거조사를 거칠 필요가 없다(제56조). 이와는 달리 공판기일 외에서 감정인신문이 행하여진 때에는 그 진술을 감정인신문조서에 기재하여야 하는데(제48조제1항) 이는 법관의 면전에서 작성된 조서로서 제311조에 의하여 당연히 증거능력 있는 서류가 된다. 다만 이를 증거로 사용하기 위해서는 다음 공판기일에 증거신청을 하여 증거조사를 거쳐야 한다.

(4) 감정의 실시

가. 법원 외의 감정 법원은 필요한 때에는 감정인에게 법원 외에서 감정하게 할 수 있다(제172조제1항). 이 경우에는 감정의 편의를 위하여 감정을 요하는 물건을 감정인에게 교부할 수 있다(동조제2항).

나. 감정인의 권한

(가) 감정에 필요한 처분 감정인은 감정에 필요한 때에는 법원의 허가를 얻어 타인의 주거, 간수자 있는 가옥, 건조물, 항공기, 선박·차량 안에 들어 갈 수 있고 신체의 검사, 사체의 해부, 분묘의 발굴, 물건의 파괴를 할 수 있다(제173조제1항). 법원의 허가는 감정처분허가장의 발부에 의하여야 한다.

감정처분허가장은 법원의 명령장으로서의 영장이 아니라 감정인의 업무상 필요에서 인정되는 순수한 허가장에 불과하다. 감정처분허가장에는 피고인의 성명, 죄명, 들어갈 장소, 검사할 신체, 해부할 사체, 발굴할 분묘, 파괴할 물건, 감정인의 성명과 직업, 유효기간과 이를 경과하면 허가된 처분에 착수하지 못하며 허가장을 반환하여야 한다는 취지 및 발부 연월일을 기재하고 재판장 또는 수명법관이 서명날인하여야 한다(동조제2항; 규칙 제89조제1항). 감정인은 처분을 받는 자에게 허가장을 제시하여야 한다(동조제3항). 그러나 공판정에서의 처분허가에는 허가장을 요하지 않는다(동조제4항).

감정처분허가장은 허가장의 성격을 가지므로 허가된 처분을 행할 것인지 여부가 감정인에게 달려 있다. 이러한 감정처분허가장의 성격으로 인하여 만약 그 제시에도 불구하고 피처분자가 처분을 거부하면 이를 강제할 방법이 없다.

(나) 감정인의 열람·등사권, 참여권 및 문제제기권 감정인은 감정에 필요한 경우에는 재판장의 허가를 얻어 서류와 증거물을 열람·등사하고 피고인 또는 증인의 신문에 참여할 수 있다(제174조제1항). 또한 감정인은 피고인 또는 증인의 신문을 구하거나 재판장의 허가를 얻어 직접 발문(發問, 문제제기)할 수 있다(동조제2항).

(다) 감정인의 비용청구권 감정인은 법률이 정하는 바에 의하여 여비, 일당, 숙박료 외에 감정료와 체당금(替當金, 대신 지급한 금전)의 변상을 청구할 수 있다(제178조).

다. 감정유치

(가) 의 의 감정유치란 피고인의 정신 또는 신체감정의 필요에서 법원이 일정기간 동안 병원 등에 피고인을 유치하는 것을 말한다(제172조제3항전단). 이는 감정을 위한 것이라는 점에서 구속과 구별되나 신체의 자유를 제한하는 처분이라는 점에서 구속과 유사하다. 따라서 감정유치는 보석에 관한 규정을 제외하고는 구속에 관한 규정이 준용되며(동조제7항), 미결구금일수의 산입에 있어서도 이를 구속으로 본다(동조제8항). 구속 중인 피고인에 대하여 감정유치장이 집행되었을 때에는 유치기간 동안 구속의 집행이 정지된 것으로 간주하며, 유치처분이 취소되거나 만료된 때에는 구속의 집행정지가 취소된 것으로 본다(제172조의2).

(나) 감정유치장의 발부와 집행 감정유치를 할 때는 감정유치장을 발부하여야 한다(제172조제4항). 감정유치장의 집행은 구속영장의 그것에 준한다. 따라서 특히 불구속피고인에 대하여 감정유치를 하는 때에는 구금의 경우에 준하여 미리 범죄사실의 요지, 변호인을 선임할 수 있음을 말하고 변명할 기회를 주어야 한다(제172조제7항, 제72조). 감정유치 결정에 대하여는 항고할 수 있다(제403조제2항).

(다) 감정유치 중의 처분 감정유치를 함에 있어서 필요한 때에는 법원은 직권 또는 피고인을 수용할 병원 기타 장소의 관리자의 신청에 의하여 사법경찰

관리에게 피고인의 간수(看守)를 명할 수 있다(제172조제5항). 한편 감정유치에는 구속에 관한 규정이 준용되므로 감정유치 중 피고인의 변호인 등과의 접견교통권 행사 및 그 제한도 구속의 경우와 동일하다(제172조제7항, 제89조, 제91조).

(라) 감정유치의 기간 법원은 필요한 때에는 결정으로 유치기간을 연장하거나 단축할 수 있다(제172조제6항; 규칙 제85조제2항). 법원은 감정이 완료되면 즉시 유치를 해제하여야 한다(제172조제3항후단).

(5) 감정결과의 보고

가. 서면주의 방식 감정의 경과와 결과는 감정인이 서면으로 제출하게 하여야 하며(제171조제1항), 감정의 결과에는 그 판단의 이유를 명시하여야 한다(동조제3항). 감정서의 제출이 있는 경우 법원은 필요한 때에는 감정인에게 그 경과와 결과에 대하여 설명하게 할 수 있음은(동조제4항) 앞서 감정인신문에서 본 바와 같다.

나. 감정서의 증거능력 및 증명력 감정서는 감정인의 공판정에서의 진술에 의하여 그 성립의 진정이 인정된 때에 한정하여 증거능력이 있다(제313조제2항). 감정서의 증명력 판단을 할 때 법원은 감정인의 감정결과에 반드시 구속되지 않는다. 다만 DNA분석을 통한 유전자검사 결과와 같이 과학적인 분야에 대한 것은 증명력을 부여하고 있다(대판 2007. 5. 10. 2007도1950 등).

Ⅶ. 통역과 번역

법정에서는 국어를 사용한다(법조법 제62조). 따라서 외국인에게는 통역이 필요하고 외국어로 된 서류는 번역을 하여야 한다. 통역과 번역도 특별한 언어지식에 의하여 행하는 법원에의 보고라는 점에서 감정과 유사하므로 감정에 관한 규정이 준용된다(제183조). 이러한 이유에서 통역과 번역을 증거조사 부분에서 다룬다. 국어에 통하지 않는 자의 진술에는 통역인이 통역하게 하여야 한다(제180조). 내국인이라도 듣거나 말하는 데 장애가 있는 사람의 진술에는 통역인이 통역하게 할 수 있다(제181조). 국어 아닌 문자 또는 부호는 번역하게 하여야 한다(제182조).

제 5 절 법원의 강제처분

I. 강제처분의 의의

법원의 강제처분이란 법원이 공판절차의 진행을 원활하게 하고 판결의 집행을 확보하기 위하여 강제력을 행사하여 처분을 행하는 것을 말한다. 소환, 구속, 압수·수색이 여기에 해당한다. 아래서는 강제력 그 자체가 주된 목적인 피고인의 구속(대인적 강제처분)과 압수·수색(대물적 강제처분)을 중심으로 살펴본다.

II. 피고인의 구속

1. 의 의

피고인의 구속은 피고인의 신체의 자유를 제한함으로써 재판의 진행을 원활하게 하고 형의 집행을 확보하기 위하여 인정되는 법원의 강제처분이다. 구속에는 구인과 구금이 포함된다(제69조). 구인이란 피고인을 법원 등 일정한 장소에 강제로 동행해 가는 강제처분이고, 구금이란 피고인을 구치소 등에 감금하는 강제처분을 말한다.

피고인에 대한 구속은 수소법원이 행하는 것이 원칙이나(제70조제1항), 급속을 요하는 때에는 재판장 또는 재판장의 명을 받은 합의부원도 피고인을 구속할 수 있다(제80조). 상소기간 중이거나 상소 중의 사건에 관한 피고인의 구속, 구속기간 갱신, 구속취소, 보석, 보석취소, 구속집행정지와 그 정지의 취소 결정은 소송기록이 상소법원에 도달하기까지는 원심법원이 한다(규칙 제57조).

2. 피고인구속의 요건

구속의 요건(제70조제1항)에 대하여는 이미 수사절차에서의 피의자의 구속(제201조제1항)에서 살펴본 것이 피고인의 구속에도 그대로 적용된다. 따라서 여기서는 피고인구속의 요건에 대한 형사소송법 규정의 서술에 그친다.

법원은 피고인이 죄를 범하였다고 의심할 만한 상당한 이유가 있고, ① 피고인이 일정한 주거가 없는 때, ② 피고인이 증거를 인멸할 염려가 있을 때, ③ 피고인이 도망하거나 도망할 염려가 있을 때에 한정하여 피고인을 구속할 수 있다(제70조제1항). 한편 법원은 구속사유를 심사함에 있어서 범죄의 중대성, 재범의 위험성, 피해자 및 중요 참고인 등에 대한 위해(危害)의 우려 등을 고려하여야 한다(동조제2항). 또한 다액 50만원 이하의 벌금, 구류 또는 과료에 해당하는 사건에 관하여는 주거가 일정하지 않은 경우(위 ①의 사유)에 한정하여 구속할 수 있다(동조제3항).

3. 피고인구속의 절차

(1) 구속이유 등의 고지

피고인에 대하여 범죄사실의 요지, 구속의 이유와 변호인을 선임할 수 있음을 말하고 변명할 기회를 준 후에만 구속할 수 있다. 다만 피고인이 도망한 경우에는 그렇지 않다(제72조). 법원은 합의법원에게 구속과 이유 등을 고지케 할 수 있으며(제72조의2제1항), 피고인이 출석하기 어려운 특별한 사정이 있고 상당하다고 인정하는 때에는 검사와 변호인의 의견을 들어 비디오 등 중계장치에 의한 중계시설을 통하여 이 절차를 진행할 수 있다(동조제2항). 이는 구속영장의 집행기관이 아니라 구속영장을 발부함에 있어서 수소법원 등 법관이 취하여야 하는 절차를 규정한 것이다.

따라서 법원이 피고인을 구속하면서 사전에 이 절차를 거치지 않으면 위법한 구속이 된다. 다만 이 경우에도 변호인의 변호 아래 충분한 변명 등을 거친 후 판결을 선고받은 경우에는 위 절차적 권리가 실질적으로 보장되었다고 볼 수 있으므로 구속영장발부결정이 적법하다(대결 2000. 11. 10. 2000모134 등).

(2) 구속영장의 발부

피고인을 구인 또는 구금할 때는 구속영장을 발부하여야 한다(제73조). 구속영장에는 피고인의 성명, 주민등록번호, 주거, 죄명, 공소사실의 요지, 구속의 사유, 인치구금할 장소, 영자 발부 연월일, 그 유효기간과 그 기간이 지나면 집행에 착수하지 못하며 영장을 반환하여야 할 취지를 기재하고 재판장 또는 수명법관이 서명날인하여야 한다(제75조제1항; 규칙 제46조).

4. 구속영장의 집행

(1) 집행지휘 및 집행기관

구속영장은 원칙적으로 검사의 지휘에 의하여 사법경찰관리가 집행한다(제81조제1항본문). 교도소 또는 구치소에 있는 피고인에 대하여 발부된 구속영장은 검사의 지휘에 의하여 교도관이 집행한다(동조제3항). 다만 급속을 요하는 경우에는 예외적으로 재판장, 수명법관 또는 수탁판사가 그 집행을 지휘할 수 있다(동조제1항단서). 이때에는 법원사무관 등에게 그 집행을 명할 수 있다. 이 경우 법원사무관 등은 사법경찰관리·교도관 또는 법원경위에게 보조를 요구할 수 있고 관할구역 외에서도 집행할 수 있다(동조제2항).

(2) 집행절차

가. 영장의 사전제시 구속영장을 집행할 때에는 피고인에게 반드시 제시하고 그 사본을 교부하여야 하며 신속히 지정된 법원 기타 장소에 인치하여야 한다(제85조제1항). 피고인의 구속을 촉탁받은 수탁판사가 영장을 발부한 경우에는 수탁판사에게 인치하여야 한다(동조제2항). 구속영장을 소지하지 않은 때에 급속을 요하는 때에는 피고인에 대하여 공소사실의 요지와 영장이 발부되었음을 알리고 집행할 수 있다(동조제3항). 이 경우 집행완료 후에는 신속히 구속영장을 제시하고 그 사본을 교부하여야 한다(동조제4항).

나. 공소사실 등의 고지 피고인을 구속한 때에는 즉시 공소사실의 요지와 변호인을 선임할 수 있음을 알려야 한다(제88조).

다. 구속의 통지 피고인을 구속한 경우 변호인이 있는 때에는 변호인에게, 변호인이 없는 때에는 피고인의 법정대리인, 배우자, 직계친족과 형제자매 중 피고인이 지정한 자에게 피고사건명, 구속일시·장소, 범죄사실의 요지, 구속의 이유와 변호인을 선임할 수 있는 취지를 지체없이 서면으로 통지하여야 한다(제87조제1항·제2항). 통지는 늦어도 24시간 이내에 하되(규칙 제51조제2항), 급속을 요하는 경우에는 구속되었다는 취지 및 구속의 일시·장소를 전화 또는 모사전송기 기타 상당한 방법으로 통지할 수 있다. 다만 이 경우에도 구속통지는 다시 서면으로 하여야 한다(규칙 동조제3항).

5. 구속기간 및 갱신

(1) 구속기간

피고인에 대한 구속기간은 2개월이다(제92조제1항). 수사절차에서 구속된 피고인에 대한 구속기간의 기산일은 공소제기시이다. 불구속피고인을 수소법원이 구속하는 때에는 구속영장을 집행하여 실제로 구속된 날이 그 기산일이 된다. 구속기간의 초일산입(제66조제1항단서), 역서(曆書)에 따른 기간계산의 방법(동조제2항), 기간의 말일이 공휴일 또는 토요일인 경우의 구속기간 산입(동조제3항단서) 등에 있어서도 수사절차에서의 피의자구속에 있어서와 같다.

(2) 구속기간의 갱신

가. 갱신기간 피고인에 대한 구속기간 내에 재판을 끝내지 못하여 구속기간을 다시 연장하는 것을 구속기간의 갱신이라고 한다. 피고인의 구속기간은 원칙적으로 2개월이나, 특히 구속을 계속할 필요가 있는 경우에는 심급마다 2개월 단위로 2차에 한정하여 결정으로 갱신할 수 있다(제92조제2항본문). 그러나 상소심은 피고인 또는 변호인이 신청한 증거의 조사, 상소이유를 보충하는 서면의 제출 등으로 추가 심리가 필요한 부득이한 경우 3차에 한정하여 갱신할 수 있다(동조제2항단서).

나. 상소심의 갱신 상소심의 경우 상소기간 또는 상소 중의 사건에 관하여 구속기간의 갱신결정은 소송기록이 원심법원에 있는 때 혹은 원심법원을 떠나 상소법원에 도달하기까지는 원심법원이 한다(제105조; 규칙 제57조제1항). 이송, 파기환송 또는 파기이송 중의 사건에 관한 구속기간의 갱신결정에 있어서도 소송기록이 이송 또는 환송법원에 도달하기까지는 이송 또는 환송한 법원이 하여야 한다(규칙 제57조제2항).

6. 이중구속 및 재구속

(1) 이중구속

이중구속이란 구속영장에 의하여 구속되어 있는 피고인에 대하여 다른 범죄사실로 구속영장을 발부받아 집행하는 것을 말한다. 이중구속이 주로 수소법원의 그것에 문제됨과 그 허용 여부 등에 대하여는 앞서 수사절차의 이중구속에서 본 바와 같다.

(2) 재구속

법원의 피고인구속은 수사기관에 구속되었다가 석방된 자와 같은 재구속의 제한(제208조, 제214조의3)을 받지 않는다(대판 1969. 5. 27. 69도509). 법원에 의한 구속은 수사기관과는 달리 인권침해의 염려가 크지 않기 때문이다. 다만 다시 구속하는 경우에도 구속기간의 계산과 구속갱신에 있어서는 이전의 구속과 합산하여야 한다. 한편 판례는 구속기간이 만료되어 석방된 경우 같은 범죄사실로 새로운 구속이 불가능하지만 이 경우에도 판결을 선고하면서는 다시 구속할 수 있다고 한다(대결 1985. 7. 23. 85모12).

7. 피고인에 대한 구속의 집행정지와 실효

(1) 구속의 집행정지

가. 의의 및 절차

(가) 구속집행정지의 의의　　구속의 집행정지란 구속영장의 효력은 유지시킨 채 구속의 집행만을 정지하여 피고인을 석방하는 제도이다. 법원은 상당한 이유가 있는 때에는 결정으로 구속된 피고인을 친족·보호단체 기타 적당한 자에게 부탁하거나 피고인의 주거를 제한하여 구속의 집행을 정지할 수 있다(제101조제1항). 피고인에 대한 구속의 집행정지는 구속영장의 효력이 유지된다는 점에서 보석과 유사하나 담보제공을 조건으로 하지 않는다는 점에서 서로 구별된다.

(나) 구속집행정지의 절차　　구속집행정지는 당사자에게 그 신청권이 인정되지 않으며 신청이 있는 경우에도 법원에 대하여 그 권한행사를 촉구하는 의미밖에 없다. 구속집행정지는 법원의 재량사항이나 이를 결정함에 있어서 급속을 요하는 경우를 제외하고는 검사의 의견을 물어야 한다(동조제2항).

(다) 국회의 석방요구　회기 전에 구속된 국회의원에 대하여는 현행범이 아닌 경우 국회의 석방요구가 있으면 회기 중 당연히 구속영장의 집행이 정지된다(동조제4항; 헌법 제44조). 석방요구의 통고를 받은 검찰총장은 즉시 석방을 지휘하고 그 사유를 수소법원에 통지하여야 한다(제101조제5호). 구속집행이 정지된 피고인에 대한 시찰조회는 피의자에 대한 구속집행정지에서 본 바와 같다.

나. 구속집행정지의 취소　법원은 직권 또는 검사의 청구에 따라 결정으로 구속의 집행정지를 취소할 수 있다. 다만 국회의원에 대한 구속영장의 집행정지는 그 회기 중 취소하지 못한다(제102조제2항). 그 취소사유 및 재구금절차 등에 대하여는 뒤에서 서술할 보석에서와 같다.

(2) 구속의 실효

가. 구속의 취소　구속의 사유가 없거나 소멸된 때에는 법원은 직권 또는 검사, 피고인, 변호인과 변호인선임권자의 청구에 의하여 결정으로 구속을 취소하여야 한다(제93조). 구속의 사유가 없는 때란 처음부터 구속사유가 없는 경우를 말하고, 구속사유가 소멸된 때란 재판 중에 구속의 사유가 없어진 경우를 말한다(그 예는 앞에서 본 '피의자의 구속의 실효' 참조). 재판장은 검사의 청구에 의하거나 급속을 요하는 경우 외에는 구속취소결정 전에 검사의 의견을 물어야 하며 검사는 이에 대하여 지체 없이 의견을 표명하여야 한다(제97조제2항·제3항). 이 결정에 검사는 즉시항고를 할 수 있다(동조제4항).

나. 구속의 당연실효　피고인의 구속에 대한 당연실효의 사유로는 ① 구속기간의 만료, ② 무죄판결 등의 선고, ③ 사형·자유형의 확정이 있다. 구속기간이 만료되면 구속영장은 당연히 그 효력을 잃는다. 피고인에 대하여 무죄, 면소, 형의 면제, 형의 선고유예, 형의 집행유예, 공소기각 또는 벌금이나 과료를 과하는 판결이 선고된 때에는 구속영장은 효력을 잃는다(제331조). 피고인에 대하여 자유형이 확정되면 확정된 날로부터 선고받은 형기(刑期)에 따른 형의 집행이 시작되므로(형법 제84조제1항) 수사 및 재판의 필요에 의하여 발부하였던 구속영장은 효력을 잃는다. 사형확정의 경우에도 마찬가지이다.

Ⅲ. 구속된 피고인의 권리

1. 의 의

구속된 피고인의 방어권 보장을 위한 것으로 변호인의 도움을 받을 권리, 접견교통권, 보석청구권 등을 들 수 있다. 변호인의 도움을 받을 권리나 접견교통권에 대하여는 이미 구속된 피의자의 권리 부분에서 살펴보았다. 따라서 여기서는 구속피고인에 관한 주요 조문을 소개하는 데 그치고 보석을 중심으로 살펴본다.

(1) 변호인의 도움을 받을 권리

형사소송법은 헌법상의 변호인의 도움을 받을 권리(동법 제12조제4항본문)를 실현하기 위하여 피고인의 변호인 선임권을 규정하고 있다(제30조). 또한 형사소송법은 헌법상의 국선변호인 선정의무(동법 제12조제4항단서)를 실현하기 위하여 구속된 피고인에 대하여 법원의 직권으로 국선변호인을 선정케 하고 있다(제33조제1항제1호). 이를 위하여 공소제기가 있는 때에는 변호인 없는 구속피고인에게 변호인 없이 개정할 수 없다는 취지와 피고인 스스로 변호인을 선임하지 않을 경우에는 법원이 국선변호인을 선정하게 된다는 취지를 재판장이 서면으로 고지하게 하고 있다(규칙 제17조제1항·제2항). 법원은 고지받은 피고인이 변호인을 선임하지 않은 때에는 지체 없이 국선변호인을 선정하고, 피고인 및 변호인에게 이를 고지하여야 한다(동조제3항).

구속된 피고인은 법원, 교도소장·구치소장 또는 그 대리인에게 변호사를 지정하여 변호인의 선임을 의뢰할 수 있으며, 의뢰를 받은 법원, 교도소장·구치소장 또는 그 대리인은 급속히 피고인이 지명한 변호사에게 그 취지를 통지하여야 한다(제90조).

(2) 접견교통권

구속된 피고인은 법률의 범위 내에서 타인과 접견하고 서류 또는 물건을 수수하며 의사의 진료를 받을 수 있다(제89조). 법원은 도망하거나 범죄의 증거를 인멸할 염려가 있다고 인정할 만한 상당한 이유가 있는 때에는 직권 또는 검사의 청구에 의하여 결정으로 구속된 피고인과 제34조에 규정한 외의 타인과의 접견을 금하거나 수수할 서류 기타 물건의 검열, 수수의 금지 또는 압수를 할 수 있다. 다만 의류, 양식, 의료품의 수수를 금지하거나 압수할 수는 없다(제91조).

(3) 보석청구권

수사절차에서 구속된 피의자에게 구속적부심사청구권이 보장된다면 이에 대응하여 구속된 피고인에 대하여는 보석청구권이 보장되고 있다.

2. 보 석

(1) 의 의

보석(保釋)이란 일정한 보증금의 납부 등을 조건으로 피고인에 대한 구속의 집행을 정지하고 석방하는 것을 말한다. 이는 피고인에 대하여 출석을 확보할 수 있을 정도의 담보를 제공케 한 후 석방하는 것으로 사실상 구속의 목적을 달성하면서 피고인이 자유로운 상태에서 방어권을 행사케 하게 하는 데 그 의의가 있다. 따라서 보석은 당사자주의 및 무죄추정의 이념에 기여하는 중요한 제도로서의 역할을 한다.

보석은 피고인의 청구에 의한 것이라는 점에서 구속적부심사절차에서 법원의 재량에 의하여 인정되는 보증금납입조건부 피의자석방제도(제214조의2제5항)와 다르다.

(2) 보석의 종류

보석은 피고인의 청구에 의한 청구보석(제95조, 제96조)과 법원의 직권에 의한 직권보석(제96조)으로 나눌 수 있다. 또한 보석은 일정한 조건이 갖추어진 경우에 법원이 이를 허가하여야 하는 필요적 보석과 그 결정이 법원의 재량인 임의적 보석이 있다. 형사소송법 제95조는 필요적 보석의 원칙을 명시하고 있다. 한편 상당한 이유가 있는 때에는 직권 또는 청구에 의하여 보석허가를 할 수 있다(제96조)고 함으로써 임의적 보석을 보충적으로 규정하고 있다.

가. 필요적 보석과 제외사유 필요적 보석의 제외사유는 실형선고의 가능성이 높은 경우(제95조제1호·제2호), 도망 또는 증거인멸의 염려가 큰 경우(동조제3호~제5호), 피해자 등에 대한 가해의 염려가 있는 경우(동조제6호) 등이다.

이들은 모두 구속사유와 밀접한 관련을 가지는 것으로 볼 수 있는데, 즉 ① 피고인이 사형, 무기 또는 장기 10년이 넘는 징역·금고에 해당하는 죄를 범한 때(동조제1호), ② 피고인이 누범에 해당하거나 상습범인 죄를 범한 때(동조제2호), ③ 피고인이 죄증을 인멸하거나 인멸할 염려가 있다고 믿을 만한 충분한 이유가 있는 때(동조제3호), ④ 피고인이 도망하거나 도망할 염려가 있다고 믿을 만한 충분한 이유가 있는 때(동조제4호), ⑤ 피고인의 주거가 분명하지 않은 때(동조제5호), ⑥ 피고인이 피해자, 해당 사건의 재판에 필요한 사실을 알고 있다고 인정되는 자 또는 그 친족의 생명·신체나 재산에 해를 가하거나 가할 염려가 있다고 믿을 만한 충분한 이유가 있는 때(동조제6호)이다.

나. 임의적 보석 법원은 필요적 보석의 제외사유에 해당하는 경우에도 상당한 이유가 있는 때에는 직권 또는 청구에 의하여 결정으로 보석을 허가할 수 있다(제96조). 따라서 필요적 보석을 원칙으로 하면서도 보석의 취지를 살리기 위하여 임의적 보석에 의하여 보충하고 있다. 예를 들어 피고인이 중병에 걸려 수감생활을 하기 어려운 경우에 허가하는 병보석이 여기에 해당한다.

(3) 보석의 절차

가. 보석의 청구 피고인, 피고인의 변호인·법정대리인·배우자·직계친족·형제자매·가족·동거인 또는 고용주는 법원에 구속된 피고인의 보석을 청구할 수 있다(제94조). 보석의 청구는 청구취지 및 청구이유 등을 기재한 서면을 소송계속 중인 법원에 제출하여야 한다(규칙 제53조제1항·제2항). 다만 상소기간 중이나 상소 중에는 소송기록이 원심법원에 있는 때에 한정하여 원심법원에 하여야 한다(제105조). 보석청구는 공소제기 후 재판의 확정 전까지 심급에 관계없이 할 수 있다(제105조, 제370조, 제399조).

나. 검사의 의견청취 재판장은 보석에 관한 결정을 하기 전에 보석청구서의 부본을 첨부하여 검사의 의견을 물어야 한다(제97조제1항; 규칙 제53조제3항). 법원이 직권으로 보석을 결정할 때도 마찬가지이다. 검사는 재판장의 의견요청

에 대하여 의견서(만약 소송서류 및 증거물이 법원에 제출되기 전이면 이들도 함께)를 지체 없이 법원에 제출하여야 하며, 이 경우 특별한 사정이 없는 한 의견요청을 받은 날의 다음날까지 제출하여야 한다(제97조제3항; 규칙 제54조제1항). 검사의 의견청취 절차는 보석결정의 본질적 부분이 아니므로 법원이 검사의 의견에 따라야 하는 것은 아니다.

다. 법원의 심문 보석의 청구를 받은 법원은 지체 없이 심문기일을 정하여 구속된 피고인을 심문하여야 한다. 다만 ① 청구권자 이외의 사람이 보석을 청구한 때, ② 동일한 피고인에 대하여 중복하여 보석을 청구하거나 재청구한 때, ③ 공판준비 또는 공판기일에 피고인에게 그 이익되는 사실을 진술할 기회를 준 때, ④ 이미 제출한 자료만으로 보석을 허가하거나 불허가할 것이 명백한 때에는 심문할 필요가 없다(규칙 제54조의2제1항). 심문기일을 정한 법원은 즉시 검사, 변호인, 보석청구인 및 피고인을 구금하고 있는 관서의 장에게 심문기일과 장소를 통지하여야 한다(동조제2항). 검사, 변호인, 보석청구인은 심문기일에 출석하여 의견을 진술할 수 있다(동조제5항).

라. 법원의 결정 법원은 특별한 사정이 없는 한 보석의 청구를 받은 날로부터 7일 이내에 그 허가 여부를 결정하여야 한다(규칙 제55조).

(가) 불허가결정 보석을 허가하지 않는 결정을 할 때는 법 제95조(보석제외사유) 중 어느 사유에 해당하는지를 명시하여야 한다(규칙 제55조의2). 이 결정은 대하여 피고인 등은 항고할 수 있다(제403조제2항).

(나) 허가결정 법원은 보석을 허가하는 경우에는 필요하고 상당한 범위 안에서 다음 조건 중 하나 이상의 조건을 정하여야 한다(제98조). ① 법원이 지정하는 일시·장소에 출석하고 증거를 인멸하지 않겠다는 서약서를 제출할 것(동조제1호), ② 법원이 정하는 보증금에 해당하는 금액을 납입할 것을 약속하는 약정서를 제출할 것(동조제2호), ③ 법원이 지정하는 장소로 주거를 제한하고 주거를 변경할 필요가 있는 경우에는 법원의 허가를 받는 등 도주를 방지하기 위하여 행하는 조치를 받아들일 것(동조제3호), ④ 피해자, 해당 사건의 재판에 필요한 사실을 알고 있다고 인정되는 사람 또는 그 친족의 생명·신체·재산에 해를 가하는 행위를 하지 않고 주거·직장 등 그 주변에 접근하지 않을 것(동조제4호), ⑤ 피고인 아닌 자가 작성한 출석보증서를 제출할 것(동조제5호), ⑥ 법원의

허가 없이 외국으로 출국하지 않을 것을 서약할 것(동조제6호), ⑦ 법원이 지정하는 방법으로 피해자의 권리회복에 필요한 금전을 공탁하거나 그에 상당하는 담보를 제공할 것(동조제7호), ⑧ 피고인이나 법원이 지정하는 자가 보증금을 납입하거나 담보를 제공할 것(동조제8호), ⑨ 그 밖에 피고인의 출석을 보증하기 위하여 법원이 정하는 적당한 조건을 이행할 것(동조제9호)이 그것이다. 법원은 보석의 조건을 정할 때 범죄의 성질, 피고인의 전과·성격 및 피해자에 대한 배상 등을 고려하여야 하며(제99조제1항), 피고인의 자금능력 또는 자산 정도로는 이행할 수 없는 조건을 정할 수 없다(동조제2항).

보석허가 결정에 대하여 검사는 보통항고를 할 수 있다(제403조제2항; 대결 1997. 4. 18. 97모26).

마. 보석의 집행

(가) 보석조건의 이행　　보석의 조건 중 제98조제1호(서약서의 제출)·제2호(보증금 납입약정서의 제출)·제5호(제3자의 출석보증서 제출)·제7호(피해금액의 공탁 및 담보의 제공)·제8호(보증금의 납입 및 담보의 제공)의 조건은 이를 이행한 후가 아니면 보석허가결정을 집행하지 못하며, 법원은 필요하다고 인정하는 때에는 다른 조건에 관하여도 그 이행 이후 보석허가결정을 집행하도록 정할 수 있다(제100조제1항). 보석허가결정은 법원의 재판이므로 그 집행(예를 들어 보석금의 수령이나 석방)은 보석재판을 한 법원에 대응하는 검찰청의 검사가 지휘한다(제460조제1항). 법원은 보석청구자 이외의 자에게 보증금 납입을 허가할 수 있다(제100조제2항).

(나) 보증금 현금납입의 원칙　　법원은 유가증권 또는 피고인 외의 자가 제출한 보증서로써 보증금에 대신함을 허가할 수 있다(제100조제3항). 보증서에는 보증금액을 언제든지 납입할 것을 기재하여야 한다(동조제4항).

(다) 관공서 등에 적절한 조치의 요구　　법원은 보석허가결정에 따라 석방된 피고인이 보석조건을 준수하는 데 필요한 범위 안에서 관공서나 공사단체에 대하여 적절한 조치를 취할 것을 요구할 수 있다(동조제5항). 이에 따라 법원은 주거제한을 조건으로 석방된 피고인에 대하여 주거지관할 경찰서장에게 그 제한의 준수 여부 등에 관한 조사를 요구할 수 있다(규칙 제55조의3제1항). 또한 출국금지의 서약을 조건으로 석방된 피고인에 대하여는 출입국사무를 관리하는 관

서의 장에게 출국금지조치를 취할 것을 요구할 수 있다(동조제2항).

(라) 보석조건의 변경　　법원은 직권 또는 보석청구권자의 신청에 따라 결정으로 피고인의 보석조건을 변경하거나 일정기간 동안 해당 조건의 이행을 유예할 수 있다(제102조제1항). 이 경우 법원은 그 취지를 검사에게 지체없이 통지해야 한다(규칙 제55조의4).

(4) 보석의 취소와 실효

가. 보석의 취소

(가) 취소사유　　법원은 피고인이 ① 도망한 때, ② 도망하거나 죄증을 인멸할 염려가 있다고 믿을 만한 충분한 이유가 있는 때, ③ 소환을 받고 정당한 사유 없이 출석하지 않은 때, ④ 피해자, 해당 사건의 재판에 필요한 사실을 알고 있다고 인정되는 자 또는 그 친족의 생명·신체·재산에 해를 가하거나 가할 염려가 있다고 믿을 만한 충분한 이유가 있는 때, ⑤ 법원이 정한 조건을 위반한 때에는 직권 또는 검사의 청구에 따라 결정으로 보석을 취소할 수 있다(제102조제2항). 피고인에 대한 보석취소의 결정이나 검사의 보석취소청구에 대한 기각결정에 대하여는 항고할 수 있다(제403조제2항).

(나) 보석조건위반에 대한 제재　　법원은 피고인이 정당한 사유 없이 보석조건을 위반한 경우에는 결정으로 피고인에 대하여 1천만원 이하의 과태료를 부과하거나 20일 이내의 감치에 처할 수 있다(제102조제3항). 이 결정에 대하여 피고인은 즉시항고를 할 수 있다(동조제4항).

나. 보석의 실효　　보석이 취소되거나 구속영장의 효력이 상실되면 보석도 효력을 잃게 된다. 따라서 무죄, 면소, 형의 면제, 형의 선고유예, 형의 집행유예, 공소기각 또는 벌금이나 과료의 판결이 선고되는 때(제331조)는 물론 자유형이나 사형이 확정된 때에도 형의 집행이 시작되므로 보석에 연계된 구속영장의 효력이 상실되어 보석도 그 효력을 잃는다.

(5) 담보의 몰수와 환부

가. 담보의 몰수　　법원은 보석을 취소하는 때에는 직권 또는 검사의 청구에 따라 결정으로 보증금 또는 담보의 전부 또는 일부를 몰수할 수 있다(임의적 몰수, 제103조제1항). 한편 법원은 담보제공을 조건으로 석방된 피고인이 해

당 사건에서 형을 선고받고 그 판결이 확정된 후 집행을 위한 소환을 받고 정당한 사유 없이 출석하지 않거나 도망한 때에는 직권 또는 검사의 청구에 따라 결정으로 보증금 또는 담보의 전부나 일부를 몰수하여야 한다(필요적 몰수, 동조제2항).

나. 담보의 환부 구속 또는 보석을 취소하거나 구속영장의 효력이 소멸된 때에는 몰수하지 않은 보증금 또는 담보를 청구한 날로부터 7일 이내에 환부하여야 한다(제104조).

Ⅳ. 압수와 수색

1. 의 의

압수와 수색은 수사기관의 압수·수색과 수소법원의 압수·수색이 있는데 수사기관의 그것에 대하여는 이미 앞에서 살펴보았다. 그런데 수사기관의 압수·수색도 대부분 총칙 제10장의 압수와 수색 규정이 준용되므로(제219조) 수소법원의 그것에 대하여는 중복되지 않는 범위 내에서 서술하기로 한다.

압수란 수소법원이 강제로 타인의 물건에 대한 점유를 취득하는 강제처분이다. 수소법원의 압수에는 협의의 압수(압류, 제106조제1항), 제출명령(동조제2항) 및 임의제출물 등의 압수(제108조)의 세 종류가 있다. 수색이란 수소법원이 물건 또는 사람(피고인)의 발견을 목적으로 물건, 장소 및 사람의 신체 등에 행하는 강제처분이다. 수색은 대개 압수를 위한 전제로 행하여지고 있다.

2. 압수·수색의 대상

압수의 대상에는 피고사건과 관계가 있다고 인정되는 증거물 또는 몰수물(제106조제1항), 정보저장매체(동조제3항), 우체물 또는 전기통신에 관한 것으로서 체신관서 등이 소지·보관하는 물건(제107조)이 있고, 수색의 대상에는 피고사건과 관계가 있다고 인정되는 피고인의 신체, 물건 또는 주거 기타 장소(제109조제1항)가 있음은 앞서 수사기관의 부분에서 보았다.

압수의 제한에 대하여도 군사상 비밀과 압수(제110조), 공무상 비밀과 압수(제111조), 업무상 비밀과 압수(제112조), 의류·식량 등과 압수(제209조, 제91조)와 같이 수사기관의 그것에서 본 바와 같다.

3. 압수·수색의 절차

(1) 공판정에서의 압수·수색

공판정에서 협의의 압수·수색이 행하여지는 경우에는 압수·수색영장을 발부받을 필요가 없다(제113조의 반대해석). 공판정에서 압수나 수색이 행하여진 경우에는 이를 공판조서에 기재하여야 하며(제51조제2항제10호, 제49조제1항), 압수조서에는 품종, 외형상의 특징과 수량을 기재하여야 한다(제49조제3항).

그 밖의 절차는 공판정 외에서의 압수·수색에 관한 규정(제115조~제129조) 중 집행에 관한 규정을 제외하면 공판정 외에서의 압수·수색과 같다. 따라서 압수한 경우에는 압수물의 목록을 작성하여 소유자, 소지자, 보관자 기타 이에 준할 자에게 교부하여야 한다(제129조). 수색에 있어서도 여자의 신체를 수색할 때에는 성년의 여자를 참여하게 하여야 하며(제124조), 수색한 경우에 증거물 또는 몰수할 물건이 없는 때에는 그 취지의 증명서를 교부하여야 한다(제128조).

(2) 공판정 외에서의 압수·수색

가. 압수·수색영장의 발부 공판정 외에서 압수·수색을 할 때에는 영장에 의하여 행하여야 한다(제113조). 공판정 외에서는 법원이 아닌 검사의 지휘 아래 집행이 행하여지기 때문에 그 집행절차상의 적법·타당을 기하기 위한 것이다. 임의제출물이나 유류물에 대한 영장 없는 압수나(제108조) 영장의 방식(제114조)은 앞서 수사기관의 그것에서 본 바와 같다.

나. 압수·수색영장의 집행

(가) 집행의 기관 압수·수색영장은 검사의 지휘에 의하여 사법경찰관리가 집행한다. 다만 필요한 경우에는 재판장은 법원사무관 등에게 그 집행을 명할 수 있다(제115조제1항). 법원사무관 등은 압수·수색영장의 집행에 관하여 필요한 때에는 사법경찰관리에게 보조를 요구할 수 있다(제117조). 관할구역 외에서의 압수·수색영장의 집행지휘와 그 촉탁은 앞서 본 검사 및 사법경찰관리의

그것과 같다(제115조, 제83조).

(나) 집행의 절차 법원이 공판정 외에서 압수·수색영장을 집행함에 있어서의 영장의 사전제시(제118조), 영장집행 중의 출입금지(제119조), 집행에 필요한 처분(제120조), 영장집행시의 당사자 및 관련자의 참여(제121조~제123조), 여자의 신체수색과 참여(제124조), 야간집행의 제한 및 그 예외(제125조, 제126조), 집행의 중지와 필요한 처분(제127조) 등은 수사기관의 압수·수색에서 본 바와 같다.

(다) 집행 후의 조치 수색한 경우에 증거물 또는 몰수할 물건이 없는 때에는 그 취지의 증명서를 교부하여야 한다(제128조). 증거물 또는 몰수할 물건을 압수한 경우에는 압수목록을 작성하여 소유자, 소지자, 보관자 기타 이에 준할 자에게 교부하여야 하고(제129조), 압수·수색영장의 집행을 마친 경우에는 압수조서를 작성하여야 함(제49조제1항)은 수사기관에서 본 것과 같다.

4. 압수물의 처리

(1) 압수물의 보관과 처분

압수물은 압수한 법원이 자신의 청사에 보관하며(자청보관의 원칙) 보관에 있어서 법원은 선량한 관리자로서의 주의의무를 진다(제131조). 그 외 보관위탁(제130조제1항), 위험발생 및 부패염려 압수물의 폐기(제130조제2항·제3항), 멸실 등 염려 압수물의 대가보관(제132조제1항·제2항) 등도 수사절차에서의 압수와 같다.

(2) 압수물의 환부·가환부 및 그 효력

법원은 압수를 계속할 필요가 없다고 인정되는 압수물은 피고사건 종결 전이라도 결정으로 환부하여야 하고, 증거에 제공할 압수물은 소유자, 소지자, 보관자 또는 제출인의 청구에 의하여 가환부할 수 있다(제133조제1항). 증거에만 제공할 목적으로 압수한 물건으로서 그 소유자 또는 소지자가 계속사용하여야 할 물건은 사진촬영 기타 원형보존의 조치를 취하고 신속히 가환부하여야 한다(동조제2항). 그 외 압수장물의 피해자 가환부(제134조), 압수장물처분 대가의 교부(제333조제2항) 등은 수사기관에서 본 것과 같다. 압수물을 환부·가환부한 경우의 효력 역시 수사기관에서의 그것과 마찬가지이다.

(3) 압수물의 처분과 당사자에의 통지

법원은 압수물을 처분함에 있어서 피해자, 피고인 또는 변호인에게 미리 통지하여야 한다(제135조). 이해관계인들은 법원의 압수물환부에 관한 결정에 대하여 항고할 수 있고(제403조제2항), 재판장 또는 수명법관의 이 재판에 관하여 준항고할 수 있기 때문이다(제416조제1항제2호).

제 6 절 공판절차의 특칙

이 절에서는 일반적인, 즉 정식의 공판절차에 대한 특별한 원칙으로서 ① 간이공판절차, ② 공판절차의 정지와 갱신, ③ 변론의 병합·분리·재개, ④ 국민참여재판의 공판절차를 살펴본다. 간이공판절차는 일반적인 공판절차에 비하여 간편하게 절차가 진행된다는 점에서, 공판절차의 정지는 동적·발전적 성격의 공판절차를 일시 정지한다는 점에서, 공판절차의 갱신은 이미 진행하였던 절차를 다시 진행한다는 점에서, 변론의 병합은 특정 법원에 계속된 여러 개의 사건을 필요에 따라 하나의 절차에서 심판한다는 점에서, 변론의 분리는 특정 법원에 계속된 사건을 다른 절차로 나누어 심판한다는 점에서, 변론의 재개는 종결된 변론을 다시 개시한다는 점에서, 국민참여재판의 공판절차는 간이공판절차의 규정이 배제되고 배심원의 평의·평결·토의를 거친다는 점에서 모두 일반적인 공판절차에 대하여 특칙을 이룬다.

I. 간이공판절차

1. 의 의

간이공판절차는 피고인이 공판정에서 공소사실에 대하여 자백한 경우에 심리절차를 간편하게 하여 신속한 재판과 소송경제를 기하려는 제도이다. '간이'하다는 것은 증거능력의 인정에 대한 엄격한 제한을 완화하고 증거조사의 방식을 간단하게 한다는 의미이다. 피고인이 공판정에서 공소사실에 대하여 자백한 때에는 법원은 그 공소사실에 한정하여 간이공판절차에 의하여 심판할 것을 결정할 수 있다(제286조의2).

간이공판절차와 유사한 것으로서 약식절차와 즉결심판절차가 있으나, 두 절차 모두 자백사건을 전제로 하지 않고 경미사건을 대상으로 한다는 점에서 간이공판절차와 구별된다.

2. 간이공판절차 개시의 요건

(1) 제1심의 관할사건

간이공판절차는 지방법원 또는 지원의 제1심 관할사건에 대하여 인정된다.

(2) 피고인의 공판정에서의 자백

가. 피고인의 자백 자백은 피고인의 자백에 한한다. 다만 피고인이 법인인 경우에 법인의 대표자가 한 자백, 피고인이 의사무능력자인 경우에 그 법정대리인(제26조)이나 특별대리인(제28조)이 한 자백은 피고인의 자백으로 볼 수 있다.

나. 공소사실에 대한 자백 자백은 공소사실에 대한 것이어야 한다. 공소사실을 인정하면서 동시에 위법성조각사유나 책임조각사유를 주장하면 이는 공소사실을 부인하는 것으로 보아야 한다.

다. 공판정에서의 자백 자백은 공판정에서 하여야 한다. 자백의 시기에 대하여는 개정법이 피고인의 모두절차를 의무화하면서 이 단계에서 공소사실의 인정 여부를 진술하게 하고 있다(제286조제1항). 다만 실제적으로는 변론종결시까지 가능하다.

라. 신빙성 있는 자백 자백은 신빙성이 있어야 한다. 신빙성 없는 자백에 의한 간이공판절차의 개시는 그 취소사유가 되기 때문이다(제286조의3).

3. 간이공판절차의 개시결정

(1) 법원의 재량

간이공판절차의 요건이 구비된 경우에 이 절차에 의한 심판의 개시 여부는 법원의 재량에 속한다(제286조의2).

(2) 결정의 방법

법원이 간이공판절차개시의 결정을 할 때에는 재판장은 미리 피고인에게 간이공판절차의 취지를 설명하여야 한다(규칙 제131조). 이 결정은 공판정에서 구술로 알려주면 되고, 그 취지를 공판조서에 기재하여야 한다(제38조, 제51조제2항제14호).

(3) 결정에 대한 불복

간이공판절차개시의 결정은 판결 전의 소송절차에 관한 결정이므로 항고할 수 없다(제403조제1항). 간이공판절차의 요건이 구비되지 않았음에도 불구하고 이에 의하여 심판한 경우에는 판결에 영향을 미친 법령위반에 해당하여 상소이유가 된다(제361조의5제1호, 제383조제1호).

4. 간이공판절차의 내용

(1) 증거능력에 대한 특칙

간이공판절차에는 전문증거배제법칙이 적용되지 않는다. 이 절차에서는 전문증거배제법칙에 의하여 증거능력이 부정되는 전문증거(제310조의2, 제312조~제314조, 제316조)에 대하여도 제318조제1항의 증거동의가 있는 것으로 본다(제318조의3본문). 그러므로 전문증거인 수사서류에 대하여도 원칙적으로 증거능력이 인정된다. 다만 검사, 피고인 또는 변호인이 증거로 하는 데 이의가 있는 때에는 그렇지 않다(제318조의3단서).

간이공판절차에서 증거능력의 제한이 완화되는 것은 전문증거에 한한다. 따라서 위법수집증거배제법칙, 자백배제법칙과 같은 그 외의 증거능력에 관한 법칙 및 자백의 보강법칙과 같은 증명력에 관한 법칙은 이 절차에서도 그대로 적용된다.

(2) 증거조사에 대한 특칙

간이공판절차도 공판절차이므로 증거조사 자체를 생략할 수는 없다. 그러나 보통의 절차와 같이 엄격한 증거조사방식에 의할 필요는 없고 대폭 간편화하여 법원이 상당하다고 인정하는 방법으로 증거조사할 수 있다(제297조의2).

따라서 법원은 증인신문을 함에 있어서 교호신문의 방식에 의할 필요가 없으며(제161조의2의 부적용), 서류나 물건의 증거조사시에 개별적으로 지시·설명할 필요도 없다(제291조의 부적용). 다만 상당하다고 인정하는 방법으로 할 수 있다고 함으로써 간이한 방식에 의하는 경우에도 공판절차의 기본원칙인 공개주의에 비추어 적어도 당사자나 방청인이 그 내용을 알 수 있도록 하여야 한다.

5. 간이공판절차의 취소

(1) 취소의 사유

법원은 간이공판절차에 의하여 심판할 것을 결정한 사건에 대하여 피고인의 자백이 신빙할 수 없다고 인정되거나 간이공판절차로 심판하는 것이 현저히 부당하다고 인정할 때에는 검사의 의견을 들어 그 결정을 취소하여야 한다(제286조의3). 간이공판절차의 심리 중에 피고인이 자백을 철회하고 공소사실을 부인하는 경우나 공범인 공동피고인 가운데 일부 피고인의 자백이 있는 경우 등이 여기에 해당한다.

(2) 취소의 절차

간이공판절차의 취소는 법원의 직권에 의하여 결정으로 한다. 다만 취소하기 전에 검사의 의견을 들어야 한다(제286조의3). 법원은 검사의 의견에 구속되지 않는다.

(3) 취소의 효과

간이공판절차의 결정이 취소된 때에는 공판절차를 갱신하여야 한다. 따라서 정식의 공판절차에 의하여 다시 심판하여야 하므로 증거조사를 포함한 사실심리절차를 처음부터 새로 진행하여야 한다. 다만 검사, 피고인 또는 변호인의 이의가 없는 때에는 갱신할 필요가 없다(제301조의2). 이의가 없는 때에는 간이공판절차에서 행하여진 증거조사의 효력이 유지되고 이미 조사된 전문증거의 증거능력도 그대로 인정된다.

Ⅱ. ▶▶ 공판절차의 정지와 갱신

1. 공판절차의 정지

(1) 의 의

공판절차의 정지란 심리를 진행할 수 없는 일정한 사유가 발생한 경우에 법원이 결정으로 그 사유가 없어질 때까지 일시적으로 공판절차의 진행을 멈추게 하는 것을 말한다. 이는 피고인이 의사무능력자이거나 질병으로 인하여 공판정에 출석할 수 없거나 혹은 공소장변경으로 인하여 피고인의 방어권 행사에 지장을 초래하는 경우에 공판절차를 정지함으로써 피고인의 방어권을 보장하기 위한 것이다. 정지사유가 있음에도 불구하고 공판절차를 진행하는 것은 위법하며, 그것이 판결에 영향을 미친 때에는 항소이유(제361조의5제1호) 또는 상고이유(제383조제1호)가 된다.

(2) 공판절차정지의 사유

가. 피고인의 심신상실 또는 질병 피고인이 사물의 분별 또는 의사결정의 능력이 없는 상태에 있는 때에는 법원은 검사와 변호인의 의견을 들어서 결정으로 그 상태가 계속하는 기간 공판절차를 정지하여야 한다(제306조제1항). 피고인이 질병으로 인하여 출정할 수 없는 때에도 마찬가지이다(동조제2항). 공판절차를 정지하는 경우에는 의사의 의견을 들어야 한다(동조제3항). 피고사건에 대하여 무죄, 면소, 형의 면제 또는 공소기각의 재판을 할 것으로 명백한 때에는 피고인의 출정 없이 재판할 수 있다(동조제4항). 경미사건 등에 있어서 대리인이 출정할 수 있는 경우에는 공판절차를 정지하지 않는다(동조제5항).

나. 공소장의 변경 법원은 공소사실 또는 적용법조의 추가, 철회 또는 변경이 피고인의 불이익을 증가할 염려가 있다고 인정한 때에는 직권 또는 피고인이나 변호인의 청구에 의하여 피고인에게 방어준비를 하도록 하기 위하여 결정으로 필요한 기간 공판절차를 정지할 수 있다(제298조제4항).

(3) 공판절차정지의 절차와 효과

가. 정지의 절차

(가) 법원의 결정 피고인의 심신상실 또는 질병으로 인한 공판절차의 정지는 법원의 직권사항으로 소송관계인의 청구는 인정되지 않는다(제306조제1항·제2항). 반면에 공소장의 변경으로 인한 공판절차의 정지는 법원의 직권 또는 소송관계인의 청구에 의하여 가능하다(제298조제4항).

(나) 정지의 기간 공판절차의 정지는 정지사유가 존속하는 동안 가능하다.

나. 정지의 효과 공판절차의 정지결정이 있으면 기간을 정한 경우에는 기간만료시까지 공판절차를 진행할 수 없고, 기간을 정하지 않은 경우에는 취소될 때까지 그 절차를 진행할 수 없다. 구속피고인에 대하여 공판절차가 정지된 경우에 정지기간은 구속기간이나 구속갱신의 기간에 산입되지 않는다(제92조제3항).

2. 공판절차의 갱신

(1) 의 의

공판절차의 갱신이란 법원이 판결선고 이전에 이미 진행된 공판절차를 무시하고 다시 그 절차를 진행하는 것을 말한다. 여기서 법원은 공판심리를 진행한 해당 법원을 말한다. 그리고 판결선고 이후의 판결절차의 갱신은 인정되지 않으므로(제301조단서) 공판절차의 갱신은 공판심리절차의 갱신을 의미한다. 이는 직접심리주의 및 구두주의의 요청이다.

(2) 공판절차갱신의 사유

가. 판사의 경질 공판개정 후 판사의 경질이 있는 때에는 공판절차를 갱신하여야 한다(제301조본문). 경질은 단독판사가 바뀌거나 합의부 구성원 전부 또는 그 중 일부가 바뀐 경우를 말한다. 그러나 재판이 내부적으로 성립되어 판결의 선고만을 앞두고 있는 때에는 갱신할 필요 없이 바뀐 판사가 판결을 선고하면 된다(동조단서). 판사가 바뀌었음에도 불구하고 공판절차를 갱신하지 않으

면 절대적 항소이유(제361조의5제8호) 및 상대적 상고이유(제383조제1호)가 된다.

나. 간이공판절차의 취소 간이공판절차의 결정이 취소된 때에는 공판절차를 갱신하여야 한다(제301조의2본문). 간이공판절차의 취소사유에 의한 이전 공판심리의 부적법이나 부당을 정식의 공판절차를 통하여 바로잡기 위한 것이다. 다만 검사, 피고인 또는 변호인의 이의가 없는 때에는 공판절차를 갱신하지 않아도 된다(동조단서). 간이공판절차가 취소되었음에도 불구하고 공판절차를 갱신하지 않으면 상대적 상소이유가 된다(제361조의5제1호, 제383조제1호).

다. 심신상실로 인한 공판절차의 정지 공판개정 후 심신상실로 인하여 공판절차가 정지된 경우에는 그 정지사유가 소멸한 후에 곧바로 이어진 공판기일에 공판절차를 갱신하여야 한다(규칙 제143조). 심신상실자였던 피고인이 정지 전의 소송행위를 잘 기억하지 못할 뿐만 아니라 그의 소송행위가 소송무능력자의 행위로서 무효일 가능성이 높기 때문이다.

(3) 갱신의 절차

재판장은 피고인에게 진술거부권의 고지, 인정신문, 모두진술, 증거조사 등을 처음부터 다시 진행하게 된다(규칙 제144조제1호~제5호). 다만 증거조사에 있어서 증거능력이 없다고 인정되는 서류 또는 물건과 증거로 하는 것이 상당하지 않다고 인정되고 검사, 피고인 및 변호인이 이의를 제기하지 않는 서류 또는 물건에 대하여는 증거조사를 하지 않아도 된다(규칙 동조제5호). 재판장은 서류 또는 물건(제292조, 제292조의2, 제292조의3)에 관하여 증거조사를 하는 때에도 검사, 피고인 및 변호인의 동의가 있는 때에는 그 전부 또는 일부에 관하여 정식의 증거조사방식인 제시, 낭독, 내용 고지 등 대신 상당하다고 인정하는 방법으로 할 수 있다(규칙 동조제2항).

(4) 갱신 전 소송행위의 효력

가. 판사의 경질에 의한 경우 피고인의 진술이나 증인의 증언과 같이 법관의 심증형성에 직접 영향을 미치는 실체형성행위는 갱신 본래의 취지인 직접주의와 구두주의에 비추어 그 효력을 잃는다. 이와는 달리 증거신청이나 증거결정 등과 같은 절차형성행위는 영향을 받지 않는다. 따라서 갱신 전의 공판절차에서 행한 소송관계인의 신청에 대하여 법원은 갱신 후에도 결정을 내려야 한다.

나. 간이공판절차의 취소나 피고인의 심신상실로 인하여 정지된 공판절차가 다시 진행되면서 갱신된 경우 이 경우 갱신의 취지에 비추어 실체형성행위나 절차형성행위 모두 그 효력을 잃는다. 다만 이 경우는 직접주의나 구두주의 때문이 아니라 이미 진행된 행위의 위법이나 무효를 이유로 갱신이 행하여지는 때에 해당한다.

Ⅲ. 변론의 병합, 분리 및 재개

1. 변론의 병합과 분리

(1) 의 의

법원은 필요하다고 인정한 때에는 직권 또는 검사, 피고인이나 변호인의 신청에 의하여 결정으로 변론을 분리하거나 병합할 수 있다(제300조).

변론의 병합이란 ① 여러 개의 관련사건(제11조)이 ② 동일한 법원(조직법상 의미) 내의 ③ 사물관할을 같이 하는 ④ 소송법상 의미의 동일한 법원 또는 여러 개의 법원에 계속되어 있는 경우에 하나의 법원(소송법상 의미)이 동일한 절차에서 심리하는 것을 말한다. 예를 들어 관련사건이 서울중앙지방법원의 형사1단독판사와 형사2단독판사인 법원에 소송계속된 경우에 형사1단독판사인 법원이 병합하여 심리하는 경우가 그것이다. 만약 여러 개의 관련사건이 여러 법원(조직법상 의미)에 계속되어 있거나 사물관할을 달리하는 여러 개의 법원(소송법상 의미)에 계속되어 있는 경우에는 제300조의 문제가 아니라 앞에서 본 제6조(토지관할의 병합심리) 및 제10조(사물관할의 병합심리)의 문제이다. 변론의 분리란 변론이 병합된 여러 개의 사건을 나누어 동일 또는 여러 개의 법원(소송법상 의미)에서 여러 개의 절차로 심리하는 것을 말한다.

변론의 병합은 소송경제를 기할 수 있을 뿐만 아니라 피고인의 입장에서는 경합범의 규정이 적용되어 양형상의 이익을 얻을 수 있다. 변론의 분리는 여러 개의 사건을 병합하여 심리하는 것이 심리의 혼란을 초래하는 경우에 행하여진다.

(2) 절 차

변론의 병합·분리는 직권 또는 검사, 피고인이나 변호인의 신청에 의하여 결정으로 행하여진다. 신청의 방식에는 서면, 구술의 제한이 없다. 법원은 공판기일 외에서 재판서를 작성하여 병합 및 분리결정을 할 수도 있고, 공판기일에서 구술로 병합 및 분리결정을 고지할 수도 있다(제38조). 변론의 병합·분리는 법원의 재량에 속한다. 따라서 별도로 공소제기가 된 사건을 병합심리해 달라는 피고인의 신청을 법원이 꼭 받아들여야 하는 것은 아니다(대판 2005. 12. 8. 2004도5529).

(3) 효 과

여러 피고인에 대하여 변론을 병합한 경우에는 그 피고인들은 공동피고인이 된다. 동일법원(소송법상 의미)에 계속된 여러 개의 사건을 병합하는 경우와는 달리 다른 법원(소송법상 의미)에 계속된 사건을 병합하는 때에는 수소법원이 변경되므로 병합된 사건에 대한 공판절차를 갱신하여야 한다.

2. 변론의 재개

(1) 의 의

법원은 필요하다고 인정한 때에는 직권 또는 검사, 피고인이나 변호인의 신청에 의하여 결정으로 종결한 변론을 재개할 수 있다(제305조). 변론의 재개는 변론종결 후 공소사실과 양형에 관한 새로운 증거가 발견되거나 새로운 사정이 발생한 경우에 행하여진다. 변론의 재개는 판결선고 이전에만 가능하다.

(2) 변론재개의 절차

변론의 재개는 직권 또는 검사, 피고인이나 변호인의 신청에 의한다. 법원의 결정은 변론의 병합·분리결정에서 본 바와 같다. 변론의 재개 여부는 법원의 재량에 속한다.

(3) 변론재개의 효과

변론이 다시 열리면 공판절차는 변론종결 전의 상태로 돌아가 이전 변론의 연장선상에 있게 된다. 구체적으로는 검사의 최후의견진술(제302조) 이전의 절차로 돌아가게 된다. 따라서 변론재개 후에 증인신문과 같이 실체심리가 있은 후 다시 변론을 종결하는 경우에는 검사, 피고인 또는 변호인에게 다시 최후의견진술(제302조, 제303조)의 기회를 주어야 한다.

Ⅳ. 국민참여재판의 공판절차

1. 공판준비절차

재판장은 피고인이 국민참여재판을 원하는 의사를 표시한 경우에 사건을 공판준비절차에 부쳐야 한다(국민참여재판법 제36조제1항본문). 다만 공판준비절차에 부치기 전에 법원의 국민참여재판 배제결정이 있는 때에는 그렇지 않다(동조제1항단서). 공판준비절차에 부친 이후에도 피고인이 국민참여재판을 원하지 않거나 법원의 국민참여재판 배제결정이 있는 때에는 공판준비절차를 종결할 수 있다(동조제2항).

법원은 주장과 증거를 정리하고 심리계획을 수립하기 위하여 공판준비기일을 지정하여야 한다(동법 제37조제1항). 일반 공판절차에서 공판준비기일은 임의적 절차이나(제266조의5) 국민참여재판에서는 필수적 절차이다. 공판준비기일은 절차의 진행이 방해될 우려가 있는 때를 제외하고는 공개하여야 하며(국민참여재판법 제37조제3항), 이 기일에는 배심원이 참여하지 않는다(동조제4항).

2. 공판절차의 특칙

(1) 공판정의 구성

공판정은 판사·배심원·예비배심원·검사·변호인이 출석하여 개정한다(동법 제39조제1항). 검사와 피고인 및 변호인은 대등하게 마주 보고 위치한다. 다만 피고인신문을 하는 때에는 피고인은 증인석에 위치한다(동조제2항). 배심원과 예비배심원은 재판장과 검사·피고인 및 변호인의 사이 왼쪽에 위치한다(동조제3항). 증인석은 재판장과 검사·피고인 및 변호인의 사이 오른쪽에 배심원과 예비배심원을 마주 보고 위치한다(동조제4항).

(2) 간이공판절차 규정의 배제

국민참여재판에는 형사소송법상의 간이공판절차에 관한 규정이 적용되지 않는다(동법 제43조). 간이공판절차에서와 같이 증거조사방식을 간편하게 진행하면 배심원이 증거관계를 제대로 파악하기 어렵기 때문이다.

(3) 공판절차의 갱신

공판절차가 개시된 후 새로 재판에 참여하는 배심원 또는 예비배심원이 있는 때에는 공판절차를 갱신하여야 한다(동법 제45조제1항). 갱신절차는 새로 참여한 배심원 또는 예비배심원이 쟁점 및 조사한 증거를 이해할 수 있도록 하되, 그 부담이 지나치지 않도록 하여야 한다(동조제2항).

3. 평의와 평결

재판장은 변론이 종결된 후 공판정에서 배심원에게 공소사실의 요지와 적용법조, 피고인과 변호인 주장의 요지, 증거능력, 그 밖에 유의할 사항에 관하여 설명하여야 한다. 이 경우 필요한 때에는 증거의 요지에 관하여 설명할 수 있다(동법 제46조제1항). 심리에 관여한 배심원은 재판장의 설명을 들은 후 유죄·무죄에 관하여 평의(評議)하고, 전원의 의견이 일치하면 그에 따라 평결(評決)한다. 다만 배심원 과반수의 요청이 있으면 심리에 관여한 판사의 의견을 들을 수 있다(동조제2항). 배심원은 유죄·무죄에 관하여 전원의 의견이 일치하지 않는 때에는 평결을 하기 전에 심리에 관여한 판사의 의견을 들어야 하며, 이 경우 유죄·무죄의 평결은 다수결의 방법으로 한다. 심리에 관여한 판사는 평의에 참석하여 의견을 진술한 경우에도 평결에는 참여할 수 없다(동조제3항).

평결이 유죄인 경우 배심원은 심리에 관여한 판사와 함께 양형에 관하여 토의하고 그에 관한 의견을 개진한다. 재판장은 양형에 관한 토의 전에 처벌의 범위와 양형의 조건 등을 설명하여야 한다(동조제4항). 배심원의 양형에 관한 의견은 법원을 기속하지 않고 권고적 효력에 그친다(동조제5항). 배심원의 평결 결과와 의견을 집계한 서면은 소송기록에 편철한다(동조제6항).

4. 판결의 선고

판결즉일선고의 원칙(국민참여재판법 제48조제1항), 즉일선고에 있어서 판결서의 선고 후 작성(동조제2항), 선고기일의 별도지정시 변론종결 후 14일 이내(동조제3항)의 내용은 형사소송법(제318조의4)과 같다. 재판장은 판결선고시 피고인에게 배심원의 평결결과를 알려야 하며, 법원은 평결결과에 기속되지 않는다(동법 제46조제5항).

법원이 배심원의 평결결과와 다른 판결을 선고하는 때에는 피고인에게 그 이유를 설명하여야 하는데(동법 제48조제4항), 이는 소송관계인을 설득하고 판결의 정당성을 확보하기 위한 것이다. 판결서에는 배심원이 재판에 참여하였다는 취지를 기재하여야 하며 배심원의 의견을 기재할 수 있다(동법 제49조제1항). 배심원의 평결결과와 다른 판결을 선고하는 때에는 판결서에도 그 이유를 기재하여야 한다(동조제2항).

제 5 장 증 거

제 1 절 증거법의 기초

사실관계를 확정하는 데 있어서의 증거능력과 증명력에 관한 규정뿐만 아니라 증거의 수집과 증거조사의 절차에 관한 것을 포함하는 법규범의 총체를 증거법이라고 한다(넓은 의미). 형사소송법은 제2편 제3장 제2절에서 특히 '증거'라는 제목 아래 증거재판주의, 증거능력 및 증명력에 관하여 규정하고 있다(좁은 의미).

I. 증거의 의의

증거란 법원이 사실을 인정하는 데 근거가 되는 객관적 자료를 말한다. 형사소송법은 "사실의 인정은 증거에 의하여야 한다"(제307조제1항)고 함으로써 증거재판주의를 선언하고 있다.

형사소송법에서의 증거라는 용어는 보통 증거방법과 증거자료라는 두 가지 의미로 사용되고 있다. 증거방법은 사용되는 방법(혹은 수단)이 무엇인가의 문제로 사실인정에 사용되는 대상 그 자체를 가리킨다. 그러한 방법으로 증인, 증거서류, 증거물 등이 있다. 증거자료는 증거방법을 조사하여 얻게 된 내용을 말한다. 증인을 신문하여 얻은 증언, 증거서류를 조사하여 얻은 내용, 증거물을 조사하여 얻은 증거물의 형상·성질 등이 그것이다.

Ⅱ. 증거의 종류

1. 직접증거와 간접증거

직접증거와 간접증거는 증명을 요하는 사실(요증사실)과의 관계에 따른 구별이다. 직접증거는 요증사실을 직접 증명하는 데 사용되는 증거를 말한다. 피고인의 자백, 범행현장을 목격한 증인의 증언 등이 여기에 해당한다. 간접증거는 경험법칙상 요증사실을 추인케 하는 사실인 간접사실을 증명하는 데 사용되는 증거를 말한다. 간접증거는 정황에 의하여 간접적으로 요증사실을 추측케 한다는 점에서 정황증거라고도 하는데, 때로 간접사실 그 자체를 의미하는 용어로 사용되기도 한다. 범행현장에서 채취된 지문, 정액 등이 여기에 해당한다.

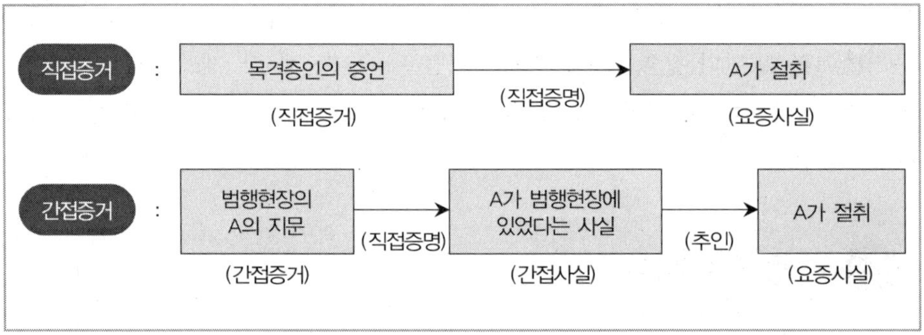

[직접증거와 간접증거의 증명체계]

2. 인적 증거, 물적 증거, 증거서류

(1) 인적 증거

인적 증거는 사람이 증거방법이 되는 것으로 인증(人證)이라고도 한다. 증인, 감정인, 피고인 등이 여기에 해당한다. 인적 증거의 증거조사방식은 신문의 방법에 의한다.

(2) 물적 증거

물적 증거는 물건이 증거방법이 되는 것으로 물증(物證)이라고도 한다. 범행에 사용된 도구, 범행으로 취득한 장물 등이 여기에 해당한다. 물적 증거의 증거조사방식은 제시의 방법에 의한다(제229조의2제1항).

(3) 증거서류와 증거물인 서면

가. 구별의 실익　　증거서류는 서면의 내용이 증거방법이 되는 것으로 서증(書證)이라고도 한다. 피의자신문조서, 공판조서 등이 여기에 해당한다. 증거물인 서면은 원래는 증거물이나 증거서류로서의 성질을 아울러 가지고 있는 것을 말한다. 위조문서, 음란문서, 찢어진 공문서 등이 그것이다. 양자를 구별하는 실익은 증거조사 방식의 차이에 있다. 즉 증거서류의 증거조사방식은 낭독, 내용고지의 방법에 의한다. 이에 대하여 증거물인 서면의 증거조사방식은 증거물의 조사방식인 제시와 증거서류의 조사방식인 낭독 및 내용고지의 절차를 병행하게 된다.

나. 구별기준　　증거서류와 증거물인 서면의 구별에 대하여는 그 내용에 따라 이해하여 서류의 내용이 증거로 되는 것이 증거서류이고, 서류의 내용과 동시에 그 존재나 상태가 증거로 되는 것이 증거물인 서면이라고 하는 것이 통설이다.

3. 본증과 반증

본증(本證)은 입증책임을 지는 당사자가 제출하는 증거를 말한다. 형사소송법에서 입증책임은 공소를 제기한 검사가 지는 것이 원칙이므로 검사가 제출하는 증거를 본증이라고 한다. 반증(反證)은 본증에 의하여 증명하려고 하는 사실을 부인하기 위하여 제출하는 증거를 말한다. 검사의 본증에 대하여 상대방 당사자인 피고인이 제출하는 증거를 반증이라고 한다. 피고인의 알리바이(alibi, 현장부재증명)를 위한 증거가 여기에 해당한다. 반증도 범죄사실 또는 반대사실의 증명에 사용되는 것이므로 본증과 같이 증거능력이 있고 적법한 증거조사를 거친 것이어야 한다.

4. 진술증거와 비진술증거

진술증거는 사람의 진술을 증거로 하는 것을 말한다. 여기에는 구두에 의한 진술증거(구술증거)와 서면에 의한 진술증거(진술기재서면)가 포함된다. 진술증거에는 증인이 직접 체험한 사실을 진술하는 원본증거와 타인으로부터 전해 들은 사실을 진술하는 전문증거가 있다. 비진술증거는 진술증거 이외의 서면과 물적 증거를 말한다. 양자의 구별실익은 전문증거배제법칙이 진술증거에만 적용된다는 데 있다.

5. 실질증거와 보조증거

실질증거는 주요 사실의 존재 여부를 직접·간접으로 증명하기 위하여 사용되는 증거를 말한다. 이와는 달리 보조증거는 실질증거의 증명력을 증가시키거나 감소시키기 위하여 사용되는 증거를 말한다. 보조증거에는 증거의 증명력을 증강하기 위한 보강증거와 증명력을 감소시키는 탄핵증거가 있다. 제310조에서 규율하는 자백의 보강법칙 및 제318조의2에서 규율하는 탄핵증거는 보조증거의 문제이다.

Ⅲ. ▸▸ 증거능력과 증명력

증거능력이란 증거가 공소사실의 인정과 같이 엄격한 증명을 필요로 하는 사실에 대한 자료로 사용될 수 있는 법률상의 자격을 말한다. 즉 증거능력은 증거의 자격 문제이다. 이는 형사소송법에 의하여 형식적으로 정해져 있는데, 이에 관한 것으로 위법수집증거배제법칙(제308조의2), 자백배제법칙(제309조), 전문증거배제법칙(제310조의2~제316조)(3배제법칙) 등이 있다. 증명력이란 증거의 실질적 가치를 말한다. 증거능력이 미리 법에 정해져 있는 데 반하여 증명력은 법관의 자유심증에 맡겨져 있다. 증명력에 관한 것으로는 자유심증주의(제308조)를 기초로 자백의 보강법칙(제310조), 공판조서의 증명력(제56조) 등이 있다.

일정한 증거에 의하여 사실인정을 하기 위해서는 일단 그 증거가 증거능력이 있어야 하고, 증명력은 그 다음에 문제된다. 따라서 아무리 증거로서의 가치가 높아도 증거능력이 없으면 이를 사실인정을 위한 증거로 할 수 없다.

제 2 절 증명의 기본원칙

증명이란 증거에 의하여 일정한 사실을 밝히는 과정을 말한다. 구체적 사건에 있어서 공소사실에 대한 증명은 증거능력 있는 증거에 의하여야 하며(제307조제1항) 합리적 의심이 없는 정도에 이르러야 한다(동조제2항). 증명의 기본원칙으로 증거재판주의, 입증책임, 자유심증주의 등이 있다.

I. 증거재판주의

1. 의 의

증거재판주의란 법원이 사실을 인정함에 있어서는 증거에 의하여야 한다는 원칙을 말한다. 형사소송법은 "사실의 인정은 증거에 의하여야 한다"(제307조제1항)고 함으로써 이 원칙을 선언하고, 또한 "범죄사실의 인정은 합리적인 의심이 없는 정도의 증명에 이르러야 한다"(동조제2항)고 함으로써 사실인정을 위한 엄격한 심증형성을 요구하고 있다.

증거재판주의를 규정한 제307조는 근대적 형사소송법의 원리를 확인하는 데서 나아가 형벌권의 유무와 범위에 관한 사실은 증거능력이 있는 증거에 대한 적법한 증거조사를 거친 후 합리적 의심이 없는 정도의 증명에 이르렀을 때 인정할 수 있다는 '엄격한 증명의 법리'를 표현한 것이다. 여기서 엄격한 증명과 자유로운 증명의 문제가 대두된다.

2. 엄격한 증명과 자유로운 증명

(1) 의 의

증명(좁은 의미)은 증명대상사실에 대한 증명의 방법에 따라 엄격한 증명과 자유로운 증명으로 나누어진다. 엄격한 증명이란 법률상 증거능력이 있고 적법한 증거조사를 거친 증거에 의하여 사실을 인정하는 것을 말한다. 이는 공소사실과 같은 중요한 사실에 대하여 법관의 무분별한 심증형성을 방지하여 피고인의 권익을 보호하고 실체진실을 발견하는 데 그 의의가 있다. 자유로운 증명이란 증거능력의 제한이나 법률이 규정하는 증거조사 방식에서 벗어나 법원의 재량에 의하여 사실을 증명하는 방법이다. 따라서 증거능력이 없거나 법률이 정하는 증거조사의 방식을 거치지 않은 증거에 의하여 사실을 인정할 수 있다.

증명방법의 구분은 증명에 있어서 법관의 편의를 기하고 소송경제를 기한다는 점에 그 의의가 있다. 양자는 증거능력의 유무와 증거조사의 방식에 차이가 있을 뿐 사실인정에 있어서 그 심증에 차이가 있는 것은 아니다. 즉 둘 다 증명에 있어서는 합리적 의심의 정도가 없는 확신을 필요로 한다.

(2) 엄격한 증명의 대상

가. 형벌권의 유무에 관한 사실로서의 공소사실 　형벌권의 발동을 가능케 하는 가장 기초적인 사실이 공소장 기재의 범죄사실, 즉 공소사실이다. 공소사실은 구성요건해당성, 위법성, 책임성이라는 범죄성립요건을 갖추고 있으므로 형벌권 유무를 파악하기 위해서는 이들 개별 요소들에 대한 검토가 필요하다.

(가) 구성요건 해당 사실 　구성요건에 해당하는 사실은 객관적 구성요건 요소인가 주관적 구성요건 요소인가를 가리지 않고 모두 엄격한 증명의 대상이 된다. 따라서 행위의 주체, 객체, 결과발생, 인과관계와 같은 객관적 구성요건 요소인 사실뿐만 아니라 고의, 과실, 목적 등과 같은 주관적 구성요건 요소인 사실 모두 엄격한 증명에 의하여 인정되어야 한다.

(나) 위법성과 책임에 관한 사실 　피고인이 사실에 대하여 정당방위와 같은 위법성조각사유나 강요된 행위와 같은 책임조각사유를 주장하여 이에 대하여 법관이 합리적 의심을 가지게 되면 검사가 그 사유 없음을 입증하여야 하는

데 이 경우에도 엄격한 증명에 의하여야 한다.

(다) 처벌조건　처벌조건은 성립된 범죄에 대한 법적 효과로서의 형벌권을 실현하기 위한 조건이 되므로 엄격한 증명을 요한다.

나. 형벌권의 범위에 관한 사실　형벌권의 범위에 관한 것으로는 형의 가중·감면사유, 몰수·추징의 사유가 있다. 형의 가중사유의 예로 누범가중의 이유로 되는 전과가 있고 형의 감면사유의 예로 심신미약(감경사유), 자수·자복(감면사유)이 있다. 다만 몰수·추징의 사유에 대하여 판례는 범죄구성요건에 관한 사실이 아니라는 이유로 자유로운 증명으로 된다고 한다(대판 2006. 4. 7. 2005도9858(전원합의체)).

다. 간접사실과 보조사실　간접사실이란 요증사실의 존재를 간접적으로 추인케 하는 사실을 말한다. 예를 들어 금전사기죄에 있어서 범죄고의는 피고인이 자백하지 않는 한 금전차용 당시의 변제능력이라는 간접사실에 미루어 판단할 수밖에 없다. 이 간접사실을 증명하는 데 사용되는 증거가 간접증거로서 위의 경우 금전차용 당시의 수입이나 부채 등의 현황이 여기에 해당할 것이다. 한편 간접사실로부터 추론할 수 있는 사실이 구성요건적 사실과 같이 주요사실인 때에는 간접사실도 엄격한 증명의 대상이 된다.

보조사실이란 증거의 증명력에 영향을 미치는 사실을 말한다. '증인의 평소 거짓 언행'을 그 예로 들 수 있다. 보조사실에는 증거의 증명력을 증가시키는 경우와 이를 감소시키는 경우가 있다. 전자는 피고인에게 불리하게 작용하므로 요증사실이 주요사실인 때에는 보조사실도 엄격한 증명의 대상이 된다. 이와는 달리 후자는 피고인에게 유리하게 작용하므로 자유로운 증명으로 충분하다.

라. 경험법칙과 법규　경험법칙이란 여러 경험을 통하여 얻은 것으로서 사실판단의 전제가 되는 지식을 말한다. 누구나가 알 수 있는 일반적인 경험법칙은 증명이 필요 없다. 예를 들어 "지구는 23.5°로 기울어 자전한다"는 사실이 그것이다.

법규의 존재와 내용은 법원의 직권조사사항에 속하므로 증명의 대상이 되지 않는다. 그러나 외국법, 관습법규, 자치법규, 실효된 법률 등은 반드시 법관에게 일반적으로 알려진 것이라고 할 수 없다. 따라서 그 법규가 엄격한 증명을 요하는 사실판단의 전제가 될 때에는 엄격한 증명의 대상이 된다(통설). 판례도 외국법규의 존재는 엄격한 증명을 요한다는 입장이다(대판 1973. 5. 1. 73도289).

(3) 자유로운 증명의 대상

가. 정상에 관한 사실 정상에 관한 사실이란 피고인의 연령, 성행, 지능, 환경, 경력(전과) 등과 같은 양형의 자료가 되는 것을 말한다.

나. 소송법적 사실 소송법적 사실이란 범죄사실이나 양형에 관한 것과 같은 실체법적 사실 외의 것으로서 형사절차의 진행과 관련된 사실을 말한다. 따라서 소송조건의 존재 여부(예를 들어 친고죄에서의 고소 유무)나 절차 진행의 적법성(예를 들어 구속기간 준수 여부)과 같은 순수한 소송법적 사실은 주요사실에 속하지 않으므로 자유로운 증명으로 충분하다.

고문·폭행·협박 등과 같은 자백의 임의성(제309조)의 기초가 되는 사실에 대하여는 견해가 대립되고 있으나, 판례는 소송법적 사실이므로 자유로운 증명으로 충분하다고 본다(대판 2011. 2. 24. 2010도14720 등).

(4) 증명을 요하지 않는 사실(불요증사실)

가. 공지의 사실 공지(公知)의 사실이란 일반적으로 널리 알려져 의심의 여지가 없는 사실을 말한다. 역사적으로 명백한 사실, 자연계의 현저한 사실 등이 여기에 해당한다. 예를 들어 "남이섬은 드라마 '겨울연가'의 촬영지로 유명하다"는 것이 그것이다. 이는 상대적 개념으로 누구라도 알려면 알 수 있는 위치에 있으면 되고 현실적으로 모든 사람에게 알려져 있는 사실임을 요하지 않는다.

공지의 사실과 구별되는 개념으로 법원에 현저(顯著)한 사실이 있다. 법원에 현저한 사실이란 법원이 직무상 명백하게 알고 있는 사실을 말한다. 수소법원이 스스로 판결한 사건 등이 여기에 해당한다. 이러한 사실도 공정한 재판과 재판에 대한 신뢰확보를 위하여 증명이 필요하다(다수설).

나. 추정된 사실 법률상 추정된 사실이란 전제사실이 인정되면 반대증명이 없는 한 일정한 사실을 인정하도록 법률에 규정되어 있는 경우를 말한다. 예를 들어 「환경범죄의 단속에 관한 특별조치법」 제11조에서 사업자의 오염물

질의 불법배출에 따른 위험발생의 추정이 그것이다. 그러나 형사소송법에서는 실체진실주의, 자유심증주의 및 무죄추정의 원칙이 지배하므로 원칙적으로 법률상 추정이 허용되지 않는다.

사실상 추정된 사실이란 전제사실로부터 일정한 사실을 추정하는 것이 경험법칙이나 논리법칙에 비추어 합리적인 경우를 말한다. 예를 들어 범죄의 구성요건에 해당하면 행위의 위법성과 행위자의 책임이 추정되는 것이 그것이다. 그러나 사실상 추정된 사실에 대하여 피고인이 위법성조각사유 등을 주장하면 추정이 깨지게 되고 검사는 위법성 등을 입증하여야 한다.

(5) 증명방식위반의 효과

증명방식에 위반한 증거에 의한 사실의 인정은 판결에 영향을 미친 법률의 위반이 있는 때에 해당한다(제361조의5제1호, 제383조제1호). 따라서 공소사실을 증거능력이 없거나 적법한 증거조사를 거치지 않은 증거에 의하여 인정한 경우에는 상소의 이유가 된다.

Ⅱ. 입증책임

1. 의 의

입증책임(立證責任)이란 요증사실의 존재 여부에 대한 증명이 불충분한 경우에 불이익을 받을 당사자의 법적 지위를 말한다. 이를 실질적 의미의 입증책임이라고 하며 보통 입증책임이라고 하면 이를 의미한다. 입증책임은 다른 말로 거증책임(擧證責任)이라고도 한다. 입증책임은 소송이 개시된 때로부터 종결시까지 고정되어 있으며 바뀌지 않는다.

한편 소송의 진행과정에서 어느 사실이 증명되지 않음으로 인하여 불리한 판단을 받을 염려가 있는 당사자는 그 불이익을 면하기 위하여 해당 사실을 증명하여야 할 부담을 지게 된다. 이를 형식적 입증책임이라고 하는데 입증부담이라고도 한다. 입증부담은 소송의 진행과정에 따라 당사자 사이에 수시로 바뀔 수 있다. 예를 들어 검사가 구성요건해당성을 입증하면(실질적 입증책임) 위법성과 책임성은 사실상 추정된다. 이 경우 피고인으로서는 그 사유가 없음을 주장하여야 하므로 형식적으로는 마치 피고인이 입증책임을 지는 형태를 띠게 된다. 이것이 입증부담이다.

2. 입증책임의 분배

(1) 의 의

입증책임의 분배는 검사와 피고인 중 누가 입증책임을 지는가의 문제이다. 공소사실에 대한 입증책임은 원칙적으로 검사가 지게 된다. *in dubio pro reo* 의 원리는 주로 공소사실 등과 같은 실체법적 사실에 미치므로 이러한 사실에 대하여는 검사 입증책임의 원칙이 그대로 타당하다. 이와는 달리 소송법적 사실에 대하여는 구체적인 검토를 요한다.

(2) 개별적 검토

가. 실체법적 사실

(가) 공소사실의 존재　　공소사실의 존재에 대하여는 검사가 입증책임을 지므로 구성요건에 해당하는 사실은 물론 위법성과 책임에 관한 사실에 대하여도 검사가 입증책임을 진다. 공소실의 존재 여부와 관련한 것으로서 현장부재증명은 피고인이 공소사실을 부인하는 것이므로 이에 대하여도 검사에게 입증책임이 있다(다수설).

(나) 처벌조건인 사실 등　　공소사실 외의 실체법적 사실로 처벌조건인 사실과 형의 가중·감면에 관한 사실이 있다. 전자는 형벌권의 발동요건이 된다는 점에서, 후자는 형벌권의 범위에 영향을 미친다는 점에서 모두 검사에게 입증책임이 있다.

나. 소송법적 사실　　소송법적 사실로 소송조건에 관한 사실과 증거능력의 전제가 되는 사실에 관한 입증책임이 문제된다.

(가) 소송조건에 관한 사실　　소송조건에 관한 사실은 공소제기의 적법·유효조건이기도 하므로 그 존재 여부가 명확하지 않은 경우에는 입증책임의 문제가 발생한다. 이 경우에도 실체법적 사실과 마찬가지로 *in dubio pro reo*의 원리가 적용된다고 보는 것이 일반적이다. 따라서 친고죄에 있어서의 고소, 공소시효의 완성, 사면 등의 사실에 대하여는 검사가 입증책임을 진다.

(나) 증거능력의 전제가 되는 사실 증거능력의 전제가 되는 사실에 대한 입증책임은 그 증거를 제출한 당사자에게 있다(다수설). 따라서 검사가 서증을 증거로 제출하는 경우에 증거능력을 부여하기 위한 입증책임은 검사에게 있고(대판 1970. 11. 24. 70도2109), 자백의 임의성의 기초사실(예를 들어 피고인이 스스로 진술하였다는 사실)에 대하여도 검사가 입증책임을 진다(대판 2000. 1. 21. 99도4940). 이와는 달리 피고인이 자신의 주장에 대한 증거로 타인의 진술서(예를 들어 사실확인서)를 증거로 제출한 경우에는 그 진술서의 성립의 진정(제313조제1항본문)에 관한 입증책임은 피고인이 진다.

3. 입증책임의 전환

(1) 의 의

실체법적 사실에 대하여는 원칙적으로 검사가 입증책임을 지지만 이 경우에도 법률의 규정에 의하여 피고인이 입증책임을 지는 경우가 있다. 이것이 입증책임의 전환 문제이다. 형법상의 상해죄의 동시범의 특례(동법 제263조)와 명예훼손죄에 있어서 사실의 증명(동법 제310조)이 그 예로 제시되고 있다.

(2) 상해죄의 동시범의 특례

2인 이상의 행위가 의사연락 없이 동시에 범행에 관련된 경우를 동시범 혹은 독립행위의 경합이라고 한다. 독립행위의 경합의 경우에는 형법총칙에서 동시(同時) 또는 이시(異時)의 독립행위가 경합한 경우에 그 결과발생의 원인된 행위가 판명되지 않은 때에는 각 행위를 미수범으로 처벌한다(형법 제19조).

한편 형법각칙 제263조에서 상해죄에 대하여는 총칙의 예외를 인정하여 동시범이라는 제목으로 “독립행위가 경합하여 상해결과를 발생하게 한 경우에 원인된 행위가 판명되지 않으면 공동정범의 예에 의한다”고 규정하고 있다. 이 규정의 법적 성격에 대하여는 입증책임의 전환을 규정한 것으로 이해한다(다수설). 즉 피고인이 기수범으로 처벌받지 않으려면 스스로 입증해야 한다는 것이다.

(3) 명예훼손죄에 있어서 사실의 증명

형법 제310조는 위법성의 조각이라는 제목으로 “제307조제1항(사실적시에 의한 명예훼손)의 행위가 진실한 사실로서 오로지 공공의 이익에 관한 때에는 처벌하지 않는다"고 규정하고 있다. 이 규정의 법적 성격에 대하여는 특수한 위법성조각사유를 규정한 것으로 보는 것이 일반적이다. 이에 대하여 판례는 진실한 사실로서 오로지 공공의 이익에 관한 때에 해당된다는 점을 행위자가 증명하여야 한다고 함으로써 입증책임의 전환을 규정한 것으로 보면서도, 그 증명의 정도에 있어서는 합리적 의심의 여지가 없을 정도의 입증은 필요 없다고 한다(대판 1996. 12. 25. 95도1473).

제 3 절 증거능력에 관한 증거법의 원칙

I. 위법수집증거배제법칙

1. 의 의

위법수집증거배제법칙이란 위법한 절차에 의하여 수집된 증거의 증거능력을 부정하는 법칙을 말한다. 이는 수사기관의 위법수사를 억제하여 적법절차의 이념을 실현하기 위한 것이다. 형사소송법 제308조의2는 "적법한 절차에 따르지 않고 수집한 증거는 증거로 할 수 없다"고 함으로써 이 법칙을 선언하고 있다. 이 법칙은 진술증거뿐만 아니라 비진술증거까지 포함하는 위법수집증거배제에 관한 일반법칙이라고 할 수 있다.

2. 제308조의2의 적용대상

제308조의2는 수사기관에 의한 모든 위법수집증거가 적용대상이다. 한편 형사소송법은 특별히 제309조를 두어 고문, 폭행 등 임의성에 의심할 만한 이유가 있는 자백을 배제하고 있다. 또한 제317조에서는 임의성 없는 진술의 증거능력을 부정하고 있다. 따라서 제308조의2의 현실적인 적용대상은 비진술증거와 임의성과 관련된 진술 이외의, 즉 진술의 임의성은 인정되지만 위법하게

수집된 진술(예를 들어 수사기관이 비밀리에 녹음한 진술증거)로 볼 수 있다.

3. 위법수집증거의 배제범위

(1) 배제의 기준

위법수집증거배제법칙에 의하여 배제되는 증거의 배제기준은 이 원칙의 근거인 적법절차의 보장과 위법수사의 억제에서 찾을 수 있다. 다만 이 경우에도 중대한 증거법의 규정을 침해한 때에 한정하여 배제된다고 할 것이다. 여기서 중대한 경우로는 헌법의 적법절차 규정에 위반하거나(예를 들어 영장주의 위반, 진술거부권을 침해한 경우 등) 위법한 증거조사절차에 의한 경우(예를 들어 선서 없이 한 증인신문)를 들 수 있다.

(2) 개별적 검토

가. 적법절차에 위반하여 수집한 증거 적법절차에 위반하여 수집한 증거는 증거능력이 없다. 영장주의에 위반하여 증거능력이 부정되는 경우로 영장 없이 압수·수색·검증한 물건(헌법 제12조제3항; 제215조), 영장기재의 압수물건에 포함되지 않은데도 압수·수색한 물건, 긴급압수·수색의 요건을 갖추지 못한 압수·수색에 의하여 수집한 물건(제217조) 등을 들 수 있다.

영장주의 외의 적법절차에 위반하여 증거능력이 부정되는 경우로 증인신문시 당사자의 참여권을 침해하여 수집한 증언(제163조), 당사자의 참여권을 보장하지 않은 검증(제121조, 제145조) 및 감정(제176조)의 결과, 야간 압수·수색의 제한(제125조, 제219조)에 위반하여 수집한 증거 등을 들 수 있다.

나. 위법한 증거조사절차에 의하여 수집한 증거 증거조사의 절차가 효력규정인 경우 이에 위반하여 수집한 증거는 증거능력이 없다. 공무상 비밀물건 등에 대한 압수거절권을 침해하여 수집한 증거(제110조~제112조, 제219조), 선서 없이 행한 증인·감정인·통역인·번역인신문(제156조, 제170조, 제183조)에 의하여 얻은 증언, 증언거부권을 고지하지 않고 한 증인신문(제148조, 제149조)에 의하여 얻은 증언 등이 여기에 해당한다.

4. 독수의 과실이론

위법수집증거배제법칙을 인정할 경우 위법하게 수집한 증거에 의하여 파생된 증거에 대한 증거능력은 어떠한가가 문제될 수 있다. 이것이 독수의 과실이론의 문제이다.

독수(毒樹, 독나무)의 과실(果實, 열매) 이론이란 위법하게 수집된 증거(1차적 증거, 독나무)에 의하여 파생된 증거(2차적 증거, 열매)의 증거능력을 배제하는 이론을 말한다. 판례도 수사기관의 위법한 압수·수색을 억제하기 위한 가장 효과적인 대응책은 위법하게 수집한 증거 및 이를 기초로 획득한 2차적 증거의 증거능력을 부정하는 것이라고 한다(대판 2007. 11. 15. 2007도3061(전원합의체)). 나아가 법정진술의 경우에도 위법한 1차적 증거에 의하여 이루어진 것이라면 증거능력이 없다고 한다(대판 2014. 1. 16. 2013도7101).

5. 위법수집증거배제법칙의 예외

위법수집증거배제법칙의 예외는 미국 연방대법원의 판례에 의하여 인정되어 오는 것으로 선의의 예외, 오염순화의 예외, 필연적인 발견의 예외, 독립된 증거원의 예외가 있다. 이 중 선의의 예외이론을 제외한 나머지는 독수의 과실이론의 예외로서 논해지고 있다.

(1) 선의의 예외이론

수사기관이 수색영장을 적법한 것으로 신뢰하여, 즉 선의로 수색을 하였으나 영장의 형식적 혹은 실질적 요건이 갖추어지지 않아 위법하더라도 이로 인하여 수집한 증거는 증거능력을 가진다는 이론이다. 이에 의하면 영장의 양식이 맞지 않거나 혹은 영장발부를 위한 상당한 이유가 없어 위법한 경우에도 수사기관이 이를 신뢰하여 행위하였다면 증거능력을 인정할 수 있게 된다. 따라서 판사의 서명만 있고 날인이 없는 압수수색영장을 수사기관이 신뢰하여 이에 따라 수집한 압수물도 증거로 할 수 있다(대판 2019. 7. 11. 2018도20504).

(2) 오염순화의 예외이론

피고인의 자발적인 행동이 수사기관의 위법행위에 의하여 수집한 1차적 증거의 오염성을 희석시켜 파생증거와의 인과관계를 단절하기에 충분한 때에는 오염성이 순화(혹은 희석)되어 증거능력을 인정할 수 있다는 이론이다. 예를 들어 경찰관이 위법하게 피의자의 집에 들어가 자백(독나무)을 얻었으나 피의자가 자백진술서(독과실)에 서명하지 않고 있다가 이후 경찰에 출석하여 스스로 서명하였다면 그 자유의사에 의하여 오염된 증거가 순화된다는 것이다.

(3) 필연적인 발견의 예외이론

위법행위로 인한 1차적 증거가 없었더라도 적법한 수단을 통하여 2차적 증거가 필연적으로 발견되었을 것이라는 사실을 입증할 수 있는 때에는 증거능력을 인정할 수 있다는 이론이다. 예를 들어 경찰관이 피의자 호송 중에 어떤 질문도 금지해 달라는 변호인의 요청에 대하여 우회적인 방법으로 피의자로부터 피해자의 시체가 있는 곳을 알게 된 경우라고 하더라도, 이와 별개로 당시 수색대가 이미 현장에 접근하고 있었다면 시체 발견은 필연적이었다고 보아 증거능력을 인정할 수 있다는 것이다.

(4) 독립된 증거원의 예외이론

위법행위가 있었더라도 이와 관계없는 독립된 별개의 증거원(證據源)으로부터 증거를 얻었다는 것을 입증할 수 있는 때에는 증거능력을 인정할 수 있다는 이론이다. 예를 들어 수사기관이 피고인의 아파트를 위법하게 수색하는 과정에서 유괴된 소녀를 발견한 경우에 있어서 강간을 당하였다고 주장하는 피해소녀의 진술은 위법한 수색과는 별개의 독립된 증거원이므로 증거능력이 있다는 것이다.

(5) 판례의 태도

판례도 수사기관이 실수로 진술거부권을 고지하지 않은 채 얻은 피고인의 자백(1차적 증거)을 기초로 알게 된 2차적 증거인 피고인의 반복된 자백, 물적 증거나 증인의 증언 등에 대하여, 이후의 수사·재판절차에서 진술거부권을 고지하는 등 적법한 절차를 거쳤고, 최초 자백 이후 석방되었거나 변호인의 충분한 도움을 받은 상태에서 자발적으로 동일한 자백을 하였고, 최초 자백 외에도 다른 독립된 제3자의 행위나 자료가 물적 증거나 증인의 증언 등 2차적 증거수집의 기초가 되었고, 증인이 소환을 받고 임의로 출석하여 증언하였다는 사정 등이 있다면 증거로 사용할 수 있다고 한다(대판 2009. 3. 12. 2008도11437).

6. 사인이 위법하게 수집한 증거의 증거능력

(1) 사인의 위법수집증거의 의의

위법수집증거배제법칙은 원래 국가기관인 수사기관의 위법한 행위에 의하여 수집된 증거의 증거능력을 배제하려는 목적에서 형성되어 온 법칙이다. 그러나 오늘날 기본권의 대사인적 효력이 중시됨으로써 국가기관 아닌 사인이 타인의 권리를 침해하거나 적법절차를 위반하여 수집한 증거의 증거능력도 문제될 수 있다. 증거능력이 주로 문제되는 것으로 사인이 비밀리에 녹음한 녹음테이프와 사인이 비밀리에 촬영한 사진이 있다.

(2) 사인이 비밀리에 녹음한 녹음테이프의 증거능력

통신비밀보호법은 공개되지 않은 타인간의 대화를 녹음하거나 청취하는 행위를 처벌하고 있다(동법 제16조, 제3조제1항). 이는 제3자가 타인의 대화를 몰래 녹음 또는 청취한 경우의 불법성에 관한 것이다.

문제는 대화의 일방 당사자가 상대방 몰래 녹음한 때이다. 이 경우 증거능력을 인정할 것인가에 대하여는 견해가 대립되고 있다. 판례는 범행 후 전화를 걸어 온 피고인에 대하여 피해자가 증거를 수집하기 위하여 피고인 몰래 전화내용을 녹취한 사안에서 이를 위법하게 수집한 증거라고 할 수 없다(대판 1997. 3. 28. 97도240)고 한 이래 그 증거능력을 인정하고 있다. 그리하여 그 증거능력의 인정 여부에 있어서 전문증거배제법칙(제313조제1항, 진술서)에 의하여 해결하고 있다(대판 2005. 2. 18. 2004도6323 등).

(3) 사인이 비밀리에 촬영한 사진 등의 증거능력

사인이 상대방 모르게 촬영한 사진의 증거능력에 대하여 판례는 효과적인 형사소추 및 형사소송에서의 진실 발견이라는 공익과 개인의 사생활의 보호이익을 비교형량하여 그 허용 여부를 결정하자는 입장이다(이익형량설). 즉 제3자가 공갈목적을 숨기고 피고인의 동의 아래 촬영한 나체사진이 피고인에 대한 간통죄의 증거로 사용될 수 있다고 보았다(대판 1997. 9. 30. 97도1230).

7. 위법수집증거와 증거동의 및 탄핵증거

(1) 위법수집증거와 증거동의

위법하게 수집한 증거는 증거동의와 관계없이 그 증거능력을 부정하여야 한다(다수설). 만약 위법하게 수집한 증거에 대하여 당사자의 동의가 있다고 하여 이를 증거로 사용할 수 있다고 한다면 적법절차를 보장하기 위한 법칙의 입법취지가 무의미해질 수 있다. 판례도 같은 입장을 취하고 있다(대판 2009. 12. 24. 2009도11401).

(2) 위법수집증거와 탄핵증거

위법수집증거배제법칙은 위법하게 수집한 증거는 그 신용성의 유무에 불구하고 증거법의 세계에서 절대적으로 추방하여 형사사법의 순수성을 기하자는 데 그 입법취지가 있다. 따라서 이를 탄핵증거로 사용하는 것도 허용되지 않는다(통설).

Ⅱ. ▸▸ 자백배제법칙

1. 자백의 의의

자백(自白)이란 피의자 또는 피고인이 범죄사실의 전부 또는 일부를 인정하는 진술을 말한다. 형사소송법에서는 단순히 자신에게 불리한 사실을 인정하는 자인(自認)을 포함하는 개념으로서의 자백이라는 용어를 사용한다.

2. 자백배제법칙

(1) 의 의

자백배제법칙이란 임의성에 의심이 있는 자백은 증거로 사용할 수 없다는 원칙을 말한다. 형사소송법은 “피고인의 자백이 고문, 폭행, 협박, 신체구속의 부당한 장기화 또는 기망 기타의 방법으로 임의로 진술한 것이 아니라고 의심할 만한 이유가 있는 때에는 이를 유죄의 증거로 하지 못한다”(제309조)고 함으로써 이 법칙에 대한 헌법상의 요청(동법 제12조제7항)을 구체화하고 있다.

(2) 자백배제법칙의 이론적 근거

자백배제법칙의 이론적 근거에 대하여는, ① 고문이나 유인 등에 의한 임의성 없는 자백은 허위일 가능성이 많으므로 증거능력이 부정된다는 허위배제설, ② 헌법상의 진술거부권을 보장하기 위하여 마련된 증거법적 장치라고 보는 인권옹호설, ③ 허위배제와 인권옹호를 고려하는 절충설, ④ 자백을 얻는 과정에서의 적법절차를 보장하기 위한 증거법상의 원칙이라고 보는 위법배제설, ⑤ 허위배제, 인권옹호 및 위법배제를 모두 고려하는 종합설이 대립되고 있다.

판례는 피고인에 대한 피의자신문조서의 기재가 그 진실성을 담보한다고 볼 수 없다(대판 1968. 5. 7. 68도379)고 하는 등 전통적으로 허위배제설에 입각해 온 것으로 보인다. 이후 위법배제설을 취하는 듯한 판례가 나오다가(대판 1983. 3. 8. 82도3248 등) 최근 들어 자백의 증거능력을 부정하는 이유가 오판의 소지 및 기본적 인권의 침해를 방지하기 위한 것이라고 함으로써 허위배제설과 인권옹호설을 절충한 듯한 경향을 보이고 있다(대판 1998. 4. 10. 97도3234).

(3) 자백배제법칙의 적용범위

가. 고문·폭행·협박에 의한 자백

(가) 의 의 　고문이란 육체적·정신적으로 고통을 가하는 것을 말한다. 폭행은 신체에 대한 유형력의 행사를 말하며, 협박은 해악을 알려 상대방에게 공포심을 일으키는 것을 말한다. 수사기관의 구타행위, 잠을 재우지 않는 행위, 사회적 지위를 실추시키겠다는 언행 등이 여기에 해당한다.

(나) 경찰에서의 고문 등과 검사에게 한 자백 　수사기관의 고문 등은 대부분 자백과 동시에 행하여지지만 반드시 시간적으로 일치할 필요는 없다. 따라서 피고인이 경찰의 조사과정에서 고문 등에 의하여 임의성 없는 자백을 한 후 검사의 조사과정에서는 고문 등이 없었다고 하더라도 경찰조사과정에서의 임의성 없는 심리상태가 계속되어 동일한 자백을 한 경우에는 검사 앞에서의 자백도 임의성 없는 자백으로 보아 그 증거능력이 부정된다(대판 1992. 11. 24. 92도2409).

나. 신체구속의 부당한 장기화에 의한 자백 　신체구속의 부당한 장기화란 적법하게 구속되었으나 후에 구속의 사유가 소멸되어 더 이상 구속을 계속할 필

요가 없게 된 경우에도 수사의 필요에 의하여 장기간 구속된 상태에서 자백이 이루어진 경우를 말한다.

다. 기망에 의한 자백　기망에 의한 자백이란 상대방을 속여서 착오에 빠뜨린 후 얻은 자백을 말한다. 예를 들어 수사기관이 다른 공범이 이미 자백하였다는 거짓말로 피고인의 자백을 유도하여 받아내는 것이 그것이다. 판례는 신문에 참여한 검찰주사가 피의사실을 자백하면 피의사실 부분은 가볍게 처리하고 보호감호의 청구를 하지 않겠다는 각서를 작성하여 주면서 자백을 유도한 경우에도 기망에 의한 자백에 해당한다고 한다(대판 1985. 12. 10. 85도2182).

라. 기타 방법에 의한 자백

(가) 약속에 의한 자백　약속은 피고인의 이익과 교환조건으로 된 약속을 말하는데(대판 1983. 9. 13. 83도712), 반드시 형사처벌과 관계된 것에 한정되지 않는다. 예를 들어 기소유예를 조건으로 자백을 얻어내는 경우가 그것이다. 약속이 지켜진 경우에도 미국과 같이 플리바게닝이 인정되지 않는 우리 법제에서 제309조의 이론적 근거에 대하여 위법배제설에 의하게 되면 자백획득과정의 위법성으로 인하여 증거로부터 배제된다. 약속은 이를 행할 권한이 있는 자에 의한 것이어야 하며 권한 없는 자에 의한 약속은 기망에 해당한다.

판례는 검찰에서 범행을 부인하다가 후에 자백하는 뇌물수수 사건에서 수뢰액이 200만원이 되면 중형을 받게 되니 이 중 30만원을 술값을 갚은 것으로 하여 조서를 허위작성한 것이라면 이는 단순수뢰죄의 가벼운 형으로 처벌되도록 하겠다고 약속하고 자백을 유도한 것으로 그 임의성에 의심이 간다고 하고 있다(대판 1984. 5. 9. 83도2782).

(나) 밤샘조사에 의한 자백　밤샘조사는 피의자의 잠을 재우지 않고 밤을 새우며 조사를 진행하는 것을 말한다. 이는 인간의 수면권과 휴식권을 보장하는 헌법 정신에 비추어 원칙적으로 허용되지 않는다. 판례는 피고인이 검찰에 연행된 때로부터 약 30시간 동안 잠을 재우지 않고 회유하여 받아낸 진술에 대하여 임의성이 의심된다며 제309조에 의하여 증거능력을 부정하고 있다(대판 2000. 1. 21. 99도4940 등).

(다) 진술거부권을 고지하지 않은 자백　진술거부권의 고지는 헌법이 보장하는 진술거부권(동법 제12조제2항)의 행사를 위한 불가결한 전제이다. 따라서

수사기관이 진술거부권을 고지하지 않고 얻은 자백은 제309조에 의하여 그 증거능력을 부정하여야 한다. 이에 대하여는 앞에서 본 바와 같다.

(라) 변호인선임권·접견교통권의 침해에 의한 자백 변호인의 도움을 받을 권리(헌법 제12조제4항)는 피고인과 검사와의 무기대등을 기함으로써 피고인의 방어권을 보장하기 위한 불가결한 요소이다. 변호인 선임권과 접견교통권은 이 권리를 보장하기 위한 핵심내용이므로 이를 침해하여 얻은 자백은 제309조에 의하여 그 증거능력이 부정된다(대판 1990. 9. 25. 90도1586).

(마) 거짓말탐지기에 의한 자백 거짓말탐지기에 의한 자백을 증거로 할 수 있을 것인가에 대하여 피검자사의 동의가 있는 경우에는 이를 이용하여 얻은 자백을 증거로 할 수 있다는 긍정설(다수설), 거짓말탐지기는 인격권을 침해하는 위법한 수사방법이므로 피검사자의 동의가 있는 경우에도 이를 이용하여 얻은 자백을 증거로 할 수 없다는 부정설이 대립하고 있다. 판례는 거짓말탐지기 검사에서 일정한 반응을 보이면 자백하겠다는 약속에 의하여 나온 자백에 대하여 검사의 강요나 위계에 의하거나 불기소나 가벼운 죄의 소추 등 이익과 교환조건으로 된 것이 아니라면 임의성 없는 자백이라고 단정할 수 없다며 증거능력을 인정하는 입장이다(대판 1983. 9. 13. 83도712). 그럼에도 불구하고 거짓말탐지기 검사결과 자체의 증거능력에 대하여는 여전히 사실상 부정적 입장을 취하고 있다(대판 2005. 5. 26. 2005도130)(이에 대하여는 후술의 전문증거배제법칙 해당 부분 참조).

(바) 유도신문에 의한 자백 유도신문이란 피의자에게 수사기관이 요구하는 답변을 진술하도록 유인하는 신문방법을 말한다. 유도신문은 그 자체에 어느 정도의 기망이 내재되어 있으므로 임의성에 의심할 만한 사유가 있는 위법한 신문방법이므로 제309조에 의하여 증거능력을 부정하여야 한다. 판례도 이를 폭행, 가혹행위 등과 병렬적으로 나열함으로써 제309조의 대상으로 보고 있다(대판 1996. 12. 23. 96도2588 등).

(4) 임의성의 입증 문제

가. 인과관계의 문제 자백배제법칙의 이론적 근거에 대하여 위법배제설을 취하게 되면 임의성에 의심이 있는 위법사유가 있으면 곧바로 증거능력이

부정되므로 인과관계가 문제되지 않는다. 판례는 임의성에 의심이 있는 사유가 있는 자백은 인과관계의 존재가 추정되므로 이를 유죄의 증거로 하려면 적극적으로 그 부존재가 인정되어야 한다고 한다(대판 1984. 11. 27. 84도2252).

나. 임의성의 입증책임　　임의성에 대하여 다툼이 있는 경우 그 의문점을 해소할 입증책임은 검사에게 있다(대판 2005. 11. 10. 2004도42 등).

다. 임의성에 대한 증명방법　　자백의 임의성에 대한 증명의 방법은 그 기초사실인 고문·폭행·협박·기망 등에 대하여 어느 정도의 증명을 필요로 하느냐의 문제이다. 이에 대하여는 견해가 일치하지 않고 있는데, 주로 임의성의 기초사실을 소송법적 사실로 보느냐 그렇지 않느냐에 따른 차이이다. 전자의 경우 자유로운 증명으로 충분하다고 하고, 후자의 경우에는 엄격한 증명이 필요하다고 한다. 판례는 피고인이 그 서명날인을 인정하면서 피의자신문조서의 임의성 유무를 다투는 경우에는 해당 조서의 형식과 내용, 피고인의 학력, 경력, 지능 정도 등 제반 사정을 참작하여 자유로운 심증으로 판단하면 된다고 한다(대판 2001. 2. 9. 2000도1216 등).

(5) 자백배제법칙의 효과

임의성에 의심할 만한 사유가 있는 자백은 유죄의 증거로 하지 못한다. 이에 대하여는 피고인의 증거동의가 있더라도 증거로 할 수 없고(대판 2006. 11. 23. 2004도7900 등) 탄핵증거로도 사용하지 못한다(대판 2005. 8. 19. 2005도2617).

Ⅲ. 전문증거배제법칙

1. 전문증거

전문증거(傳聞證據, hearsay evidence)란 사실인정의 기초가 되는 경험사실을 경험자 자신이 직접 법원에 진술하지 않고 타인에 의하여 진술되거나 서면기재 형태로 제출되는 증거를 말한다. '전문'은 진술자가 경험자로부터 들은(hear, 聞) 것을 법원에 전달하는(say, 傳) 것을 의미하는 영미증거법에서 유래하는 용어이다. 증인이 직접 경험한 사실을 진술하는 원본증거에 대비되는 것이다.

전문증거는 그 전달의 형태에 따라 ① 경험자의 진술을 들은 자가 이를 법원에 진술한 '전문진술'(협의의 전문증거, 예를 들어 증인이 공판정에서 "누군가로부터 피고인의 범행을 목격하였다는 말을 들었다"고 하는 경우), ② 경험자 자신이 경험사실을 서면에 기재한 '진술서'(예를 들어 수사기관에서 피해자가 피해사실을 서면에 기재하는 경우), ③ 경험자로부터 경험사실을 들은 자가 이를 서면에 기재한 '진술녹취서'(예를 들어 수사기관이 피의자나 참고인의 진술을 듣고 이를 조서 형태로 기재하는 경우)가 있다.

2. 전문증거배제법칙의 의의

전문증거배제법칙(hearsay rule)이란 "전문증거는 증거능력이 없다"는 원칙을 말한다.[1] 형사소송법은 "제311조부터 제316조까지에 규정한 것 이외에는 공판준비 또는 공판기일에서의 진술에 대신하여 진술을 기재한 서류나 공판준비 또는 공판기일 외에서의 타인의 진술을 내용으로 하는 진술은 이를 증거로 할 수 없다"(제310조의2)고 함으로써 이를 규정하고 있다. 원칙적으로 전문증거는 증거능력이 없으나 예외적으로 제311조부터 제316조까지에 규정한 전문증거는 일정한 조건 아래 증거능력을 인정하고 있다.

3. 전문증거배제법칙의 이론적 근거

(1) 반대신문권의 결여

전문증거의 증거능력을 부정하는 가장 큰 이유는 당사자의 반대신문권의 결여에 있다. 전문증거는 사실의 경험자인 원진술자가 법정에서 직접 진술하지 않고 타인을 통하여 혹은 서면 형태로 간접적으로 진술이 이루어지는 과정에서 오류가 개입될 여지가 있다는 것이다. 진실의 발견을 위한 가장 중요한 법적 수단이 반대신문권이라면 전문증거는 반대당사자가 그 오류를 극복하고 진실을 확인할 수 있는 반대신문 기회의 박탈로 인하여 증거에서 배제되는 것이라고 한다.

(2) 신용성의 결여

전문증거는 경험사실을 경험자가 직접 진술하지 않고 타인을 통하여 진술

---

1) 대부분 이를 전문법칙이라고 하고 있으나 마치 전문의 증거가 증거능력이 있다는 법칙처럼 오해될 소지가 있다. 따라서 이 책에서는 이 법칙의 정확한 의미를 전달하기 위하여 전문증거배제법칙이라고 한다.

이 이루어지는 과정에서 그 진실성 여부가 오로지 타인의 정직성 및 기억력에 의존하게 된다. 이러한 이유로 전문증거는 그 신용성의 결여로 인하여 증거로 사용할 수 없게 된다고 하는데 이것이 전문증거배제법칙이라는 것이다.

4. 전문증거배제법칙의 적용범위

(1) 진술증거

전문증거는 경험자의 진술을 내용으로 한다. 따라서 전문증거배제법칙은 진술증거에 대하여만 적용되는데 진술에 대하여만 당사자의 반대신문이 가능하기 때문이다. 진술증거에는 진술을 기재한 서류도 포함된다.

(2) 요증사실과 관련된 증거

가. 진술내용이 요증사실을 이루고 있을 것 전문증거는 요증사실을 직접 경험한 자의 진술을 내용으로 하므로 원진술의 내용이 요증사실을 이루고 있어야 한다. 즉 타인의 진술이나 서류에 포함된 원진술자의 진술내용이 요증사실인 경우에는 전문증거로서 전문증거배제법칙의 적용을 받으나, 원진술의 존재 그 자체가 요증사실인 경우에는 본래증거(원본증거)이지 전문증거가 아니다. 예를 들어 A가 B로부터 "C가 상대후보 D의 출마를 포기케 할 목적으로 금품을 건네는 것을 보았다"는 진술을 들은 경우에 있어서, C의 선거법위반사실이 요증사실인 경우에는 경험자인 원진술자 B의 진술이 A를 통하여 간접적으로 표출되었으므로 A의 진술은 전문증거가 된다. 반면에 B의 C에 대한 명예훼손사실이 요증사실인 경우에는 B의 C에 대한 명예훼손진술이 있었느냐 여부가 문제되므로 B로부터 이를 직접 들은 A의 진술은 원본증거가 된다.

나. 진술내용이 요증사실과 관련이 있을 것 원진술의 내용이 요증사실과 관련이 없는 경우에는 전문증거가 아니다. 따라서 원진술자의 진술을 진술의 존재 여부나 그 진술의 진실성과 관계없는 간접사실에 대한 정황증거로 사용하는 경우에는 전문증거배제법칙이 적용되지 않는다(대판 2000. 2. 25. 99도1252). 예를 들어 피고인 A의 상습도박사건에서 평소 도박습관(간접사실)을 나타내기 위하여 증인으로 출석한 B가 "평소 A는 끼니는 거를 수 있어도 도박은 거를 수 없다는 말을 자주 하고 다녔다"고 증언하는 경우에 있어서 B의 진술은 전문증

거가 아니라 A가 도박습관자라는 간접사실을 증명하기 위한 정황증거이다.

(3) 공판준비 또는 공판기일 외의 진술

전문증거는 원진술이 공판준비기일이나 공판기일에서 행하여진 진술이 아니어야 한다(제310조의2). 공판준비기일이나 공판기일에 법원이 원진술을 직접 듣는 것은 원본증거이므로 전문증거배제법칙이 적용될 여지가 없기 때문이다.

5. 전문증거배제법칙의 예외

(1) 예외인정의 필요성

제310조의2에 의하여 원칙적으로 전문증거의 증거능력을 부정하면서도 제311조부터 제316조까지의 규정에 대하여는 그 예외를 인정하고 있다. 이는 모든 전문증거의 증거능력을 부정하게 되면 사실인정을 위한 자료를 지나치게 제한하여 오히려 실체진실의 발견을 해치고 재판의 지연을 초래할 수 있다는 데 그 이유가 있다.

(2) 예외인정의 기준

가. 신용성의 정황적 보장　신용성의 정황적 보장이란 원진술자의 진술이 공판정 외에서 행하여졌다고 하더라도 여러 정황으로 보아 원진술이 믿을 만하다고 인정되는 경우를 말한다. 여기서 신용성은 진술내용의 진실성이 아니라 그 진실성을 보장할 만한 외부적 정황을 말한다. 일반적으로 신용성의 정황적 보장이 인정된다고 보는 것으로 부지불각(不知不覺) 중에 한 말, 사람이 죽음에 임해서 하는 말, 어떠한 자극에 의해서 반사적으로 한 말, 경험상 앞뒤가 맞고 이론정연한 말, 또는 범행에 접착하여 범증을 은폐할 시간적 여유가 없을 때 한 말, 범행 직후 자기의 소행에 충격을 받고 깊이 뉘우치는 상태에서 한 말 등을 들 수 있다(대판 1983. 3. 8. 82도3248).

마찬가지로 수사절차 초기에 수사기관에서 진술한 내용도 시간적·감정적인 요인 등에 비추어 다른 고려와 외부적 영향이 개입되지 않음으로 인하여 사실대로 행할 것이라는 점에서 신용성이 높다고 보는 것이다.

나. 필요성　전문증거의 필요성이란 원진술과 같은 가치의 진술을 얻는 것이 불가능하거나 매우 곤란하기 때문에 전문증거라도 사용할 필요가 있는 경

우를 말한다. 원진술자의 사망, 질병, 외국거주, 소재불명, 그 밖에 이에 준하는 사유로 인하여 원진술자를 공판정에 출석케 하여 다시 진술하게 하는 것이 불가능하거나 매우 곤란한 경우가 여기에 해당한다(제312조, 제316조제2항). 수사기관에서 진술한 피해자인 유아가 공판정의 증인신문에서 일정한 사항에 관하여 기억이 나지 않는다는 취지로 진술하여 그 진술의 일부가 재현 불가능하게 된 경우(대판 2006. 4. 14. 2005도9561)를 이에 준하는 것으로 볼 수 있다.

6. 전문증거배제법칙의 예외규정

(1) 제311조: 법원 또는 법관의 앞에서 작성된 조서

제311조는 "공판준비 또는 공판기일에 피고인이나 피고인 아닌 자의 진술을 기재한 조서와 법원 또는 법관의 검증의 결과를 기재한 조서는 증거로 할 수 있다. 제184조(증거보전절차) 및 제221조의2(증인신문의 청구)의 규정에 의하여 작성한 조서도 또한 같다"고 규정하고 있다. 법원 또는 법관의 앞에서 한 진술을 기재한 조서는 그 성립이 진정하고 정황적으로 신용성이 높다고 보기 때문에 무조건 증거능력을 인정하는 것이다.

여기서 공판준비조서 및 공판조서는 해당 사건에 대한 조서만을 의미하며 다른 피고사건에 대한 조서의 증거능력에 대하여는 제315조제3호(기타 신용할 만한 정황)에 의하여 증거능력이 인정된다. 법원 또는 법관의 검증조서에 대하여도 마찬가지이다. 요약하면 '해당 사건에서, 원본증거가 아닌 증거를 기재한 공판조서 및 검증조서'가 여기에 해당한다.

가. 공판준비 또는 공판기일에 피고인의 진술을 기재한 조서 '공판준비에 피고인의 진술을 기재한 조서'란 해당 사건의 공판준비절차에서 피고인을 신문한 조서(제273조제1항), 공판준비기일조서(제266조의10제2항), 공판기일 전의 법원의 검증조서 중 피고인의 진술을 기재한 부분을 말한다. '공판기일에 피고인의 진술을 기재한 조서'란 공판조서를 말한다. 해당 사건의 공판기일에 피고인이 한 진술은 전문증거가 아니라 원본증거이므로, 여기서 말하는 공판조서는 공판절차갱신 전의 공판조서, 파기환송·이송 전의 공판조서 등을 말한다.

나. 공판준비 또는 공판기일에 피고인 아닌 자의 진술을 기재한 조서

(가) 개 념 '공판준비에 피고인 아닌 자의 진술을 기재한 조서'란 해당

사건의 공판준비절차에서 증인·감정인·통역인·번역인·공동피고인 등을 신문한 조서를 말한다. '공판기일에 피고인 아닌 자의 진술을 기재한 조서'란 증인 등에 대한 공판조서를 말한다. 해당 사건의 공판기일에서의 증인 등의 증언은 전문증거가 아니라 원본증거이므로, 여기서 말하는 공판조서는 공판절차 갱신 전의 공판조서, 파기환송·이송 전의 공판조서 등을 말한다.

(나) 공동피고인의 진술을 기재한 조서 공동피고인도 피고인 아닌 자에 속한다. 다만 공범이냐 아니냐에 따라 나누어 검토를 요한다. '공범인 공동피고인'은 해당 사건에서의 피고인 아닌 자에 속하므로 그 진술을 기재한 조서는 당연히 제311조가 적용되어 증거능력이 인정된다. 판례는 공범인 공동피고인에 대하여 변론을 분리하지 않는 한 증인적격이 없다고 하면서도(대판 2008. 6. 26. 2008도3300 등, 앞에서 본 증인적격 부분 참조), 공범자의 자백을 피고인의 공소사실에 대한 증거로 할 수 있을 것인가에 대하여는 피고인의 반대신문권이 보장되어 있어 증인으로 신문한 경우와 다를 바 없다는 이유로 독립한 증거능력을 인정하고 있다(대판 2006. 5. 11. 2006도1944). 이와는 달리 별개의 범죄사실로 기소되어 단지 병합심리되는 데 그치는 '공범 아닌 공동피고인'은 제3자로서 피고인에 대하여 증인의 지위를 가진다. 따라서 증인으로서의 선서 없이 공동피고인의 지위에서 행한 공판정진술은 피고인의 공소사실을 인정하는 증거로 사용할 수 없으므로(대판 1982. 9. 14. 82도1000) 제311조를 논의할 실익이 없다. 만약 증인으로서 선서 후 진술하였다면 이에 대하여도 당연히 제311조에 의하여 증거능력이 인정될 것이다.

한편 '공동피고인이 아닌 공범자'의 다른 공판정에서의 자백을 기재한 공판조서는 해당 피고사건에 대한 조서가 아니다. 따라서 이는 제315조제3호(기타 신용할 만한 정황)에 의하여 피고인의 공소사실에 대한 증거로 할 수 있을 것이다.

다. 증거보전절차와 증인신문절차에서 작성한 조서 증거보전절차(제184조)와 참고인에 대한 증인신문절차(제221조의2)에서 작성한 조서도 당연히 증거능력이 인정된다(제311조). 이들 조서가 비록 제1회 공판기일 이전에(주로 수사절차) 작성되지만, 선서를 하고 법원(지방법원판사)의 앞에서 행한 진술이므로 신용성이 높아 공판조서와 마찬가지로 취급되기 때문이다.

라. 법원 또는 법관의 검증의 결과를 기재한 조서

(가) 제311조후단의 의의 공판준비 또는 공판기일에 법원 또는 법관의 검증의 결과를 기재한 조서, 즉 검증조서는 증거능력이 있다(제311조후단). 증거보전절차(제184조)나 참고인에 대한 증인신문절차(제221조의2)에서 작성한 검증조서도 마찬가지이다(제311조). 해당 사건의 공판기일에 공판정에서 법원이 행한 검증은 인식한 내용 자체가 곧 증거로 되므로 이는 전문증거가 아니라 원본증거이다. 따라서 제311조후단은 법원이 공판정 외의 검증을 행한 경우, 수명법관이나 수탁판사가 검증을 행한 경우, 증거보전절차 등에서 지방법원판사가 검증을 행한 경우 등을 말한다. 이들 검증조서는 증거서류인 진술녹취서의 형태로 간접적으로 법원(수소법원인 공판법원)에 제출된다는 점에서 전문증거로서의 성격을 가진다.

(나) 검증조서에 기재된 참여인진술의 증거능력 법원 또는 법관의 검증조서에는 검증결과뿐만 아니라 검증에 참여한 피고인·피해자·목격자 등의 진술이 기재되는 경우가 있다. 이러한 참여인진술은 법원 또는 법관의 앞에서 행하여진 진술로서 제311조후단이 아닌 전단에 의하여 증거능력을 인정할 수 있다. 그러나 참여인진술이라고 할지라도 검증활동에 부수적인 것에 지나지 않거나(예를 들어 현장검증에서 단순히 그 위치를 지시하는 것) 신체검사에서 대상자가 승낙한 사실 등은 검증조서와 일체로 취급되어 검증조서에 관한 제311조후단에 의하여 증거능력이 인정될 수 있다. 다만 현장지시의 경우에도 범행장소 자체가 검증의 목적으로 되어 공소사실인 범행현장을 특정하는 때에는 법원 또는 법관의 앞에서 행하여진 진술로서 제311조전단의 적용을 받을 것이다.

(다) 검증조서에 첨부된 사진·도화의 증거능력 검증조서에는 검증목적물의 현상을 명확하게 하기 위하여 사진이나 도화(圖畫)를 첨부할 수 있도록 하고 있다(제49조제2항). 이러한 사진 등은 검증의 경위와 결과에 대한 이해를 돕기 위한 수단이므로 검증조서와 일체를 이룬다고 볼 수 있다. 따라서 검증조서에 대한 제311조후단에 의하여 증거능력이 인정된다.

(2) 제312조: 수사기관작성의 조서

제312조는 수사기관작성 서류의 증거능력에 대한 것이다. 검사작성의 피

의자신문조서(제312조제1항), 사법경찰관작성의 피의자신문조서(동조제3항), 참고인진술조서(동조제4항), 검증조서(동조제6항)가 그것으로 전문서류(진술녹취서)의 증거능력에 관한 것이다. 이 서류들은 원진술자의 경험사실이 수사기관작성의 조서를 통하여 간접적으로 법원에 제출된다는 점에서 전문증거에 해당한다.

한편 피의자의 진술을 녹취하거나 기재한 서류 또는 문서가 수사기관에서의 조사과정에서 작성된 것이라면 그것이 진술조서, 진술서, 자술서라는 형식을 취하였더라도 피의자신문조서로 보아야 한다(대판 2010. 5. 27. 2010도1755 등).

가. 제312조제1항: 검사작성의 피의자신문조서

(가) 의 의　검사가 작성한 피의자신문조서는 적법한 절차와 방식에 따라 작성된 것으로서 공판준비, 공판기일에 그 피의자였던 피고인 또는 변호인이 그 내용을 인정할 때에 한정하여 증거로 할 수 있다(제312조제1항). 2020년 수사권 조정을 위한 개정법에서 검사작성의 피의자신문조서의 증거능력 요건을 사법경찰관의 조서와 동일하게 엄격히 하였다.

(나) 조서작성의 주체　제312조제1항에 의한 조서작성의 주체는 검사다. 검사작성의 피의자신문조서라고 하려면 검사가 대부분의 조서작성과정에 참여하여 전반적 핵심사항을 질문하고 조서작성 후에도 검사의 신문결과와 일치하는지를 검토한 후 서명날인하는 정도의 관여가 필요하다(대판 1984. 7. 10. 84도846).

(다) 증거능력의 인정요건

① 적법한 절차와 방식에 따라 작성　'적법한 절차와 방식'이란 조서상의 피의자의 간인과 기명날인 혹은 서명의 진정(眞正)을 의미하는 형식적 진정성립을 포함하는 것으로 이보다 더 넓은 개념이다. 따라서 형식적 진정성립 외에도 피의자신문과정의 참여(제243조), 변호인의 참여 등(제243조의2), 피의자신문조서의 작성방법(제244조), 진술거부권 등의 고지(제244조의3), 수사과정의 기록(제244조의4제1항·제2항) 등에 따라 적법한 절차와 방식에 따라 조서가 작성되어야 한다. 진술거부권의 고지 없이 행한 신문이나 변호인의 접견교통권을 침해한 상태에서 행한 신문 등에 의하여 작성된 피의자신문조서는 자백진술인 경우에는 제309조에 의하여, 자백 이외의 진술인 경우에는 제317조에 의하여 각각 그 증거능력이 부정되게 된다.

② 내용의 인정　적법한 절차와 방식에 따라 작성된 것으로서 검사작성의

피의자신문조서는 공판준비, 공판기일에 그 피의자였던 피고인 또는 변호인이 그 내용을 인정하여야 한다. '그 내용을 인정할 때'란 피의자신문조서의 기재내용이 진술한 대로 기재되어 있다(실질적 진정성립)는 의미가 아니고, 진술한 내용이 실제 사실과 일치한다는 것을 의미한다. 예를 들어 "조사 당시에는 조서에 기재된 대로 진술한 것이 맞는데 지금 생각해 보니 착각하여 잘못 진술하였다"고 하는 것이 내용을 부인하는 것이다.

(라) 제314조와의 관계 제314조는 "제312조 또는 제313조의 경우에 공판준비 또는 공판기일에 진술을 요하는 자가 사망·질병·외국거주·소재불명 그 밖에 이에 준하는 사유로 인하여 진술할 수 없는 때에는 그 조서 및 그 밖의 서류를 증거로 할 수 있다. 다만 그 진술 또는 작성이 특히 신빙할 수 있는 상태하에서 행하여졌음이 증명된 때에 한한다"고 한다. 여기서 제312조제1항에서 증거능력을 인정받지 못한 검사작성의 피의자신문조서가 제314조에 의하여 이를 인정할 수 있을 것인가가 문제된다. 그러나 제312조제1항은 '피고인이 된 피의자신문조서'에 대하여 규정하고 있고, 원칙적으로 피고인의 출석이 개정요건이므로(제276조) 사망·질병·외국거주·소재불명 등과 같은 결석재판을 전제한 경우란 생각할 수 없다. 따라서 제312조제1항에 의하여 증거로 할 수 없는 것을 제314조에 의하여 증거로 할 수는 없다.

나. 제312조제3항: 사법경찰관작성의 피의자신문조서

(가) 의 의 검사 이외의 수사기관이 작성한 피의자신문조서도 검사와 마찬가지로 적법한 절차와 방식에 따라 작성된 것으로서 공판준비 또는 공판기일에 그 피의자였던 피고인 또는 변호인이 그 내용을 인정할 때에 한정하여 증거로 할 수 있다(제312조제3항). 검사 이외의 수사기관은 사법경찰관을 말한다.

(나) 조서작성의 주체 제312조제3항에 의한 조서작성의 주체는 제197조에 의한 일반사법경찰관이나 제245조의10에 의한 특별사법경찰관이다. 사법경찰리에 대하여는 판례에 의하여 인정되고 있다(대판 1982. 12. 28. 82도1080).

(다) 적용범위 제312조제3항은 피고인이 된 피의자뿐만 아니라 공범관계에 있는 다른 피고인이나 피의자에 대한 피의자신문조서를 해당 피고인에 대한 유죄의 증거로 하는 경우에도 적용된다. 따라서 공범자에 대한 피의자신문조서가 공범자의 공판정진술에 의하여 성립의 진정이 인정되는 경우(제312조제4

항)에도 피고인이 그 조서의 내용을 인정하지 않으면 이를 유죄의 증거로 사용할 수 없다(대판 2009. 10. 15. 2009도1889). 전혀 별개의 사건에서 피의자였던 자에 대한 피의자신문조서도 같다(대판 1995. 3. 24. 94도2287). 제312조제3항의 적용범위 문제는 사법경찰관작성의 피의자신문조서에 대한 내용인정의 주체 문제로 귀결된다. 요컨대 그 내용인정의 주체는 공범자나 별개 사건의 피의자인 원진술자가 아니라 해당 사건의 피고인이다(대판 2009. 7. 9. 2009도2865 등).

(라) 증거능력의 인정요건

① 적법한 절차와 방식에 따라 작성 사법경찰관작성의 피의자신문조서도 적법한 절차와 방식에 따라 작성된 것이어야 한다. '적법한 절차와 방식'이란 검사작성의 그것에서 본 것과 같다. 즉 피의자의 간인, 기명날인 혹은 서명의 진정을 의미하는 형식적 진정성립, 피의자신문과정의 참여(제243조), 변호인의 참여 등(제243조의2), 피의자신문조서의 작성방법(제244조), 진술거부권 등의 고지(제244조의3), 수사과정의 기록(244조의4제1항 · 제2항) 등에 따라 작성되어야 한다.

② 내용의 인정 적법한 절차와 방식에 따라 작성된 것으로서 사법경찰관작성의 피의자신문조서는 공판준비, 공판기일에 그 피의자였던 피고인 또는 변호인이 그 내용을 인정하여야 한다. '그 내용을 인정할 때'란 "검사작성의 피의자신문조서"에서 본 바와 같다.

(마) 제314조와의 관계 피고인이 된 피의자가 내용을 인정하지 않는 사법경찰관작성의 피의자신문조서에 대하여도 검사와 마찬가지로 제314조가 적용되지 않는다. 원칙적으로 피고인의 출석 없이 개정할 수 있는 경우는 없기 때문이다.

다. 제312조제4항: 수사기관작성의 진술조서

(가) 의 의 진술조서란 참고인이나 피해자와 같이 피의자 및 피고인이 아닌 자의 진술을 기재한 조서이다.

검사 또는 사법경찰관이 '피고인이 아닌 자'의 진술을 기재한 조서는 적법한 절차와 방식에 따라 작성된 것으로서 그 조서가 검사 또는 사법경찰관 앞에서 진술한 내용과 동일하게 기재되어 있음이 원진술자의 공판준비 또는 공판기일에서의 진술이나 영상녹화물 또는 그 밖의 객관적인 방법에 의하여 증명되고, 피고인 또는 변호인이 공판준비 또는 공판기일에 그 기재 내용에 관하여 원진술자를 신문할 수 있었던 때에는 증거로 할 수 있다. 다만 그 조서에 기재된 진술이 특히 신빙할 수 있는 상태하에서 행하여졌음이 증명된 때에 한한다(제312조제4항).

(나) 적용대상 이 조항은 검사 및 사법경찰관이 피해자나 참고인의 진술을 기재한 조서가 그 적용대상이다. 한편 사법경찰관의 피의자에 대한 진술을 기재한 서류가 조사과정에서 작성된 때에는 진술조서의 형식을 취한 경우에도 피의자신문조서로 취급되어 제312조제3항에 따라 증거능력이 결정된다(대판 2010. 5. 27. 2010도1755 등).

(다) 증거능력의 인정요건

① 적법한 절차와 방식에 따라 작성 검사 또는 사법경찰관작성의 진술조서는 적법한 절차와 방식에 따라 작성된 것이어야 한다. 따라서 진술자의 간인, 기명날인 혹은 서명의 진정을 의미하는 형식적 진정성립, 진술조서의 작성방법(제221조, 제163조의2제1항~제3항), 수사과정의 기록(제244조의4제3항) 등에 따라 작성되어야 한다.

② 실질적 진정성립의 인정 적법한 절차와 방식에 따라 작성된 수사기관의 진술조서는 그 조서가 수사기관의 앞에서 진술한 내용과 동일하게 기재되어 있음이 원진술자의 공판준비 또는 공판기일에서의 진술이나 영상녹화물 또는 그 밖의 객관적인 방법에 의하여 증명되어야 한다. 수사기관이 참고인 진술을 영상녹화할 때는 그의 동의를 받아야 한다(제221조제1항).

③ 반대신문의 기회 보장 적법한 절차와 방식에 따라 작성되고 실질적 진정성립이 인정된 수사기관의 진술조서는 피고인 또는 변호인이 공판준비 또는 공판기일에 그 기재 내용에 관하여 원진술자를 신문할 수 있었던 때에는 증거로 할 수 있다. '원진술자를 신문할 수 있었던 때에는'이라고 함으로써 피고인 또는 변호인에게 반대신문의 기회가 보장되면 되고, 현실적으로 반대신문이 행해져야 하는 것은 아니다.

④ 특신상태의 인정 적법한 절차와 방식에 따라 작성, 실질적 진정성립의 인정, 반대신문의 기회가 보장된 수사기관의 진술조서도 그 증거능력을 인정하기 위해서는 그 조서에 기재된 진술이 특히 신빙할 수 있는 상태하에서 행하여졌음이 증명되어야 한다. 특신상태란 진술내용이나 조서 또는 서류의 작성에

허위 개입의 여지가 거의 없고, 그 진술내용의 신빙성이나 임의성을 담보할 구체적이고 외부적인 정황이 있는 경우를 가리킨다(대판 2007. 7. 26. 2006모9294 등). 변호인과 자유롭게 접견하였는지의 여부나 조사의 내용 등에 비추어 조사기간이 합리적이었는지 여부 등에 의하여 판단할 수 있을 것이다.

(라) 제314조와의 관계 검사 또는 사법경찰관이 작성한 진술조서의 경우 공판준비 또는 공판기일에 진술을 요하는 자가 사망·질병·외국거주·소재불명 그 밖에 이에 준하는 사유로 인하여 진술할 수 없는 때에는 이를 증거로 할 수 있다. 다만 그 진술 또는 작성이 특히 신빙할 수 있는 상태하에서 행하여졌음이 증명된 때에 한한다(제314조). 수사기관의 신용성이 있는 진술조서에 대하여 비록 제312조제4항에 의하여 증거능력이 인정되지 않더라도 필요성 요건에 의하여 증거능력을 부여하여 실체진실의 발견에 기여하자는 데 그 취지가 있다.

(마) 수사기관의 피고인 또는 증인에 대한 진술조서 공소제기 후 검사가 피고인을 신문하여 그 진술을 기재한 조서는 대등한 지위를 가지는 당사자(검사)가 당사자(피고인)를 신문하는 것이 되므로 증거능력을 인정하는 데 문제가 있다. 다만 판례는 공소제기 후 검사작성의 피고인에 대한 공소사실에 관한 진술조서의 증거능력을 인정하고 있다(대판 1984. 9. 25. 84도1646 등). 이와 달리 참고인조사는 검사와 당사자의 관계에 있지 않기 때문에 허용될 수 있다. 다만 피고인에게 유리한 증언을 한 증인을 참고인으로 조사하여 증언을 번복하게 하는 것이 위법한 수사방법임은 앞서 "공소제기 후 수사"에서 본 바와 같다.

라. 제312조제5항: 피고인 또는 피고인이 아닌 자가 수사과정에서 작성한 진술서

① 진술서의 유형과 증거능력 피고인 또는 피고인이 아닌 자가 수사과정에서 작성한 진술서에 관하여는 제312조제1항에서 제4항까지를 준용한다(제312조제5항). 따라서 수사과정에서 작성된 진술서는 ㉠ 피고인이 된 피의자의 진술서는 제312조제1항·제3항에 의하여 적법한 절차와 방식에 따라 작성되고, 피고인 또는 변호인이 그 내용을 인정한 때에 증거능력이 인정되고, ㉡ 피고인 아닌 자(참고인, 공범인 피의자)가 작성한 진술서는 제312조제4항에 의하여 적법한 절차와 방식에 따라 작성되고, 원진술자의 진술이나 영상녹화물 또는 그 밖의 객관적인 방법에 의하여 실질적 진정성립이 인정되고, 원진술자에 대한 반대신

문의 기회가 보장되고, 특신상태가 증명된 경우에 증거능력이 인정된다.

② 제314조와의 관계 수사과정에서 피고인이나 피의자가 작성한 진술서는 제314조가 적용될 여지가 없다. 피고인의 출석이 공판개정의 요건일 뿐만 아니라 피고인이 그 내용을 부인하면 증거로 할 수 없기 때문이다. 이와는 달리 검사 또는 사법경찰관의 수사과정에서 참고인이 작성한 진술서에 대하여는 해당 참고인이 사망·질병·외국거주·소재불명 그 밖에 이에 준하는 사유로 인하여 진술할 수 없는 때에는 이를 증거로 할 수 있다. 다만 그 진술 또는 작성이 특히 신빙할 수 있는 상태하에서 행하여졌음이 증명된 때에 한한다(제314조).

마. 제312조제6항: 검사 또는 사법경찰관의 검증조서

(가) 의 의 수사기관의 검증은 영장에 의한 검증(제215조제2항), 영장에 의하지 않는 검증(제216조제1항제2호, 제217조제1항), 영장에 의하지 않으나 사후 영장을 필요로 하는 검증(제216조제3항), 피검자의 승낙에 의한 검증이 있는데 그 결과를 기재한 것이 검증조서이다. 법원 또는 법관의 검증조서가 제311조에 의하여 당연히 증거능력이 인정되는 것과는 달리 수사기관의 검증조서는 일정한 요건 아래 증거능력을 인정하고 있다.

(나) 증거능력의 인정요건

① 적법한 절차와 방식에 따라 작성 검사 또는 사법경찰관의 검증조서는 적법한 절차와 방식에 따라 작성되어야 한다(제312조제6항전단). 적법한 절차와 방식이란 검사작성의 피의자신문조서에서 본 바와 같다.

② 실질적 진정성립의 인정 적법한 절차와 방식에 따라 작성된 검사 또는 사법경찰관의 검증조서는 공판준비 또는 공판기일에서의 작성자의 진술에 따라 그 성립의 진정함이 증명된 때에는 증거로 할 수 있다(제312조제6항). 작성자란 검증조서의 작성자인 검사와 사법경찰관을 말한다. 한편 성립의 진정이란 다른 전문서류에서와 마찬가지로 기재내용의 동일성 문제인 실질적 진정성립을 의미한다.

(다) 검증조서에 기재된 진술의 증거능력 수사기관의 검증조서에도 검증의 결과뿐만 아니라 검증에 참여한 피해자·목격자·피의자·전문가 등의 진술이 기재되는 경우가 있다. 이에 대하여 판례는 조서작성의 주체에 의하여 증거능

력을 판단하고 있다(대판 1998. 3. 13. 98도159). 따라서 ① 검사작성의 검증조서에 기재되어 있는 피고인이 된 피의자진술은 제312조제1항에 의하여, ② 사법경찰관작성의 검증조서에 기재되어 있는 피의자진술은 제312조제3항에 의하여, ③ 검사 또는 사법경찰관작성의 검증조서에 기재되어 있는 참고인진술은 제312조 제4항에 의하여 각각 증거능력을 판단하면 된다.

검증조서에 포함된 피고인의 범행재연사진도 검증조서의 진실성을 입증하기 위한 진술증거의 성격을 가지므로 마찬가지로 볼 수 있다. 따라서 사법경찰관작성의 검증조서 속에 포함되어 있는 피고인의 범행재연사진은 피고인이 성립의 진정 및 그 내용을 인정하는 경우에 증거로 할 수 있다(대판 1998. 3. 13. 98도159).

(라) 실황조사서의 증거능력

① 실황조사서의 의의 실황조사서란 수사기관이 교통사고 등의 범죄현장에서 사고현장의 실제상황을 임의로 조사하여 그 결과를 기재한 서류를 말한다(검규 제17조; 사경규 제49조). 실황조사는 그 내용과 형식에 있어서 검증과 유사하다. 그러나 검증이 원칙적으로 영장에 의하여 행하여지는 강제처분임에 대하여 실황조사는 수사기관의 임의에 의하여 행하여진다는 점에서 다르다. 이러한 점에서 실황조사는 임의수사의 성격을 띤 검증이라고 할 수 있다. 따라서 실황조사가 기본권의 침해를 수반하는 경우에는 검증영장에 의하여야 한다. 판례도 사법경찰관 사무취급이 작성한 실황조사서가 긴급검증에 따라 작성되었다면 사후영장을 받아야 증거로 할 수 있다고 한다(대판 1989. 3. 14. 88도1399).

② 실황조사서의 증거능력 실황조사는 검증의 성격을 가지므로(다수설) 실황조사서의 증거능력도 수사기관의 검증조서에 관한 제312조제6항이 적용된다(대판 2001. 5. 29. 2000도2933). 따라서 사법경찰관 사무취급작성의 실황조사서는 작성자에 의하여 성립의 진정함이 인정되면 증거로 할 수 있다(대판 1982. 9. 14. 82도1504).

③ 실황조사서에 기재된 진술의 증거능력 실황조사가 검증의 성격을 가진다고 본다면 실황조사서에 기재된 참여인의 진술에 관하여도 법원과 법관 및 수사기관의 검증조서의 경우와 같이 이해할 수 있다. 따라서 피의자이던 피고인이 사법경찰리의 앞에서 자백한 진술에 따라 사고 당시의 상황을 재현한 사진과 그 진술내용으로 된 사법경찰리작성의 실황조사서는 피고인이 공판정에서

그 범행 재현의 상황을 모두 부인하고 있는 이상 이를 범죄사실의 인정자료로 할 수 없다(대판 1984. 5. 29. 84도378 등). 이 경우 범행재현시의 진술은 피고인이 된 피의자가 수사기관 앞에서 행한 진술로 제312조제3항의 적용대상이기 때문이다.

(마) 제314조와의 관계 검증조서나 실황조사서의 증거능력과 관련하여 그 작성자가 공판준비 또는 공판기일에 사망·질병·외국거주·소재불명 그 밖에 이에 준하는 사유로 인하여 진술할 수 없는 때에는 그 조서 및 조사서를 증거로 할 수 있다. 다만 그 진술 또는 작성이 특히 신빙할 수 있는 상태하에서 행하여졌음이 증명된 때에 한한다(제314조).

(3) 제313조: 진술서(제1항, 제2항), 진술기재서(제1항), 감정서(제3항)

제313조제1항은 피고인 또는 피고인이 아닌 자가 수사과정 외에서 작성한 서류인 '진술서'나 수사기관 이외의 자가 피고인 또는 피고인이 아닌 자의 진술을 기재한 서류인 '진술기재서'의(피고인 또는 피고인이 아닌 자가 진술한 내용이 포함된 문자·사진·영상 등의 정보로서 컴퓨터용 디스크, 그 밖에 이와 비슷한 정보저장매체에 저장된 것을 포함) 두 부분으로 구성되어 있다. 제313조제3항은 감정수촉자 또는 감정인이 감정의 경과와 결과를 기재한 서류인 '감정서'에 대하여 규정하고 있다.

제313조제1항·제2항은 수사과정 외에서 작성한 진술서이거나 사인이 작성한 진술기재서라는 점에서 수사과정에서 작성한 진술서에 대한 규정인 제312조제5항과 다르고, 수사기관이 피고인 또는 피고인이 아닌 자에 대하여 작성하는 피의자신문조서나 진술조서에 대한 제312조제1항에서 제4항까지의 규정과도 서로 다르다.

2016년 개정 형사소송법에서 디지털 증거의 증거능력에 관하여 진정성립에 의하여 증거능력을 부여하는 규정을 도입하였다. 따라서 수사과정 외에서의 디지털 방식에 의하여 저장되는 사진 및 영상 등은 개정법 제313조제1항·제2항에 흡수되게 되었다. 이에 이전의 특수한 증거방법으로 논해지던 사진, 영상 등의 증거능력과 관련하여 변화가 있게 되었다. 변화된 적용범위에 대하여는 해당 부분에서 후술한다.

가. 제313조제1항·제2항: 진술서

(가) 의 의 진술서란 서류의 작성자가 스스로 사건에 대한 자신의 경험 및 의사 등을 기재한 서면을 말한다. 작성자의 경험이 기재된 것이면 사건경위서 혹은 사실확인서 등의 제목으로 작성되는 것도 이에 속한다. 또한 사건과 관계없는 비망록, 일기 등도 여기에 포함된다.

제311조 및 제312조의 규정 이외에 피고인 또는 피고인이 아닌 자가 작성한 진술서로서 그 작성자의 자필이거나 그 서명 또는 날인이 있는 것(피고인 또는 피고인 아닌 자가 작성한 내용이 포함된 문자·사진·영상 등의 정보로서 컴퓨터용디스크, 그 밖에 이와 비슷한 정보저장매체에 저장된 것을 포함)은 공판준비나 공판기일에서의 그 작성자의 진술에 의하여 그 성립의 진정함이 증명된 때에는 증거로 할 수 있다(제313조제1항본문).

(나) 제313조제1항·제2항의 체계 및 진술서의 적용범위

① 제313조제1항 제313조제1항은 "피고인 또는 피고인이 아닌 자가 작성한 진술서나 그 진술을 기재한 서류로서"라고 함으로써 진술서와 진술기재서의 증거능력 요건에 대하여 함께 규정하고 있다. 여기서 '작성자'는 진술서에 대응하는 용어이고, '진술자'는 그 진술을 기재한 서류(진술기재서)에 대응하는 용어이다.

한편 제313조제1항의 적용범위와 관련하여 제312조제1항부터 제4항까지의 규정은 피고인 또는 피고인이 아닌 자가 수사과정에서 작성한 진술서에 관하여 준용하도록 하고 있다(제312조제5항). 따라서 제313조제1항에 규정된 진술서의 적용범위는 '피고인 또는 피고인이 아닌 자가 수사과정 외에서 작성한 진술서'에 한정된다(제312조제5항의 반대해석). 문자 등의 정보로서 정보저장매체에 저장된 증거인 경우에도 같다.

② 제313조제2항 진술서의 작성자가 성립의 진정을 부인하는 경우에도 과학적 분석결과에 기초한 디지털포렌식 자료, 감정 등 객관적 방법으로 그것이 증명되는 때에는 증거로 할 수 있다(제313조제2항본문). 다만 그 적용범위와 관련하여서는 '진술서의 작성자'라고 함으로써 진술서에만 적용되고 진술기재서에는 그 적용이 없다고 보아야 한다.

(다) 증거능력의 인정요건

① 성립의 진정 수사과정 외에서 피고인 또는 피고인이 아닌 자가 작성한 진술서는 그 작성자의 자필이거나 그 서명 또는 날인이 있는 것(피고인 또는 피고인 아닌 자가 작성한 내용이 포함된 문자·사진·영상 등의 정보로서 컴퓨터용 디스크, 그 밖에 이와 비슷한 정보저장매체에 저장된 것을 포함)은 공판준비나 공판기일에서의 작성자의 진술에 의하여 성립의 진정함이 증명된 때에는 증거로 할 수 있다(제313조제1항본문). 성립의 진정이란 형식적 진정성립과 실질적 진정성립을 포함하는 개념이다.

② 진정성립의 부인 제1항 본문에도 불구하고(즉 수사과정 외에서 피고인 또는 피고인이 아닌 자가 작성한 진술서는 작성자의 진술에 의하여 성립의 진정이 인정되어야 증거로 할 수 있음에도 불구하고) 진술서의 작성자가 공판준비나 공판기일에서 그 성립의 진정을 부인하는 때에는 과학적 분석결과에 기초한 디지털포렌식 자료, 감정 등 객관적 방법으로 성립의 진정함이 증명되는 때에는 증거로 할 수 있다(동조제2항본문). 과학적 분석결과에 기초한 디지털포렌식 자료나 감정 등의 객관적 방법은 주로 디지털 증거에 그 증거능력을 부여하기 위한 것이다. 객관적 방법이란 디지털 저장매체 원본에 저장된 내용과 출력된 문건의 동일성, 원본의 무결성, 디지털포렌식 전문가 및 도구·방법의 신뢰성 등을 말한다고 할 수 있다. 다만 피고인이 아닌 자가 작성한 진술서는 피고인 또는 변호인이 공판준비 또는 공판기일에 그 기재내용에 관하여 작성자를 신문할 수 있었을 것을 필요로 한다(동조동항단서).

③ 특신상태의 인정 '피고인의 진술을 기재한 서류'는 위 진정성립에 더하여 특히 신빙할 수 있는 상태하에서 행하여진 때에 한정하여 증거로 할 수 있다(제313조제1항단서). 이 단서조항은 진술서 및 진술기재서 모두 적용된다(대판 2001. 9. 4. 2000도1743).

(라) 제314조와의 관계 수사과정 외에서 피고인이 아닌 자가 작성한 진술서(제313조의 경우)도 그 작성자인 원진술자가 사망·질병·외국거주·소재불명 그 밖에 이에 준하는 사유로 인하여 진술할 수 없는 때에는 특히 신빙할 수 있는 상태하에서 행하여졌음이 증명된 때에 한하여 증거로 할 수 있다(제314조). 피고인이 작성한 진술서는 제314조가 적용되지 않는다. 피고인의 출석이 개정

조건이기 때문이다.

나. 제313조제1항: 사인작성의 진술기재서

(가) 의 의 진술기재서란 수사기관이 아닌 제3자가 피고인 또는 피고인이 아닌 자의 진술을 기재한 서면을 말한다. 수사기관과 법원에 의하여 작성되는 조서와 구별하여 특히 진술기재서라는 용어가 사용되고 있다.

수사기관 외에 사인이 피고인 또는 피고인이 아닌 자의 진술을 기재한 서류로서 그 진술자의 서명 또는 날인이 있는 것(피고인 또는 피고인 아닌 자가 작성한 내용이 포함된 문자·사진·영상 등의 정보로서 컴퓨터용 디스크, 그 밖에 이와 비슷한 정보저장매체에 저장된 것을 포함)은 공판준비나 공판기일에서의 그 진술자의 진술에 의하여 그 성립의 진정함이 증명된 때에는 증거로 할 수 있다(제313조제1항본문). 다만 피고인의 진술을 기재한 서류는 공판준비 또는 공판기일에서의 그 작성자의 진술에 의하여 그 성립의 진정함이 증명되고 그 진술이 특히 신빙할 수 있는 상태하에서 행하여진 때에는 피고인의 공판준비 또는 공판기일에서의 진술에 불구하고 증거로 할 수 있다(제313조제1항단서).

(나) 증거능력의 인정요건

① 성립의 진정 인정 진술기재서를 증거로 사용하려면 공판준비나 공판기일에 진술자의 진술에 의하여 성립의 진정함이 증명되어야 한다(제313조제1항본문). 피고인 또는 피고인이 아닌 자가 진술한 내용이 포함된 문자 등의 정보로서 정보저장매체에 저장된 것도 마찬가지이다(동조동항본문). 성립의 진정이 형식적 진정성립과 실질적 진정성립을 포함하는 개념임은 진술서에서 본 바와 같다. 성립의 진정에 대한 인정주체는 작성자가 아니라 진술자이다.

② 특신상태의 인정 진술기재서 중 피고인에 대한 진술기재서는 작성자의 공판진술에 의하여 성립의 진정함이 증명되고, 그 진술이 특히 신빙할 수 있는 상태하에서 행하여진 때에는 진술자인 피고인의 공판준비 또는 공판기일에서의 진술에 불구하고 증거로 할 수 있다(제313조제1항단서). 특신상태의 의미는 제312조제4항의 "수사기관작성의 진술조서"에서 본 바와 같다. 한편 '진술에 불구하고'란 피고인이 공판정에서 '그 성립의 진정을 인정하지 않는 경우에도'라는 의미로 해석된다(대판 2008. 12. 24. 2008도9414).

(다) 제314조와의 관계 수사과정 외에서 피고인이 아닌 자에 대한 진술

기재서도 원진술자가 사망·질병·외국거주·소재불명 그 밖에 이에 준하는 사유로 인하여 진술할 수 없는 때에는 특히 신빙할 수 있는 상태하에서 행하여졌음이 증명된 때에 한하여 증거로 할 수 있다. 피고인에 대한 진술기재서는 피고인의 출석이 개정요건이므로 제314조가 적용되지 않는다.

다. 제313조제3항: 감정서

(가) 의 의 감정서란 감정의 경과와 그 결과를 기재한 서류를 말한다. 감정의 경과와 결과를 기재한 서류도 '피고인이 아닌 자가 작성한 진술서'(제313조제1항·제2항)에 준하여 증거능력이 인정된다(제313조제3항).

(나) 적용범위 감정서의 증거능력에 대한 제313조제3항은 '감정의 경과와 결과를 기재한 서류'라고 함으로써 법원, 수사기관의 구분 없이 감정 일반에 관한 규정이라고 할 수 있다. 따라서 여기서의 감정은 법원의 명령에 의한 경우(제169조)와 수사기관의 위촉에 의한 경우(제221조)가 모두 포함된다.

(다) 감정서의 증거능력 감정서는 피고인이 아닌 자가 작성한 진술서(제313조제1항·제2항)에 준하여 증거능력을 인정하므로 감정인에 의하여 성립의 진정이 증명되면 증거능력이 있다. 그러나 사인인 의사가 작성한 진단서는 감정서가 아니라 '피고인이 아닌 자가 작성한 진술서'로 보아 제313조제1항에 의하여 증거능력이 인정된다(대판 1960. 9. 14. 4293형상247).

(라) 제314조와의 관계 감정서는 감정인이나 감정수촉자가 사망·질병·외국거주·소재불명 그 밖에 이에 준하는 사유로 인하여 진술할 수 없는 때에는 특히 신빙할 수 있는 상태하에서 행하여졌음이 증명된 때에 한하여 증거로 할 수 있다(제314조).

(4) 제314조: 증거능력에 대한 예외

가. 입법취지 제312조나 제313조의 조서나 서류도 그 정황으로 보아 신용성이 보장되는 때로서 '원진술자가 공판정에 출석할 수 없는 사정'이라는 필요성이 있는 경우에는 전문증거배제법칙의 예외를 인정하여 원진술자의 진술 없이 증거능력을 부여할 필요가 있다. 이에 형사소송법은 "제312조 또는 제313조의 경우에 공판준비 또는 공판기일에 진술을 요하는 자가 사망·질병·외국거주·소재불명 그 밖에 이에 준하는 사유로 인하여 진술할 수 없는 때에는 그 조

서 및 그 밖의 서류(피고인 또는 피고인 아닌 자가 작성하였거나 진술한 내용이 포함된 문자·사진·영상 등의 정보로서 컴퓨터용 디스크, 그 밖에 이와 비슷한 정보저장매체에 저장된 것을 포함)를 증거로 할 수 있다. 다만 그 진술 또는 작성이 특히 신빙할 수 있는 상태하에서 행하여졌음이 증명된 때에 한한다"(제314조)고 규정하고 있다.

나. 적용요건

(가) 필요성 제314조에 의하여 증거능력을 인정받으려면 원진술자가 사망·질병·외국거주·소재불명 그 밖에 이에 준하는 사유로 인하여 진술할 수 없는 경우여야 한다. 이것이 곧 필요성의 요건이다.

그 밖에 이에 준하는 사유로서 필요성이 인정되는 경우로는 수사기관에서 진술한 피해자인 유아가 공판정의 증인신문에서 일정한 사항에 관하여 기억이 나지 않는다는 취지로 진술하여 그 진술의 일부가 재현 불가능하게 된 경우(대판 2006. 4. 14. 2005도9561)를 들 수 있다. 그러나 증인이 정당하게 증언거부권을 행사한 것이 아니라도 피고인이 증인의 증언거부 상황을 초래하였다는 등의 특별한 사정이 없는 경우(대판 2019. 11. 21. 2018도13945(전원합의체)), 피고인이 진정성립을 묻는 검사의 질문에 대하여 진술거부권을 행사한 경우 등은 여기에 해당하지 않는다(대판 2013. 6. 13. 2012도16001).

(나) 특신상태의 증명 제314조에 의한 전문증거배제법칙의 예외는 그 필요성이 인정되는 경우에도 그 진술 또는 작성이 특히 신빙할 수 있는 상태하에서 행하여졌음이 증명된 때에 증거능력이 인정된다(동조단서). 특신상태란 전문증거배제법칙의 예외 인정의 한 기준인 신용성의 정황적 보장과 같은 의미이다.

다. 적용범위 제314조의 적용범위는 제312조와 제313조의 조서나 서류가 그 대상이다. 그 중에서도 피고인에 대한 수사기관의 신문조서, 피고인이 수사과정이나 수사과정 외에서 작성한 진술서, 피고인에 대한 사인의 진술기재서 등과 같이 피고인의 진술이 기재된 서류는 제314조가 적용될 여지가 없다. 형사소송법은 원칙적으로 피고인의 출석을 개정요건으로 하고 있으므로(제276조) 원진술자인 피고인의 사망, 질병 등에 의한 결석재판은 생각할 수 없기 때문이다. 증거능력 인정요건에 있어서 피고인의 내용인정을 요건으로 하는 피의자신문조서(제312조제1항·제3항)나 수사과정에서 피고인이 아닌 피의자가 작성한 진술서(제312조제5항)도 마찬가지이다. 원진술자가 진술할 수 없는 때도 피고인이 그 내용을 부인하면 증거로 할 수 없기 때문이다.

따라서 제314조의 현실적인 적용범위는 수사기관작성의 참고인 진술조서(제312조제4항), 참고인이 수사과정에서 작성한 진술서(동조제5항), 피고인이 아닌 자가 수사과정 외에서 작성한 진술서(제313조제1항), 사인작성의 피고인이 아닌 자에 대한 진술기재서(제313조제1항), 감정서(동조제2항)가 될 것임은 앞서 해당 부분에서 살펴본 바와 같다.

(5) 제315조: 당연히 증거능력이 인정되는 서류

제315조는 전문증거이나 제312조부터 제314조까지와 같은 요건을 충족하지 않고도 당연히 증거능력이 인정되는 서류를 규정하고 있다. 공무원이 직무상 증명할 수 있는 사항에 관하여 작성한 문서는 반대신문이 필요 없을 만큼 신용성이 높으며 또한 기계적·반복적인 일상 업무의 과정에서 작성되는 통상문서는 역시 그 성질상 고도의 신용성이 인정되어 반대신문의 필요가 없거나 그 작성자를 일일이 소환하여 신문하기 힘들다는 점에서 증인신문의 실익이 없다고 보아 당연히 증거능력을 인정하는 것이다.

가. 공무원 등이 직무상 증명할 수 있는 사항에 관하여 작성한 문서(제1호) 가족관계기록사항에 관한 증명서, 공정증서등본 기타 공무원 또는 외국공무원의 직무상 증명할 수 있는 사항에 관하여 작성한 문서는 당연히 증거능력이 있다(제315조제1호). 제1호에서의 문서작성의 주체는 공무원으로, 그 목적은 공무원이 직무상 통상적으로 작성한 보고용 문서가 아닌 공적 증명을 목적으로 한 것에 제한된다. 인감증명서, 주민등록등본·초본, 불기소사실증명원, 전과조회회보서, 신원증명, 세관공무원의 범칙물자에 대한 시가감정서, 공정증서(부동산등기부, 상업등기부 등)등본, 외국공무원이 직무상 작성한 문서 등이 여기에 해당한다. 군의관이 작성한 진단서도 여기에 포함된다(대판 1972. 6. 13. 72도922).

나. 업무상 필요로 작성한 통상문서(제2호) 상업장부, 항해일지 기타 업무상 필요로 작성한 통상문서는 당연히 증거능력이 있다(제315조제2호). 상법상 작성하여야 하는 것으로 회계장부, 대차대조표(동법 제29조제1항) 등이 있고, 선원법상 작성하여야 하는 것으로 항해일지(동법 제20조제1항)가 있다. 기타 업무

상 필요로 작성한 통상문서로 의료법상의 의사의 진료기록부, 간호사의 간호기록부, 조산사의 조산기록부가 있다(동법 제22조제1항). 그러나 사인인 의사가 작성한 진단서는 반복적·기계적으로 작성되는 것이 아니고 개별적이고 수시로 작성되므로 여기에 해당하지 않는다(대판 1969. 3. 31. 69도179). 업무상 전자문서 형태로 작성·관리되는 것도 제315조제2호가 적용된다(대판 2007. 7. 26. 2007도3219, 성매매업소 메모리카드 입력사건 참조).

다. 기타 특히 신용할 만한 정황에 의하여 작성한 문서(제3호)　제315조제1호·제2호가 아닌 문서라도 기타 특히 신용할 만한 정황에 의하여 작성한 문서는 당연히 증거능력이 있다(제315조제3호). 공공기록·역서(曆書)·정기간행물의 시장가격표·스포츠 기록·공무소 작성의 각종 통계와 연감, 다른 피고사건의 공판조서, 해당 사건의 구속적부심문조서, 법원의 판결서사본 등이 여기에 해당한다.

(6) 제316조: 전문진술

가. 의 의　제311조부터 제315조까지의 전문증거배제법칙의 예외는 전문서류에 대한 것이다. 이와는 달리 제316조는 전문진술에 대한 전문증거배제법칙의 예외규정이다. 즉 피고인이 아닌 자의 진술이 피고인의 진술을 그 내용으로 하는 것(제316조제1항)과 피고인이 아닌 자의 진술이 피고인 아닌 타인의 진술을 그 내용으로 하는 것(동조제2항)이 그것이다.

나. 제316조제1항: 피고인의 진술을 내용으로 하는 제3자의 전문진술　피고인이 아닌 자(공소제기 전에 피고인을 피의자로 조사하였거나 그 조사에 참여하였던 자를 포함)의 공판준비 또는 공판기일에서의 진술이 피고인의 진술을 그 내용으로 하는 것인 때에는 그 진술이 특히 신빙할 수 있는 상태하에서 행하여졌음이 증명된 때에 한정하여 증거로 할 수 있다(제316조제1항).

(가) 제316조제1항의 성격　제316조제1항은 전문증거배제법칙의 예외규정이다(통설). 이 경우에도 전문증거배제법칙의 예외인정 기준의 하나인 신용성의 정황적 보장이 인정되는 경우에 예외적으로 증거능력을 인정하여 실체진실 발견에 기여하자는 것으로 이해할 수 있다(다수설).

(나) 적용범위　제316조제1항의 적용대상이 되는 것은 피고인이 아닌 자의 공판준비 또는 공판기일에서의 진술로서 피고인의 진술을 내용으로 하는 것

이어야 한다. 여기서 피고인이란 해당 피고인만을 의미한다. 따라서 공동피고인이나 공범자는 피고인이 아닌 자에 속한다. 피고인의 진술은 반드시 피고인의 지위에서 행하여진 것임을 요하지 않는다. 따라서 수사절차에서 피의자나 참고인의 지위에서 행한 진술도 여기에 해당한다.

피고인이 아닌 자와 관련하여 현행법은 "공소제기 전에 피고인을 피의자로 조사하였거나 그 조사에 참여하였던 자를 포함한다"고 함으로써 사법경찰관 등에 의한 이른바 조사자 증언제도를 채택하고 있다. 즉 조사경찰관 등이 증인으로 공판정에 나와 선서한 후 위증죄의 부담을 안고 피고인 측의 반대신문을 받으면서 한 증언에 증거능력을 인정하고 있는데, 이는 실체진실의 발견과 피고인의 방어권 보장의 조화를 도모하는 데 그 취지가 있다.

(다) 증거능력의 요건 제316조제1항의 전문증거배제법칙의 예외가 인정되려면 피고인의 진술이 특히 신빙할 수 있는 상태에서 행하여졌을 것을 요한다. 특신상태란 전문증거배제법칙의 예외인정의 한 기준인 신용성의 정황적 보장을 말한다. 따라서 피고인의 수사기관 진술이 특히 신빙할 수 있는 상태하에서 행하여졌다고 보기 어려운 경우 피고인의 진술을 내용으로 하는 조사경찰관의 공판정에서의 진술은 증거능력이 없다(대판 2012. 10. 25. 2011도5459).

다. 제316조제2항: 피고인이 아닌 자의 진술을 내용으로 하는 제3자의 전문진술

피고인이 아닌 자의 공판준비 또는 공판기일에서의 진술이 피고인이 아닌 타인의 진술을 그 내용으로 하는 것인 때에는 원진술자가 사망·질병·외국거주·소재불명 그 밖에 이에 준하는 사유로 인하여 진술할 수 없고, 그 진술이 특히 신빙할 수 있는 상태하에서 행하여졌음이 증명된 때에 한정하여 이를 증거로 할 수 있다(제316조제2항).

이는 원진술자가 공판정에 출석할 수 없는 특별한 사정이 있고(필요성), 그 진술이 특신상태하에서 행하여졌음이 인정되는 경우에 한정하여(신용성의 정황적 보장) 전문진술의 증거능력을 인정하는 것으로 전문증거배제법칙의 예외인정의 전형적인 경우를 규정한 데 의의가 있다. 피고인이 아닌 자에는 제3자는 물론 공범자와 공동피고인도 포함된다. 제1심의 증거는 항소심에서도 증거로 할 수 있으므로 원진술자가 제1심법원에 출석하여 진술하였다가 항소심에 이르러 진술할 수 없게 된 경우는 여기에 해당하지 않는다(대판 2001. 9. 28. 2001도3997).

라. 피고인의 전문진술: 피고인이 아닌 자의 진술을 내용으로 하는 피고인의 전문진술

피고인의 공판준비 또는 공판기일에 피고인이 아닌 자의 진술을 내용으로 하는 진술에 대하여는 규정이 없다. 그러나 피고인의 전문진술도 제3자의 전문진술과 유사하므로 제316조제2항을 유추적용하여 증거능력을 가리면 될 것이다(다수설).

(7) 재전문증거의 증거능력

가. 재전문증거의 의의 재전문증거란 전문증거 속에 다시 전문증거를 포함하는 경우를 말한다. 이중전문증거라고도 한다. 예를 들어 피고인의 교통사고 현장을 목격한 A가 이를 B에게 얘기하고 B가 다시 이를 C에게 얘기하였다고 하자. 이 경우에 있어서 B가 이를 법원에 진술하면 전문진술이 되고, C가 이를 법원에 진술하면 재전문진술이 된다. 또한 B가 이를 서류에 기재하여 법원에 제출하면 전문서류가 되고, C가 이를 서류에 기재하여 법원에 제출하면 재전문서류가 된다.

재전문증거도 전문증거배제법칙에 의하여 증거능력이 부정된다. 그러나 명확한 규정이 없는 관계로 그 예외인정의 여부 등에 대하여는 견해가 대립되고 있다.

나. 재전문증거의 증거능력 재전문증거는 원칙적으로 피고인이 증거로 하는 데 동의하지 않으면 증거로 할 수 없다(대판 2004. 3. 11. 2003도171). 다만 전문진술을 기재한 서류(재전문서류)에 대하여는 제312조부터 제314조까지의 규정과 제316조제1항(피고인의 진술이 원진술인 경우) 또는 제316조제2항(제3자의 진술이 원진술인 경우)의 규정에 따른 요건을 동시에 갖추면 증거로 할 수 있다(대판 2001. 10. 9. 2001도3106 등).

(8) 특수한 증거방법과 전문증거배제법칙

앞에서 보았듯이 문자·사진·영상 등의 디지털 증거는 제313조에 의하여 증거능력 여부가 가려진다. 하지만 수사과정에서 생성된 전자적 정보 및 수사과정 외에서 생성된 전자적 증거 중 '아날로그 방식에 의한 전자적 정보'는 여전히 이하에서 서술할 부분의 적용을 받는다. 제313조의 개정이 수사과정 외에서 생성된 것 중 '디지털 증거'에 한정하고 있기 때문이다.

가. 사진의 증거능력

(가) 사진의 특성 사진은 렌즈가 경험한 사실이 인화지에 재생된 형태로 간접적으로 법원에 제출되는 과정 및 인화작업자의 인위적 조작 가능성의 면에서 전문증거로서의 진술증거와 유사하다. 사진의 증거능력은 그 성질에 따라 ① 증거물의 사본으로서 사용되는 경우, ② 사람의 진술내용의 일부인 사진으로 사용되는 경우, ③ 사진 자체가 독립적인 증거로 사용되는 경우로 나누어 살펴볼 수 있다.

(나) 증거물의 사본인 사진 증거물의 사본인 사진이란 원래 증거로 제출될 자료 대신 사진의 형태로 제출된 경우를 말한다. 예를 들어 부패의 우려가 있는 증거물에 대하여 사진을 찍어 이를 제출하는 경우가 그것이다. 이 경우 원본증거가 증거물이면 사진도 비진술증거로서의 성격을 가지고, 원본증거가 전문의 진술증거이면 사진도 진술증거로서의 성격을 가진다.

따라서 원본증거가 증거물인 경우에는 최량증거의 법칙상 사진이 사본으로서의 일정한 요건(① 원본증거를 공판정에 제출할 수 없는 사정이 있고, ② 원본의 정확한 사본이며, ③ 사건과의 관련성이 있는 경우)을 갖추면 증거로 할 수 있을 것이다. 그러나 원본증거가 전문의 진술증거인 경우에는 진술증거를 사본한 것으로 진술증거와 같으므로 전문증거의 한 유형에 속한다. 따라서 이 경우에는 위 사본일반의 요건(①~③)과 더불어 문서의 작성주체에 따른 제311조부터 제313조까지의 해당 증거의 유형에 따른 전문증거배제법칙 예외의 요건을 모두 갖추어야 증거로 할 수 있다(대판 2002. 10. 22. 2000도5461). 예를 들어 수사기관이 작성한 참고인진술조서를 사진으로 찍어 제출한 것이라면 사본일반의 요건을 전제로 제312조제4항의 요건을 갖추는 경우에 증거로 할 수 있다는 것이다.

(다) 진술의 일부인 사진 진술의 일부인 사진이란 진술자의 진술내용을 정확하게 표현하기 위하여 사진이 보조적으로 사용되는 경우를 말한다. 예를 들어 범죄현장을 사진기로 촬영한 참고인이 사진을 이용하여 진술한 후 이를 진술조서에 첨부하거나 검증조서에 검증현장의 상황을 촬영한 사진을 첨부하는 경우가 그것이다. 이 경우의 사진은 진술이나 검증의 보조수단에 불과하므로 진술증거 및 검증조서와 일체적으로 그 증거능력을 판단하여야 한다.

(라) 현장사진 현장사진이란 범행에 중점을 두어 범죄현장의 전후상황

을 촬영한 사진으로서 독립증거로 이용되는 경우를 말한다. 예를 들어 사진기에 포착된 범행현장의 촬영사진 및 영상이 그것이다. 현장사진의 증거능력은 이를 어떻게 보느냐에 따라 달라지는데 이에 대하여 견해가 대립되고 있다. 즉 ① 사람이 아닌 렌즈의 체험에 의한 것이므로 독립된 비진술증거라고 하는 비진술증거설, ② 사람의 진술과 마찬가지로 사실의 보고 및 조작의 가능성이 있다는 점에서 진술증거라는 진술증거설(다수설), ③ 비진술증거이지만 조작 가능성 때문에 검증조서 등에 준하여 제한적으로 증거로 할 수 있다는 검증조서유추설이 그것이다.

진술증거설과 검증조서유추설은 진술증거로 보느냐 비진술증거로 보느냐가 다를 뿐 전문증거배제법칙을 적용하는 데 있어서는 똑같이 검증조서에 준하여 그 촬영주체에 따라 제312조제6항 또는 제313조제1항(사인이 촬영주체인 경우 제313조제1항 유추적용)에 의하여 판단하게 된다. 따라서 진술증거설과 검증조서유추설은 그 결론을 같이한다. 즉 현장사진을 수사기관이 촬영하면 제312조제6항에 의하여, 사인이 촬영하면 제313조제1항에 의하여 각각 증거능력을 판단하게 된다. 이 경우 증거능력을 인정하기 위해서는 촬영자가 공판정에서 성립의 진정을 인정하여야 하고, 만약 촬영자가 진술할 수 없는 특별한 사정이 있는 때에는 제314조의 요건을 충족하는 때에 한정하여 증거로 할 수 있다고 하게 된다. 진정성립의 인정주체는 촬영자이며 그 내용은 촬영된 영상의 동일성이다.

나. 녹음테이프의 증거능력

(가) 녹음테이프의 성격　　녹음테이프는 사람의 진술이 기계적 장치를 통하여 간접적으로 법원에 제출되는 그 과정 및 인위적 조작 가능성의 면에서 전문증거로서의 진술증거와 유사하다. 녹음테이프의 증거능력은 그 근거와 관련하여 사람에 대한 것이냐 아니냐에 따라 진술녹음과 현장녹음으로 구분하여 검토되어 왔다.

(나) 진술녹음의 증거능력

① 전문증거배제법칙의 적용　　녹음테이프의 녹음내용이 진술로서 그 진실성이 증명의 대상이 된 때에는 녹음테이프가 진술증거로서 사용되는 경우이므로 전문증거배제법칙의 대상이 된다. 따라서 진술녹음도 진술서면의 경우를 준용하여 원진술과 녹음주체에 따라 제311조부터 제313조까지에 의하여 증거능력

을 인정할 수 있다(다수설). 판례도 같은 입장으로 그 녹음의 주체가 법원이면 제311조에 의하여, 수사기관이면 제312조에 의하여, 사인이면 제313조제1항에 의하여 각각 증거능력을 판단하면 된다고 한다(대판 2001. 10. 9. 2001도3106 등). 진술녹음이 타인에 의하여 이루어진 경우 진정성립의 인정주체는 원진술자이다.

수사기관이 피고인이 아닌 피의자나 참고인에 대한 신문과 진술과정을 녹음한 때에는 영상녹화물에 대하여 성립의 진정을 증명하는 수단으로서 규정하고 있는 제312조제4항이나 혹은 진술자의 기억환기용으로만 사용하도록 하고 있는 제318조의2제2항의 취지에 비추어 이를 조서를 대신한 독립된 증거로는 사용할 수 없다. 따라서 녹음테이프도 영상녹화물과 같이 피의자신문조서나 참고인진술조서의 진정성립을 증명하기 위한 수단으로 사용되는 데 불과하다.

② 서명날인의 문제　녹음테이프는 서면과는 달리 그 성질상 진술자의 서명날인이 적합하지 않은 증거방법이므로 진술자에 의하여 녹음된 음성이 그의 것임이 확인되고 녹음의 정확성이 증명되면 증거능력이 인정된다(통설).

③ 비밀녹음의 증거능력　통신비밀보호법은 누구든지 공개되지 않은 타인간의 대화를 녹음 또는 청취하지 못하도록 하고 있으며(동법 제3조제1항), 불법감청에 의하여 알게 된 전기통신의 내용은 재판 또는 징계절차에서 증거로 사용할 수 없다고 하고 있다(동법 제4조). 이는 수사기관뿐만 아니라 사인에 의한 비밀녹음의 경우에 있어서도 마찬가지이다. 이와 달리 대화당사자인 사인에 의한 비밀녹음에 대하여 판례는 그 증거능력을 인정하고 있다(대판 1999. 3. 9. 98도3169). 다만 사인이 위법하게 수집한 증거에 대하여는 판례가 이익형량설에 의하여 해결하고 있음을 앞서 위법수집증거배제법칙에서 보았다.

(다) 현장녹음의 증거능력　현장녹음이란 범행에 수반하여 범죄현장에 있는 사람의 음성이나 주변의 음향 등을 녹음한 것으로 법원에 제출하기 위한 것이다. 현장녹음의 증거능력에 관하여도 현장사진의 경우에 있어서와 같이 비진술증거설, 진술증거설, 검증조서유추설이 대립되어 왔다.

다수설은 진술증거설을 취하여 현장녹음도 사실보고적 성격을 가지고 녹음과 편집과정에서 조작 가능성이 있으므로 현장검증과 유사한 것으로서 검증조서에 준하여 전문증거배제법칙이 적용되며 따라서 녹음주체에 따라 제312조 및 제313조에 준하여 증거능력이 인정된다고 한다. 이에 의하면 수사기관이 녹음한 경우에는 제312조제6항, 사인이 녹음한 경우에는 제313조제1항(진술서)에 준하여 각각 증거능력을 판단하게 된다. 여기서 진정성립의 인정주체는 검증조서와 마찬가지로 녹음자이며 그 내용은 녹음된 내용의 동일성이다.

다. 비디오테이프 등 영상녹화물의 증거능력 비디오테이프는 사진과 녹음테이프가 결합되어 있는 것으로 그 증거능력에 있어서도 원칙적으로 두 경우와 동일하게 취급된다. 비디오테이프의 증거능력도 녹음테이프와 마찬가지로 크게 진술을 영상녹화하거나 범행현장을 영상녹화하는 두 가지 형태로 나누어 검토되고 있다.

(가) 진술의 영상녹화물

① 진술영상녹화물의 증거능력 진술내용을 비디오테이프로 녹화하는 경우에는 진술사진이나 진술녹음과 같이 진술증거로서 사용되는 것이므로 전문증거배제법칙이 적용된다. 따라서 진술서면의 경우를 준용하여 그 녹화주체가 법원이면 제311조에 의하여, 수사기관이면 제312조에 의하여, 사인이면 제313조제1항에 의하여 각각 증거능력을 판단하면 된다. 판례도 사인이 피고인 아닌 사람과의 대화내용을 상대방 몰래 비디오로 촬영·녹음한 경우에 있어서 비디오테이프의 진술부분에 대하여 녹음테이프에서와 같이 제313조제1항에 의하여 그 증거능력을 판단하고 있다(대판 1999. 3. 9. 98도3169). 여기서 진정성립의 인정주체는 원진술자이다.

② 피의자 및 참고인에 대한 신문과정 등의 영상녹화물 수사기관의 피의자 및 참고인의 진술에 대한 영상녹화물의 경우에는 이에 관한 제312조제4항 및 제318조의2제2항이 우선적으로 적용된다. 따라서 피의자 및 참고인의 진술이 담긴 수사기관의 영상녹화물은 조서에 대신하여 범죄사실을 인정하기 위한 독립된 증거로 사용할 수 없으며(대판 2014. 7. 10. 2012도5041) 탄핵증거로도 사용할 수 없다. 다만 공판준비 또는 공판기일에서 피고인 아닌 자(피고인 포함)의 진술에 대한 진정성립을 증명하는 자료로 사용되거나(제312조제4항; 규칙 제134조의2제1항, 제134조의3제1항) 피고인이나 피고인 아닌 자의 기억을 환기시킬 필요가 있을 때 한정하여 사용할 수 있을 뿐이다(제318조의2제2항). 피의자 및 참고인 진술의 영상녹화에 대하여는 수사절차의 피의자신문 및 참고인 조사부분에서 본 바와 같다.

③ 특별법에 의한 영상녹화물의 본증 사용　형사소송법과는 달리 특별법에 의하여 영상녹화물이 본증으로 사용되는 경우가 있다.

「특정범죄 신고자 등 보호법」에 의하여 촬영한 증거보전처분절차에서 신문한 범죄신고자 등의 진술(동법 제10조), 성폭력처벌법에 의하여 촬영·보존한 19세 미만이거나 신체적·정신적 장애로 사물변별 및 의사결정능력이 미약한 피해자의 진술내용과 조사과정을 촬영한 영상물에 수록된 피해자의 진술(동법 제30조), 청소년성보호법에 의하여 촬영·보존된 아동·청소년 대상 성범죄 피해자의 진술(동법 제26조) 등이 그것이다.

(나) 범행현장의 영상녹화물　범행현장의 영상녹화물의 경우에도 현장사진이나 현장녹음과 마찬가지로 그 증거능력을 인정할 수 있다. 다수설인 진술증거설에 의하면 그 녹화주체가 수사기관이면 제312조제6항에 의하여, 사인이면 제313조제1항에 따라 각각 증거능력을 판단하게 된다. 여기서 진정성립의 인정주체는 현장사진이나 현장녹음과 같이 영상녹화물을 녹화한 자이다.

라. 거짓말탐지기 검사결과의 증거능력

(가) 의 의　거짓말탐지기 검사는 진술의 진위 여부가 전문검사자에 의하여 이루어지므로 일종의 수사상의 감정에 해당한다. 따라서 그 증거능력은 감정서에 관한 규정(제313조제2항)이 적용되며(대판 1984. 2. 14. 83도3146), 이러한 이유로 전문증거배제법칙과 관련을 가진다.

(나) 증거능력의 문제　피검사자의 동의를 얻지 않고 한 거짓말탐지기 검사가 허용되지 않음은 앞에서 본 바와 같다. 그러나 피검사자의 동의를 얻은 경우에도 검사결과에 대한 과학적 정확성을 인정할 수 없고 피검사자의 인격권을 침해한다는 이유로 이를 증거로 할 수 없다는 것이 일반적이다.

판례는 거짓말탐지기의 검사 결과에 대하여 증거능력을 인정할 수 있으려면, 첫째로 거짓말을 하면 반드시 일정한 심리상태의 변동이 일어나고, 둘째로 그 심리상태의 변동은 반드시 일정한 생리적 반응을 일으키며, 셋째로 그 생리적 반응에 의하여 피검사자의 말이 거짓인지 아닌지가 정확히 판정될 수 있다는 세 가지 전제요건이 충족되어야 할 것이며, 특히 생리적 반응에 대한 거짓 여부의 판정은 피검사자의 생리적 반응을 정확히 측정할 수 있는 장치여야 하고, 질문사항의 작성과 검사의 기술 및 방법이 합리적이어야 하며, 검사자가 탐지기의 측정내용을 객관적이고 정확하게 판독할 능력을 갖춘 경우에만 그 정확성을 확보할 수 있는 것이므로, 이상과 같은 요건이 충족되지 않으면 거짓말탐지기 검사 결과에 대하여 증거능력을 부여할 수는 없다고 함으로써(대판 2005. 5. 26. 2005도130) 사실상 부정적인 입장에 있다. 나아가 설령 이러한 조건이 모두 충족되어 증거능력이 있는 경우에도 그 검사결과는 피검사자의 진술의 신빙성을 가늠하는 정황증거로서의 기능을 하는 데 그친다고 함으로써(대판 1987. 7. 21. 87도968), 일종의 보조증거의 성격을 가지는 것으로 보고 있다.

Ⅳ. 진술증거의 증거능력

1. 의 의

(1) 제317조의 의의

제317조는 진술의 임의성이라는 제목으로 "피고인 또는 피고인 아닌 자의 진술이 임의로 된 것이 아닌 것은 증거로 할 수 없다(제1항). 전항의 서류는 그 작성 또는 내용인 진술이 임의로 되었다는 것이 증명된 것이 아니면 증거로 할 수 없다(제2항). 검증조서의 일부가 피고인 또는 피고인 아닌 자의 진술을 기재한 것인 때에는 그 부분에 한정하여 전2항의 예에 의한다(제3항)"고 규정하고 있다.

제317조의 의미에 대하여는 진술의 임의성에 대한 법원의 조사의무와 증거능력의 요건을 함께 규정한 것이라고 보는 견해와, 진술의 임의성이 증거능력의 요건임을 규정한 것이라고 보는 견해가 대립되고 있다.

(2) 적용범위

제317조는 진술의 범위를 전문진술에 제한하지 않고 있으므로 여기서의 진술은 자백을 제외한 일체의 진술증거를 말한다(통설). 자백인 진술에 대하여는 제309조가 우선적으로 적용된다.

2. 증거능력의 요건

(1) 제317조제1항: 구두에 의한 진술

제317조제1항은 진술증거의 증거능력 요건으로 진술의 임의성을 요구하고 있다. 진술의 임의성이란 진술이 원진술자의 자유로운 심리상태에서 행하여진 것을 의미한다. 즉 진술의 과정 문제이지 진술의 내용인 신빙성 문제가 아니다. 따라서 제317조의 "… 증거로 할 수 없다"는 의미는 증명력의 문제가 아니라 증거능력이 없다는 의미이다.

(2) 제317조제2항: 진술을 기재한 서류

제317조제2항은 진술을 기재한 서류의 증거능력 요건으로 "그 작성 또는 내용인 진술이 임의로 …"라고 함으로써, 작성의 임의성(작성)과 진술의 임의성(내용)을 요구하고 있다. 그런데 법원 또는 수사기관이 작성한 서류나 제315조(당연히 증거능력이 있는 서류)에 의한 서류는 작성주체의 임의성이 인정되므로 문제될 것이 없다. 따라서 작성과 관련하여 임의성이 문제되는 것은 피의자나 참고인이 수사과정 등에서 작성한 진술서(제312조제5항, 제313조제1항)의 경우라고 할 것이다. 수사기관의 강요에 의한 진술서가 그 예이다.

(3) 제317조제3항: 검증조서의 일부인 진술기재서류의 경우

원래 검증조서는 법원 또는 법관에 의한 경우 제311조에 의하여, 수사기관에 의한 경우 제312조제6항에 의하여 각각 증거능력이 가려지게 된다. 그런데 검증조서 자체가 아닌 이에 첨부된 진술을 기재한 서류가 있는 경우에 있어서 제317조제3항은 "… 전2항의 예에 의한다"고 함으로써 구두에 의한 진술과 진술을 기재한 서류와 마찬가지로 그 증거능력의 요건을 규정하고 있다.

3. 임의성의 조사와 증명

(1) 임의성의 조사

가. 직권조사　진술의 임의성은 증거능력의 요건이므로 이를 다투는 경우 법원은 그 유무를 직권으로 조사하여야 한다(대판 2006. 11. 23. 2004도7900).

나. 조사의 시기　진술의 임의성은 증거능력의 인정요건이므로 증거조사

에 들어가기 전인 증거결정의 단계에서 이를 조사하는 것이 원칙이다(규칙 제134조제1항·제2항). 증거조사에 들어간 이후에도 임의성에 의문이 있을 때는 법원은 언제든지 임의성을 조사하여야 한다.

다. 조사의 방법 형사소송법은 진술의 임의성의 조사방법에 대하여는 규정하고 있지 않다. 그러나 진술의 임의성은 형사절차와 관련된 소송법적 사실이므로 법이 정하고 있는 엄격한 증거조사의 방식이 아닌 자유로운 증명의 방식에 의하면 된다. 판례도 같은 입장이다(대판 2011. 2. 24. 2010도14720 등).

(2) 임의성의 입증책임

소송법적 사실로서의 증거능력의 전제가 되는 사실에 대한 입증책임은 그 증거를 제출한 당사자에게 있음을 앞에서 보았다. 따라서 피고인이 자백의 임의성이나 참고인진술의 임의성을 다투는 경우 이에 대한 입증책임은 검사에게 있다.

V. 당사자의 동의와 증거능력

1. 증거동의의 의의와 성질

(1) 증거동의의 의의

형사소송법은 증거능력이 인정되지 않는 증거도 검사와 피고인이 증거로 하는 데 동의한 서류 또는 물건으로서 법원이 진정한 것으로 인정한 때에는 증거로 할 수 있다고 한다(제318조제1항). 여기서 '증거능력이 인정되지 않는 증거'란 위법수집증거, 임의성 없는 진술, 전문증거를 의미한다. 그러나 임의성 없는 진술을 포함한 위법수집증거는 증거동의가 인정되지 않으므로 현실적으로는 주로 전문증거에 대하여 적용된다.

증거동의는 당사자주의 이념을 통하여 엄격한 증거능력의 제한을 완화하여 신속한 재판과 소송경제를 꾀하기 위한 것이다. 그러나 당사자의 동의가 있다고 하여 곧바로 증거능력이 인정되는 것이 아니라 법원이 해당 증거를 진정한 것으로 인정한 경우에 비로소 증거능력이 인정된다. 이는 위법한 증거가 제출되지 않도록 당사자의 처분권을 직권주의에 의하여 여과하려는 것이다.

(2) 증거동의의 본질

가. 의 의 증거동의는 증거능력의 요건이 갖추어지지 않은 전문증거 등에 당사자가 증거능력을 부여하는 소송행위이다. 증거동의는 그 이론적 근거가 무엇인가에 대하여 견해가 대립되고 있는데 이를 어떻게 이해하느냐에 따라 증거동의의 적용대상이 달라진다.

나. 견해의 대립 및 판례 증거동의의 본질에 대하여는 견해가 대립되고 있다. 다수설은 전문증거배제법칙과 관련된 것으로 보아 대체로 반대신문권의 포기에 그 본질이 있는 것으로 이해한다(반대신문권포기설). 판례도 같다(대판 1983.3.8. 82도2873).

다. 전문증거배제법칙과의 관계 제318조는 그 체계상 전문증거배제법칙의 연장선상에 있어 서로 간의 관계가 문제된다. 이에 대하여 통설은 제318조를 전문증거배제법칙의 적용이 없는 경우에 해당한다고 본다.

2. 증거동의의 주체와 대상

(1) 증거동의의 주체와 상대방

가. 증거동의의 주체 증거동의의 주체는 검사와 피고인이다. 변호인의 증거동의에 대하여 통설은 피고인의 명시 또는 묵시의 의사에 반하여 않는 범위 내에서 인정되는 종속대리권으로 이해하고 있다. 이에 대하여 판례는 변호인의 증거동의에 대하여 피고인이 즉시 이의를 제기하지 않는 한, 즉 명시한 의사에 반하지 않는 한 증거능력이 인정된다고 함으로써 독립대리권으로 보고 있다(대판 1983. 3. 8. 82도2873).

나. 증거동의의 상대방 증거동의는 소송행위이므로 법원에 대하여 하여야 한다. 따라서 반대당사자에 대한 동의는 효력이 없다. 그 취소도 마찬가지이다.

(2) 증거동의의 대상

가. 서 류 동의의 대상인 서류에는 수사기관이 작성한 피의자신문조서, 참고인진술조서, 검증조서 등이 포함된다. 전문증거 중 제311조와 제315조에

의하여 당연히 증거능력이 인정되는 서류는 동의가 필요 없으므로 그 대상이 아니다.

나. 물 건 명문의 규정에도 불구하고 증거동의의 본질을 반대신문권포기설로 이해하는 다수설의 견해는 제318조의 '물건'은 입법의 오류라고 한다. 그러나 판례는 물건도 동의의 대상이 될 수 있다는 취지이다(대결 1996. 5. 14. 96초88 등).

다. 진 술 제318조는 진술에 대하여는 규정하고 있지 않다. 그러나 증거동의의 취지가 당사자의 처분이 가능한 증거능력 없는 증거에 대한 동의를 통하여 신속한 재판과 소송의 경제를 꾀하려는 데 있으므로 이를 배제할 이유가 없다(통설). 따라서 공판정에서 행한 증인의 전문증언도 전문서류에 준하여 동의의 대상에 포함된다(대판 1983. 3. 8. 82도2873 등).

(3) 증거동의의 시기와 방식

가. 증거동의의 시기 증거동의는 원칙적으로 증거조사에 들어가기 이전인 증거결정의 단계에서 행하여진다. 따라서 법원은 서류 또는 물건이 증거로 제출된 경우에 이에 관한 증거결정을 함에 있어서는 제출한 자에게 그 서류 또는 물건을 상대방에게 제시하게 하여 상대방이 그 증거능력 유무에 관한 의견을 진술하게 하여야 한다(규칙 제134조제2항). 물론 증거조사 중에도 증거능력 없는 증거임이 밝혀진 경우에는 증거동의가 가능할 뿐만 아니라 이는 증거관계에 의하여 변론이 끝나는 시점인 변론종결시까지 가능하다.

나. 증거동의의 방식

(가) 명시적 동의 증거동의는 서면이나 구술로 할 수 있지만 반드시 명시적으로 하여야 한다. 다만 판례는 피고인이 증인의 전문증언에 대하여 단순히 "별 의견이 없다"고 소극적으로 진술한 것도 증거능력이 있다고 한다(대판 1983. 9. 27. 83도516).

(나) 개별적 동의 증거동의는 개개의 증거에 대하여 개별적으로 이루어져야 한다. 그러나 판례는 개별적인 증거조사방식을 거치지 않고 검사가 제시한 모든 증거에 대하여 피고인이 증거로 함에 동의한다는 방식으로 이루어진 경우에도 증거동의의 효력이 있다고 한다(대판 1983. 3. 8. 82도2873).

(4) 증거동의의 의제

가. 피고인의 불출석 피고인의 출정 없이 증거조사를 할 수 있는 경우에 피고인이 출정하지 않은 때에는 증거에 동의한 것으로 본다. 다만 대리인 또는 변호인이 출정한 때에는 예외로 한다(제318조제2항). 이는 피고인의 공판정 불출석으로 인하여 검사가 제출한 증거능력 없는 증거에 대하여 증거결정을 하지 못함으로써 소송이 지연되는 것을 방지하기 위한 것이다. ① 법인인 경우에 그 대리인이 출석하지 않은 때(제276조단서), ② 다액 500만원 이하의 벌금 또는 과료에 해당하는 사건, ③ 공소기각 또는 면소의 재판을 할 것이 명백한 사건, ④ 장기 3년 이하의 징역·금고, 다액 500만원을 초과하는 벌금·구류에 해당하는 사건에서 피고인의 불출석허가신청이 있고 법원이 피고인의 불출석이 그의 권리를 보호함에 지장이 없다고 인정하여 이를 허가한 사건(다만 인정신문절차나 판결을 선고하는 공판기일에는 출석하여야 함(이상 제277조)), ⑤ 피고인이 출석하지 않으면 개정하지 못하는 경우에 구속된 피고인이 정당한 사유 없이 출석을 거부하고, 교도관에 의한 인치가 불가능하거나 현저히 곤란하다고 인정되는 때(제277조의2제1항) 등이 그것이다.

나. 피고인의 퇴정 피고인이 재판장의 허가 없이 퇴정하거나 재판장의 퇴정명령에 의하여 퇴정당한 경우에는 증거동의가 의제되는 것으로 볼 수 없다(다수설). 피고인의 퇴정은 공정한 재판에 불만을 품은 데서 비롯되는 경우가 많기 때문이다. 이에 대하여 판례는 변호인과 피고인이 재판거부 의사를 표시하고 재판장의 허가 없이 퇴정해 버린 사안에서 피고인의 방어권의 남용 혹은 변호권의 포기로 보아 피고인의 진의와 관계없이 증거동의가 있는 것으로 보고 있다(대판 1991. 6. 28. 91도865).

다. 간이공판절차의 특칙 간이공판절차의 결정(제286조의2)이 있는 사건의 증거에 관하여는 제310조의2, 제312조부터 제314조까지 및 제316조의 규정에 의한 증거에 대하여 증거동의가 있는 것으로 본다(제318조의3). 다만 검사, 피고인 또는 변호인이 증거로 하는 데 이의가 있는 때에는 그렇지 않다(동조단서).

(5) 진정성의 조사

당사자가 증거로 할 수 있음에 동의한 서류 또는 물건인 경우에도 법원이 이를 진정한 것으로 인정한 때에 비로소 증거로 할 수 있다. '진정한 것으로 인정한 때', 즉 진정성의 의미에 대하여는 ① 증거의 증명력이 현저히 낮지 않아야 한다는 증명력설, ② 증거수집과정에서의 임의성을 의미한다는 임의성설, ③ 서류 또는 물건의 신용성을 의심스럽게 하는 유형적 상황이 없는 것을 의미한다는 유형적 상황설(다수설)이 대립되고 있다. 진정성에 대한 증명의 방법은 증거능력의 요건에 관한 소송법적 사실이므로 자유로운 증명으로 가능하다.

(6) 증거동의의 효과

가. 증거능력의 인정 당사자가 동의한 서류 및 물건은 비록 증거능력 없는 증거라고 하더라도 법원에 의하여 그 진정성이 인정되면 증거능력이 인정된다.

나. 동의의 효력이 미치는 범위

(가) 물적 범위 동의의 효력은 원칙적으로 동의의 대상으로 특정된 서류 또는 물건의 전체에 미친다. 다만 서류 또는 물건의 내용이 분리 가능한 때에는 그 일부에 대하여도 동의가 가능하다.

(나) 인적 범위 증거동의는 동의한 피고인에 대하여만 그 효력이 미친다. 피고인이 여러 사람인 경우 공동피고인 중 1인의 증거동의는 다른 공동피고인에게는 그 효력이 미치지 않는다.

(다) 시간적 범위 증거동의의 효력은 공판절차의 갱신이 있거나 심급을 달리하여도 그 효력에 영향이 없다. 따라서 피고인들이 제1심공판정에서 경찰작성의 조서들에 대하여 증거동의를 하였다면 항소심에서 범행인정 여부를 다툰다고 하여도 동의의 효력에 영향이 없다.

(7) 증거동의의 철회와 취소

당사자의 증거동의로 증거조사가 진행되고 있는 경우에도 증거능력의 요건에 대한 사실 및 법률을 오인하거나 사기·강박에 의하여 동의한 때에는 그 철회 및 취소가 허용된다(대판 1983. 4. 26. 83도267 등). 다만 그 의사표시는 적어도 증거조사의 완료 전에 이루어져야 하며 일단 증거조사가 완료된 뒤에는 증거동의의 의사표시를 철회 및 취소하더라도 이미 적법하게 부여된 증거능력이 상실되지는 않는다(대판 2007. 7. 26. 2007도3906 등).

Ⅵ. 탄핵증거

1. 의 의

(1) 탄핵증거의 개념

탄핵증거란 진술의 증명력을 다투기 위한 증거를 말한다. 제318조의2제1항은 “제312조부터 제316조까지의 규정에 따라 증거로 할 수 없는 서류나 진술이라도 공판준비 또는 공판기일에서의 피고인 또는 피고인이 아닌 자(공소제기 전에 피고인을 피의자로 조사하였거나 그 조사에 참여하였던 자를 포함)의 진술의 증명력을 다투기 위하여 증거로 할 수 있다”며 이에 대하여 규정하고 있다.

예를 들어 피고인 A의 교통사고 사건에서 검사측 증인인 B가 공판정에 출석하여 “A가 횡단보도에서 사고를 냈을 때 녹색보행자신호인 것을 보았다”라고 증언하였다고 하자. 이때 피고인이 신청한 증인 C가 공판정에서 “사고 직후 막 도착해 보니 ‘이미 적색신호여서 어떤 신호에서 사고가 났는지는 정확하게 보지 못하였다’는 B의 말을 들었다”고 증언하였을때 C의 증언이 증거능력이 있으려면 원진술자인 B가 사망 등의 사유로 진술하지 못할 사정이 있어야 한다. 그런데 이 경우는 원진술자인 B가 공판정에 출석하고 있으므로 전문진술인 C의 진술은 증거능력이 없다(제316조제2항). 여기서 C의 진술은 증거능력은 없으나 B의 증언에 대한 증명력을 다투기 위한 증거로는 사용될 수 있다. 이것이 탄핵증거이다.

탄핵증거는 범죄사실과 같은 주요사실의 증명이 아닌 단순히 다른 증거의 증명력을 떨어뜨리는 데 사용되므로 전문증거를 배제하는 취지에 크게 벗어나지 않는다. 오히려 반증이라는 엄격한 증명의 절차를 거치지 않고도 증거가치를 판단할 수 있게 하여 소송경제에 이바지하게 된다.

(2) 개념의 구별

진술의 증명력을 다투는 방법에는 탄핵증거 외에도 반대신문과 반증의 방법이 있다. 그러나 탄핵증거는 반대신문과 달리 증인의 증언에 한정되지 않고 피고인의 진술 및 증인 이외의 자에 대한 증명력을 다투기 위한 증거로도 사용된다. 또한 탄핵증거는 구두뿐만 아니라 서면의 제출에 의한 방법도 허용된다(제318조의2제1항)는 점에서 반대신문과 구별된다.

반증은 본증에 대한 것으로 본증에 의하여 증명하려고 하는 사실의 존재를 부인하기 위하여 제출하는 증거를 말한다. 따라서 반증은 증거능력이 있고 엄격한 증거조사를 거친 증거임을 요한다. 이와는 달리 탄핵증거는 본증 또는 반증으로 제출된 증거의 증명력을 다투기 위한 증거이므로 증거능력의 유무를 묻지 않고 엄격한 증거조사를 거칠 필요가 없다.

2. 탄핵증거의 성격

탄핵증거는 제312조부터 제316조까지의 전문증거를 대상으로 하므로 전문증거배제법칙과의 관계가 문제된다. 이에 대하여 제318조의2는 전문증거배제법칙의 예외라기보다는 그 적용이 없다고 보는 것이 일반적이다. 전문증거배제법칙은 원진술자의 진술내용의 진실성을 따져 범죄사실의 존부를 증명하는 것인 반면에 탄핵증거는 동일인의 공판정 외에서의 진술에 의하여 공판정의 진술의 증명력을 떨어뜨리는 것이라는 점에서 서로 다르기 때문이다.

3. 탄핵증거의 허용범위

(1) 탄핵증거의 범위

탄핵증거의 범위는 어떠한 증거가 탄핵증거로 사용될 수 있을 것인가의 문제이다. 탄핵증거로 제출할 수 있는 전문증거의 범위에 대하여는 학설의 대립이 있다. 즉 ① 탄핵증거로 제출될 수 있는 증거는 동일인의 자기모순의 진술에 한한다는 한정설('자기모순의 진술'이란 공판정에서의 진술과 공판정 외에서의 진술이 서로 일치하지 않는 것을 말한다), ② 증명력을 다투기 위한 증거라면 자기모순의 진술에 한정하지 않고 제3자의 진술 등 모든 전문증거를 사용할 수 있다는 비한정설, ③ 자기모순의 진술 이외에 증인의 신빙성에 관한 순수한 보조사실(예를 들어 진술자의 성격, 이해관계, 전과사실 등)을 입증하는 증거도 탄핵증거로 사용될 수 있다는 절충설, ④ 검사에게는 자기모순의 진술만 탄핵증거로 허용하고 피고인에게는 모든 전문증거를 탄핵증거로 허용하자는 견해인 이원설이 그것이다.

(2) 탄핵증거의 제한

가. 원본증거를 대체하는 전문증거 탄핵증거는 진술의 증명력을 다투는 데 사용된다. 따라서 원본증거를 대체하여 범죄사실이나 간접사실을 인정하는 증거로 사용될 수 없다. 엄격한 증명의 법리상 증거능력 없는 증거에 의하여 범죄사실을 인정할 수는 없기 때문이다.

나. 임의성 없는 진술 임의성 없는 진술은 탄핵증거로 사용할 수 없다. 자백배제법칙에 대한 헌법 제12조제7항이나 진술의 임의성에 관한 제317조에 비추어 임의성 없는 진술은 증거법의 세계에서 배제시키려는 것이 형사소송법의 취지이기 때문이다. 판례도 같은 입장이다(대판 2005. 8. 19. 2005도2617).

다. 형식적 진정성립이 인정되지 않는 증거 형식적 진정성립, 즉 진술자의 서명날인이 없는 전문서류도 탄핵증거로 사용될 수 있다는 것이 판례의 입장이다(대판 1994. 11. 11. 94도1159).

라. 공판정에서의 진술 이후에 이루어진 자기모순의 진술 공판정에서의 증인의 증언을 탄핵하기 위하여 증인신문 후 검사가 증인을 상대로 조사하여 작성한 이전의 진술과 배치되는 진술조서를 탄핵증거로 제출하는 것이 허용되지 않음은 앞에서 본 바와 같다(대판 2000. 6. 15. 99도1108(전원합의체)).

마. 진술을 내용으로 하는 영상녹화물 제318조의2제2항은 "제1항에도 불구하고 피고인 또는 피고인이 아닌 자의 진술을 내용으로 하는 영상녹화물은 공판준비 또는 공판기일에 피고인 또는 피고인이 아닌 자가 진술함에 있어서 기억이 명백하지 않은 사항에 관하여 기억을 환기시켜야 할 필요가 있다고 인정되는 때에 한정하여 피고인 또는 피고인이 아닌 자에게 재생하여 시청하게 할 수 있다"고 규정하고 있다. 피의자신문 등 과정에서의 영상녹화물은 진술자의 기억환기용으로만 사용될 수 있음을 분명히 하고 있는 것이다. 따라서 수사기관에서 촬영한 영상녹화물을 탄핵증거로 사용하는 것은 허용되지 않는다.

4. 탄핵의 대상과 범위

(1) 탄핵의 대상

탄핵의 대상은 피고인 또는 피고인이 아닌 자의 공판준비 또는 공판기일에서의 진술의 증명력이다(제318조의2). 탄핵의 대상과 관련하여 특히 문제되는 것으로 다음과 같은 것들이 있다.

가. 진술증거 제318조의2는 '진술'만을 탄핵의 대상으로 하고 있다. 그러나 탄핵의 대상인 진술에는 구두진술뿐만 아니라 진술이 기재된 서면도 포함된다. 따라서 공판정 외에서의 진술이 서면의 형식으로 공판정에 제출된 경우에도 탄핵의 대상이 된다.

나. 피고인의 진술 탄핵증거의 대상에 대하여는 '피고인 또는 피고인이 아닌 자'라고 규정하고 있으므로 피고인의 진술도 탄핵증거의 대상이 된다. 따라서 피고인이 내용을 부인하여 증거능력이 없는 사법경찰리작성의 피의자신문조서도 피고인의 법정진술에 대한 탄핵증거로 사용할 수 있다(대판 2005. 8. 19. 2005도2617).

다. 자기측 증인의 탄핵 자기측 증인은 신청당사자에게 유리하므로 탄핵의 문제가 생길 여지가 거의 없다. 그러나 신청당사자에게 불리한 경우도 있을 수 있으므로 자기측 증인에 대한 신청당사자의 탄핵도 가능하다고 보는 것이 일반적이다.

(2) 탄핵의 범위

탄핵증거는 진술의 증명력을 다투기 위하여 인정된다. '증명력을 다투기 위하여'라는 의미에 비추어 탄핵증거는 증명력을 떨어뜨리는 경우를 의미하고 이를 지지·보강하는 경우는 포함되지 않는다. 다만 처음부터 지지·보강하는 것이 아니라 탄핵에 의하여 감쇄된 증명력을 지지·보강하여 원상태로 회복시키는 것은 증명력을 다투는 데 해당한다(통설).

5. 탄핵증거의 제출과 조사방법

(1) 탄핵증거의 제출

탄핵증거는 이에 의하여 다투고자 하는 진술이 행하여진 후에 사용된다는 그 성격상 진술이 행하여진 후에 제출할 수 있다.

(2) 탄핵증거의 조사방법

탄핵증거는 범죄사실을 인정하는 증거가 아니므로 엄격한 증거조사를 거칠 필요가 없다. 그러나 탄핵증거도 법정에 제출되면 증거조사가 필요한데 이 경우 법원이 상당하다고 인정되는 방법으로 실시하면 된다.

제 4 절 증명력에 관한 증거법의 원칙

I. 자유심증주의

1. 의 의

자유심증주의란 증거의 증명력을 법률로 정하지 않고 법관의 자유로운 판단에 맡기는 증거법상의 원칙을 말한다. 제308조는 "증거의 증명력은 법관의 자유판단에 의한다"고 함으로써 이를 규정하고 있다. 따라서 법관은 사실을 인정하는 데 있어서 아무런 법률적 제약을 받지 않고 스스로의 판단으로 타당하다고 생각되는 증거에 가치를 부여하여 재판할 수 있다.

자유심증주의는 증거의 증명력을 미리 법률로 정해 놓고 법관의 심증과 관계없이 이 증거에 의하여 반드시 유죄 혹은 무죄를 인정하게 하는 규문주의 하의 법정증거주의에 대립되는 개념이다.

2. 자유심증주의의 내용

(1) 자유판단의 주체

증거의 증명력을 판단하는 주체는 개개의 법관이다. 국민참여재판의 경우에는 개개의 배심원이 그 주체가 된다.

(2) 자유판단의 대상

자유판단의 대상은 증거의 증명력이다. 증명력은 신용력과 협의의 증명력으로 나누어 설명되고 있다. 신용력은 요증사실과의 관계를 떠나 증거 자체가 믿을 만한가의 문제이고, 협의의 증명력은 신용력을 전제로 증거가 요증사실과의 관계에서 그 존부를 어느 정도까지 증명할 수 있는가의 문제이다. 예를 들어 검사측 증인의 증언에 대한 증명력을 판단하는 경우에 있어서 증인이 피고인과 적대적인 관계에 있는 자이면 이는 신용력의 문제이고, 그 증언을 가지고 사실을 인정할 것인가의 문제는 협의의 증명력의 문제이다.

(3) 자유판단의 의미

자유판단이란 법관이 사실을 인정하는 데 있어서 법률의 구속을 받지 않고 심리과정에서 스스로의 마음속에 확신하거나 인식한 것(심증)을 토대로 판단한다는 의미이다. 즉 증거능력이 있는 여러 증거 중에서 어느 증거를 선택하여 사실을 인정할 것인가는 법관의 자유판단에 맡겨져 있다. 다만 여기서 자유는 법률의 구속을 받지 않는다는 의미이고 법관의 자의(恣意)를 의미하는 것은 아니다.

법관의 증명력 판단에 있어서 문제되는 경우로 다음과 같은 것들이 있다.

가. 피고인의 진술 피고인의 진술도 증거자료로서 증명력 판단의 대상이 된다. 법관은 피고인이 수사기관에서 한 자백을 법정에서 부인할 때에도 수사기관에서의 진술을 선택하여 사실을 인정할 수 있다(대판 2001. 10. 26. 2001도4112). 또한 피고인이 수사기관이나 법정에서 자백하는 경우에도 자백의 동기나 자백에 이르게 된 경위 등을 고려하여 법관은 이와 다른 사실을 인정할 수 있다(대판 2006. 11. 23. 2006도5407).

나. 증인의 진술 법관이 증인의 증언을 취사선택함에 있어서는 증인의 형사미성년자 여부, 선서능력이나 책임능력의 유무 등과 관계없이 자유롭게 그 증명력을 판단할 수 있다. 따라서 만 16세 미만의 선서무능력자인 증인의 증언에 의하여도 사실을 인정할 수 있고(대판 2004. 9. 13. 2004도3161), 선서무능력자인 증인과 선서능력자인 증인의 증언이 서로 모순되는 경우에 후자에 의하여 사실을 인정할 수도 있다.

다. 감정인의 의견 법관은 감정인의 의견에 구속되지 않고 이와 다른 사실을 인정할 수 있다. 따라서 감정의견이 상충된 경우에 소수의견을 따를 수도 있고 여러 의견 중에서 그 일부씩을 채택할 수도 있다. 다만 유전자검사, 혈액형검사 등과 같은 과학적 방법에 의한 감정결과에 대하여는 합리적 근거 없이 이를 함부로 배척하지 못한다(대판 2009. 3. 12. 2008도8486 등).

라. 증거서류 증거서류의 증명력도 법관의 자유판단에 의한다. 따라서 공판조서가 공판정 외에서의 조서보다 증명력이 강한 것은 아니다. 또한 경찰에서의 자술서, 검사작성의 피의자신문조서, 다른 형사사건의 공판조서의 기재가 서로 상반된 경우에도 어느 것을 사실인정의 자료로 채택하느냐는 오로지 사실심법원의 자유심증에 속한다(대판 1986. 9. 23. 86도1547). 다만 공판조서의 경우 공판기일의 절차면에 관련된 것인 '소송절차'에 관한 것(예를 들어 진술거부권의 고지 여부)은 절대적 증명력을 가진다(제56조).

마. 간접증거 법관은 간접증거(혹은 정황증거)에 의하여도 사실을 인정할 수 있으며, 직접증거를 배척하고 간접증거에 의하여 사실을 인정할 수도 있다.

(4) 자유판단의 기준

자유심증주의가 기초하는 인간의 이성은 합리적 인간을 전제로 한다. 따라서 법관이 심증형성을 하는 데 있어서는 합리적 인간으로부터 예상되는 논리법칙과 경험법칙에 적합할 것이 요구된다.

가. 논리법칙 논리법칙이란 사고나 추리의 과정이 명백한 법칙을 말한다. 따라서 일정한 증거에 의하여 일정한 판단을 도출하고 그 판단을 전제로 다시 다른 판단에 도달하는 전 과정에 모순이 없어야 한다. 판결이유에 모순이 있는 경우, 수학적 계산의 착오, 확립된 물리적 이론과의 배치 등은 논리법칙에 모순이 있는 경우의 예이다.

나. 경험법칙 경험법칙이란 사회생활상의 개별적인 체험들이 모여 일반화됨으로써 얻어진 법칙을 말한다. 예를 들어 "해가 지면 사물이 잘 보이지 않는다"고 하는 것이 그것이다. 따라서 공소장의 범행일시로 보아 해가 지고 어두운 때임에도 불구하고 증인이 피고인의 얼굴을 뚜렷이 보았다고 하는 것은 경험법칙에 맞지 않는 것이 된다.

다. 논리법칙과 경험법칙의 위반 유죄판결의 이유가 논리법칙 및 경험법칙에 어긋나거나 이에 어긋난 증거의 취사선택과 이로 인한 사실오인이 판결에 영향을 미친 경우에는 항소이유가 되거나(제361조의5제11호 · 제14호) 상고이유가 된다(제383조제1호 · 제4호).

3. 자유심증주의의 합리성의 보장

자유심증주의도 법관의 개인적 편견이나 능력의 부족 등으로 인하여 남용 및 오판의 위험성이 전혀 없는 것은 아니다. 여기서 자유심증주의도 그 합리성을 보장하기 위한 제도적 장치가 필요하게 되는데 가장 중요한 것이 상소제도를 통한 보장이라고 할 수 있다.

4. 자유심증주의의 제한

(1) 자백의 증명력 제한

피고인의 자백이 그 피고인에게 불리한 유일의 증거인 때에는 이를 유죄의 증거로 하지 못한다(제310조). 따라서 법관이 피고인의 자백에 의하여 유죄의 심증을 얻은 경우에도 자백에 대한 보강증거가 없으면 피고인에게 유죄의 판결을 선고할 수 없으므로 자유심증주의의 제한사유에 해당한다.

(2) 공판조서의 증명력

공판기일의 소송절차로서 공판조서에 기재된 것은 그 조서만으로써 증명한다(제56조). 따라서 공판절차의 소송행위에 관한 것으로서 그 절차에 관한 경과를 기재한 조서는 법관의 심증 여하를 불문하고 절대적 증명력이 인정되므로 자유심증주의의 제한사유에 해당한다.

(3) 피고인의 진술거부권의 행사

피고인이 진술거부권을 행사하더라도 법관은 이를 피고인에게 불리한 정황증거로 사용할 수 없으므로 자유심증주의의 제한사유에 해당한다.

Ⅱ. 자백의 보강법칙

1. 의 의

자백의 보강법칙이란 법관이 증거능력이 있고 신용성이 있는 피고인의 자백을 통하여 유죄의 심증을 얻은 경우에도 자백의 진실성을 담보할 수 있는 보강증거가 없으면 유죄로 인정할 수 없다는 법칙을 말한다. 따라서 이 법칙은 자유심증주의의 제한원리로서 기능하게 된다. 보강증거는 보조증거에 속하는 것으로 탄핵증거에 대비되는 것이다.

형사소송법은 "피고인의 자백이 그 피고인에게 불리한 유일의 증거인 때에는 이를 유죄의 증거로 하지 못한다"(제310조)고 함으로써 이 법칙의 헌법적 요청(동법 제12조제7항)을 구체적으로 확인하고 있다. '증거로 하지 못한다'는 것은 증거능력이 있는 증거에 의하여 유죄의 심증을 얻은 때에도 이 증거만으로는 유죄를 인정할 정도의 실질적 가치를 부여할 수 없다는 의미이다.

2. 자백의 보강법칙의 필요성

자백의 보강법칙은 일차적으로는 허위자백을 배제하여 오판을 방지하는 데 있고, 부차적으로 자백 위주의 수사관행으로 인한 인권침해를 방지하는 데 그 필요성이 있다.

3. 자백의 보강법칙의 적용범위

(1) 형사소송법에 의한 절차

헌법 제12조제7항의 자백의 보강법칙은 '정식재판'에 적용되는 것으로 규정되어 있다. 그러나 여기서 정식재판이란 '형사소송법이 적용되는 형사사건'을 말한다. 따라서 간이공판절차나 약식절차를 포함한다.

(2) 피고인의 자백

자백의 보강법칙은 피고인의 자백에 대하여만 적용된다. 피고인이 어떠한 지위에서 자백을 행하였는지는 관계없다. 따라서 수사절차에서 피의자의 지위에서 한 자백이나 다른 형사사건에서 참고인이나 증인으로 진술한 내용도 자신의 피고사건으로 재판을 받게 된 때에는 이 법칙이 적용된다. 구두에 의한 것이든 서면에 의한 것이든 가리지 않는다.

(3) 공판정에서의 자백

공판정에서는 피고인이 자유로운 상태에서 진술한다는 점에서 그 자백은 임의성 및 신용성이 높다. 그러나 자백의 보강법칙은 임의성이나 신용성의 문제가 아니라 혹시 있을지도 모를 허위자백을 배제하여 오판을 방지하는 데 있으므로 공판정에서의 피고인의 자백에도 이 법칙이 적용된다(다수설). 판례도 같은 입장이다(대판 1991. 12. 10. 91도2550).

(4) 공범자의 자백

공범자의 자백과 관련하여서는 두 가지로 나누어 검토되고 있다. 하나는 피고인의 자백이 없는 상태에서 공범자의 자백만으로 이에 대한 보강증거 없이 피고인의 공소사실을 인정할 수 있을 것인가의 문제이다(자백의 보강법칙의 적용범위의 문제). 다른 하나는 피고인의 자백이 있는 경우에 공범자의 자백이 피고인의 자백에 대한 보강증거가 될 수 있는가의 문제이다(보강증거의 자격의 문제). 이들은 둘 다 공범자의 자백을 피고인의 자백에 포함되는 것으로 보아 공범자의 자백에도 보강증거가 필요한가와 관련을 가지는 문제이다.

공범자의 자백에 대한 자백의 보강법칙의 적용범위는 공범자의 자백에 대하여도 보강증거를 필요로 하는가의 문제다. 이는 공범자의 자백을 피고인의 범죄에 대한 증거로 인정할 수 있을 것인가의 문제로 귀결된다. 이 점에서 피고인의 자백이 없고 공범자의 자백만 있는 경우에 의미가 있다. 둘 다 자백이 있는 때에는 공범자의 자백으로 피고인의 자백을 보강할 수 있는가의 문제로 이어서 볼 보강증거의 자격 문제와 관련을 맺는다.

공범자의 자백에 대한 자백의 보강법칙의 적용범위에 대하여는, ① 공범자의 자백을 피고인의 자백으로 보아 공범자의 자백에도 보강증거가 필요하다는 긍정설, ② 공범자의 자백을 피고인의 자백과 다른 것으로 보아 공범자의 자백에는 보강증거가 필요 없다는 부정설, ③ 공판정 자백에는 보강증거가 필요치 않으나 공판정 외의 자백(공동피고인이 아닌 공범자)에는 보강증거가 필요하다는 절충설이 대립하고 있다. 부정설이 다수설로 공범자의 자백은 피고인에 대한 관계에서는 제3자의 진술에 불과하며 피고인의 반대신문이 가능하다는 것을 이유로 든다. 판례도 공범인 공동피고인의 자백에 대하여 피고인의 반대신문권이 보장되어 있어 독립한 증거능력이 있다고 함으로써 부정설의 입장이다(대판 1992.7.28. 92도917 등).

4. 보강증거의 자격

(1) 독립증거

보강증거는 피고인의 자백과는 별개의 독립된 증거여야 한다. 따라서 피고인의 공판정에서의 자백을 수사절차에서의 자백으로 보강할 수 없다(대판 1978. 6. 27. 78도743). 또한 "피고인이 범행을 자인하는 것을 들었다"는 피고인 아닌 자의 진술은 피고인의 자백을 피고인의 자백에 의하여 보강하는 결과가 되므로 피고인의 자백의 보강증거가 될 수 없다(대판 2008. 2. 14. 2007도10937 등). 보강증거는 피고인의 자백과 독립된 증거이면 되고 인증, 물증, 서증을 가리지 않는다.

피고인이 형사절차 이전의 단계에서 작성한 자백 내용이 기재되어 있는 문서에 대하여 보강증거의 자격이 있느냐에 대하여는 견해가 대립되고 있다. 판례는 상업장부, 항해일지, 진료일지 또는 이와 유사한 금전출납부 등과 같이 사무내역을 그때그때 계속적·기계적으로 기재한 문서는 독립된 증거자료로서 피고인의 자백에 해당하지 않는다고 본다. 따라서 피고인이 뇌물공여 혐의를 받기 전에 업무상 지출한 자금내역을 기록한 수첩의 기재 내용도 자백에 대한 보강증거로 될 수 있다고 한다(대판 1996. 10. 17. 94도2865(전원합의체)).

(2) 정황증거

자백에 대한 보강증거는 직접증거뿐만 아니라 정황증거에 의하여도 가능하다. 따라서 피고인이 검문 당시 버린 주사기에서 메스암페타민염이 검출된 사실 등은 피고인의 메스암페타민 투약사실의 검찰자백에 대한 보강증거가 될 수 있다(대판 1999. 3. 23. 99도338).

(3) 공범자의 자백

보강증거의 자격 문제로서의 공범자의 자백은 피고인의 자백이 있는 경우에 공범자의 자백이 피고인의 자백에 대한 보강증거로 될 수 있는가 하는 문제이다. 공범자의 자백을 피고인의 자백과 같은 것으로 보아 보강증거를 요한다고 하면(앞의 긍정설) 공범자의 자백은 보강증거가 될 수 없다고 보게 된다. 이와는 달리 공범자의 자백을 피고인의 자백과 다른 것으로 보아 보강증거를 요하지 않는다고 하면(앞의 부정설) 공범자의 자백은 보강증거가 될 수 있다고 보게 된다.

공범자의 자백은 자신의 공소사실에 대하여는 자백이지만 피고인에 대하여는 증언의 성격을 가진다. 공범자의 자백을 이렇게 이해하면 피고인의 자백과 관계없이 그 자체만으로도 피고인의 유죄를 인정할 수 있는 실질증거로 볼 수 있다. 따라서 공범자의 자백이나 공동피고인의 자백은 당연히 보강증거가 될 수 있으며, 공동피고인들 간의 각 자백은 상호보강증거가 된다(대판 1990. 10. 30. 90도1939).

5. 보강증거의 보강정도 및 대상

(1) 보강증거의 보강정도

보강증거의 보강정도에 대하여는 대체로 자백의 진실성을 담보할 수 있는 정도면 된다고 한다(진실성담보설). 판례도 보강증거는 범죄사실의 전부 또는 중요 부분을 인정할 수 있는 정도가 되지 않더라도 피고인의 자백이 진실한 것임을 인정할 수 있으면 된다고 한다(대판 2010.12.23. 2010도11272 등).

(2) 보강증거에 의한 보강의 대상

가. 범죄의 주관적 요소 고의나 목적 등과 같은 범죄의 주관적 구성요건요소에 대하여는 보강증거가 필요하지 않다. 판례도 범의는 자백만으로 인정할 수 있다고 한다(대판 2009. 2. 26. 2007도1214 등).

나. 범죄구성요건사실 이외의 사실 전과사실(대판 1981. 6. 9. 81도1353 등)이나 확정판결의 존부(대판 1983. 8. 23. 83도820)와 같이 범죄구성요건사실 이외의 사실은 피고인의 자백만으로 인정할 수 있다.

다. 범인과 피고인의 동일성 범죄의 객관적 구성요건사실 중 범죄의 주체로서의 범인(실제로 범죄를 행한 자)과 피고인(범인으로 지목되어 있는 자)의 동일성에 대하여는 피고인이 자백한 범죄사실에 대한 보강증거가 있는 이상 이것만으로도 동일인임을 인정할 수 있다.

라. 죄수와 보강증거

(가) 실체적 경합범 실체적 경합범은 수죄이므로 각각의 범죄에 대하여 보강증거가 필요하다는 데 이론이 없다. 판례도 같은 입장이다(대판 2008. 2. 14. 2007도10937).

(나) 상상적 경합범 상상적 경합범에 대하여는 소송법상 처벌의 예에 따라 가장 중한 죄에 대한 보강증거가 있으면 된다는 견해와, 이론적으로는 실체법상의 수죄가 모두 인정되어야 그 요건을 충족하게 되므로 각 범죄에 대하여 보강증거가 필요하다는 견해가 대립되고 있다. 상상적 경합범은 하나의 행위로 인하여 수죄가 발생되는 경우이므로 현실적으로 그 중 어느 한 죄에 대한 보강증거는 다른 죄에 대하여도 보강증거로 사용될 수 있을 것이므로 논의의 실익은 그리 크지 않다.

(다) 포괄일죄 포괄일죄에 대하여는 개별적 행위가 독립된 의미를 가진 경우에는 개별 범죄에 대한 보강증거가 필요하지만 그렇지 않은 경우에는 보강증거를 필요로 하지 않는다(다수설). 판례도 상습범과 같이 구성요건적으로 특정되는 개별적 행위가 전체로서 하나의 죄인 포괄일죄가 되는 경우에는 각각의 행위에 대하여 보강증거가 필요하다고 한다(대판 1996. 2. 13. 95도1794).

Ⅲ. 공판조서의 증명력

1. 의 의

공판조서란 공판기일의 소송절차가 법이 정하는 방식에 따라 적법하게 행하여졌는가를 인증하기 위하여 법원사무관 등이 그 절차의 경과를 기재하는 조서를 말한다.

2. 배타적 증명력

공판기일의 소송절차로서 공판조서에 기재된 것은 그 조서만으로써 증명한다(제56조). '조서만으로써 증명한다'는 것은 공판조서 이외의 다른 자료에 의한 반증이 허용되지 않는다는 의미이다(대판 2005. 12. 22. 2005도6557 등). 이를 공판조서의 배타적(혹은 절대적) 증명력이라고 한다. 이는 법관의 심증 여하에 불구하고 절대적 증명력이 인정되므로 자유심증주의의 제한사유에 해당한다.

3. 배타적 증명력의 범위

공판조서의 배타적 증명력은 '공판기일의 소송절차'로서 '공판조서에 기재된 것'에 한정하여 미친다.

(1) 공판기일의 소송절차

가. 공판기일의 절차 공판조서만으로 증명할 수 있는 것은 피고사건에 관한 '공판기일'의 절차에 제한된다.

나. 소송절차 공판기일의 절차라도 '소송절차'에 대하여만 배타적 증명력이 인정된다. 피고인 또는 변호인의 출석 여부, 진술거부권의 고지(제283조의2), 증거조사결과에 대한 피고인의 의견 문의 및 증거신청권의 고지(제293조), 당사자에 대한 최종의견 진술기회의 부여(제303조) 등이 공판기일의 소송절차에 관한 것들이다.

따라서 공판조서에 기재된 증인의 증언과 같은 소송의 실체면에 관한 사항에 대하여는 '배타적 증명력'이 인정되지 않고 다른 증거로서 다툴 수 있다. 다만 이때에는 경우에 따라 해당 사건의 법원 또는 법관 앞에서 작성된 조서로서 제311조의 '절대적 증거능력'의 인정 여부가 문제될 뿐이다.

(2) 공판조서에 기재된 소송절차

가. 기재된 사항의 증명 공판조서의 배타적 증명력은 공판조서에 '기재된' 소송절차에 제한된다. 공판조서란 해당 사건의 공판조서를 의미하고 다른 사건의 공판조서는 여기에 해당하지 않는다. 다른 사건의 공판조서는 제315조제3호에 의하여 '기타 특히 신용할 만한 정황에 의하여 작성된 문서'로서 증거능력만 인정될 뿐이다(대판 1966. 7. 12. 66도617).

나. 기재되지 않은 사항의 증명 공판기일의 소송절차가 공판조서에 기재되지 않은 경우에도 공판기일에 통상적으로 진행되는 절차로서 착오로 기재를 누락한 때에는 공판조서의 전체 기재내용이나 공판조서 이외의 다른 자료 등에 비추어 이를 인정할 수 있다. 판례도 같은 태도이다(대판 1972. 12. 26. 72도2421).

다. 기재가 분명하지 않은 사항 및 명백하게 오기인 사항의 증명 공판조서에 기재된 사항이 분명하지 않거나 모순이 있는 경우에는 배타적 증명력이 인정되지 않는다(대판 2008. 4. 24. 2007도10058 등). 이때에는 그 올바른 내용에 따라 배타적 증명력을 가진다(대판 1995. 12. 22. 95도1289 등).

4. 공판조서의 무효 및 멸실

공판조서의 배타적 증명력은 유효한 공판조서의 존재를 전제로 한다. 따라서 공판조서가 그 작성에 대한 중대한 방식의 위반으로 무효이거나 멸실된 경우에는 그 배타적 증명력을 논할 필요가 없다. 예를 들어 작성자인 법원사무관 등의 기명날인 및 서명이 없거나 혹은 출석하지 않은 재판장이 서명날인한 경우가 그것이다.

제 6 장 재 판

제 1 절 재판의 의의와 종류

I. 재판의 의의

재판이란 좁은 의미로는 피고사건의 실체, 즉 유죄냐 무죄냐에 관한 법원의 공권적 판단을 말한다. 좁은 의미의 재판은 종국재판이다. 넓은 의미의 재판이란 법원 또는 법관이 행하는 모든 법률행위로서의 소송행위를 의미한다. 이에 의하면 소송의 진행과정에서 법관이 행하는 수사기관에 대한 각종 영장의 발부, 보석허가 결정, 증거결정 등도 재판에 포함된다. 소송법적 의미에서의 재판이란 넓은 의미의 재판을 말한다.

II. 재판의 종류

1. 종국재판과 종국 전의 재판(재판의 기능에 따른 분류)

(1) 종국재판

종국재판이란 그 심급에서의 소송을 종결시키는 재판을 말한다. 원칙적으로 판결의 형식에 의한다. 유죄의 판결, 무죄의 판결, 관할위반의 판결, 면소의 판결, 공소기각의 판결, 공소기각의 결정 등이 여기에 해당한다. 공소기각의 결정은 결정의 형식을 띠지만 종국재판이다. 상소심에서 행하는 파기자판, 파기환송의 판결, 파기이송의 판결, 상소기각의 판결도 상소심에서의 소송을 종결시킨다는 점에서 종국재판의 일종이다. 종국재판은 법적 안정성의 원리가 지배하므로 재판을 행한 법원이 스스로 이를 취소하거나 변경할 수 없다. 다만 당사자가 상소를 통하여 다툴 수 있을 뿐이다.

(2) 종국 전의 재판

종국 전의 재판이란 종국재판에 이르기까지 절차진행상의 문제를 해결하기 위한 재판을 말한다. 중간재판이라고 하기도 한다. 구속취소결정, 보석허가결정, 증거결정, 재판장의 피고인퇴정명령 등이 여기에 해당한다. 종국 전의 재판은 종국재판을 향하여 나아가는 과정에서 행하여지는 재판으로서 합목적성의 원리가 지배하므로 재판을 한 법원이나 법관 스스로 이를 취소하거나 변경할 수 있다. 예를 들어 보석취소결정이 그것이다. 종국 전의 재판에 대하여는 원칙적으로 상소가 허용되지 않는다(제403조제1항).

2. 판결, 결정 및 명령(재판의 형식에 따른 분류)

〈재판의 형태에 따른 상소방법 등의 비교〉

재판형태	주 체	성 격	상소방법	유 형
판 결	법원	종국재판	항소, 상고	유죄·무죄판결, 공소기각판결, 면소판결 등
결 정	법원	중간재판	항고, 재항고	기피신청기각결정(제23조제1항), 구속취소결정(제97조), 증인에게 과태료를 명하는 재판(제15조제1항) 등
명 령	재판장 수명법관 수탁판사	중간재판	준항고(제416조), 재항고, 이의신청(제14조)	재판장의 피고인 퇴정명령, 재판장의 공판기일의 지정·변경(제267조, 제270조) 등

(1) 판 결

판결은 법원이 행하는 종국재판의 원칙적 형식이다. 판결에는 유죄판결, 무죄판결(이상 실체판결)과 관할위반의 판결, 공소기각의 판결 및 면소의 판결(이상 형식판결)이 있다. 판결은 종국재판인 동시에 가장 중요한 재판이므로 법률에 다른 규정이 없으면 구두변론을 거쳐서 하여야 하고(제37조제1항) 이유를 명시하여야 한다(제39조). 구두변론을 필요로 하므로 공판을 열어 절차를 진행하게 된다. 판결에 대한 상소의 방법은 항소(제2심) 또는 상고(제3심)이며 재심과 비상상고는 판결에 대하여만 할 수 있다.

(2) 결 정

결정은 법원이 행하는 종국 전의 재판의 원칙적 형식으로 소송과정에서의 절차에 관한 재판은 결정에 의하여 행하여진다. 구속취소결정(제93조), 보석허가결정(제95조), 증거결정(제295조) 등이 여기에 해당한다. 다만 종국재판도 결정의 형식에 의하는 경우가 있다. 공소기각의 결정(제328조)이 그것이다. 결정은 구두변론을 거치지 않을 수 있으나(제37조제2항), 필요한 경우에는 사실을 조사할 수 있다(제37조제3항). 따라서 결정도 공판을 열어 구두변론을 거쳐 증인신문을 행하는 등의 증거조사를 행할 수 있다(규칙 제24조제1항). 결정에 대한 상소의 방법은 항고 또는 재항고이다.

(3) 명 령

명령은 법원이 아닌 재판장, 수명법관 및 수탁판사 등의 법관이 행하는 재판을 말한다. 명령은 모두 종국 전의 재판이다. 그러나 약식명령은 여기서 말하는 명령이 아니라 약식명령절차에서 행하여지는 독립된 형식의 재판이다. 명령은 구두변론을 거치지 않을 수 있으나(제37조제2항), 필요한 때에는 사실을 조사할 수 있음은 결정과 같다(동조제3항). 명령에 대한 일반적인 상소의 방법은 없고 다만 일정한 경우에 이의신청(예를 들어 제304조 재판장의 처분에 대한 이의)이나 준항고(제416조)가 허용될 뿐이다.

3. 실체재판과 형식재판(재판의 내용에 따른 분류)

(1) 실체재판

실체재판이란 법원이 피고사건의 실체를 심리하고 이에 의하여 구체적 형벌권의 존부를 판단하는 재판을 말한다. 유죄판결, 무죄판결이 여기에 해당한다. 실체재판은 모두 종국판결이며 판결의 형식에 의한다. 실체재판이 확정되면 일사부재리의 효력이 발생한다.

(2) 형식재판

형식재판이란 피고사건의 실체가 아닌 절차적 측면을 이유로 행하여지는 재판을 말한다. 종국 전의 재판은 모두 형식재판이며 종국재판 가운데 관할위반의 판결, 공소기각의 판결, 공소기각의 결정 및 면소의 판결은 형식재판에 해당한다.

제 2 절 재판의 성립과 방식

I. 재판의 성립

재판의 성립은 의사표시 일반의 법원칙에 따라 의사의 결정단계와 의사의 외부적 표시라는 두 단계를 거쳐서 이루어진다. 전자를 재판의 내부적 성립, 후자를 외부적 성립이라고 한다. 양자를 구분하여 논하는 것은 일단 재판이 내부적으로 성립되면 법관이 바뀌더라도 공판절차를 갱신할 필요가 없다는 데 그 이유가 있다.

1. 내부적 성립

재판의 내부적 성립이란 재판의 의사표시적 내용이 재판기관 내부적으로 결정되는 것을 말한다. 합의부의 재판은 그 구성원인 법관의 합의에 의하여 내부적으로 성립한다. 단독판사의 재판은 재판서의 작성시가 내부적 성립시기이며, 재판서를 작성하지 않고 결정 또는 명령을 고지하는 경우에는 그 고지에 의하여 내부적 성립과 외부적 성립이 동시에 이루어진다.

2. 외부적 성립

재판의 외부적 성립이란 재판의 의사표시적 내용이 재판을 받는 자에게 인식될 수 있는 상태에 이르게 되는 것을 말한다. 판결의 경우에는 선고에 의하여, 결정·명령의 경우에는 고지에 의하여 각각 외부적으로 성립한다.

(1) 재판의 선고와 고지의 방법

재판의 선고 또는 고지는 공판정에서는 재판서에 의하고 기타의 경우에는 재판서등본의 송달 또는 다른 적당한 방법으로 한다(제42조). 다만 결정 또는 명령을 고지하는 경우에는 재판서를 작성하지 않고 조서에만 기재하여 할 수 있으므로(제38조) 고지 후 조서에 기재하면 될 것이다.

재판의 선고 또는 고지는 재판장이 한다. 판결을 선고함에는 주문을 낭독하고 이유의 요지를 설명하여야 한다(제43조). 재판의 선고나 고지는 이미 내부적으로 성립되어 있는 재판을 대외적으로 공표하는 행위에 불과하므로 반드시 재판의 내부적 성립에 관여한 법관이 행할 필요는 없다.

(2) 외부적 성립의 효력

종국재판이 외부적으로 성립하면 법적 안정성의 요청에 의하여 그 재판을 한 법원도 이를 철회하거나 변경할 수 없다. 재판장이 일단 주문을 낭독하면 선고의 외부적 효력이 발생하며, 이때는 주문자 이유를 잘못 낭독하거나 설명하는 등 실수가 있거나 판결내용에 잘못이 있음을 발견된 경우가 아니라면 변경선고가 허용되지 않는다(대판 2022.5.13. 2017도3884). 다만 상고법원(대법원)은 그 판결의 내용에 오류가 있음을 발견한 때에는 직권 또는 검사, 상고인이나 변호인의 신청에 의하여 판결로써 정정할 수 있다(제400조제1항).

이와는 달리 종국 전의 재판에 있어서는 합목적성의 요청에 의하여 재판의 철회와 변경이 허용되는 경우가 많다. 예를 들어 보석허가결정의 취소가 그것이다. 재판이 외부적으로 성립하면 그때부터 상소기간이 진행된다. 따라서 판결선고기일에 공판정에서의 선고가 있으면 곧바로 상소기간이 진행되기 시작한다.

Ⅱ. 재판의 구성과 방식

1. 재판의 구성

재판은 주문과 이에 대한 이유로 구성된다. 주문(主文)은 재판의 대상이 된 사실에 대한 최종적 결론을 말한다. 형을 선고하는 판결의 경우에는 구체적인 선고형이 주문의 내용을 이룬다. 이유(理由)란 주문이 도출되는 논리적 과정을 말한다. 재판에는 이유를 명시하도록 하고 있는데 이는 재판의 공정성을 보장하기 위한 것이다. 다만 상소를 허용하지 않는 결정 또는 명령에는 이유를 명시할 필요가 없다.

2. 재판의 방식

(1) 재판서의 작성

재판을 할 때에는 재판서를 작성하여야 한다. 다만 결정 또는 명령을 고지하는 경우에는 재판서를 작성하지 않고 조서에만 기재하여 할 수 있다(제38조). 재판서에는 판결서, 결정서, 명령서가 있다.

(2) 재판서의 기재내용

재판서에는 법률에 다른 규정이 없으면 재판을 받는 자의 성명, 연령, 직업과 주거를 기재하여야 한다(제40조제1항). 재판을 받는 자가 법인인 때에는 그 명칭과 사무소를 기재하여야 한다(동조제2항). 이 중 판결서에는 공소제기한 검사와 공판에 관여한 검사의 관직, 성명과 변호인의 성명을 기재하여야 한다(동조제3항). 재판서에는 최종적으로 재판한 법관이 서명날인하여야 한다(제41조제1항). 재판장이 서명날인할 수 없는 때에는 다른 법관이 그 사유를 부기하고 서명날인하여야 하며, 다른 법관이 서명날인할 수 없는 때에는 재판장이 그 사유를 부기하고 서명날인하여야 한다(동조제2항). 다만 판결서 기타 대법원규칙이 정하는 재판서를 제외한 재판서에 대하여는 서명날인 대신 기명날인할 수 있다(동조제3항). 판결과 각종 영장(감정유치장, 감정처분허가장 포함)에 관한 재판서는 서명날인에 대신하여 기명날인을 할 수 없다(규칙 제25조의2).

(3) 재판서의 교부

검사의 집행지휘를 요하는 재판은 법률에 다른 규정이 있는 때를 제외하고는 재판서 또는 재판을 기재한 조서의 등본·초본을 재판의 선고 또는 고지한 때로부터 10일 이내에 검사에게 송부하여야 한다(제44조). 구속된 피고인에 대하여 실형을 선고하는 경우에는 선고일로부터 7일 이내에 피고인에게 판결서등본(피고인이 동의하면 초본)을 송달하여야 한다(규칙 제148조). 그 외 불구속 피고인과 무죄·면소 등의 판결선고로 구속영장의 효력이 상실된 구속피고인(제331조)에 대하여는 송달을 신청하는 경우에 판결서등본 또는 초본을 송부한다(동조제2항).

피고인 기타의 소송관계인은 비용을 납입하고 재판서 또는 재판을 기재한 조서의 등본·초본의 교부를 청구할 수 있다(제45조). 이때 재판서 또는 재판을 기재한 조서의 등본·초본은 원본에 의하여 작성하여야 하며, 다만 부득이한 경우에는 등본에 의하여 작성할 수 있다(제46조).

(4) 재판서의 경정

재판서의 경정이란 재판이 선고 또는 고지에 의하여 외부적으로 성립된 후 잘못이 발견된 경우에 이를 바로잡는 것이다. 형사소송은 공판중심주의가 엄격히 요구되므로 공판정에서 선고된 내용 중 주문과 같은 판결의 실체에 대한 부분은 잘못 선고된 때에도 선고내용대로 효력이 발생한다. 따라서 내용 자체의 중대한 변동이 아닌 일반적인 내용의 경정만이 가능하다. 즉 재판서에 잘못된 계산이나 기재, 그 밖에 이와 비슷한 잘못이 있음이 분명한 때에만 법원은 직권 또는 당사자의 신청에 따라 경정결정을 할 수 있다(규칙 제25조제1항). 이 결정에 대하여는 즉시항고를 할 수 있다. 다만 재판에 대하여 적법한 상소가 있는 때에는 그렇지 않다(동조제3항).

제 3 절 종국재판

I. 유죄판결

1. 의 의

유죄판결이란 법원이 피고사건에 대하여 범죄의 증명이 있는 때에 선고하는 실체재판이다. 범죄의 증명이 있는 때란 법원이 공판정에서 적법한 증거조사를 거쳐 합리적 의심이 없을 정도로 유죄의 확신을 얻은 것을 말한다.

2. 유죄판결의 종류

유죄판결의 종류에는 형선고의 판결, 형면제의 판결 및 선고유예의 판결이 있다. 피고사건에 대하여 범죄의 증명이 있는 때에는 형의 면제 또는 선고유예의 경우 외에는 판결로써 '형'을 '선고'하여야 한다(제321조제1항). 형면제의 판결(제322조전단)은 친족상도례와 같이 형벌법규에 형을 면제하는 규정이 있는 경우에 선고한다. 선고유예는 1년 이하의 징역이나 금고, 자격정지 또는 벌금의 형을 선고할 경우에 형법 제51조(양형의 조건)를 참작하여 개전의 정상이 뚜렷한 때에 선고하는 판결이다(형법 제59조제1항).

3. 유죄판결의 주문

(1) 형선고의 판결

형을 선고하는 판결의 주문에는 먼저 주형과 그 양을 표시하여야 한다. 병과형, 부가형, 추징도 주문에 표시한다. 다음으로 형선고의 판결의 주문에는 집행유예 판결 및 노역장 유치기간(제321조제2항; 형법 제70조),[1] 압수장물의 환부(제331조제1항), 가납판결(제334조제1항), 배상명령(소송촉진법 제31조제1항) 등의 부수처분도 주문에 표시한다.

1) 18세 미만인 소년에 대하여는 유치선고를 하지 못한다(소년법 제62조)고 함으로써 환형처분을 제한하고 있다.

(2) 형면제의 판결

형면제의 판결(제322조)은 형 자체가 면제되는 것이므로 주문에도 면제되는 형의 내용을 표시할 필요가 없다. 형면제판결은 과잉방위(형법 제21조제2항), 과잉긴급피난(동법 제22조제3항), 과잉자구행위(동법 제23조제2항), 중지미수(동법 제26조), 불능미수(동법 제27조), 친족상도례(동법 제328조제1항) 등과 같이 형법에 규정이 있는 경우에 행하여진다.

(3) 형의 선고유예 판결

형의 선고유예 판결(제323조)은 후에 선고유예의 판결이 실효(失效)되는 경우(형법 제61조)를 대비하여 그 이유에서 유예된 형의 종류와 양 및 부수처분을 미리 기재해 놓아야 한다.

4. 유죄판결의 이유

재판에는 그 이유를 명시하여야 한다(제39조). 이는 법관의 자의를 배제하여 재판의 공정을 기하는 동시에 상소권자에게 상소제기 여부를 결정할 수 있는 판단자료를 제공하는 데 그 취지가 있다. 판결에 이유를 붙이지 않거나 이유에 모순이 있는 때에는 절대적 항소이유(제361조의5제11호) 및 상대적 상고이유(제383조제1호)가 된다. 유죄판결에 명시할 이유로서는 범죄될 사실, 증거의 요지와 법령의 적용(제323조제1항) 및 법률상 범죄의 성립을 조각하는 이유 또는 형의 가중, 감면의 이유되는 사실의 진술이 있은 때에는 이에 대한 판단(동조제2항)이 있다.

(1) 범죄될 사실

가. 의 의　　범죄될 사실이란 구성요건에 해당하는 위법하고 책임 있는 구체적 사실로서 피고인에 대한 유죄판결의 근거가 되는 사실을 말한다. 유죄판결의 이유에서 범죄될 사실을 명시하도록 한 것은 형벌법규의 적용을 분명히 하고 피고인에 대하여 일사부재리의 효력이 미치는 범위를 명확히 하기 위한 것이다.

나. 명시해야 할 범죄될 사실

(가) 구성요건해당사실

① 형법각칙상의 구성요건사실 구성요건해당사실은 범죄성립의 첫 단계로서 유죄판결에 명시해야 될 범죄사실 중 가장 기본이 된다. 객관적 구성요건요소인 행위의 주체·객체·방법·결과·인과관계뿐만 아니라 주관적 구성요건요소인 고의·과실 등의 사실이 여기에 해당한다.

② 예비, 음모, 미수 및 공범 구성요건해당사실은 기본적 구성요건사실뿐만 아니라 그 수정형식에 속하는 예비, 음모, 미수, 공범 등에 해당하는 사실도 명시되어야 한다. 따라서 미수범의 경우 실행의 착수에 해당하는 사실, 장애미수·중지미수·불능미수의 구별 등이 명시되어야 하고, 공범에 있어서는 공범의 유형인 공동정범, 교사범, 방조범을 명확히 구별하여야 한다.

③ 범죄의 일시 및 장소 범죄의 일시와 장소는 범죄의 구성요건이 아니라 범죄사실을 특정하기 위한 요소에 불과하다. 따라서 그것이 범죄사실의 구성요건요소인 경우를 제외하고는 이를 구체적으로 인정할 수 없는 경우에는 개괄적으로 표현하여도 관계없다.

(나) 위법성과 책임 일정한 행위가 구성요건에 해당하면 위법성과 책임은 추정되므로 이들에 대하여는 특별히 판단할 필요가 없다.

(다) 처벌조건 처벌조건은 범죄될 사실은 아니나 범죄성립 이후의 형벌권 발동을 좌우하는 사실로서 이 역시 유죄판결의 이유에 명시되어야 한다. 친족상도례에 있어서의 일정한 친족에 해당하지 않을 것이 그것이다.

(라) 법률상 형의 가중·감면사실 법률상 형의 가중사유(예를 들어 경합범)나 형의 감면사유(예를 들어 심신미약자)도 판결이유에 명시되어야 한다. 이는 범죄될 사실은 아니나 성립된 범죄에 대한 처벌형량의 근거가 되는 중요한 사실이기 때문이다. 다만 양형사유에 불과한 단순한 정상에 관한 사실은 명시할 필요가 없다.

다. 명시의 방법

(가) 명시의 정도 범죄될 사실은 법적 구성요건과의 관계에서 구체적으로 명시되어야 한다. 예를 들어 폭행죄의 경우 유형력 행사의 수단과 방법이 구체적으로 기재되어야 하므로 유죄판결의 이유에서 “피고인이 불상의 방법으

로 피해자를 가격하였다"고 기재한 것은 범죄사실을 명시한 것으로 볼 수 없다(대판 1999. 12. 28. 98도4181).

(나) 죄수와 명시방법 경합범이나 과형상 일죄는 모두 실체법상으로 수죄이므로 각 범죄사실을 구체적으로 명시하여야 한다. 이와는 달리 포괄일죄는 일죄이므로 전체적인 범행의 시기와 종기, 범행방법, 피해자, 피해액의 합계 등을 포괄적으로 명시하면 된다.

(다) 택일적 사실과 명시 형사소송법은 공소사실과 적용법조의 예비적·택일적 기재만 규정하고 있을 뿐(제254조제5항) 유죄판결에 명시될 이유(제323조)로서 이를 규정하지 않고 있다. 따라서 택일적 사실의 명시는 허용되지 않는다(대판 1993. 5. 25. 93도558).

(2) 증거의 요지

가. 의 의 증거의 요지란 유죄판결의 이유에 기재된 범죄사실을 인정하는 자료가 된 증거에 대한 요지를 말한다. 판결이유에 증거요지의 기재를 요구하는 것은 법관의 사실인정의 합리성을 담보하고, 소송관계인에게 판결의 타당성을 이해시키며 상소심에 심판의 자료를 제공하는 데 있다.

나. 증거요지의 적시범위 증거의 요지는 범죄사실의 내용을 이루는 사실에 관한 것만 명시하면 된다. 범죄의 동기, 일시 및 장소는 구성요건요소인 범죄사실이 아니므로 이에 대한 증거의 적시를 필요로 하지 않는다. 그러나 누범에 해당하는 전과는 형량의 가중사유로서 범죄사실에 준하는 것으로 볼 수 있어 증거의 적시를 필요로 한다.

다. 증거요지의 적시방법 증거의 요지는 어떤 증거에 의하여 어떤 범죄사실을 인정하였는가를 알아볼 수 있을 정도로 증거의 중요부분을 표시하면 된다. 따라서 어느 증거의 어느 부분에 의하여 어느 범죄사실을 인정한다고 구체적으로 설시할 필요까지는 없다.

(3) 법령의 적용

가. 의 의 법령의 적용이란 법원의 심리결과 인정된 범죄사실에 대하여 형벌법규를 적용하는 것을 말한다. 유죄판결의 이유에 법령적용의 명시를 요구하는 것은 범죄사실이 어떤 범죄구성요건에 해당하며, 판결주문에서 선고한 형

이 정당한가를 알 수 있게 하기 위한 것이다.

나. 법령적용의 방법

(가) 처벌규정　　법령을 적용함에 있어서는 먼저 형사처벌의 직접적 근거가 되는 형법각칙 또는 특별법의 각 본조와 처벌에 관한 규정을 명시하여야 한다. 조문이 여러 개의 항으로 나누어져 있을 때에는 원칙적으로 항을 나누어 기재하여야 한다.

(나) 형법총칙의 규정　　형법총칙의 규정도 형사책임의 기초를 명백히 하는데 중요한 의미를 가진 규정은 명시하여야 한다. 이러한 것으로 미수·공범에 관한 규정, 누범·심신미약과 같은 형의 가중·감면에 관한 규정, 실체적 경합범·상상적 경합범과 같은 죄수론에 관한 규정 등이 있다.

(다) 부수처분의 규정　　주형이 아닌 부가형인 몰수 및 그 외 부수처분인 형의 집행유예, 노역장유치선고, 추징, 압수물의 환부 등에 대하여도 법령적용의 근거를 명시하여야 한다.

(4) 소송관계인의 주장에 대한 판단

가. 의 의　　법률상 범죄의 성립을 조각하는 이유 또는 형의 가중, 감면의 이유되는 사실의 진술이 있은 때에는 이에 대한 판단을 명시하여야 한다(제323조제2항). 이는 법원이 당사자의 주장에 대하여 판단하였음을 분명히 하여 재판의 공정성을 보장하는 데 그 취지가 있다.

나. 주장 및 판단의 방법　　법률상 범죄의 성립을 조각하는 이유 또는 형의 가중·감면의 이유되는 사실의 주장에 대한 법원의 판단은 당사자의 진술이 있을 것을 전제로 한다. 당사자의 진술은 공판절차에서 있어야 한다. 또한 당사자의 주장에 대한 판단은 명시적이어야 한다.

다. 법률상 범죄의 성립을 조각하는 이유되는 사실의 주장　　법률상 범죄의 성립을 조각하는 이유되는 사실이란 범죄의 성립을 배제시키는 사유로서 위법성조각사유나 책임조각사유가 있는 경우를 말한다. 따라서 “범행 당시 술에 만취하였기 때문에 전혀 기억이 없다”는 취지의 진술은 법률상 범죄의 성립을 조각하거나 형의 감면의 이유가 되는 사실의 진술에 해당하므로 유죄판결의 이유에서 판단하여야 한다(대판 1990. 2. 13. 89도2364).

라. 법률상 형의 가중·감면의 이유되는 사실의 진술 법률상 형의 가중·감면의 사유에는 누범(형법 제35조), 심신미약(동법 제10조제2항), 중지미수(동법 제26조) 등과 같은 필요적 가중·감면사유와 과잉방위(동법 제21조제2항), 자수·자복(동법 제52조) 등과 같은 임의적 감면사유가 있다. 제323조제2항의 법률상 형의 가중·감면의 이유되는 사실의 범위에 대하여 다수설은 공정한 재판을 위하여 임의적 감면사유를 포함하는 것으로 이해하나, 판례는 필요적 감면사유만 포함된다고 한다(대판 2004. 6. 11. 2004도2018).

Ⅱ. 무죄판결

1. 의 의

무죄판결이란 피고사건에 대하여 국가의 형벌권이 없음을 확인하는 실체재판이다. 피고사건이 범죄로 되지 않거나 범죄사실의 증명이 없는 때에는 판결로써 무죄를 선고하여야 한다(제325조).

2. 무죄판결의 사유

(1) 피고사건이 범죄로 되지 않는 때

피고사건이 범죄로 되지 않는 때란 공소사실이 범죄의 구성요건에 해당하지 않거나 구성요건에 해당하더라도 위법성조각사유나 책임조각사유가 있는 경우를 말한다. 위헌결정으로 인하여 형벌에 관한 법률 또는 법률조항이 소급하여 그 효력을 상실한 경우에는 해당 법조를 적용하여 기소한 피고사건이 범죄로 되지 않는 때에 해당하여 무죄판결을 선고하여야 한다(대판 1999. 12. 24. 99도3003 등). 형벌에 관한 법률조항에 대하여 헌법불합치 결정이 있는 때에도 마찬가지이다(대판 2011. 6. 23. 2008도7562(전원합의체)). 한편 공소장에 기재된 사실이 진실하더라도 범죄가 될 만한 사실이 포함되지 않은 때에는 공소제기 자체가 무효인 때에 해당하므로 공소기각의 결정을 선고하여야 한다(제328조제1항제4호).

(2) 범죄사실의 증명이 없는 때

범죄사실의 증명이 없는 때란 공소사실이 없음이 적극적으로 증명된 경우나 공소사실에 대하여 법관이 유죄의 확신을 가지지 못한 경우를 말한다.

3. 무죄판결의 판시방법

(1) 주 문

가. 일 죄 일죄에 대하여는 하나의 주문만이 가능하다. 따라서 일죄의 일부가 유죄이고 일부만 무죄인 때에는 주문에는 유죄판결을 명시하고 무죄 부분은 판결이유에서 판단하면 된다.

나. 수 죄 여러 개의 공소사실이 모두 무죄인 경우에도 하나의 주문으로 표시한다. 다만 그 중 일부가 유죄이고 일부가 무죄인 때에는 유죄판결과 함께 무죄 부분을 주문에서 표시하여야 한다.

다. 택일적·예비적 공소 택일적으로 공소가 제기된 경우에 있어서 그 중 어느 하나의 공소사실이 유죄이고 다른 하나가 무죄인 때에는 주문에서 유죄판결을 선고하고 판결이유에서도 이에 대한 이유만 판단하면 되고, 무죄인 부분까지 이유를 명시할 필요가 없다. 택일적 공소에 있어서 공소사실이 모두 무죄인 때에는 주문에서 무죄판결을 선고하고 판결이유에서 모든 공소사실에 대하여 판단하여야 한다(대판 2006. 12. 22. 2004도7232).

예비적으로 공소가 제기된 경우에 있어서 그 중 주된 공소사실이 유죄이고 예비적 공소사실이 무죄인 때에도 주된 것을 유죄로 하면 예비적인 것은 판단할 필요가 없으므로 택일적 공소에서와 마찬가지이다. 그러나 주된 공소사실이 무죄이고 예비적 공소사실이 유죄인 때에는 주문에서 유죄판결을 선고하고 판결이유에서는 유죄인 예비적 공소사실뿐만 아니라 주된 공소사실에 대한 무죄이유까지 명시하여야 한다. 주위적·예비적 공소사실이 모두 무죄인 때에는 주문에서는 무죄판결을 선고하고 판결이유에서는 모두에 대하여 판단하여야 한다.

(2) 이 유

무죄판결은 유죄판결에서와 같이 판결이유의 명시(제323조)에 대한 규정이 없다. 다만 무죄판결도 재판인 이상 재판 일반의 원칙에 따라 그 이유를 명시하여야 한다.

Ⅲ. 면소판결

1. 의 의

면소판결은 피고사건에 대하여 실체적 소송조건이 없는 경우에 선고하는 종국재판이다. 면소판결은 형식재판이지만 그 사유를 판단함에 있어서 어느 정도 실체심리가 행하여진다는 점에서 실체적 소송조건의 결여를 그 사유로 한다고 보고 있다. 따라서 면소판결은 형식재판에 속하면서도 형식적 소송조건의 결여를 사유로 하는 관할위반의 재판이나 공소기각의 재판과 달리 일사부재리의 효력이 인정된다.

면소판결은 피고사건에 대하여 ① 확정판결이 있은 때, ② 사면이 있은 때, ③ 공소의 시효가 완성되었을 때, ④ 범죄 후의 법령개폐로 형이 폐지되었을 때에 선고하는 재판이다(제326조).

2. 면소판결의 본질

면소판결은 형식재판임에도 불구하고 일사부재리의 효력이 발생하므로 그 본질이 무엇인가가 문제된다. 면소판결의 본질을 어떻게 파악하느냐에 따라 일사부재리의 효력 인정 여부, 무죄주장을 이유로 한 피고인의 상소 가능 여부가 달라지게 된다.

면소판결은 공소권이 소멸되었음을 이유로 본격적인 실체심리에 들어가기 전에 소송을 종결시키는 형식재판에 속한다(다수설). 다만 면소사유의 해당 여부를 판단하기 위해서는 어느 정도 실체심리가 필요한 것이 사실이며, 면소사유들은 실체법상의 형벌권의 소멸사유에 해당하여 더 이상 소송을 진행할 이익이 없다. 이러한 이유로 면소판결은 실체재판과 마찬가지로 일사부재리의 효력을 인정할 수 있게 되고 또한 피고인이 무죄를 주장하여 상소할 이익이 없게 된다. 판례도 형식재판설을 취한다(대판 2005. 9. 29. 2005도4738 등).

3. 면소판결의 사유

(1) 확정판결이 있은 때(제326조제1호)

면소판결의 사유로서 확정판결이란 공소사실과 동일성이 인정되는 재판이 확정되어 이미 일사부재리의 효력이 인정되는 판결을 말한다. 따라서 유죄·무죄의 실체판결과 면소판결이 포함되며 반면에 관할위반이나 공소기각의 재판과 같은 형식재판은 여기에 포함되지 않는다.

(2) 사면이 있은 때(동조제2호)

면소판결의 사유가 되는 사면이란 일반사면을 의미한다. 일반사면이 있으면 형의 선고를 받은 자에 대하여는 형선고의 효력이 상실되며, 아직 형을 선고받지 않은 자에 대하여는 공소권이 상실되기 때문이다(사면법 제5조제1항제1호).

(3) 공소시효가 완성되었을 때(동조제3호)

공소시효가 완성된 경우에도 면소판결을 선고하여야 한다. 한편 공소가 제기된 범죄는 판결의 확정 없이 공소를 제기한 때로부터 25년을 경과하면 공소시효가 완성한 것으로 간주하므로(제249조제2항), 이때에도 면소판결을 선고하여야 한다.

(4) 범죄 후의 법령개폐로 형이 폐지되었을 때(동조제4호)

형이 폐지되었을 때란 벌칙규정을 폐지한 경우뿐만 아니라 법령에 정해진 유효기간의 경과, 구법과 신법의 저촉에 의하여 실질적으로 법규의 효력이 상실된 경우를 포함한다.

4. 면소판결의 심리의 특칙

면소판결은 실체재판이 아니고 피고인에게 유리한 재판이라는 점에서 공판정 출석 및 개정과 관련하여 특칙이 인정되고 있다. 즉 면소판결을 할 것이 명백한 사건에 대하여는 피고인의 출석을 요하지 않을 뿐만 아니라(제277조제2호), 이 경우 피고인은 대리인을 출석하게 할 수 있다(동조단서). 또한 피고인이 사물의 변별 및 의사결정을 할 능력이 없거나 질병으로 인하여 출정할 수 없는 때에도 면소판결을 할 사유가 명백한 때에는 피고인의 출정 없이 재판할 수 있다(동조제4항).

Ⅳ. 관할위반의 판결

1. 의 의

피고사건이 법원의 관할에 속하지 않은 때에는 법원은 관할위반의 판결을 선고하여야 한다(제319조). 관할권은 재판권을 전제로 한 개념으로 각 법원 간의 재판권의 분배를 말한다. 따라서 재판권이 없는 경우에는 법원은 관할위반의 판결이 아닌 공소기각의 판결을 선고하여야 한다(제327조제1호). 관할위반의 판결은 종국재판이지만 형식재판에 속하므로 일사부재리의 효력은 인정되지 않는다.

2. 관할위반판결의 사유

관할에는 사물관할과 토지관할을 포함한다. 다만 사물관할은 공소제기시뿐만 아니라 재판시에도 존재하여야 하지만, 토지관할은 공소제기시에만 존재하면 된다. 관할권의 유무는 공소사실을 기준으로 결정하여야 하며 공소장이 변경된 때에는 변경된 공소사실이 그 기준이 된다. 따라서 단독판사의 관할사건이 공소장변경에 의하여 합의부 관할사건으로 변경된 경우에 법원은 결정으로 관할권이 있는 법원에 이송하여야 한다(제8조제2항).

관할권의 유무는 소송조건에 해당하므로 법원의 직권조사사항이다(제1조). 따라서 피고사건에 대하여 관할권이 없는 경우 법원은 관할위반의 판결을 선고하여야 한다. 그러나 토지관할의 경우에는 비록 관할권이 없음이 드러나더라도 피고인의 신청이 없으면 관할위반의 선고를 하지 못한다(제320조제1항). 토지관할은 피고인의 편의를 위하여 인정되는 것이기 때문이다. 이 경우 관할위반의 신청은 피고사건에 대한 진술(구체적으로는 모두진술) 전에 하여야 한다(동조제2

항). 만약 관할위반의 신청 이전에 피고사건에 대한 진술이 있으면 위반의 흠이 치유되어 이후 그 신청이 있더라도 관할위반의 판결을 선고하지 못한다.

V. ▶▶ 공소기각의 재판

1. 의 의

공소기각의 재판은 피고사건에 대하여 관할권 이외의 형식적 소송조건이 결여된 경우에 실체에 대한 심리를 하지 않고 절차상의 하자를 이유로 소송을 종결시키는 형식재판을 말한다. 공소기각의 재판에는 공소기각의 판결(제327조)과 공소기각의 결정(제328조)이 있다. 두 재판의 차이는 절차상의 하자가 중대한 경우에는 공소기각의 결정으로 소송을 종결하고 그렇지 않은 경우에는 공소기각의 판결로 소송을 종결한다는 데 있다.

공소기각의 재판은 형식적 소송조건이 흠결된 경우에 하는 형식재판이므로 그 사유들은 제한적으로 열거된 것으로 보아야 한다(다수설). 판례도 같은 입장이다(대판 1986. 9. 23. 86도1547).

2. 공소기각판결의 사유

(1) 피고인에 대하여 재판권이 없을 때(제327조제1호)

재판권이란 법원이 어떠한 사항에 대하여 심판권을 행사할 수 있는 추상적 권한을 의미한다. 재판권이 없는 때의 예로 치외법권을 가진 외교관에 대하여 우리나라의 법원에 공소가 제기된 경우를 들 수 있다.

(2) 공소제기의 절차가 법률의 규정을 위반하여 무효일 때(동조제2호)

'공소제기의 절차가 법률의 규정을 위반하여 무효일 때'란 공소제기가 권한 없는 자에 의하여 행하여졌거나, 공소제기의 방식에 중대한 하자가 있는 경우 혹은 공소제기 당시 소송조건이 결여되어 있는 경우 등을 말한다. 예를 들어 친고죄에서 고소가 없음에도 불구하고 공소가 제기된 경우, 피고인의 성명 기타 피고인을 특정할 수 있는 사항, 적용법조 등을 기재하지 않는 등의 공소제기에 현저한 방식의 위반이 있는 경우(대판 2009. 2. 26. 2008도11813), 공소사실이 특정되지 않은 경우(대판 2009. 12. 10. 2009도7681) 등이 그것이다.

제327조제1호, 제3호부터 제6호까지는 제한적 열거사유라고 보는 것이 일반적이다. 제327조제2호는 소송조건 전반에 관한 일반조항으로 이해되고 있다(다수설). 판례도 같은 입장이다(대판 2008. 10. 23. 2008도7362 등).

(3) 공소가 제기된 사건에 대하여 다시 공소가 제기되었을 때(동조제3호)

(4) 제329조를 위반하여 공소가 제기되었을 때(동조제4호)

'제329조를 위반하여 공소가 제기된 때'란 공소취소에 의하여 공소기각의 결정이 확정된 후 다른 중요한 증거가 발견되지 않았음에도 불구하고 동일한 범죄사실에 대하여 다시 공소를 제기하는 경우를 말한다.

(5) 고소가 있어야 공소를 제기할 수 있는 사건에서 고소가 취소되었을 때(동조제5호)

이 사유는 친고죄에 대하여 일단 고소가 있어 공소가 제기되었으나 제1심판결 선고 전에 고소가 취소되는 경우이다. 만약 처음부터 고소가 없음에도 불구하고 공소가 제기된 때에는 제327조제2호의 사유에 해당한다.

(6) 피해자의 명시한 의사에 반하여 공소를 제기할 수 없는 사건에서 처벌을 원하지 않는 의사표시를 하거나 처벌을 원하는 의사표시를 철회하였을 때(동조제6호)

이 사유는 반의사불벌죄에 있어서 일단 처벌 여부에 대한 피해자의 특별한 의사표시가 없거나 혹은 처벌을 원하는 의사표시가 있어 공소가 제기되었으나, 제1심판결 선고 전에 피해자가 처벌을 원하지 않는 의사표시를 하거나 처벌을 원하는 의사표시를 철회한 경우이다. 만약 처음부터 처벌을 원하지 않는 피해자의 명시한 의사표시가 있음에도 불구하고 공소가 제기된 때에는 제327조제2호의 사유에 해당한다.

3. 공소기각결정의 사유

(1) 공소가 취소되었을 때(제328조제1호)

(2) 피고인이 사망하거나 피고인인 법인이 존속하지 않게 되었을 때(동조제2호)

(3) 제12조 또는 제13조의 규정에 의하여 재판할 수 없는 때(동조제3호)

동일사건이 사물관할을 달리하는 여러 개의 법원에 계속되어 법원합의부가 심판하는 경우(제12조)나 혹은 동일사건이 사물관할을 같이하는 여러 개의 법원에 계속되어 먼저 공소를 받은 법원이 심판하는 경우(제13조)에 이로 인하여 심판할 수 없게 된 법원은 결정으로 공소를 기각하여야 한다.

(4) 공소장에 기재된 사실이 진실하다 하더라도 범죄가 될 만한 사실이 포함되지 않은 때(동조제4호)

이 사유는 해당 법조문을 해석하지 않고 공소장 기재사실만으로도 범죄를 구성하지 않음이 명백하여 공소장변경의 절차에 의하더라도 그 공소가 유지될 수 없는 형식적 소송요건의 흠결이 있는 경우이다. 공소사실이 이 정도에 이르지 않고 범죄를 구성하는지에 대한 의문이 있는 경우와 같이 법률해석상의 문제인 때에는 제325조(무죄판결)의 문제이다.

4. 공소기각재판의 심리의 특칙

공소기각의 결정은 구두변론을 요하지 않으므로(제37조제2항) 서면심리에 의할 수 있으나, 공소기각의 판결은 판결 일반과 마찬가지로 구두변론에 의하여야 한다(동조제1항). 공소기각의 재판을 할 것이 명백한 때에는 피고인의 출석을 요하지 않으며, 피고인은 대리인을 출석하게 할 수도 있다(제277조제2호). 뿐만 아니라 공판절차의 정지사유가 있는 때에도 피고인의 출석 없이 재판할 수 있다(제306조제4항).

5. 공소기각재판에 대한 불복

공소기각판결에 대한 불복은 판결 일반과 마찬가지로 항소나 상고에 의한다. 이와는 달리 공소기각결정에 대한 불복방법은 결정 일반과 마찬가지로 즉시항고에 의한다(제328조제2항).

Ⅵ. 형식재판 사유의 경합

형식재판의 사유 사이에 서로 경합되는 경우에는 형식판단과 실체판단의 정도, 일반과 특별의 원리 및 발생의 선후에 의하여 해결하여야 한다. 따라서 ① 공소기각판결의 사유와 공소기각결정의 사유가 경합된 때에는 그 하자가 중대한 공소기각의 결정에 의하고, ② 공소기각결정의 사유가 경합된 때에는 먼저 발생한 사유 또는 그 하자가 중대한 사유에 의하고, ③ 공소기각판결의 사유가 경합된 때에는 먼저 발생한 사유에 의하고, ④ 공소기각판결의 사유와 면소판결의 사유가 경합된 때에는 상대적으로 형식재판의 성격이 강한 공소기각판결에 의하고, ⑤ 공소기각판결의 사유와 관할위반판결의 사유가 경합하는 경우에는 공소기각판결의 사유 일반보다 특별규정의 성격이 강한 관할위반의 판결에 의하면 된다.

Ⅶ. 종국재판의 부수적 효과

1. 구속영장에 미치는 효력

구속된 피고인에 대하여 무죄, 면소, 형의 면제, 형의 선고유예, 형의 집행유예, 공소기각, 벌금 및 과료를 과하는 판결이 선고된 때에는 구속영장은 효력을 잃는다(제331조).

2. 압수물의 처리관계

압수한 서류 또는 물품에 대하여 몰수의 선고가 없는 때에는 압수를 해제한 것으로 본다(제332조). 압수한 장물로서 피해자에게 환부할 이유가 명백한 것은 판결로써 피해자에게 환부하는 선고를 하여야 한다(제333조제1항). 이 경우에 장물을 처분하였을 때에는 판결로써 그 대가로 취득한 것을 피해자에게 교부하는 선고를 하여야 한다(동조제2항). 가환부한 장물에 대하여 별단의 선고가 없는 때에는 환부의 선고가 있는 것으로 본다(동조제3항). 전3항의 경우 이해관계인이 민사소송 절차에 의하여 그 권리를 주장하는 데 영향을 미치지 않는다(동조제4항). 따라서 이해관계인은 환부된 물건에 대하여 민사소송에 의하여 권리를 주장할 수 있다.

3. 가납의 재판

법원은 벌금, 과료 또는 추징의 선고를 하는 경우에 판결의 확정 후에는 집행할 수 없거나 집행하기 곤란할 염려가 있다고 인정한 때에는 직권 또는 검사의 청구에 의하여 피고인에게 벌금, 과료 또는 추징에 상당한 금액의 가납(假納, 임시납부)을 명할 수 있다(제334조). 가납의 재판은 형의 선고와 동시에 판결로써 선고하여야 한다(동조제2항). 이 판결은 즉시 집행할 수 있다(동조제3항).

제 4 절 재판의 확정과 효력

I. 재판의 확정

1. 의 의

재판의 확정이란 재판이 일반적인 불복방법으로는 더 이상 다툴 수 없게 되어 그 내용을 변경할 수 없게 된 상태를 말한다. 재판은 확정에 의하여 그 본래의 효력이 발생하며(재판의 확정력), 법적 안정과 평온을 보장하기 위하여 일정한 기간이 지나면 더 이상 재판의 내용을 다툴 수 없게 하는 것이다.

2. 재판확정의 시기

(1) 불복신청이 허용되지 않는 재판

불복신청이 허용되지 않는 재판은 선고 또는 고지와 동시에 확정된다. 법원의 관할 또는 판결 전의 소송절차에 관한 결정(제403조), 항고법원 또는 고등법원의 결정(제415조)에 대하여는 원칙적으로 불복신청(항고)이 허용되지 않는다. 예외적으로 즉시항고를 할 수 있을 뿐이다. 최종심인 대법원의 결정에 대하여도 항고할 수 없다. 대법원판결 역시 최종심이므로 선고와 동시에 확정된다(다수설). 판례도 같은 입장이다(대결 1967. 6. 2. 67초22).

(2) 불복신청이 허용되는 재판

불복신청이 허용되는 재판은 상소기간 기타 불복신청기간의 경과, 상소 기타 불복신청의 포기 또는 취하 등에 의하여 확정된다. 즉 항소 및 상고기간은 재판의 선고 또는 고지를 받은 날로부터 7일(제358조, 제374조)을, 약식명령에 대한 정식재판은 고지를 받은 날로부터 7일(제453조)을, 즉결심판에 대한 정식재판은 선고 또는 고지를 받은 날로부터 7일(즉결심판법 제14조)을 각각 경과하면 확정된다.

즉시항고를 제기할 수 있는 결정의 경우에는 3일을 경과하면 확정되지만(제405조), 보통항고가 허용되는 결정에는 항고기간의 제한이 없으므로 항고에 의하여 그 결정을 취소하여도 실익이 없게 된 때에 확정된다고 할 수 있다(제404조).

Ⅱ. 재판의 확정력

1. 형식적 확정력

(1) 의 의

재판이 일반적인 방법에 의하여 더 이상 다툴 수 없게 된 상태에 이른 것을 재판의 형식적 확정이라 하고, 이에 따른 효력을 '형식적 확정력'이라고 한다. 형식적 확정력이란 재판결과에 대하여 더 이상 다툴 수 없다는 불가쟁적 효력을 의미한다. 형식적 확정력은 소송의 절차면에서의 효력을 의미하므로 모든 재판에 대하여 발생한다.

(2) 형식적 확정력의 효과

재판이 형식적으로 확정되면 종국재판의 경우에는 그 사건에 대한 소송계속이 종결되고, 그 시점이 재판집행의 기준이 된다.

2. 내용적 확정력

(1) 의 의

재판이 형식적으로 확정되면 그 내용도 확정되는데 이를 내용적 확정이라 하고, 이에 따라 법률관계를 확정하는 효력을 '내용적(혹은 실질적) 확정력'이라고 한다.

(2) 내용적 확정력의 효과

가. 대내적 효과 재판이 확정되면 집행력이 발생한다(제459조). 집행력은 해당 사건 자체 내에서의 효력이라는 점에서 이를 내용적 확정력의 대내적 효과라고 할 수 있다. 재판의 집행력은 재판의 확정에 의하여 발생하는 것이 원칙이지만 벌금, 과료 및 추징 등에 대하여 가납재판의 선고가 있으면 확정되기 전에도 집행할 수 있다(제334조제3항). 집행력은 주로 종국재판 중 형을 선고하는 실체재판의 경우에 발생하지만, 보석허가결정과 같은 종국 전의 재판인 형식재판에도 발생한다. 보석허가결정이 있으면 구속된 피고인을 석방하는 행위인 집행이 필요한 것이다.

나. 대외적 효과 재판이 확정되면 그 판단내용이 대외적으로는 다른 법원을 구속하여 동일한 내용에 대하여 후소법원(後訴法院)이 원래의 재판과 다른 판단을 할 수 없게 되는 효력이 발생한다. 이를 재판의 '내용적 구속력'이라고 하며 이것이 곧 기판력이다. 이는 다른 법원에 대한 효력이라는 점에서 내용적 확정력의 대외적 효과라고 할 수 있다.

재판의 내용적 구속력은 주로 형식재판에서 의미가 있다. 유죄·무죄의 실체재판의 경우 공소사실의 동일성이 인정되는 범위에서는 일사부재리의 효력에 의하여 후소가 차단되므로 내용적 구속력이 크게 문제되지 않지만, 형식재판에는 이러한 효력이 인정되지 않기 때문이다.

Ⅲ. 기판력

1. 의 의

기판력(旣判力)은 이미 법원으로부터 판단을 받아 확정된 사건에 대한 법적 효력을 말한다. 기판력은 주로 일사부재리의 효력과 관련되어 논의되고 있는데 그 개념 및 이론적 근거에 대하여 견해가 대립되고 있다.

2. 기판력과 일사부재리의 효력의 관계

(1) 일치설

기판력과 일사부재리의 효력을 동일한 개념으로 파악하는 견해이다. 기판력은 이미 판단된 사건의 효력이라는 의미로 실체재판의 내용적 확정력(이를 '실체적 확정력'이라 함)을 광의의 기판력이라고 한다. 이 중 대내적 효과인 집행력을 제외한 원래 의미의 기판력은 동일사건의 실체에 관하여 다시 심리와 재판을 허용하지 않는 효력, 즉 일사부재리의 효력이라고 함으로써 양자를 동일시하고 있다. 전통적인 입장으로 판례도 이 입장에 따라 둘을 혼용하고 있는 것으로 보인다.

(2) 포함설

기판력을 형식재판과 실체재판을 가리지 않고 내용적 확정력의 대외적 효과인 내용적 구속력과 동일시하는 견해이다. 기판력과 일사부재리의 원칙은 실체재판에 있어서 내용적 확정력의 대외적 효과면에서 일치한다. 따라서 이 견해는 기판력을 일사부재리의 효력을 포함하는 개념으로 이해한다.

(3) 구별설

기판력과 일사부재리의 효력을 별개의 개념으로 보는 견해이다. 이에 의하면 기판력은 종국재판의 판단내용이 후소에 대하여 가지는 불가변경적 효력을 의미하는 데 불과하나, 일사부재리의 효력은 기판력과 관계없이 피고인을 보호하기 위한 헌법상의 원칙이라는 것이다. 기판력을 형식재판과 실체재판을 가리지 않고 내용적 확정력의 대외적 효과로 보는 점에서는 포함설과 같다.

3. 기판력의 본질

기판력의 본질에 대하여는 ① 기판력을 확정재판에 의하여 새로운 실체법률관계를 형성하는 것으로 이해하는 실체법설, ② 기판력을 추상적 규범인 실체법이 소송을 통하여 구체적 법률관계를 형성하는 것으로 이해하는 구체적 규범설, ③ 기판력을 실체법률관계에 아무런 영향을 미치지 못하고 소송법적으로 확정재판에 대한 후소법원의 실체심리만을 차단시키는 효력이라고 하는 소송법설(다수설)의 대립이 있다.

다수설인 소송법설에 의하면 실체진실과 다른 유죄의 확정판결은 이를 실체법적으로 유죄로 변경시키지는 않지만, 소송법적으로는 재소가 금지되어 예외적으로 재심이나 비상상고 등의 특별절차에 의하여 이를 바로잡을 수 있을 뿐이라고 한다.

4. 기판력의 작용

기판력을 실체적 확정력의 대외적 효과인 일사부재리의 효력이라고 이해하는 견해에 의하면 실체재판에만 기판력이 인정된다. 이 경우에도 일사부재리의 효력에 의하여 후소가 차단되어 실체재판의 후소에 대한 판단의 기준 문제가 논의될 실익이 없다. 이와는 달리 기판력과 일사부재리의 효력을 구분하게 되면 형식재판에도 기판력이 발생하고 실체재판에서도 동일한 피고인에 대한 별개의 사건의 경우(예를 들어 공소사실의 동일성이 없는 경우)에는 전소의 기판력을 논의할 수 있다.

(1) 형식재판과 기판력

형식재판이 확정되어 기판력이 발생하면 후소법원은 동일한 사항에 대하여는 판단 자체를 할 수 없게 된다. 따라서 만약 동일한 사항에 대하여 공소가 제기되더라도 처음부터 실체재판을 진행할 필요가 없다. 그러나 형식재판의 기판력도 사정변경이 있는 때와 같이 구체적인 검토가 필요한 경우가 있다.

가. 사정변경이 있는 경우 형식재판의 기판력은 사정변경이 있는 경우까

지 적용된다고 할 수는 없다. 따라서 친고죄에 대하여 고소의 무효를 이유로 공소기각의 판결이 확정된 경우에 다시 적법한 고소가 있고 이에 의하여 공소가 제기된 때에는 전소의 기판력이 미치지 않는다.

나. 재판의 오류가 피고인의 적극적인 기망에 의한 경우 피고인의 사망을 이유로 공소기각의 결정이 확정된 후 피고인의 생존사실이 드러난 때와 같이 재판의 오류가 객관적으로 명백한 경우가 있을 수 있다. 이 경우에는 귀책사유를 따져 그 오류가 피고인의 적극적인 기망행위에 의한 때에는 재소를 허용하여야 한다는 것이 다수의 견해이다.

(2) 실체재판과 기판력

실체재판에 있어서 기판력은 일사부재리의 효력이 적용되므로 큰 의미를 가지지는 못한다. 그러나 확정재판의 내용 자체에 대한 변경이 아닌 전소에서의 확정사실이 후소에서의 선결문제가 될 때에는 의미가 있을 수 있다. 예를 들어 피고인이 방화죄에 대한 무죄판결의 확정 후 보험금을 타냈다가 보험금사기죄로 다시 기소된 경우 후소법원은 방화행위가 사실임을 전제로 하여 사기죄를 인정할 수는 없는 것이다.

Ⅳ. 일사부재리의 효력

1. 의 의

일사부재리의 효력이란 유죄·무죄의 실체판결 및 면소판결이 확정되면 동일한 범죄사실에 대하여 다시 심판하는 것이 허용되지 않는 것을 말한다. 일사부재리의 효력은 실체판결과 면소판결에 대하여만 인정되고, 동일인 및 동일사건에 한정하여 적용된다는 점에서 기판력과 다르다. 헌법 제13조제1항후단은 "모든 국민은 동일한 범죄에 대하여 거듭 처벌받지 않는다"고 규정함으로써 이 원칙을 선언하고 있다.

일사부재리의 효력은 영미법계의 이중위험금지의 법리를 수용한 것으로 일차적으로는 피고인 보호에 그 취지가 있고, 아울러 법적 안정성의 보장도 목적으로 한다.

2. 일사부재리의 효력이 발생하는 재판

(1) 실체재판

가. 형사절차 유죄·무죄의 실체재판이 확정되면 일사부재리의 효력이 발생한다. 따라서 유죄·무죄의 판결이 확정된 후에 동일한 범죄사실에 대하여 또다시 공소가 제기되면 법원은 면소의 판결을 선고하여야 한다(제326조제1호).

나. 통고처분 통고처분이란 행정청이 벌금 등에 유사한 범칙금이라고 불리는 일정한 금전의 납부를 명하는 준사법적 행정행위를 말한다. 주로 조세범·관세범·출입국관리범 등에 대하여 정식재판의 방법을 대신하여 절차의 편의를 위하여 인정되고 있다. 통고처분을 받은 사람이 범칙금을 납부하면 확정판결과 동일한 효력이 발생하여 일사부재리의 효력이 인정된다.

다. 보호처분 소년법 제53조는 "제32조의 보호처분을 받은 소년에 대하여는 그 심리가 결정된 사건은 다시 공소를 제기하거나 소년부에 송치할 수 없다"고 하고 있다. 이는 확정판결의 효력을 부여한 것이 아니라 단순히 공소제기를 금지하고 있는 것으로 보아야 한다. 따라서 이에 위반하여 공소가 제기된 경우에는 공소제기가 법률의 규정에 위반하여 무효인 때로 보아 제327조제2호에 의하여 공소기각의 판결을 선고하여야 한다(대판 1985. 5. 28. 85도21).

(2) 면소판결

면소판결은 형식재판임에도 불구하고 그 사유를 판단하는 과정에서 어느 정도 실체심리가 행하여진다는 이유로 일사부재리의 효력이 발생한다고 보는 것이 일반적이다.

(3) 당연무효의 판결

당연무효의 판결이란 판결로서 성립은 하였으나 명백하고 중대한 하자가 있어 상소 기타 불복신청을 하지 않아도 그 본래의 효력이 발생하지 않는 재판을 말한다. 예를 들어 동일사건에 대하여 이미 확정판결이 있음에도 불구하고 다시 판결이 선고된 경우나 사망자 및 형사미성년자에 대하여 형을 선고한 경우 등이 그것이다.

(4) 외국에서 받은 판결

범죄에 관하여 외국에서 형의 전부 또는 일부의 집행을 받은 자에 대하여는 형을 감경 또는 면제할 수 있다(형법 제7조). 판례는 피고인이 동일한 행위로 외국에서 형사처벌을 받아 확정되었다 하더라도 외국판결은 우리나라에서는 기판력이 없으므로 일사부재리의 원칙이 적용되지 않는다고 한다(대판 1983. 10. 25. 83도2366). 따라서 외국에서 형의 집행을 받은 자에 대하여 국내에서 다시 형을 선고하여도 위법한 것은 아니다(대판 1988. 1. 19. 87도2287).

3. 일사부재리의 효력이 미치는 범위

(1) 주관적 범위

일사부재리의 효력은 공소가 제기된 피고인에 대하여만 발생한다. 따라서 공동피고인 중 1인의 피고인에 대한 확정판결이 있더라도 다른 공범자에 대하여는 공소제기가 가능하다. 피고인이 다른 사람의 성명을 모용한 경우에 판결의 효력은 피모용자에게는 미치지 않는다. 그러나 위장출석한 피고인에게는 확정판결의 효력이 미칠 수 있다.

(2) 객관적 범위

가. 동일한 범죄 일사부재리의 효력이 미치는 객관적 범위로서의 동일성 문제는 앞에서 본 법원의 심판대상에 대한 논의 및 공소장변경의 한계인 공소사실의 동일성 문제와 관련이 있다. 따라서 법원의 심판대상에 대한 통설과 판례의 입장인 이원설에 따르면 일사부재리의 효력은 법원의 현실적 심판대상인 공소장에 기재된 공소사실뿐만 아니라 이와 동일성이 인정되는 잠재적 심판의 대상에 대하여도 미친다.

나. 포괄일죄 일사부재리의 효력은 범죄사실의 전부에 대하여 미치므로 포괄일죄나 과형상 일죄의 일부분에 대한 확정판결의 효력은 잠재적 심판의 대상이 되었던 부분까지 미친다. 따라서 포괄일죄인 상습범의 일부에 대한 확정판결의 효력은 상습범을 구성하는 범죄사실의 전부에 대하여 미친다.

다. 보충소송의 문제 보충소송은 확정판결이 범죄행위의 불법내용을 모두 판단하지 않은 경우에 그 부분에 대하여 다시 공소제기에 의한 재소를 허용하는 것을 말한다. 예를 들어 피고인이 상해죄로 유죄판결을 선고받아 그 판결이 확정된 후 상해로 인하여 피해자가 사망한 경우에 앞의 소송에서 판단하지 못한 치사(致死)의 결과에 대하여 다시 공소를 제기할 수 있다는 것을 말한다. 보충소송은 동일성이 인정되는 확정판결의 일사부재리의 효력을 제한하려는 것이나 판례는 이를 허용하지 않는다(대판 1990. 3. 9. 89도1046).

(3) 시간적 범위

일사부재리의 효력은 사실심리가 가능한 최후시점까지 미친다. 일사부재리의 효력이 미치는 공소사실의 동일성 문제는 사실심에서 판단이 이루어지기 때문이다. 이와 관련하여 특히 계속범·상습범과 같은 포괄일죄에 있어서 범행 일부가 확정판결의 전후에 걸쳐서 행하여진 경우에 어느 시점까지 일사부재리의 효력이 미치는지가 문제된다. 통설은 변론종결 후에도 변론의 재개를 허용하고 있다는 점에서(제305조) 판결선고시까지 그 효력이 미친다고 한다. 판례(대판 1982. 12. 28. 82도2500)도 같은 입장이다.

4. 일사부재리의 효력의 배제

일사부재리의 효력은 피고인을 보호하고 법적 안정성을 보장하기 위한 것이다. 그러나 확정판결에 사실상 혹은 법률상 명백하거나 중대한 오류가 있는 경우에는 예외적으로 그 효력을 배제하여 형사소송의 원래적 요청인 실체적 진실의 발견과 이에 의한 사법적 정의를 실현할 필요가 있다. 이러한 취지에서 형사소송법도 상소권의 회복(제345조 이하), 재심(420조) 및 비상상고(제441조)를 인정하고 있다.

제 5 절 소송비용

I. 의 의

소송비용이란 소송절차를 진행하는 데 있어서 발생한 비용으로 「형사소송비용 등에 관한 법률」에서 특히 소송비용으로 규정한 것을 말한다. 즉 ① 증인·감정인·통역인 또는 번역인의 일당, 여비 및 숙박료, ② 감정인·통역인 또는 번역인의 감정료·통역료·번역료, 그 밖의 비용, ③ 국선변호인의 일당, 여비, 숙박료 및 보수가 여기에 해당한다(동법 제2조).

소송비용은 형벌이 아니다. 다만 피고인에 대하여는 재산상의 부담이 따른다는 점에서 재산형과 유사한 결과를 가져오고, 고소인·고발인 등에 대하여는 고소·고발·재심청구에 대한 제재로서의 성격을 가진다.

II. 소송비용의 부담

형사소송에서의 소송비용은 국가부담이 원칙이다. 그러나 일정한 경우에는 피고인이나 제3자에게 부담시키고 있다. 형사소송에서 피고인에게 소송비용을 부담시키는 것은 피고인의 방어권을 제약할 수 있는 문제가 있다.

1. 피고인의 부담

형의 선고를 하는 때에는 피고인에게 소송비용의 전부 또는 일부를 부담하게 하여야 한다. 다만 피고인의 경제적 사정으로 소송비용을 납부할 수 없는 때에는 그렇지 않다(제186조제1항). 소송비용은 형의 선고를 하는 경우에 부담하게 하는 것이 원칙이나 피고인에게 책임지울 사유로 발생된 비용은 형의 선고를 하지 않는 경우에도 피고인에게 부담하게 할 수 있다(동조제2항). 예를 들어 피고인이 공판기일에 출석하지 않아 증인을 다시 소환하게 됨으로써 증인의 여비가 이중으로 지출된 경우가 그것이다.

공범(공동피고인의 경우)의 소송비용은 공범자에게 연대부담하게 할 수 있다(제187조). 검사만이 상소 또는 재심청구를 한 경우에 상소 또는 재심의 청구가 기각되거나 취하된 때에는 그 소송비용을 피고인에게 부담하게 하지 못한다(제189조).

2. 고소인·고발인의 부담

고소·고발에 의하여 공소를 제기한 사건에 관하여 피고인이 무죄 또는 면소의 판결을 받은 경우에 고소인·고발인에게 고의 또는 중대한 과실이 있는 때에는 그 자에게 소송비용의 전부 또는 일부를 부담하게 할 수 있다(제188조).

3. 상소권자·재심청구권자의 부담

검사 아닌 자가 상소 또는 재심청구를 한 경우에 상소 또는 재심의 청구가 기각되거나 취하된 때에는 그 자에게 소송비용을 부담하게 할 수 있다(제190조 제1항). 피고인 아닌 자가 피고인이 제기한 상소 또는 재심의 청구를 취하한 경우에도 같다(동조제2항).

Ⅲ. 소송비용부담의 절차

1. 재판으로 소송절차가 끝나는 경우

재판으로 소송절차가 끝나는 경우에 피고인에게 소송비용을 부담하게 하는 때에는 직권으로 해당 종국재판에서 재판하여야 한다. 이 재판에 대하여는 본안의 재판에 관하여 상소하는 때에만 불복할 수 있다(제191조). 따라서 소송비용부담 부분은 본안 부분과 함께 심판되며 본안 부분을 파기하는 때에는 소송비용 부담 부분도 파기된다(대판 2009. 4. 23. 2008도11921). 재판으로 소송절차가 끝나는 경우에 피고인 아닌 자에게 소송비용을 부담하게 하는 때에는 직권으로 별도의 결정을 하여야 한다. 이 결정에 대하여는 즉시항고를 할 수 있다(제192조).

2. 재판에 의하지 않고 소송절차가 끝나는 경우

재판에 의하지 않고 소송절차가 끝나는 경우에 소송비용을 부담하게 하는 때에는 사건의 최종계속법원이 직권으로 독립한 결정을 하여야 한다(제193조제1항). 상소·재심 또는 정식재판의 청구를 취하하는 때가 그것이다. 피고인뿐만 아니라 제3자에게 소송비용을 부담시키는 경우에도 같다. 이 결정에 대하여는 즉시항고를 할 수 있다(동조제2항).

3. 소송비용부담액의 산정

법원은 소송비용의 부담액을 반드시 재판에 의하여 명시할 필요가 없다. 소송비용의 부담을 명하는 재판에 그 금액을 표시하지 않은 때에는 집행을 지휘하는 검사가 산정한다(제194조).

4. 소송비용부담재판의 집행

(1) 검사의 명령에 의하여 집행

벌금, 과료, 몰수, 추징, 과태료, 소송비용, 비용배상 또는 가납의 재판은 검사의 명령에 의하여 집행한다(제477조제1항). 검사의 명령은 집행력 있는 채무명의(집행권원)와 동일한 효력이 있다(동조제2항).

(2) 민사집행법 및 국세징수법의 예에 따라 집행

소송비용 재판의 집행에는 민사집행법의 집행에 관한 규정을 준용한다. 다만 민사집행절차와 달리 집행 전에 재판서의 송달을 요하지 않는다(동조제3항). 소송비용의 재판은 민사집행법에 따른 집행의 원칙에도 불구하고 국세징수법에 따른 국세체납처분의 예에 따라 집행할 수 있다(동조제4항).

(3) 집행면제신청 및 집행에 대한 이의

소송비용부담의 재판을 받은 자가 빈곤으로 인하여 이를 완납할 수 없는 때에는 재판의 확정 후 10일 이내에 재판을 선고한 법원에 소송비용의 전부 또는 일부에 대한 재판의 집행면제를 신청할 수 있다(제487조). 소송비용의 집행면제의 신청기간 내와 그 신청이 있는 때에는 소송비용부담의 재판의 집행은 그 신청에 대한 재판이 확정될 때까지 정지된다(제472조). 소송비용재판의 집행을 받은 자 또는 그 법정대리인이나 배우자는 집행에 관한 검사의 처분이 부당함을 이유로 재판을 선고한 법원에 이의신청을 할 수 있다(제489조). 법원은 이의신청에 대하여 결정을 하여야 하며 이 결정에 대하여는 즉시항고를 할 수 있다(제491조).

5. 무죄판결과 비용보상

(1) 비용보상의 의의

국가는 무죄판결이 확정된 경우에는 해당 사건의 피고인이었던 자에 대하여 그 재판에 소요된 비용을 보상하여야 한다(제194조의2제1항). 무죄판결은 판결주문뿐만 아니라 판결이유에서 무죄로 판단된 경우를 포함한다(대결 2019. 7. 5. 2018모906). 일반적인 형사소송비용이 국가부담의 그것에 대한 것이라면 무죄판결에 대한 비용보상은 피고인부담의 소송비용에 대한 것이다.

그러나 ① 피고인이었던 자가 수사 또는 재판을 그르칠 목적으로 거짓자백을 하거나 다른 유죄의 증거를 만들어 기소된 것으로 인정된 경우, ② 1개의 재판으로써 경합범의 일부에 대하여 무죄판결이 확정되고 다른 부분에 대하여 유죄판결이 확정된 경우, ③ 형법 제9조(형사미성년자) 및 제10조제1항(심신상실자)의 사유에 따른 무죄판결이 확정된 경우, ④ 그 비용이 피고인이었던 자에게 책임지울 사유로 발생한 경우의 어느 하나에 해당하는 때에는 비용의 전부 또는 일부를 보상하지 않을 수 있다(동조제2항).

(2) 비용보상의 절차

무죄판결에 따른 비용보상은 피고인이었던 자의 청구에 따라 무죄판결을 선고한 법원의 합의부에서 결정으로 한다(제194조의3제1항). 제1항에 따른 청구는 무죄판결이 확정된 사실을 안 날부터 3년, 무죄판결이 확정된 때부터 5년 이내에 하여야 한다(동조제2항). 제1항의 결정에 대하여는 즉시항고를 할 수 있다(동조제3항).

무죄판결에 따른 비용보상의 범위는 피고인이었던 자 또는 그 변호인이었던 자가 공판준비 및 공판기일에 출석하는 데 소요된 여비·일당·숙박료와 변호인이었던 자에 대한 보수에 한정한다. 이 경우 보상금액에 관하여는 「형사소송비용 등에 관한 법률」을 준용하되, 피고인이었던 자에 대하여는 증인에 관한 규정을, 변호인이었던 자에 대하여는 국선변호인에 관한 규정을 각각 준용한다(제194조의4제1항). 법원은 공판준비 또는 공판기일에 출석한 변호인이 2인 이상이었던 경우에는 사건의 성질, 심리 상황, 그 밖의 사정을 고려하여 변호인이었던 자의 여비·일당 및 숙박료를 대표변호인이나 그 밖의 일부 변호인의 비용만으로 한정할 수 있다(동조제2항).

비용보상청구, 비용보상절차, 비용보상과 다른 법률에 따른 손해배상과의 관계, 보상을 받을 권리의 양도·압류 또는 피고인이었던 자의 상속인에 대한 비용보상에 관하여 형사소송법에 규정한 것을 제외하고는 형사보상법에 따른 보상의 예에 따른다(제194조의5).

제 04 편

상소·비상구제절차·특별형사절차·재판의 집행

제1장 상 소

제 1 절 상소 일반

I. ▸▸ 상소의 의의와 종류

1. 상소의 의의

(1) 상소의 개념

상소란 확정되지 않은 재판에 대하여 상급법원에 구제를 구하는 불복신청제도를 말한다. 따라서 확정판결에 대한 비상구제절차인 재심이나 비상상고와 구별된다. 상소는 상급법원에 대한 구제신청이므로 해당 법원에 대한 이의신청이나 약식명령 및 즉결심판에 대한 정식재판의 청구는 여기에 해당하지 않는다. 한편 법원이 아닌 법관의 재판이나 수사기관의 처분에 대한 준항고(제416조, 제417조)는 상소에 포함되지 않지만 유사한 불복의 방법이라는 점에서 항고와 함께 규정하고 있다.

(2) 상소제도의 존재의의

상소제도는 원판결의 잘못에 의하여 불이익을 받는 당사자를 구제하고 법령해석의 통일을 기하기 위하여 인정되는 제도이다. 당사자(특히 피고인)에게 원판결에 대한 사실인정의 시정기회를 주려는 것이 항소심이라면 법령해석의 통일을 기하여 법적 안정성을 유지케 하려는 것이 상고심이다.

2. 상소의 종류

상소에는 항소·상고 및 항고가 있다. 항소는 제1심판결에 대한 불복방법이며, 상고는 제2심판결에 대한 불복방법이다. 한편 제1심법원의 판결에 대하여 예외적으로 대법원에의 상소가 허용되고 있는데 비약적 상고가 그것이다. 항고는 법원의 판결이 아닌 '결정'에 대한 불복방법으로, 일반항고와 특별항고(재항고)가 있다. 일반항고에는 기간의 제한이 없는 보통항고와 기간의 제한이 있는 즉시항고가 있다.

Ⅱ. 상소권

1. 상소권자

(1) 고유의 상소권자

검사와 피고인이 원래의 상소권자이다(제338조제1항). 검사는 공익의 대표자로서 피고인의 이익을 위하여도 상소할 수 있다(대판 1975. 7. 8. 74도3195).

(2) 그 외의 상소권자

피고인의 법정대리인은 피고인을 위하여 상소할 수 있다(제340조). 피고인의 배우자, 직계친족, 형제자매 또는 원심의 대리인이나 변호인은 피고인을 위하여 상소할 수 있다. 다만 피고인의 명시한 의사에 반하여 하지 못한다(제341조).

2. 상소제기기간

항소와 상고 및 즉시항고의 제기기간은 7일이다(제358조, 제374조, 제405조). 보통항고의 경우에는 기간의 제한이 없고, 항고의 이익이 있는 한 언제든지 할 수 있다(제404조). 상소의 제기기간은 재판을 선고 또는 고지한 날로부터 진행한다(제343조제2항).

3. 상소권의 소멸

상소권은 상소기간의 경과, 상소의 포기 또는 취하에 의하여 소멸한다.

4. 상소권의 회복

(1) 의 의

상소권의 회복이란 상소권자 또는 대리인이 책임질 수 없는 사유로 인하여 상소의 제기기간 내에 상소를 하지 못한 때에 법원의 결정에 의하여 소멸된 상소권을 회복시키는 것을 말한다(제345조).

(2) 상소권회복의 청구사유

상소권의 회복은 상소권자 또는 대리인이 책임질 수 없는 사유로 인하여 상소의 제기기간 내에 상소를 하지 못한 때에 인정된다. 책임질 수 없는 사유란 상소권의 소멸이 상소권자 또는 대리인의 고의·과실에 의하지 않은 것을 말한다. 천재지변에 의하여 상소하지 못한 경우, 공시송달의 방법으로 피고인이 불출석한 가운데 공판절차가 진행되어 공소제기된 사실은 물론 판결선고 사실에 대하여 알지 못하며 상소를 제기하지 못한 경우(대결 1991. 5. 6. 91모32) 등이 여기에 해당한다.

그러나 피고인이 주소변경사실을 법원에 신고하지 않아 출석하지 못하여 판결이 선고된 사실을 알지 못한 경우(대결 1991. 8. 27. 91모17), 상소권자 또는 대리인이 단순히 질병으로 입원하였거나 기거불능으로 인하여 상소를 하지 못한 경우(대결 1986. 9. 17. 86모46) 등은 상소권회복사유가 되지 않는다.

(3) 상소권회복의 절차

가. 청구 상소권자(제338조~제341조)는 상소권회복을 청구할 수 있다(제345조). 상소권회복을 청구할 때에는 제345조에 따른 책임질 수 없는 사유가 해소된 날부터 상소 제기기간에 해당하는 기간 내에 서면으로 원심법원에 하여야 한다. 상소권회복을 청구한 자는 그 청구와 동시에 상소를 제기하여야 한다(제346조). 상소권회복의 청구가 있는 때에는 법원은 지체 없이 상대방에게 그 사유를 통지하여야 한다(제356조).

나. 법원의 결정 상소권회복의 청구를 받은 법원은 청구의 허부(許否)에 관한 결정을 하여야 한다. 이 결정에 대하여는 즉시항고를 할 수 있다(제347조). 상소권회복의 청구가 있는 때에는 법원은 그 결정을 할 때까지 재판의 집행을 정지하는 결정을 할 수 있다(제348조제1항). 재판의 집행정지결정을 한 경우에도 피고인의 구금을 요하는 때에는 구속영장을 발부하여야 한다. 다만 구속의 사유가 구비될 것을 요한다(동조제2항).

Ⅲ. 상소의 이익

1. 의 의

상소의 이익이란 상소권자가 상소에 의하여 불복을 하는 경우에 그 이익이 있는가 하는 문제로 상소권 행사의 남용을 방지하는 데 그 취지가 있다. 상소의 이익은 상소제기의 일반적 적법요건이라고 할 수 있다. 상소이유는 상소이익을 판단하는 데 있어서 중요한 자료가 된다는 점에서 밀접한 관계를 가지나 서로 다른 개념이다.

2. 검사의 상소이익

(1) 피고인에게 불리한 상소

검사는 소송의 당사자로서 피고인에게 불리한 상소를 할 수 있다. 무죄판결에 대한 상소나 유죄판결에 대하여 중형을 구하는 상소가 여기에 해당한다. 그러나 이 경우에도 검사의 상소이익은 검사 개인의 이익을 위한 것이 아니라는 점에서 피고인의 상소이익과는 그 성질이 다르다.

(2) 피고인에게 유리한 상소

검사는 공익의 대표자로서 법령의 정당한 적용을 청구할 수 있다. 따라서 검사는 피고인의 이익을 위한 상소를 할 수 있다(통설). 판례도 같은 입장이다(대판 1975. 7. 8. 74도3195). 이 경우 피고인의 이익을 위한 상소이므로 불이익금지변경의 원칙이 적용된다(다수설).

3. 피고인의 상소이익

(1) 상소이익의 판단기준

피고인의 상소이익은 피고인의 주관적 측면이나 사회통념이 아닌 법익 박탈의 대소라는 객관적 표준에 따라 판단해야 한다는 것이 일반적이다(통설). 객관설에 의하면 형의 경중을 정한 형법 제50조와 불이익변경금지의 원칙을 정한 제368조가 중요한 판단기준이 된다.

(2) 상소이익의 구체적 내용

가. 유죄판결에 대한 상소 유죄판결은 피고인에게 가장 불리한 재판이므로 피고인이 무죄를 주장하거나 가벼운 형의 선고를 구하는 상소는 당연히 상소의 이익이 있다. 따라서 형면제의 판결에 대하여 무죄를 주장하거나 제3자의 소유물에 대한 몰수가 피고인의 유죄판결의 부가형으로 선고된 경우 등에는 상소의 이익이 있다.

유죄판결에 대하여 피고인이 상소한 경우라도 피고인에게 불리한 때에는 상소의 이익을 인정할 수 없다. 예를 들어 경제적 능력이 없다는 이유로 벌금형에 대하여 징역형의 집행유예를 구하는 상소는 허용되지 않는다.

나. 무죄판결에 대한 상소 무죄판결은 피고인에게 가장 유리한 재판이므로 피고인은 이에 대하여 상소의 이익을 가지지 못한다. 따라서 무죄판결에 대하여 피고인이 유죄판결은 물론 면소나 공소기각의 재판을 구하는 상소도 허용되지 않는다. 또한 판결의 효력은 주문에 따라 발생하므로 피고인이 무죄판결의 이유에만 불복하여 상소하는 것도 허용되지 않는다(다수설). 판례도 같은 입장이다(대판 1993. 3. 4. 92모21).

다. 형식재판에 대한 상소 형식재판은 그 요건에 해당하면 실체심리에 들어가기 전에 피고인을 절차로부터 신속하게 벗어나게 하려는 데 그 취지가 있다. 따라서 형식재판에 대하여 무죄판결을 주장하는 것은 상소의 이익이 없으므로 상소가 허용되지 않는다(다수설). 판례도 공소기각의 재판에 대한 피고인의 상소를 허용하지 않는다(대판 2008. 5. 15. 2007도6793).

라. 항소기각판결에 대한 상소 피고인이 항소를 제기하였다가 기각된 경우에 피고인에게는 상고의 이익이 있다. 한편 제1심판결에 대하여 검사만 양형

부당을 이유로 항소하였다가 기각당한 경우에 있어서 판례는 항소심판결이 피고인에게 제1심보다 불리한 판결이라고 볼 수 없다는 이유로 피고인에게 상고의 이익이 없다고 한다(대판 1991. 12. 24. 91도1796 등).

4. 상소이익이 없는 경우의 재판

(1) 무죄판결 및 형식재판에 대한 재판

무죄판결에 대하여 상소하거나 관할위반·면소·공소기각의 재판에 대하여 무죄를 구하는 상소와 같이 상소장의 기재에 의하여 상소의 이익이 없음이 분명한 경우에는 원심법원은 결정으로 상소를 기각하여야 한다(제360조제1항, 제376조제1항, 제407조제1항). 원심법원이 이러한 결정을 하지 않은 때에는 상소법원이 결정으로 상소를 기각하여야 한다(제362조제1항, 제381조, 제413조).

(2) 유죄판결에 대한 상소

상소이익은 독자적인 상소제기의 적법요건이다. 그러나 유죄판결에 대한 상소이익은 상소이유를 심리하는 과정에서 밝혀지므로 상소이익이 없는 때에는 상소이유가 없는 때에 해당하는 것으로 보아 상소법원은 판결로써 상소를 기각하여야 한다(제364조제4항, 제399조, 제414조제1항).

Ⅳ. ▸▸ 상소의 제기와 포기·취하

1. 상소의 제기

(1) 상소제기의 방법

상소는 그 제기기간 내에 상소장을 원심법원에 제출하여야 한다(제359조, 제375조, 제406조). 상소의 제기는 서면으로 하여야 한다(제343조제1항). 상소의 효력은 상소장이 원심법원에 접수된 때에 발생한다.

교도소 또는 구치소에 있는 피고인이 상소의 제기기간 내에 상소장을 교도소장, 구치소장 또는 그 직무를 대리하는 자에게 제출한 때에는 상소의 제기기간 내에 상소한 것으로 본다(제344조제1항). 형집행법에 의한 경찰서의 유치장은 교정시설의 미결수용실에 준하므로 유치장에 대하여도 이러한 특칙이 적용된다. 이 경우 피고인이 상소장을 작성할 수 없는 때에는 교도소장 또는 구치소장(혹은 경찰서장)은 소속공무원에게 대서하게 하여야 한다(동조제2항).

(2) 상소제기의 효과

상소의 제기에 의하여 재판의 확정과 집행이 정지된다. 다만 항고의 경우 즉시항고를 제외하고는 집행정지의 효력이 없고(제409조), 재산형의 가납재판의 집행도 정지되지 않는다(제334조제3항). 또한 상소의 제기에 의하여 소송계속은 원심을 떠나 상소심으로 넘어가게 된다(심급이동의 효력). 심급이동의 효력은 상소장과 소송기록이 상소법원에 도달한 때 발생한다(다수설).

2. 상소의 포기 및 취하

(1) 의 의

상소의 포기는 상소권자가 상소기간 내에 원심법원에 대하여 이를 포기한다는 의사를 표시하는 법률행위로서의 소송행위이다. 상소의 취하는 상소한 자가 상소법원에 제기한 상소를 철회하는 의사를 표시하는 법률행위로서의 소송행위를 말한다.

(2) 상소의 포기 및 취하권자

고유의 상소권자는 상소의 포기 또는 취하를 할 수 있다(제349조본문). 다만 피고인, 피고인의 배우자, 직계친족, 형제자매 또는 원심의 대리인이나 변호인은 사형 또는 무기징역이나 무기금고가 선고된 판결에 대하여는 상소의 포기를 할 수 없다(동조단서). 법정대리인이 있는 피고인이 상소의 포기 또는 취하를 할 때는 법정대리인의 동의를 얻어야 한다(제350조본문). 다만 법정대리인의 사망 기타 사유로 인하여 그 동의를 얻을 수 없는 때에는 예외로 한다(동조단서). 피고인의 법정대리인, 배우자, 직계친족, 형제자매 또는 원심의 대리인이나 변호인은 피고인의 동의를 얻어 상소를 취하할 수 있다(제351조).

(3) 상소의 포기·취하의 시기와 방법

가. 상소의 포기·취하의 시기 상소의 포기는 상소의 제기기간 내에, 상소의 취하는 상소심의 종국재판 전까지 각각 하면 된다.

나. 상소의 포기·취하의 방법 상소의 포기는 원심법원에, 상소의 취하는 상소법원에 각각 하여야 한다. 다만 소송기록이 상소법원에 송부되지 않은 때에는 원심법원에 상소취하를 할 수 있다(제353조). 교도소 또는 구치소에 있는 피고인의 상소 포기 및 취하는 상소의 제기와 마찬가지로 교도소장 등에게 제출할 수 있는 특칙이 인정된다(제355조). 상소의 포기 또는 취하는 서면으로 하여야 한다. 다만 공판정에서는 구술로써 할 수 있다(제352조제1항). 구술로써 상소의 포기 또는 취하를 한 경우에는 그 사유를 조서에 기재하여야 한다(동조제2항).

(4) 상소의 포기 및 취하의 효력

가. 상소권의 소멸 상소를 포기하거나 취하하면 상소권이 소멸한다. 이 경우 상소권을 포기하거나 취하한 당사자의 상소권만 소멸하므로 상대방이 상소를 포기하거나 취하하면 비로소 재판이 확정된다. 상소의 포기나 취하가 있는 때에는 법원은 지체 없이 상대방에게 그 사유를 통지하여야 한다(제356조).

나. 재상소의 금지 상소를 취하한 자 또는 상소의 포기나 취하에 동의한 자는 그 사건에 대하여 다시 상소를 하지 못한다(제354조).

(5) 절차속행의 신청

상소의 포기 또는 취하가 부존재 또는 무효임을 주장하는 자는 그 포기 또는 취하 당시 소송기록이 있었던 법원에 절차속행의 신청을 할 수 있다(규칙 제154조제1항). 신청기각결정에 대하여는 즉시항고를 할 수 있다(동조제3항).

V. 일부상소

1. 의 의

일부상소란 재판의 일부에 대한 상소를 말한다(제342조). 재판의 일부는 하나의 사건의 일부가 아니라 여러 개의 사건이 병합심판되어 판결주문이 여러 개인 경우의 재판의 일부를 말한다. 예를 들어 피고인에 대한 사기 및 절도죄가 병합심리되어 사기에 대하여는 유죄, 절도에 대하여는 무죄가 선고된 경우 피고인이 사기죄에 대하여 상소하거나 검사가 절도죄에 대하여 상소하는 경우가 그것이다.

일부상소는 상소되지 않은 부분을 빨리 확정짓고 상소심의 범위를 축소시켜 소송경제를 도모하는 데 그 취지가 있다. 일부상소는 재판의 물적 범위의 일부를 의미하므로 공동피고인의 일부가 상소하는 것은 여기에 해당하지 않는다.

2. 일부상소의 허용범위

(1) 일부상소가 허용되는 경우

일부상소가 허용되는 전형적인 경우는 경합범관계에 있는 여러 죄에 대하여 각각 다른 여러 개의 재판이 선고된 때이다. 즉 ① 경합범의 일부는 유죄판결, 다른 일부에 대하여는 무죄·관할위반·면소·공소기각의 재판이 선고된 경우(검사 및 피고인), ② 경합범의 전부에 대하여 유죄가 선고된 경우에 있어서 일부에 대하여는 징역형이, 다른 일부에 대하여는 벌금형이 선고된 경우(검사 및 피고인), ③ 경합범의 전부에 대하여 무죄판결이 선고된 경우(검사), ④ 형법 제37조후단의 경합범관계에 있는 죄(확정판결 전의 죄)와 그렇지 않은 죄(확정판결 후의 죄)가 병합심판되어 확정판결 전의 죄만을 경합범으로 경합가중함으로써(형법 제39조제1항) 여러 개의 형이 서로 다른 주문으로 선고된 경우가 그것이다.

(2) 일부상소가 허용되지 않는 경우

재판의 내용이 불가분인 때에는 일부상소가 허용되지 않는다.

가. 일죄의 일부 단순일죄, 포괄일죄, 과형상 일죄는 분리할 수 없으므로 일부에 대한 상소는 허용되지 않는다. 만약 이들 경우에 일부에 대하여 상소가 있더라도 그 전부에 대하여 효력이 미친다(대판 2001. 2. 9. 2000도5000; 대판 2017. 4. 13. 2016도20518). 이를 상소불가분(上訴不可分)의 원칙이라고 한다.

나. 한 개의 형이 선고된 경합범 형법 제37조전단의 경합범관계에 있는 죄들의 전부에 대하여 한 개의 형이 선고되어 판결주문이 단일한 경우에는 이에 대한 일부상소가 허용되지 않는다.

다. 주형과 일체가 된 부가형 및 부수처분 몰수·추징과 같은 부가형, 집행유예·환형처분과 같은 부수처분은 주형과 불가분의 관계에 있으므로 이들만을 분리하여 상소할 수 없다. 따라서 주형과 분리하여 몰수, 추징에 대한 일부상소가 있는 경우에는 상소불가분의 원칙이 적용되어 불가분의 관계에 있는 주형의 주문까지 상소심으로 이전된다(대판 2008. 11. 20. 2008도5596(전원합의체)). 예외적으로 배상명령에 대하여는 독립하여 즉시항고가 허용된다(소송촉진법 제33조제5항). 소송비용부담의 재판에 대하여는 본안의 재판에 관하여 상소하는 경우에만 불복할 수 있다(제191조제2항).

3. 일부상소의 방식과 상소심의 심판범위

일부상소는 재판의 일부에 대하여 상소한다는 취지를 명시하고 불복 부분을 특정하여야 한다. 따라서 일부상소의 취지를 명시하였으나 불복 부분을 특정하지 않았다면 전부상소로 보아야 한다. 일부상소인가 전부상소인가는 상소장을 기준으로 판단하여야 한다(통설).

4. 일부상소의 효력

(1) 일반적 효력

일부상소가 있는 경우 이 부분에 대하여는 재판의 확정 및 집행정지의 효력과 심급이동의 효력이 발생하여 상소심의 심판대상이 된다. 상소되지 않은 부분은 그대로 확정된다.

(2) 경합범의 일부상소와 상소심의 심판범위

가. 피고인만의 상소　　피고인만 유죄 부분에 대하여 상소한 때에는 유죄 부분만 상소심으로 옮겨가 상소심의 심판대상이 된다. 상소되지 않은 무죄 부분은 그대로 확정된다.

나. 검사만의 상소　　검사만 무죄 부분에 대하여 상소한 때에는 무죄 부분만 상소심으로 옮겨가 상소심의 심판대상이 된다. 상소되지 않은 유죄 부분은 상소기간의 경과로 그대로 확정된다. 만약 상소심이 원심판결을 파기하고 무죄 부분을 유죄로 인정하는 때에는 그 부분만을 파기하여야 한다(통설). 일부상소는 상소되지 않은 부분을 빨리 확정지어 심판대상을 축소하여 소송경제를 도모하는 데 그 취지가 있기 때문이다. 판례도 같은 입장이다(대판 2007. 6. 28. 2005도7473 등).

다. 검사와 피고인의 동시상소 검사와 피고인이 각각 무죄 부분과 유죄 부분에 대하여 모두 상소한 때에는 두 부분이 모두 상소심으로 옮겨가 상소심의 심판대상이 된다. 이 경우 ① 검사와 피고인의 상소가 모두 이유 없으면 상소를 모두 기각하고, ② 검사와 피고인의 상소가 모두 이유 있으면 유죄 부분과 무죄 부분을 모두 파기하여 새로 재판(파기자판, 파기이송, 파기환송)하면 되고, ③ 피고인의 상소만 이유 있으면 검사의 상소를 기각하고 피고인의 상소를 받아들여 유죄 부분만 파기하면 될 것이다. 만약 ④ 검사의 상소만 이유 있는 경우에는 경합범 처벌례(형법 제38조)에 따라 피고인의 이익을 위하여 유죄 부분도 함께 전부 파기하여야 한다(통설). 판례도 같은 입장이다(대판 2002. 6. 20. 2002도807(전원합의체)).

(3) 상소심에서 죄수 판단이 달라진 경우

원심이 두 개의 공소사실을 경합범의 관계로 보아 일부에 대하여는 유죄판결을, 나머지 일부에 대하여는 무죄판결을 각각 선고하였고, 이에 대하여 검사 또는 피고인 중 일방만 상소를 제기하였는데 상소심에서 단순일죄나 과형상 일죄로 드러날 경우가 있다. 이때에는 피고인의 이익을 위하여 피고인이 유죄 부분을 상소한 때에는 무죄 부분은 그대로 확정되고 유죄 부분만 상소심으로 옮겨가 심판의 대상이 되고, 검사만 무죄 부분을 상소한 때에는 유죄 부분까지 포함시켜 심판하여야 한다(다수설). 판례도 같은 취지이다(대판 1980. 12. 9. 80도384(전원합의체)).

Ⅵ. 불이익변경금지의 원칙

1. 의 의

불이익변경금지의 원칙이란 피고인이 상소한 사건이나 피고인을 위하여 상소한 사건에 대하여 상소심은 원심판결의 형보다 불리하게 변경하여서는 안 된다는 원칙을 말한다(제368조, 제396조제2항). 이 원칙은 피고인이 상소로 인하여 원심보다 무거운 형을 선고받을 것을 염려하여 이를 포기하는 일이 없도록 하기 위한 것이다(다수설).

2. 불이익변경금지원칙의 적용범위

(1) 피고인이 상소한 사건

불이익변경금지의 원칙은 피고인만 상소한 사건에 대하여 적용된다. 검사만 상소한 사건이나 검사와 피고인 모두가 상소한 사건에 대하여는 이 원칙이 적용되지 않는다.

(2) 피고인을 위하여 상소한 사건

피고인을 위하여 상소한 사건이란 피고인 이외의 상소권자인 피고인의 법정대리인(제340조), 피고인의 배우자, 직계친족, 형제자매 또는 원심의 대리인이나 변호인(제341조)이 상소한 사건을 말한다. 검사가 피고인의 이익을 위하여 상소한 경우에도 불이익변경금지의 원칙이 적용된다(다수설). 판례도 같은 입장이다(대판 1971. 5. 24. 71도574).

(3) 상소사건

가. 항고사건　　항고도 상소의 일종이나 항고사건의 경우에는 이 원칙이 적용되지 않는다(다수설). 불이익변경금지의 원칙은 형을 선고할 때만 적용되기 때문이다. 현행법도 이를 항소(제368조)나 상고(제398조제2항)에 제한하고 있다.

나. 파기환송 또는 파기이송 사건　　상고심이 피고인의 상고를 이유 있다고 보아 제2심판결을 파기하고 환송 또는 이송한 경우에 환송 또는 이송받은 항소심법원은 제1심판결을 계속 심리하는 것이므로 상소심(즉 상고심)이라고 할 수 없다. 그러나 환송 또는 이송받은 법원이 원판결보다 중한 형을 선고하게 되면 피고인의 상소권이 충분히 보장될 수 없다는 문제가 있다. 따라서 환송 또는 이송을 받은 법원이 형을 선고하는 경우에도 이 원칙이 적용된다(통설). 판례도 같은 입장이다(대판 2006. 5. 26. 2005도8607).

3. 불이익변경금지원칙의 내용

(1) 불이익변경금지의 대상

가. 중형선고의 금지　　불이익변경이 금지되는 것은 형의 선고에 한정되므

로 이 원칙은 무거운 형으로의 변경을 금지한다. 따라서 피고인의 범죄사실을 불리하게 인정하거나(예를 들어 폭행횟수의 증가) 무거운 법령을 적용한 경우에도 상소심의 형이 원심법원이 선고한 형보다 무겁지 않는 이상 불이익변경에 해당하지 않는다. 중형선고가 금지되므로 상소심은 공소장변경에 따라 변경된 공소사실에 대하여 법정형 이하의 가벼운 형을 선고할 경우도 있게 된다.

나. 형의 범위 여기서 형이란 형법 제41조가 규정하고 있는 형의 종류에 한정되지 않으며, 피고인에게 실질적으로 형벌과 같은 불이익을 주는 처분을 모두 포함한다. 따라서 추징, 노역장유치기간, 미결구금일수의 산입 등도 여기의 형에 해당하므로 이를 상소심에서 무겁게 변경하는 것은 금지된다. 소송비용의 부담은 피고인에게 불리하기는 하지만 형벌이 아니므로 불이익변경금지원칙의 적용이 없다(다수설). 판례도 같은 입장이다(대판 2008. 3. 14. 2008도488). 불이익변경금지의 원칙은 형벌뿐만 아니라 보안처분에도 적용된다.

(2) 불이익변경의 판단기준

선고형의 경중에 대하여는 법정형의 경중을 규정하고 있는 형법 제50조가 원칙적인 기준이 된다. 따라서 형의 경중은 형법 제41조(형의 종류) 기재의 순서에 의한다. 다만 무기금고와 유기징역은 금고를 무거운 것으로 하고 유기금고의 장기가 유기징역의 장기를 초과하는 때에는 금고를 무거운 것으로 한다(형법 제50조제1항). 동종의 형은 장기의 긴 것과 다액의 많은 것을 무거운 것으로 하고 장기 또는 다액이 동일한 때에는 그 단기의 긴 것과 소액의 많은 것을 무거운 것으로 한다(동조제2항).

(3) 형의 경중의 구체적 비교

가. 형의 추가와 종류의 변경 피고인이 상소하거나 피고인의 이익을 위하여 상소한 사건에서 같은 종류의 형을 선고하면서 형량을 무겁게 하거나 혹은 원심이 선고한 형에 다른 형을 추가하는 것은 불이익변경에 해당한다. 문제는 형의 변경이 일부는 유리하게 일부는 불리하게 변경되는 경우이다. 다음과 같은 경우가 주로 문제된다.

(가) 징역형과 금고형 불이익변경의 여부는 형법 제50조의 규정을 기준으로 판단하는 것이 원칙이다. 따라서 징역형이 금고형에 비하여 무거운 형이

지만, 징역형을 금고형으로 변경하면서 형기를 늘리는 것은 불이익변경에 해당하며, 반대로 금고형을 징역형으로 변경하면서 형기를 줄이는 것은 불이익변경에 해당하지 않는다.

(나) 자유형과 벌금형 자유형을 벌금형으로 변경하는 것은 가능하나 벌금형을 자유형으로 변경하는 것은 불이익변경에 해당한다. 따라서 자유형을 벌금형으로 변경하면서 벌금형에 대한 노역장 유치기간이 자유형보다 장기인 경우 불이익변경에 해당하지 않는다(다수설). 노역장유치는 대체형으로서 벌금형에 대한 특수한 집행방법에 불과하기 때문이다. 판례도 같은 입장이다(대판 2000. 11. 24. 2000도3945).

(다) 벌금형과 노역장유치 벌금액은 같은데 노역장 유치기간이 늘어난 경우에는 불이익변경에 해당한다. 이에 대하여 벌금액이 줄어들면서 노역장 유치기간이 늘어난 경우는 불이익변경에 해당하지 않는다(대판 1977. 9. 13. 77도2114(전원합의체)).

(라) 부정기형과 정기형 원심법원이 선고한 부정기형을 상소심이 정기형으로 변경하는 경우에는 부정기형의 장기와 단기의 정중앙에 해당하는 중간형을 기준으로 판단하여야 한다. 따라서 부정기형이 징역 단기 7년, 장기 15년이라면 합산한 22년의 중간형인 11년을 초과할 수 없다(대판 2020. 10. 22. 2020도4140(전원합의체)).

나. 집행유예와 선고유예 형의 집행유예는 형식적으로는 형이 아닌 주형에 대한 부수처분이지만 실질적으로는 형의 내용을 좌우하므로 형의 경중을 비교하는 중요한 요소가 된다. 따라서 이 경우 기본적으로 주형을 기준으로 불이익 여부를 판단하여야 하며, 주형을 줄이고 집행유예를 없앤 경우에도 피고인에게 실질적인 불이익을 초래하는 때에는 불이익변경에 해당한다. 즉 ① 집행유예를 붙인 자유형판결에 대하여 집행유예만 없애거나 유예기간을 연장하는 때(대판 1983. 10. 11. 83도2034), ② 징역형 또는 금고형의 형기를 줄이면서 집행유예를 없앤 때(대결 1986. 3. 25. 86모2 등), ③ 징역형 또는 금고형의 형기를 늘리면서 집행유예를 붙인 때(대판 1966. 12. 8. 66도1319(전원합의체)), ④ 징역형에 벌금형을 병과하면서 집행유예를 붙인 때(대판 1981. 1. 27. 80도2977), ⑤ 같은 기간의 금고형을 징역형으로 변경하면서 집행유예를 붙인 때(대판 1976. 1. 27. 75도

1543)에는 모두 불이익변경에 해당한다. 또한 자유형의 선고유예를 벌금형으로 변경하는 것도 불이익변경에 해당한다.

다. 주형과 몰수 및 추징 원심의 징역형을 그대로 두면서 몰수나 추징을 추가하거나 원심보다 무거운 추징을 병과한 때에는 불이익변경에 해당한다. 한편 주형을 가볍게 하면서 몰수나 추징을 추가하거나 무겁게 변경하는 경우에는 원칙적으로 주형을 기준으로 하되, 다만 부가형을 병과하는 것이 피고인에게 실질적인 불이익을 초래하는가를 기준으로 판단하여야 할 것이다.

라. 미결구금일수의 산입 주형을 그대로 둔 채 미결구금일수의 산입을 박탈하거나 감소시킨 때에는 불이익변경에 해당한다. 그러나 2014년의 형법 개정을 통하여 미결구금일수 전부를 본형에 포함시키도록 함으로써(형법 제57조제1항) 더 이상 문제될 여지가 없어졌다.

마. 보안처분 보안처분은 형벌을 보완하는 형사제재의 일종이라는 점에서 형의 경중을 비교하는 요소가 된다. 따라서 원심의 양형을 그대로 유지하면서 사회봉사명령 등만을 추가하는 것은 불이익변경에 해당한다(대판 2018. 10. 4. 2016도15961).

Ⅶ. 파기판결의 구속력

1. 구속력의 의의 및 법적 성격

(1) 의 의

파기판결의 구속력이란 상소심이 원심판결을 파기하여 사건을 하급심으로 환송 또는 이송하는 경우에 상급심의 판단이 환송 또는 이송받은 하급심을 구속하는 효력을 말한다. 상급법원의 재판에 있어서의 판단은 해당 사건에 관하여 하급심을 기속한다(법조법 제8조). 파기판결의 구속력을 인정하는 이유는 정책적으로 심급제도를 유지하기 위하는 데 있다.

형사소송법은 항소심법원의 경우 파기자판을 원칙으로 하므로(제364조제6항) 파기판결의 구속력은 주로 파기환송이나 파기이송을 원칙으로 하는 상고심법원의 판단이 하급심법원을 구속하는 효력을 의미한다.

(2) 법적 성격

파기판결의 구속력에 대하여는 심급제도의 합리적인 유지를 위하여 인정된 특수한 효력이라고 보는 것이 일반적이다.

2. 구속력의 범위

(1) 구속력이 미치는 법원

상고법원 및 항소법원의 파기판결은 해당 사건에 관하여 하급법원을 구속한다(법조법 제8조). 뿐만 아니라 파기한 상급법원도 구속한다(대판 2006. 1. 26. 2004도517 등).

(2) 구속력이 미치는 판단의 범위

가. 법률판단과 사실판단　법령해석의 통일이라는 상소제도의 이유에 비추어 볼 때 파기판결의 구속력이 법률판단에 미치는 것은 당연하다. 사실판단에 대하여는 특히 법률심인 상고심의 사실판단에 대하여 하급법원이 이에 구속되는가를 중심으로 논의되고 있다. 형사소송법은 사실오인에 대하여 항소심(제361조의5제14호)뿐만 아니라 상고심에서도 중대한 사실오인을 상소이유로 하고 있으며(제383조제4호) 그 심판범위에 포함시키고 있으므로(제384조) 상급법원의 사실판단에 대하여도 구속력이 미친다(대판 2004. 4. 9. 2004도340).

나. 소극적 판단과 적극적 판단　파기판결의 구속력이 파기의 직접적 이유인 소극적·부정적 판단에 미치는 점에는 의문이 없다. 한편 적극적·긍정적 판단에 대하여도 파기판결의 구속력이 미치는가가 문제된다. 그러나 상고심은 사후심으로서 새로운 증거를 제출하거나 증거조사를 하는 것이 허용되지 않으며 파기자판하는 때에도 소송기록과 원심법원 및 제1심법원이 조사한 증거만을 기초로 하므로(제396조제1항) 적극적·긍정적 판단에 대하여는 구속력을 가지지 않는다(대판 1984. 9. 11. 84도1379).

다. 구속력의 배제　파기판결의 구속력은 파기판결의 전제가 된 사실관계가 동일하다는 것을 전제로 한다. 따라서 환송 후의 심리과정에서 새로운 증거가 나타나 사실관계에 변동이 생기면 구속력은 배제된다. 또한 파기환송 후 하급심에서 공소장변경이 이루어진 경우에도 환송받은 법원은 새롭게 사실인정을 할 재량권을 가지게 되므로 파기판결에 구속되지 않는다.

파기판결의 구속력은 상소심과 하급심 사이에 적용할 법령이 동일하다는 것을 전제로 한다. 따라서 파기판결 후에 법령이 변경된 경우에는 구속력이 배제된다. 또한 파기판결 후에 대법원판례가 변경되는 경우에도 법령의 변경에 준하는 효과가 인정된다는 점에서 구속력이 배제된다(통설).

제 2 절 항 소

I. 의 의

항소(抗訴)란 제1심판결에 불복하여 제2심법원에 상소하는 것을 말한다. 항소심은 특히 원심판결에 포함된 사실오인과 양형부당을 다룬다는 점에서 법리오해의 문제를 주로 다루는 상고심과 구별된다.

II. 항소심의 구조

1. 입법주의

(1) 복 심

복심(覆審)이란 항소심이 제1심의 심리와 판결이 없었던 것처럼 피고사건에 대하여 처음부터 다시[覆] 심리하는[審] 제도를 말한다. 복심의 특징은 ① 항소심의 심판대상은 피고사건 자체이고, ② 항소이유에 제한이 없으므로 항소이유서를 제출할 필요도 없으며, ③ 사실심리와 증거조사의 범위도 제한이 없으며, ④ 항소심에서도 공소장변경이 허용되며, ⑤ 일사부재리의 효력의 시간적 범위는 사실심 판단의 최후시점인 항소심판결 선고시가 기준이 된다. 복심은 항소심의 심리를 철저히 함으로써 실체적 진실 발견과 피고인의 권리구제에 기여한다는 이점이 있다. 그러나 제1심의 심판결과를 경시하여 상소권의 남용이 예상되므로 소송경제에 어긋나는 문제가 있다.

(2) 속 심

속심(續審)이란 제1심의 심리절차 및 소송자료를 이어받아 이를 토대로 계속하여 새로운 사실과 증거를 추가하여 심리하는 제도를 말한다. 따라서 항소심은 마치 제1심의 변론이 재개된 것처럼 절차가 진행된다. 속심의 특징은 ① 항소심의 심판대상은 피고사건 자체이고, ② 항소이유서에 제한이 없으며, ③ 제1심판결 이후에 새로이 발생하거나 제출된 사실이나 증거도 판결의 자료가 되며, ④ 일사부재리의 효력의 시간적 범위는 사실심 판단의 최후시점인 항소심판결 선고시가 기준이 되며, ⑤ 판결은 원칙적으로 파기자판의 형식을 취하게 된다. 속심은 제1심의 심리를 전면적으로 반복하지 않고 필요한 범위 내에서 이어받아 진행하게 되므로 복심에 비하여 소송경제에 도움이 된다.

(3) 사후심

사후심(事後審)이란 원심의 소송자료에 의하여 원판결시를 기준으로 원심판결의 당부(當否)를 사후적으로 심사하는 제도이다. 사후심의 특징은 ① 항소심의 심판대상은 원판결의 당부이고, ② 따라서 항소이유에 제한이 있어 항소이유서를 제출하여야 하며, ③ 항소심의 심판범위도 항소이유에 기재된 것에 한정되며, ④ 항소심은 원심에 나타난 증거에 의하여 원판결시를 기준으로 원판결의 당부만 판단할 뿐이며, ⑤ 항소심에서는 공소장변경이 허용되지 않으며, ⑥ 일사부재리의 효력의 시간적 범위는 원판결 선고시가 기준이 되며, ⑦ 판결은 원칙적으로 파기환송의 형식을 취하게 된다. 사후심은 소송경제의 이념에 부합한다는 이점이 있으나, 제1심에서 철저한 심리가 이루어지지 않은 경우 실체적 진실 발견과 피고인의 권리구제라는 상소제도 본래의 취지를 구현하기 어렵다.

2. 현행법에서의 항소심의 구조

현행 항소심은 원판결을 기초로 하며 원판결과 관계없이 증거조사 등의 사실심리를 행하고 있다. 따라서 현행 항소심의 구조는 원칙적으로 속심적 성격을 가진다. 다만 소송경제 및 상소권 남용의 방지를 위한 고려에서 사후심적 요소로서 제한을 가하고 있는 형태를 취한다(다수설). 판례도 같은 입장이다(대판 1983. 4. 26. 82도2829).

3. 항소심구조와 관련 문제

(1) 항소심에서의 공소장변경

현행 항소심의 구조는 속심적 성격을 가지므로 제1심의 변론이 재개된 것처럼 절차가 진행되어 항소심에서도 공소장변경이 허용된다(대판 1987. 7. 21. 87도1101).

(2) 일사부재리의 효력의 시간적 범위

일사부재리의 효력은 사실심리가 가능한 최후시점까지 미친다. 따라서 항소심을 속심으로 보게 되면 그 시간적 범위는 항소심의 판결선고시가 된다.

Ⅲ. 항소이유

1. 의 의

항소인은 항소이유서를 항소법원에 제출하여야 하며(제361조의3제1항), 항소이유서를 제출하지 않은 때에는 결정으로 항소를 기각하여야 한다(제361조의4제1항). 항소이유는 아래에서 보듯이 제361조의5에 제한적으로 열거되어 있다.

2. 법령위반

(1) 상대적 항소이유

판결에 영향을 미친 헌법·법률·명령 또는 규칙의 위반이 있는 때(제1호)에는 상대적 항소이유가 된다. 형벌법규를 소급적용하여 처벌하는 경우(헌법 제13조제1항의 위반), 집행유예의 결격사유가 있음에도 불구하고 형의 집행유예 판결을 선고한 경우(형법 제62조 이하의 위반), 피고인에게 유죄판결을 선고하면서 상소기간과 상소할 법원을 고지하지 않은 경우(제324조의 위반) 등이 여기에 해당한다. 상대적 항소이유는 법령위반이 실제로 판결에 영향을 미친 경우에만 (상대적) 항소이유가 된다.

(2) 절대적 항소이유

절대적 항소이유는 법령위반 그 자체로서(절대적) 항소이유가 된다.

가. 관할 또는 관할위반의 인정이 법률에 위반한 때(제3호)

나. 판결법원의 구성이 법률에 위반한 때(제4호) 결격사유가 있는 법관이 심판에 참여하거나 합의법원의 구성원이 충족되지 않는 경우 등이 여기에 해당한다. 제7호·제8호 사유가 전자에 해당한다. 따라서 이 사유는 법원조직법상(제7조제5항)의 합의부원의 구성요건인 3명이 충족되지 않는 경우에 의의가 있다.

다. 법률상 그 재판에 관여하지 못할 판사가 그 사건의 심판에 관여한 때(제7호)

법관에게 제척사유가 있거나 기피 및 회피 신청이 이유 있다고 인정된 법관이 해당 심판에 관여한 때가 여기에 해당한다.

라. 그 사건의 심리에 관여하지 않은 판사가 그 사건의 판결에 관여한 때(제8호)

공판의 진행 중에 법관이 바뀌었음에도 불구하고 공판절차를 갱신하지 않아 사건의 심리에 관여하지 않은 법관이 그 사건의 판결의 내부적 성립에 관여한 때가 여기에 해당한다. 다만 판결의 선고에만 관여한 경우는 여기에 해당하지 않는다.

마. 공판의 공개에 관한 규정에 위반한 때(제9호) 공개의 내용은 심리와 판결이며 결정과 명령은 제외된다.

바. 판결에 이유를 붙이지 않거나 이유에 모순이 있는 때(제11호) 이유를 붙이지 않은 때란 판결에 이유를 전혀 기재하지 않거나 혹은 이유가 충분하지 않은 경우를 포함한다. 이유에 모순이 있는 때란 판결의 주문과 이유 사이에 혹은 이유와 이유 사이에 서로 모순이 있는 때를 의미한다.

3. 법령위반 이외의 항소이유

(1) 상대적 항소이유

사실의 오인이 있어 판결에 영향을 미친 때(제14호)를 말한다. 공소사실을 유죄로 인정할 증거가 충분하지 않음에도 불구하고 오인한 사실에 의하여 유죄를 인정한 경우가 여기에 해당한다.

(2) 절대적 항소이유

가. 판결 후 형의 폐지나 변경 또는 사면이 있는 때(제2호) 형의 변경이란 형이 가볍게 변경된 경우만을 의미한다. 형이 무겁게 변경된 경우에는 당연히 행위시의 법률을 따라야 하기 때문이다(형법 제1조제1항). 판결 후 형의 폐지나 사면이 있으면 면소판결의 사유가 된다(제362조제2호·제4호). 사면은 형선고의 효력 및 공소권을 소멸시키는 일반사면(사면법 제5조제1항제1호)만을 의미한다.

나. 재심청구의 사유가 있는 때(제13호) 재심청구의 사유가 있는 때에는 판결확정 후에 재심을 청구할 수 있지만 이렇게 하면 소송경제에 어긋나므로 이를 항소이유로 한 것이다.

다. 형의 양정이 부당하다고 인정할 사유가 있는 때(제15호) 형의 양정이 부당, 즉 양형부당이란 원판결의 선고형이 구체적인 사안에 비추어 너무 무겁거나 너무 가벼워 합리적인 형량의 범위를 넘어선 경우를 말한다. 양형은 주형, 부가형(예를 들어 몰수, 추징 등), 부수처분(예를 들어 집행유예, 환형유치 등)을 포함한다.

Ⅳ. 항소심의 절차

1. 항소의 제기

(1) 항소장의 제출

항소는 그 제기기간인 7일 이내에(제358조) 항소장을 원심법원(제1심법원)에 제출하여야 한다(제359조). 항소장에는 항소이유를 기재할 필요가 없으나, 항소이유를 기재한 때에는 항소이유서로서의 효력이 있다(제361조의4제1항).

(2) 원심법원과 항소법원의 조치

가. 원심법원의 조치 원심법원은 항소장을 심사하여 항소의 제기가 법률상의 방식에 위반하거나 항소권 소멸 후인 것이 명백한 때에는 결정으로 항소를 기각하여야 한다(제360조제1항). 이 결정에 대하여는 즉시항고를 할 수 있다(동조제2항). 항소기각의 결정을 하지 않은 경우에는 원심법원은 항소장을 받은

날부터 14일 이내에 소송기록과 증거물을 항소법원에 송부하여야 한다(제361조).

나. 항소법원의 조치 항소법원이 기록의 송부를 받은 때에는 즉시 항소인과 상대방에게 그 사유를 통지하여야 한다(제361조의2제1항). 교도소 등에 있는 재감자의 경우 교도소장 등에게 송달하여야 하므로(제65조; 민소법 제182조), 본인에게 송달한 것은 그 효력이 없다(대결 2017. 9. 22. 2017모1680). 기록접수통지 전에 변호인의 선임이 있는 때에는 변호인에게도 통지하여야 한다(동조제2항). 피고인이 교도소 또는 구치소에 있는 때에는 원심법원에 대응한 검찰청검사는 통지를 받은 날로부터 14일 이내에 피고인을 항소법원 소재지의 교도소 또는 구치소에 이송하여야 한다(동조제3항).

다. 국선변호인의 선정 및 소송기록접수통지 기록의 송부를 받은 항소법원은 필요적 변호사건에서 변호인이 없으면 지체없이 국선변호인을 선정 후 그 변호인에게, 법 제33조제3항에 따라 피고인의 나이·지능 및 교육 정도 등을 참작하여 권리보호에 필요한 경우 국선변호인을 선정 후 그 변호인에게 각각 소송기록접수통지를 하여야 한다(규칙 제156조의2제1항). 또한 항소법원은 항소이유서 제출기간 도과 전에 법 제33조제2항의 빈곤 등 사유로 피고인이 국선변호인 선정을 청구하여 변호인을 선정한 경우 그 변호인에게 소송기록접수통지를 하여야 한다(동조제2항). 제1항, 제2항에 따라 국선변호인 선정결정을 한 후 항소이유서 제출기간 내에 피고인이 책임질 수 없는 사유로 선정결정을 취소하고 새로운 국선변호인을 선정한 때에도 그 변호인에게 소송기록접수통지를 하여야 한다(동조제3항). 항소법원이 제2항의 국선변호인 선정청구를 기각한 경우 피고인이 국선변호인 선정을 청구한 날로부터 기각결정등본을 송달받은 날까지의 기간은 항소이유서 제출기간에 산입하지 않는다. 다만 피고인이 최초의 국선변호인 선정청구기각결정을 받은 이후 같은 법원에 다시 선정청구를 한 때에는 그 국선변호인 선정청구일로부터 선정청구기각결정등본 송달일까지의 기간에 대해서는 그렇지 않다(동조제4항).

(3) 항소이유서의 제출

가. 항소이유서 제출기간 항소인 또는 변호인은 소송기록접수통지를 받은 날로부터 20일 이내에 항소이유서를 항소법원에 제출하여야 한다(제361조

의3제1항). 교도소 또는 구치소에 있는 피고인이 항소이유서의 제출기간 내에 항소이유서를 교도소장 또는 구치소장 또는 그 직무를 대리하는 자에게 제출한 때에는 그 제출기간 내에 제출한 것으로 본다(동조제1항, 제344조제1항).

필요적 변호사건에서 항소법원이 국선변호인을 선정하고 피고인과 그 변호인에게 소송기록접수통지를 한 다음 피고인이 사선변호인을 선임함에 따라 항소법원이 국선변호인의 선정을 취소한 경우, 사선변호인에게 다시 통지할 필요가 없고, 항소이유서 제출기간은 국선변호인 또는 피고인이 소송기록접수통지를 받은 날부터 계산하여야 한다(대판 2018. 11. 22. 2015도10651(전원합의체)).

나. 항소이유서의 기재 항소이유서에는 항소이유를 구체적으로 간결하게 명시하여야 한다(규칙 제155조). 피고인이 항소이유서에 "위 사건에 대한 원심판결은 도저히 납득할 수 없는 억울한 판결이므로 항소를 한 것이다"라는 기재도 제1심판결에 사실의 오인이 있거나 양형부당의 위법이 있다는 항소이유를 기재한 것으로 본다(대결 2002. 12. 3. 2002모265).

다. 항소이유서의 송달 항소이유서의 제출을 받은 항소법원은 지체 없이 부본 또는 등본을 상대방에게 송달하여야 한다(제361조의3제2항). 항소인이 제출한 항소이유서 부본을 상대방이 송달받지 못하여 방어기회를 가지지 못하였으나 상대방이 항소심 공판기일에 출석하여 이에 대한 이의를 제기하지 않았다면 그 하자가 치유된다(대판 2001. 12. 27. 2001도5810).

라. 항소이유서를 제출하지 않는 경우 항소인이나 변호인이 그 제출기간 내에 항소이유서를 제출하지 않은 때에는 결정으로 항소를 기각하여야 한다. 다만 직권조사사유가 있거나 항소장에 항소이유의 기재가 있는 때에는 예외로 한다(제361조의4제1항). 이 결정에 대하여는 즉시항고를 할 수 있다(동조제2항).

(4) 답변서의 제출

상대방은 항소이유서의 부본 또는 등본을 송달받은 날로부터 10일 이내에 답변서를 항소법원에 제출하여야 한다(제361조의3제3항). 답변서의 제출을 받은 항소법원은 지체 없이 그 부본 또는 등본을 항소인 또는 변호인에게 송달하여야 한다(동조제4항). 상대방의 답변서 제출은 의무사항이 아니다.

2. 항소심의 심리

(1) 항소심의 절차 일반

항소심의 공판에 관한 규정은 특별한 규정이 없으면 제1심 공판절차에 관한 규정을 준용한다(제370조). 따라서 모두절차로부터 시작하되 다만 검사의 모두진술은 제1심에서 있었으므로 필요하지 않다. 그 대신 항소인이 항소이유서에 따라 항소이유를 진술하고 상대방은 항소이유에 대한 답변을 진술하여야 한다(규칙 제156조의3제1항·제2항).

(2) 항소심의 심판범위

항소법원은 항소이유에 포함된 사유에 관하여 심판하여야 한다(제364조제1항). 판결에 영향을 미친 사유에 관하여는 항소이유서에 포함되지 않은 경우에도 직권으로 심판할 수 있다(동조제2항). 따라서 피고인이 항소이유서에서 양형부당만을 주장하는 경우에도 판결에 영향을 미친 사실오인이 있거나 법령위반이 있는 때에는 이를 심리하여 이를 이유로 원판결을 파기할 수 있다.

(3) 항소심 공판절차의 특칙

가. 피고인의 출석요건 완화 피고인이 공판기일에 출정하지 않은 때에는 다시 기일을 정하여야 한다. 피고인이 정당한 사유 없이 다시 정한 기일에 출정하지 않은 때에는 그의 진술 없이 판결할 수 있다(제365조). 이 경우 불출석은 연속 2회여야 한다(대판 2012. 6. 28. 2011도16166).

나. 무변론 항소기각판결의 선고 항소이유 없음이 명백한 때에는 항소장, 항소이유서 기타의 소송기록에 의하여 변론 없이 판결로써 항소를 기각할 수 있다(제364조제5항).

다. 증거조사 제1심법원에서 증거로 할 수 있었던 증거는 항소법원에서도 증거로 할 수 있다(동조제3항). 또한 제1심법원에서 증거조사를 거친 증거에 대하여는 다시 증거조사를 할 필요가 없다. 따라서 재판장은 증거조사절차에 들어가기에 앞서 제1심의 증거관계와 증거조사결과의 요지를 고지하면 된다(규칙 제156조의5제1항).

항소법원에서도 새로운 증거조사가 가능하다. 기본적으로는 제1심법원과 마찬가지로 증거신청이 공판을 지연시키기 위한 것으로 인정될 때에는 직권 또는 상대방의 신청에 따라 결정으로 각하할 수 있다(제294조제2항). 다만 일정한 경우에만 항소심에서 새로이 증거조사를 할 수 있는데 ① 제1심에서 조사되지 않은 데에 대하여 고의나 중대한 과실이 없고 그 신청으로 인하여 소송을 현저하게 지연시키지 않는 경우, ② 제1심에서 증인으로 신문하였으나 새로운 중요한 증거의 발견 등으로 동일인에 대하여 항소심에서 다시 신문하는 것이 부득이하다고 인정되는 경우, ③ 그 밖에 항소의 당부에 관한 판단을 위하여 반드시 필요하다고 인정되는 경우가 그것이다(규칙 제156조의5제2항).

라. 그 밖의 문제 　항소심 공판절차에서는 공소취소가 허용되지 않는다. 공소는 제1심판결의 선고 전까지 취소할 수 있기 때문이다(제255조제1항). 또한 항소심에서는 불출석재판이 가능하므로(제365조) 제1심법원과는 달리 사형, 무기 또는 장기 10년 이상의 징역이나 금고에 해당하는 사건의 경우에도 공시송달에 의한 재판이 가능하다(소송촉진법 제23조단서 참조).

3. 항소심의 재판

(1) 공소기각의 결정

공소기각의 결정(제328조)에 해당하는 사유가 있는 때에는 항소법원은 결정으로 공소를 기각하여야 한다(제363조제1항). 이 결정에 대하여는 즉시항고를 할 수 있다(동조제2항).

(2) 항소기각의 재판

가. 항소기각의 결정 　항소의 제기가 법률상의 방식에 위반하거나 항소권 소멸 후인 것이 명백한데도 원심법원이 항소기각의 결정(제360조)을 하지 않은 때에는 항소법원은 결정으로 항소를 기각하여야 한다(제362조제1항). 이 결정에 대하여는 즉시항고를 할 수 있다(동조제2항). 항소인이나 변호인이 항소이유서를 제출기간 내에 제출하지 않은 때에는 결정으로 항소를 기각하여야 한다. 다만 직권조사사유가 있거나 항소장에 항소이유의 기재가 있는 때에는 예외로 한다(제361조의4제1항). 이 결정에 대하여는 즉시항고를 할 수 있다(동조제2항).

나. 항소기각의 판결 항소이유가 없다고 인정한 때에는 판결로써 항소를 기각하여야 한다(제364조제4항). 이 경우에도 항소이유가 없음이 명백한 때에는 항소장, 항소이유서 기타의 소송기록에 의하여 변론 없이 판결로써 항소를 기각할 수 있다(동조제5항).

(3) 원심판결파기(항소인용)의 판결

가. 파기자판 항소법원은 항소이유가 있다고 인정한 때에는 원심판결을 파기하고 다시 판결하여야 한다(제364조제6항). 이를 파기자판(破棄自判)이라고 하며 항소법원은 이를 원칙으로 한다. 이는 소송의 신속한 진행과 소송경제를 도모하기 위한 것이다.

나. 파기환송 공소기각 또는 관할위반의 재판이 법률에 위반됨을 이유로 원심판결을 파기하는 때에는 판결로써 사건을 원심법원에 환송하여야 한다(제366조). 이를 파기환송(破棄還送)이라고 하며 예외적인 항소심재판의 형태이다. 이는 원심법원에서 실체재판이 이루어지지 않았으므로 원심법원으로 다시 돌려보내어 실체재판을 하도록 한 것이다.

다. 파기이송 관할인정이 법률에 위반됨을 이유로 원심판결을 파기하는 때에는 판결로써 사건을 관할법원에 이송하여야 한다(제367조본문). 이를 파기이송(破棄移送)이라고 하며 소송경제를 고려하여 절차의 간편함을 기하도록 한 것이다. 관할인정이 법률에 위반됨을 이유로 원심판결을 파기하는 때에도 항소법원이 그 사건의 제1심관할권이 있는 때에는 제1심으로 심판하여야 한다(동조단서).

(4) 재판서의 기재방식

항소법원의 재판서에는 항소이유에 대한 판단을 기재하여야 하며 원심판결에 기재한 사실과 증거를 인용할 수 있다(제369조). 이는 항소를 기각하는 경우와 인용하는 경우에 있어서 다르게 나타난다.

가. 항소기각판결 항소를 기각하는 경우에는 재판서에 항소이유에 대한 판단만 기재하면 되고, 판결이유에 범죄될 사실, 증거의 요지 및 법령의 적용을 명시할 필요는 없다.

나. 원심판결의 파기(항소인용판결) 원심판결을 파기하고 자판에 의하여

유죄판결을 선고하는 때에는 항소이유에 대한 판단과 함께 범죄될 사실, 증거의 요지 및 법령의 적용을 기재하여야 한다(제323조제1항).

제 3 절 상 고

I. 의 의

상고(上告)란 제2심판결에 불복하여 대법원에 제기하는 상소를 말한다(제371조). 그러나 예외적으로 제1심판결에 대하여 상고가 인정되는 경우가 있는데(제372조) 이를 비약적 상고라고 한다. 상고심의 주된 기능은 법령해석의 통일을 기하는 데 있다. 한편으로는 항소심의 오판을 시정함으로써 당사자의 권리를 구제하는 기능도 수행한다.

II. 상고심의 구조

1. 법률심

상고심은 원칙적으로 법률문제를 심리·판단하는 법률심이다. 따라서 상고심은 원심판결의 실체법령적용이나 소송절차에 관한 법령위반 여부에 대하여 판단하며, 판결에 영향을 미친 헌법·법률·명령 또는 규칙의 위반이 있을 때(제383조제1호)가 주된 상고이유가 된다. 다만 중한 사건의 경우에 있어서 중대한 사실오인이나 현저한 양형부당을 상고이유로 하고 있는 점에서(동조제4호) 예외적으로 사실심으로서의 성격도 가진다.

2. 사후심

(1) 원칙적 사후심

상고심의 구조는 원칙적으로 사후심이다. 현행법이 ① 상고이유를 원칙적으로 법령위반에 엄격하게 제한하고 있고(제383조), ② 원심판결을 파기하는 때에는 파기환송 또는 파기이송을 원칙으로 하고(제397조), ③ 상고법원은 변론 없이 서면심리에 의하여 판결할 수 있도록 한 것(제390조) 등은 상고심의 사후심적 성격을 나타낸다. 따라서 상고심은 원심의 소송자료만을 기초로 삼아 원심판결시를 기준으로 원심판결의 당부를 판단하여야 하고 새로운 증거를 제출하거나 증거조사를 하는 것은 허용되지 않는다.

(2) 예외적 속심

상고심도 예외적으로 원심판결 이후에 나타난 사실이나 증거를 사용함으로써 속심적 성격을 가지는 경우가 있다. 판결 후 형의 폐지나 변경 또는 사면이 있는 때(제383조제2호)나 재심청구의 사유가 있는 때(동조제3호)는 원심판결 이후에 발생한 사실이나 증거가 상고심의 대상이 되기 때문이다.

Ⅲ. 상고이유

제383조는 상고이유로서 ① 판결에 영향을 미친 헌법·법률·명령 또는 규칙의 위반이 있을 때, ② 판결 후 형의 폐지나 변경 또는 사면이 있는 때, ③ 재심청구의 사유가 있는 때, ④ 사형, 무기 또는 10년 이상의 징역이나 금고가 선고된 사건에 있어서 중대한 사실의 오인이 있어 판결에 영향을 미친 때 또는 형의 양정이 심히 부당하다고 인정할 현저한 사유가 있는 때의 네 가지를 규정하고 있다.

이 중 제1호부터 제3호까지는 법령위반 사유로서 법률심을 특징으로 하는 상고심 본래의 사유이다. 이와는 달리 제4호는 피고인에게 중한 형이 선고된 경우에 있어서는 사실심과 같이 구체적 타당성을 따져 피고인을 구제하자는 데 그 목적이 있다. 따라서 이 사유는 피고인에게만 허용되고 검사에게는 허용되지 않는다고 보는 것이 일반적이다. 판례도 검사가 양형이 지나치게 가볍다는 이유로 상고할 수 없다고 한다(대판 1994. 8. 12. 94도1705).

IV. 상고심의 절차

1. 상고의 제기

(1) 상고장의 제출

상고는 그 제기기간인 7일 이내에(제374조) 상고장을 원심법원(제2심법원)에 제출하여야 한다(제375조). 교도소 또는 구치소에 있는 피고인이 상고의 제기기간 내에 상고장을 교도소장, 구치소장 또는 그 직무를 대리하는 자에게 제출한 때에는 상고의 제기기간 내에 상고한 것으로 본다(제344조).

(2) 원심법원과 상고법원의 조치

가. 원심법원의 조치 상고의 제기가 법률상의 방식에 위반하거나 상고권 소멸 후인 것이 명백한 때에는 원심법원은 결정으로 상고를 기각하여야 한다. 이 결정에 대하여는 즉시항고를 할 수 있다(제376조). 상고기각을 하지 않는 경우에는 원심법원은 상고장을 받은 날부터 14일 이내에 소송기록과 증거물을 상고법원에 송부하여야 한다(제377조).

나. 상고법원의 조치 상고법원이 소송기록의 송부를 받은 때에는 즉시 상고인과 상대방에 대하여 그 사유를 통지하여야 한다. 소송기록의 접수통지 전에 변호인의 선임이 있는 때에는 변호인에 대하여도 통지를 하여야 한다(제378조). 필요적 변호사건에 있어서 변호인이 없는 경우에는 지체 없이 국선변호인을 선정한 후 그 변호인에게 소송기록접수통지를 하여야 한다(규칙 제164조, 제156조의2).

(3) 상고이유서와 답변서의 제출

가. 상고이유서의 제출 상고인 또는 변호인은 소송기록접수통지를 받은 날로부터 20일 이내에 상고이유서를 상고법원에 제출하여야 한다. 교도소 또는 구치소에 있는 피고인이 상고이유서의 제출기간 내에 상고이유서를 교도소장 또는 구치소장 또는 그 직무를 대리하는 자에게 제출한 때에는 상고이유서의 제출기간 내에 제출한 것으로 본다(제379조제1항, 제344조제1항). 상고이유서에는

소송기록과 원심법원의 증거조사에 표현된 사실을 인용하여 그 이유를 명시하여야 한다(동조제2항). 상고이유서의 제출을 받은 상고법원은 지체 없이 그 부본 또는 등본을 상대방에 송달하여야 한다(동조제3항).

나. 답변서의 제출 상대방은 상고이유서의 송달을 받은 날로부터 10일 이내에 답변서를 상고법원에 제출할 수 있다(동조제4항). 상대방의 답변서 제출은 임의적이며 제출기간도 훈시적 규정이다. 답변서의 제출을 받은 상고법원은 지체 없이 그 부본 또는 등본을 상고인 또는 변호인에게 송달하여야 한다(동조제5항).

2. 상고심의 심리

항소심의 규정은 특별한 규정이 없으면 상고심에 준용한다(제399조). 그러나 법률심의 성격상 항소심과 달리 다음과 같은 특칙이 인정된다.

(1) 상고심의 변론

가. 변론의 능력 상고심에는 변호사 아닌 자를 변호인으로 선임하지 못한다(일반변호인 선임의 원칙, 제386조). 또한 상고심은 변호인 아니면 피고인을 위하여 변론하지 못한다(변호인 변론의 원칙, 제387조). 따라서 상고심은 피고인의 출석을 요하지 않으며 피고인이 출석한 때에도 변론할 수 없다. 상고심의 공판기일이 지정되는 경우에도 피고인의 이감을 할 필요가 없는 것도 같은 이유에서다(규칙 제161조제2항).

나. 변론의 방식 검사와 변호인은 상고이유서에 의하여 변론하여야 한다(제388조).

(2) 상고심의 심판범위

상고법원은 항소심에서 심판대상으로 되었던 사항에 한하여 상고이유서에 포함된 범위 내에서 심판하여야 한다(대판 2019. 3. 21. 2017도16593-1(전원합의체)). 그러나 사실오인이나 양형부당을 이유로 한 경우를 제외하고는 상고이유서에 포함되지 않은 때에도 직권으로 심판할 수 있다(제384조).

(3) 서면심리에 의한 변론

판결은 구두변론에 의하는 것이 원칙이므로 상고심의 변론도 공판기일을 열어 진행하여야 한다(제389조제1항). 그러나 예외적으로 상고법원은 상고장, 상고이유서 기타의 소송기록에 의하여 변론 없이 판결할 수 있다(제390조제1항). 상고법원은 필요한 경우에는 특정한 사항에 관하여 변론을 열어 전문가인 참고인의 진술을 들을 수 있도록 하고 있다(동조제2항).

3. 상고심의 재판

(1) 공소기각의 결정

공소기각의 결정에 해당하는 사유(제328조제1항)가 있음에도 불구하고 원심판결이 실체판결을 한 경우에는 상고법원은 결정으로 공소를 기각하여야 한다(제382조).

(2) 상고기각의 재판

가. 상고기각의 결정 　상고의 제기가 법률상의 방식에 위반하거나 상고권 소멸 후인 것이 명백함에도 불구하고 원심법원이 상고기각의 결정(제376조)을 하지 않은 때에는 상고법원은 결정으로 상고를 기각하여야 한다(제381조). 상고인이나 변호인이 상고법원으로부터 소송기록접수통지를 받은 날로부터 20일 이내에 상고이유서를 제출하지 않은 때에도 결정으로 상고를 기각하여야 한다. 다만 상고장에 이유의 기재가 있는 때에는 예외로 한다(제380조제1항). 상고장 및 상고이유서에 기재된 상고이유의 주장이 상고이유(제383조)에 해당하지 않음이 명백한 때에도 상고기각결정을 하여야 한다(동조제2항).

나. 상고기각의 판결 　상고이유가 없다고 인정한 때에는 판결로써 상고를 기각하여야 한다(제399조, 제364조제4항).

(3) 원심판결파기(상고인용)의 판결

상고이유가 있는 때에는 판결로써 원심판결을 파기하여야 한다(제391조). 피고인의 이익을 위하여 원심판결을 파기하는 경우에 파기의 이유가 상고한 공동피고인에 공통되는 때에는 그 공동피고인에 대하여도 원심판결을 파기하여야 한다(제392조). 원심판결을 파기하는 경우 파기환송 및 파기이송이 원칙이고 파기자판은 예외에 속한다.

가. 파기환송 파기환송이란 상고법원이 원심판결을 파기하고 사건을 제1심법원이나 원심법원으로 다시 돌려보내는 것을 말한다. 적법한 공소를 기각하였다는 이유로 원심판결 또는 제1심판결을 파기하는 경우에는 판결로써 사건을 원심법원 또는 제1심법원에 환송하여야 한다(제393조). 그리고 관할위반의 인정이 법률에 위반됨을 이유로 원심판결 또는 제1심판결을 파기하는 경우에는 판결로써 사건을 원심법원 또는 제1심법원에 환송하여야 한다(제395조).

나. 파기이송 관할의 인정이 법률에 위반됨을 이유로 원심판결 또는 제1심판결을 파기하는 때에는 판결로써 사건을 관할 있는 법원에 이송하여야 한다(제394조). 관할위반이 있음에도 불구하고 제1심법원이나 원심법원이 이를 간과한 채 실체판결이나 형식판결을 한 경우이다.

다. 파기자판 상고법원은 원심판결을 파기한 경우에 그 소송기록 및 원심법원과 제1심법원이 조사한 증거에 의하여 판결하기 충분하다고 인정한 때에는 피고사건에 대하여 직접 판결을 할 수 있다(제396조제1항). 신속한 재판의 이념을 구현하기 위한 것이다. 상고법원이 파기자판하는 경우에는 불이익변경금지의 원칙이 적용된다(제396조제2항, 제368조).

라. 기타 사유와 환송 및 이송판결 공소기각과 환송판결(제393조), 관할인정의 위반과 이송판결(제394조), 관할위반인정의 위반과 환송판결(제395조), 파기자판(제396조)의 경우 외에 원심판결을 파기한 때에는 판결로써 사건을 원심법원에 환송하거나(파기환송) 그와 동등한 다른 법원에 이송(파기이송)하여야 한다(제397조). 이는 상고심이 원심판결을 파기하는 경우 파기환송 및 파기이송이 원칙이고 파기자판은 예외에 속함을 나타낸다.

(4) 재판서의 기재방식

상고심의 재판서는 재판서의 일반적 기재사항(제38조 이하) 이외에 상고의 이유에 관한 판단을 기재하여야 한다(제398조). 그리고 합의에 관여한 대법관의 의견도 기재하여야 한다(법조법 제15조).

4. 상고심판결의 정정

(1) 판결정정의 의의

상고심판결의 정정(訂正)이란 상고심판결에 오류가 있는 경우에 이를 바로 잡는 것을 말한다. 상고심판결은 선고와 동시에 확정되므로 정정할 수 없는 것이 원칙이지만 판결의 적정을 위하여 자체적으로 시정할 수 있게 하고 있다.

(2) 판결정정의 사유

상고심판결정정의 사유는 상고심의 판결내용에 오류가 있는 때이다(제400조제1항). 예를 들어 상고장에 상고이유가 있음에도 불구하고 없는 것으로 오인하여 상고기각결정을 한 경우 이를 원심판결파기의 판결로 정정하는 경우(대판 2006. 3. 24. 2004도4835 등)가 여기에 해당한다. 판결내용의 오류는 실질적 오류를 말한다. 따라서 판결내용에 형식적 오류가 있는 경우, 즉 재판서에 잘못된 계산이나 기재 그 밖에 이와 비슷한 잘못이 있음이 명백한 때에는 판결경정결정(규칙 제25조)의 사유가 될 뿐이다.

(3) 판결정정의 절차

상고법원은 그 판결의 내용에 오류가 있음을 발견한 때에는 직권 또는 검사, 상고인이나 변호인의 신청에 의하여 판결로써 정정할 수 있다(제400조제1항). 신청에 의한 경우는 판결선고가 있은 날로부터 10일 이내에 그 이유를 기재한 서면으로 하여야 한다(동조제2항·제3항). 정정은 판결로써 하여야 한다. 정정의 판결은 변론 없이 할 수 있으며 정정할 필요가 없다고 인정한 때에는 지체없이 결정으로 신청을 기각하여야 한다(제401조).

V. 비약적 상고

1. 의 의

비약적 상고(飛躍的 上告)란 상소권자가 제1심판결에 불복하여 항소를 거치지 않고 곧바로 대법원에 상고하는 것을 말한다. 이는 법령해석의 통일에 신속을 기하기 위하여 인정되는 것이다.

2. 비약적 상고의 이유

비약적 상고의 이유는 ① 원심판결이 인정한 사실에 대하여 법령을 적용하지 않았거나 법령의 적용에 착오가 있는 때(제372조제1호), ② 원심판결이 있은 후 형의 폐지나 변경 또는 사면이 있는 때(동조제2호)이다.

3. 비약적 상고의 제한

비약적 상고는 이로 인하여 상대방은 심급의 이익을 잃게 될 우려가 있으므로 상대방의 심급이익을 보호할 필요가 있다. 이에 형사소송법은 비약적 상고를 한 사건에 대하여 항소가 제기된 때에는 그 효력을 잃도록 하고 있다(제373조본문). 다만 항소의 취하 또는 항소기각의 결정이 있는 때에는 비약적 상고는 그 효력을 유지한다(동조단서).

만약 피고인의 비약적 상고와 동시에 검사의 항소가 있는 경우 비약적 상고가 항소기간 내에 제기되고 항소심에서 제1심판결을 다툴 의사가 없었다고 볼 만한 특별한 사정이 없는 경우에는 피고인의 비약적 상고에 항소로서의 효력이 인정된다(대판 2022. 5. 19. 2021도17131(전원합의체)).

제 4 절 항 고

I. 항고의 의의와 종류

1. 항고의 의의

항고란 법원의 재판 중 '결정'에 대한 불복수단으로서의 상소를 말한다. 항고는 판결에 이르는 소송과정에서 절차상의 사유에 관한 종국 전의 재판인 결정에 대한 상소라는 점에서 종국재판인 판결에 대한 상소인 항소나 상고와 구별된다. 이러한 이유로 판결에 대한 상소는 원칙적으로 모두 허용할 필요가 있으나 결정에 대한 상소는 후에 항소나 상고의 방법으로 다툴 수 있으므로 법이 특히 필요하다고 인정하는 경우에 한정하여 허용하고 있다.

2. 항고의 종류

항고는 그 제기의 순서에 따라 일반항고와 재항고(특별항고)로 나눌 수 있다. 일반항고는 제1심법원의 결정에 대한 불복의 방법이고, 재항고는 항고법원 또는 고등법원의 결정에 대한 불복방법이다. 일반항고는 불복기간의 제한 유무에 따라 보통항고와 즉시항고로 나눌 수 있다.

Ⅱ. 일반항고

1. 보통항고

(1) 의 의

보통항고란 법원의 결정에 대한 불복방법으로서 제기기간에 제한이 없는 항고이다(제402조본문). 이는 즉시항고에 대한 것으로 즉시항고를 제외한 것이 보통항고이다. 보통항고는 즉시항고와 달리 불복기간의 제한이 없어 원심결정을 취소할 실익이 있는 한 언제든지 제기할 수 있다(제404조). 다만 형사소송법에 특별한 규정이 있는 경우에는 보통항고가 허용되지 않는다(제402조단서). 특별한 규정으로 제403조제1항(판결 전 소송절차에 관한 결정) 및 제415호(재항고)가 있다.

(2) 보통항고가 허용되지 않는 경우

가. 법원의 관할 및 판결 전 소송절차에 관한 결정

(가) 원 칙　　법원의 관할 또는 판결 전의 소송절차에 관한 결정에 대하여는 특히 즉시항고를 할 수 있는 경우 외에는 항고하지 못한다(제403조제1항). 따라서 사건의 이송결정(제8조, 제16조의2), 관할이전 및 관할지정의 결정(제14조, 제15조) 등과 같은 법원의 관할에 대한 결정에 대하여는 항고하지 못한다. 또한 국선변호인선임청구를 기각한 결정(대결 1993. 12. 3. 92모49), 공소장변경허

가에 관한 결정(대결 1987. 3. 28. 87모17), 증거신청에 대한 법원의 채택 여부의 결정(대판 1990. 6. 8. 90도646), 국민참여재판으로 진행하기로 한 결정(대결 2009. 10. 23. 2009모1032) 등은 판결 전 소송절차에 관한 결정이므로 이에 대하여도 그 판결에 대한 상소를 통하여 불복하는 외에 독립하여 항고할 수 없다.

(나) 예 외 구금, 보석, 압수나 압수물의 환부에 관한 결정 또는 감정하기 위한 피고인의 유치에 관한 결정에 대하여는 판결 전의 소송절차에 관한 결정이지만 보통항고가 허용된다(제403조제2항). 피고인의 신속한 권리구제를 기할 필요가 있으나 한편으로 신속한 강제집행의 필요에서 집행정지의 효력이 있는 즉시항고 대신 보통항고를 허용하고 있는 것이다. 다만 체포·구속된 피의자 등의 체포·구속적부심사 청구에 대한 청구기각결정 또는 석방을 명하는 결정에 대하여는 항고가 허용되지 않는다(제214조의2제8항). 구속취소결정에 대하여도 검사의 즉시항고가 허용되므로(제97조제4항) 보통항고가 허용되지 않는다.

나. 성질상 보통항고가 허용되지 않는 결정 대법원이 한 결정에 대하여는 항고할 수 없다. 항고법원 또는 고등법원의 결정에 대하여도 대법원에 즉시항고 형태의 재항고만 허용되므로 보통항고는 허용되지 않는다(제415조).

2. 즉시항고

(1) 의 의

즉시항고는 그 제기기간이 7일로 제한되어 있다(제405조). 즉 공소기각결정이나 기피신청기각결정과 같이 법률관계의 신속한 안정을 위하여 특별히 그 제기기간에 제한을 두고 있는데 이것이 즉시항고이다. 즉시항고는 보통항고와는 달리 그 제기기간 내와 그 제기가 있는 때에는 재판의 집행이 정지된다(제410조). 이러한 이유로 즉시항고는 절차 진행의 안정을 위하여 특히 형사소송법에 규정이 있는 경우에 한정하여 인정된다.

(2) 즉시항고의 대상

가. 종국재판 피고사건을 그 심급에서 종결시키는 재판에 대하여는 즉시항고가 허용된다. 공소기각결정(제328조제2항, 제363조제2항), 항소기각결정(제360

조제2항, 제361조의4제2항, 제362조제2항), 원심법원에 의한 상고기각결정(제376조제2항), 약식명령에 대한 정식재판청구를 기각하는 결정(제455조제2항) 등이 여기에 해당한다. 상고심은 최종심이므로 상고법원에 의한 상고기각결정(제380조, 제381조)은 즉시항고의 대상이 아니다.

나. 불이익한 재판 피고인이나 증인에게 불이익을 주는 결정에 대하여도 즉시항고를 허용하고 있다. 집행유예취소의 결정(제335조제3항), 선고유예한 형을 선고한 결정(제335조제4항), 증인에게 과태료나 비용배상을 명하는 결정(제151조제8항, 제161조제2항), 감정인·통역인·번역인에게 과태료를 과하거나 비용배상을 명하는 결정(제177조, 제183조) 등이 여기에 해당한다.

다. 그 외 즉시항고가 허용되는 재판 그 외 즉시항고가 허용되는 재판으로 ① 증거보전의 청구(제184조)를 기각하는 결정, ② 재심청구를 기각하는 결정(제433조, 제434조제1항, 제436조제1항), 재심개시결정(제435조제1항), ③ 재판의 집행에 관한 결정으로서 소송비용의 집행면제신청에 대한 결정(제487조), 재판해석에 대한 이의신청에 대한 결정(제488조), 재판의 집행에 대한 이의신청에 대한 결정(제489조), ④ 신속한 해결을 필요로 하는 경우로서 기피신청에 대한 기각결정(제23조), 구속의 취소에 관한 결정(제97조제4항), 구속의 집행정지에 관한 결정(제101조제3항) 등이 있다.

3. 항고심의 절차

(1) 항고의 제기

항고의 제기는 항고장을 원심법원에 제출하여야 한다(제406조). 보통항고는 제기기간에 제한이 없으나(제404조) 즉시항고의 제기기간은 항고사유가 발생한 날로부터 7일이다(제405조). 항고이유서에 대하여는 그 제출을 명문으로 요구하고 있지는 않다.

(2) 항고제기의 효과

즉시항고의 제기기간 내와 그 제기가 있는 때에는 재판의 집행은 정지된다(제410조). 다만 기피신청의 기각결정에 대한 즉시항고는 재판의 집행을 정지하는 효력이 없다(제23조제2항). 소송지연 목적의 기피신청을 막기 위한 것이다.

보통항고는 재판의 집행을 정지하는 효력이 없다. 다만 원심법원 또는 항고법원은 결정으로 항고에 대한 결정이 있을 때까지 집행을 정지할 수 있다(제409조).

(3) 원심법원의 절차

항고의 제기가 법률상의 방식에 위반하거나 항고권 소멸 후인 것이 명백한 때에는 원심법원은 결정으로 항고를 기각하여야 한다. 이 결정에 대하여는 즉시항고를 할 수 있다(제407조). 원심법원은 항고가 이유 있다고 인정한 때에는 결정을 경정하여야 한다(제408조제1항).

원심법원은 항고의 전부 또는 일부가 이유 없다고 인정한 때에는 항고장을 받은 날로부터 3일 이내에 의견서를 첨부하여 항고법원에 송부하여야 한다(제408조제2항). 원심법원이 필요하다고 인정한 때에는 소송기록과 증거물을 항고법원에 송부하여야 한다(제411조제1항). 판결의 경우 소송기록을 반드시 상소법원에 송부하여야 하는 것(제361조, 제377조)과 다르다.

(4) 항고법원의 절차

가. 소송기록의 송부 요구 항고법원은 원심법원이 소송기록과 증거물을 항고법원에 송부해 오지 않은 경우 그 송부를 요구할 수 있다(제411조제2항). 항고법원은 소송기록과 증거물의 송부를 받은 날로부터 5일 이내에 당사자에게 그 사유를 통지하여야 한다(동조제3항).

나. 항고심의 심리 항고심은 사실심이므로 법률문제 및 사실문제 모두 심사할 수 있으며, 항고이유로 주장하지 않은 사유에 대하여도 직권으로 조사할 수 있다. 항고심은 결정을 위한 심리절차이므로 구두변론에 의할 필요가 없다(제37조제2항). 다만 필요한 때에는 사실을 조사할 수 있으므로(동조제3항) 공판을 열어 구두변론에 의하여 증인을 신문하거나 감정을 명할 수 있다(규칙 제24조제1항). 검사는 항고사건에 대하여 의견을 진술할 수 있다(제412조).

다. 항고심의 재판

(가) 항고기각의 결정 항고의 제기가 법률상의 방식에 위반하거나 항고권 소멸 후인 것이 명백한 경우에도 원심법원이 항고기각의 결정을 하지 않은 때에는 항고법원은 결정으로 항고를 기각하여야 한다(제413조). 또한 항고가 이유 없다고 인정한 때에도 결정으로 항고를 기각하여야 한다(제414조제1항).

(나) 항고인용의 결정 항고가 이유 있다고 인정한 때에는 결정으로 원심결정을 취소하고 필요한 경우에는 항고사건에 대하여 직접 재판을 하여야 한다(제414조제2항). 원결정을 취소하고 직접 재판하여야 하는 경우로 보석청구에 대한 기각결정을 취소하고 보석허가결정을 하는 경우를 들 수 있다.

(다) 결정에 대한 불복 항고법원 또는 고등법원의 결정에 대하여는 대법원에 즉시항고(재항고로서의 즉시항고)를 할 수 있다(제415조).

Ⅲ. 재항고

1. 의 의

재항고란 항고법원 또는 고등법원의 결정에 대하여 대법원에 제기하는 즉시항고를 말한다(제415조). 따라서 재항고는 본질적으로 즉시항고의 성질을 가진다. 형사소송법은 항고법원과 고등법원만 규정하고 있으나 항소법원의 결정(법조법 제14조제2호)에 대하여도 대법원에 재항고하는 방법으로 다툴 수 있다. 또한 준항고법원의 결정도 재항고의 대상이 된다(제419조).

2. 재항고의 사유

항고법원 또는 고등법원의 결정에 대하여는 재판에 영향을 미친 헌법·법률·명령 또는 규칙의 위반이 있음을 이유로 하는 때에 한정하여 대법원에 즉시항고를 할 수 있다(제415조).

3. 재항고의 절차

(1) 재항고의 제기

재항고의 관할법원은 대법원이지만 재항고장은 원심법원(항고법원)에 제출하여야 한다(제406조). 재항고의 절차는 즉시항고의 형태로 행하여진다(제415조). 따라서 재항고의 제기기간은 즉시항고와 마찬가지로 7일이며(제405조), 재항고가 제기되면 재판의 집행이 정지된다(제410조). 재항고가 제기된 때에 원심법원의 절차 및 대법원의 절차는 일반적인 항고의 경우에 있어서와 같다.

(2) 재항고의 재판

대법원은 재항고가 부적법하거나 이유 없다고 인정하는 경우에는 재항고를 기각하여야 한다(제413조, 제414조제1항). 항고가 이유 있다고 인정한 때에는 결정으로 원심결정을 취소하여야 한다(제414조제2항전단). 재항고의 절차에 관하여는 상고심에 관한 규정이 준용되므로 대법원이 원심결정을 취소하는 경우에는 원칙적으로 재항고사건을 원심법원으로 환송해야 한다. 이 경우 필요한 때에는 항고사건에 대하여 직접 재판을 하여야 한다(동조제2항). 재항고심은 최종심인 대법원의 결정이므로 불복이 허용되지 않는다. 따라서 결정의 고지와 함께 즉시 효력이 발생한다.

IV. ▸▸ 준항고

1. 의 의

준항고는 법원이 아니라 그 구성원인 재판장 또는 수명법관의 재판이나 수사기관의 처분에 대하여 불복이 있는 경우에 그 취소 또는 변경을 구하는 불복신청 방법을 말한다. 준항고는 상급법원에 불복하는 절차가 아니라는 점에서 항고와 다르다. 그러나 재판 등의 취소나 변경을 구하는 점에서 실질적으로는 항고와 유사한 성격을 가지고 있으므로 준항고라고 한다. 이러한 이유로 준항고에는 항고에 관한 규정들이 일부 준용되고 있다(제419조).

2. 준항고의 대상

(1) 재판장 또는 수명법관의 재판

재판장 또는 수명법관의 재판에 대하여 불복이 있으면 준항고를 할 수 있다. 따라서 수임판사가 행한 검사의 증인신문청구(제221조의2)를 기각한 결정, 수사절차에서 지방법원판사가 행한 영장기각재판, 수탁판사가 증인에게 과태료를 명한 재판 등은 수소법원의 결정이 아니므로 항고의 대상이 되지 않을 뿐만 아니라 수소법원을 전제로 한 재판장 또는 수명법관이 행하는 재판이 아니므로 준항고의 대상이 되지도 않는다.

재판장 또는 수명법관의 재판에 대하여 준항고가 허용되는 경우로 ① 기피신청을 기각한 결정, ② 구금, 보석, 압수 또는 압수물환부에 관한 재판, ③ 감정하기 위하여 피고인의 유치를 명한 재판, ④ 증인, 감정인, 통역인 또는 번역인에 대하여 과태료 또는 비용의 배상을 명한 재판이 있다(제416조제1항). 이들은 모두 수소법원의 권한이기도 하므로 이 중 재판장 또는 수명법관에 의한 경우에만 준항고의 대상이 된다. 즉 ①의 경우 수명법관에 의한 간이기각결정(제20조제1항), ②의 경우 급속을 요하는 때에 있어서 재판장이 행하는 피고인의 구속(제80조) 및 수명법관이 행하는 압수(제136조), ③의 경우 재판장 또는 수명법관의 감정에 관한 재판(제172조제7항, 제175조), ④의 경우 수명법관이 증인·감정인·통역인·번역인 신문을 행하는 때(제167조, 제177조, 제183조)가 여기에 해당할 것이다.

(2) 수사기관의 처분

검사 또는 사법경찰관의 구금, 압수 또는 압수물의 환부에 관한 처분과 제243조의2에 따른 변호인의 참여 등에 관한 처분에 대하여 불복이 있으면 그 직무집행지의 관할법원 또는 검사의 소속검찰청에 대응한 법원에 그 처분의 취소 또는 변경을 청구할 수 있다(제417조). 수사기관의 처분은 행정처분으로 행정소송의 대상이나 신속·적정한 해결을 위하여 형사소송법상 준항고의 대상으로 한 것이다.

가. 구금에 관한 처분 구금에 관한 처분이란 피의자나 피고인에 대한 구속영장의 집행과 관련된 처분을 말한다. 구속된 피의자에 대한 변호인의 접견교통권을 제한한 처분, 구금된 피의자에 대한 피의자신문에 변호인의 입회를 불허하는 처분, 구속된 피의자에 대하여 변호인의 접견이 접견신청일로부터 상당한 기간이 경과하도록 허용되지 않고 있는 경우 등이 그것이다.

나. 압수 또는 압수물의 환부에 관한 처분 압수에 관한 처분은 압수에 관한 규정인 영장주의(제215조), 영장에 의하지 않는 강제처분(제216조~제218조)을 말한다. 압수물의 환부에 관한 처분은 수사 중인 사건에 있어서 압수물의 소유자나 제출인 등의 환부신청에 대하여 검사가 이를 거부한 경우가 여기에 해당한다.

다. 변호인의 참여 등에 관한 처분 제243조의2에 따른 변호인의 참여 등에 관한 처분이란 피의자에 대한 변호인의 접견과 피의자신문에의 변호인참여에 관한 수사기관의 처분을 말한다. 구속·불구속에 관계없이 수사기관이 피의자에 대한 변호인의 접견을 제한하거나 정당한 사유 없이 피의자신문 과정에 변호인의 참여를 허용하지 않는 때에는 이 조항에 의하여 준항고의 대상이 된다.

3. 준항고의 절차

(1) 준항고의 제기

준항고의 청구는 서면으로 관할법원에 하여야 한다(제418조). 재판장 또는 수명법관의 재판에 대한 준항고는 해당 법관이 소속한 법원이 관할한다(제416조제1항). 지방법원이 준항고의 청구를 받은 때에는 합의부에서 결정을 하여야 한다(동조제2항). 법관의 재판에 대한 준항고는 재판의 고지 있는 날로부터 7일 이내에 청구하여야 한다(동조제3항). 수사기관의 처분에 대한 준항고는 그 직무집행지의 관할법원 또는 검사의 소속검찰청에 대응한 지방법원이 관할한다(제417조). 다만 단독판사가 관할한다(제416조제2항의 반대해석). 증인, 감정인, 통역인 또는 번역인에 대하여 과태료 또는 비용의 배상을 명한 재판은 준항고의 청구기간 내와 그 청구가 있는 때에는 재판의 집행이 정지된다(동조제4항).

(2) 법원의 심판

준항고심은 결정을 위한 심리절차이므로 구두변론에 의할 필요가 없다(제37조제2항). 따라서 서면심리에 의할 수 있다. 다만 준항고의 결정을 함에 있어서 필요한 경우에는 사실을 조사할 수 있으므로(동조제3항), 공판을 열어 구두변론에 의하여 증인을 신문하거나 감정을 명할 수 있다(규칙 제24조제1항). 보통항고와 집행정지(제409조), 항고기각의 결정(제413조), 항고기각과 항고이유인정(제414조) 및 재항고(제415조)의 규정은 준항고의 청구에 대하여 준용한다(제419조).

4. 준항고에 대한 불복

준항고에 대하여 불복이 있는 때에는 대법원에 재항고할 수 있다(제419조, 제415조). 재항고는 즉시항고의 방법에 의한다(제415조).

제 2 장 비상구제절차

지금까지 살펴본 구제절차인 상소의 방법들은 아직 확정되지 않은 재판에 대한 구제절차라는 점에서 일반적인 절차라고 할 수 있다. 이와는 달리 이후에서 볼 재심, 비상상고는 이미 확정된 재판에 대한 구제절차이다. 따라서 일반적인 절차가 아니라는 뜻에서 '비상'(非常)의 구제절차이다.

제 1 절 재 심

I. 재심의 의의와 기능

1. 재심의 의의

재심이란 유죄의 확정판결에 대하여 중대한 사실오인이나 그 오인의 의심이 있는 경우에 판결을 받은 자의 이익을 위하여 판결의 부당함을 시정하는 절차이다. 확정판결에 대한 구제절차라는 점에서 일반적인 미확정판결에 대한 불복신청제도인 상소와 구별된다.

2. 재심의 기능

재심을 인정하는 이유는 법적 안정성의 본질을 훼손하지 않는 범위 내에서 이를 다소 희생하더라도 정의의 이념을 달성하려는 것이 목적이다. 우리 형사소송법은 특히 피고인의 이익을 위한 재심만을 인정하고 있다는 점에서 적법절차 이념에 근거한 피고인의 인권보장에 그 중점이 있다.

3. 재심의 대상

(1) 유죄의 확정판결

형사소송법은 판결을 받은 자의 이익을 위한 재심만을 인정하고 있으므로 재심의 대상은 원칙적으로 유죄의 확정판결에 한정된다(제420조). 유죄의 확정판결이란 형의 선고 및 형면제의 선고가 확정된 판결을 말한다. 판결만 재심의 대상이 되고 결정(예를 들어 공소기각결정)에 대하여는 재심이 허용되지 않는다.

(2) 상소기각의 확정판결

재심은 항소 또는 상고의 기각판결도 그 대상으로 한다(제421조). 상소기각의 확정판결이란 이에 의하여 확정된 제1심 또는 항소심판결이 아니라 항소기각 또는 상고기각의 확정판결 그 자체를 의미한다.

Ⅱ. 재심의 사유

재심은 유죄의 확정판결 및 상소기각의 확정판결을 대상으로 한다. 따라서 재심사유도 둘로 나누어 서술되고 있다.

1. 유죄의 확정판결에 대한 재심

(1) 허위증거에 의한 재심

제420조의 허위증거에 의한 재심은 ① 원판결의 증거가 된 서류 또는 증거물이 확정판결에 의하여 위조되거나 변조된 것임이 증명된 때(제1호), ② 원판결의 증거된 증언, 감정, 통역 또는 번역이 확정판결에 의하여 허위임이 증명된 때(제2호), ③ 무고로 인하여 유죄를 선고받은 경우에 그 무고의 죄가 확정판결에 의하여 증명된 때(제3호), ④ 원판결의 증거가 된 재판이 확정재판에 의하여 변경된 때(제4호), ⑤ 저작권, 특허권, 실용신안권, 디자인권 또는 상표권

을 침해한 죄로 유죄의 선고를 받은 사건에 관하여 그 권리에 대한 무효의 심결 또는 무효의 판결이 확정된 때(제6호), ⑥ 원판결, 전심판결 또는 그 판결의 기초가 된 조사에 관여한 법관, 공소의 제기 또는 그 공소의 기초가 된 수사에 관여한 검사나 사법경찰관이 그 직무에 관한 죄를 지은 것이 확정판결에 의하여 증명된 때, 다만 원판결의 선고 전에 법관, 검사 또는 사법경찰관에 대하여 공소가 제기되었을 경우에는 원판결의 법원이 그 사유를 알지 못한 때 한정(제7호)에 인정된다.

(2) 새로운 증거에 의한 재심

제420조제5호는 "유죄의 선고를 받은 자에 대하여 무죄 또는 면소를, 형의 선고를 받은 자에 대하여 형의 면제 또는 원판결이 인정한 죄보다 가벼운 죄를 인정할 명백한 증거가 새로 발견된 때"를 재심사유로 규정하고 있다. 어떤 증거가 '명백한 증거'에 해당하는지(증거의 명백성 문제) 그리고 '새로 발견된 증거'에 해당하는지(증거의 신규성 문제)에 대하여는 견해가 대립되고 있다. 형의 면제는 필요적 면제만을 말한다.

가. 증거의 신규성

(가) 새로운 증거의 개념　　제420조제5호에서 증거가 새로 발견된 때란 ① 원판결 당시 존재하였으나 후에 발견된 증거, ② 원판결 후에 새로 생긴 증거, ③ 원판결 당시에 그 존재를 알고 있었으나 제출할 수 없었거나 증거조사가 불가능하였던 증거를 말한다(대결 2009. 7. 16. 2005모472(전원합의체)).

(나) 신규성의 판단기준　　새로운 증거는 이를 기초로 사실을 판단하는 법원의 입장에서 새로운 것이어야 한다. 재심청구인에게는 신규성이 필요하지 않다는 것이 다수설과 판례(대결 2009. 7. 16. 2005모472(전원합의체))의 태도이다. 여기서 이미 원판결의 증거가 되었던 자백이나 증언을 번복하는 것은 새로운 증거에 해당하지 않는다.

나. 증거의 명백성

(가) 명백성의 개념　　증거의 명백성은 새로운 증거에 의하여 재심대상인 유죄의 확정판결에 대하여 그 정당성이 의심되는 수준으로는 부족하다. 적어도 그 판결을 유지할 수 없을 정도로 고도의 개연성이 인정되는 정도로 명백하여

야 한다.

(나) 명백성의 판단기준 증거의 명백성은 새로 발견된 증거와 이전의 증거를 고려하여 종합적으로 판단해야 한다(통설). 판례는 새로 발견된 증거 및 이와 유기적으로 밀접하게 관련되고 모순되는 이전의 증거들만 평가의 대상으로 고려하자는 제한적 입장을 취하고 있다(대결 2009. 7. 16. 2005모472(전원합의체)).

(다) 공범자에 대한 모순된 판결 두 공범자에 대하여 각각 유죄판결과 무죄판결의 모순이 있는 때에 유죄의 확정판결을 받은 공범자가 후에 있은 다른 공범자에 대한 무죄판결을 자신의 무죄를 인정할 명백한 증거로 삼을 수 있는지가 문제된다. 그러나 공범자라고 하더라도 각각 그 판결에 이르게 된 과정이 다를 수 있을 뿐만 아니라 동일한 증거에 의한 사실인정의 차이는 법관의 증명력 평가의 문제일 수도 있다. 따라서 이를 명백한 재심사유라고 보기는 어렵다. 판례도 무죄의 증거자료를 유죄의 증거자료로 하지 못하였고 또한 새로 발견된 것이 아닌 한 무죄확정판결 자체만으로는 유죄판결에 대한 새로운 증거로서의 재심사유에 해당한다고 할 수 없다고 한다(대결 1984. 4. 13. 84모14).

2. 상소기각의 확정판결에 대한 재심사유

(1) 의 의

항소 또는 상고의 기각판결에 대하여는 제420조제1호·제2호·제7호의 사유가 있는 경우에만 그 선고를 받은 자의 이익을 위하여 재심을 청구할 수 있다(제421조제1항). 원심의 유죄판결에는 재심사유가 없으나 상소기각판결 자체에 재심사유가 있는 경우이다. 상소기각판결의 확정력을 배제시켜 소송을 상소심에 계속된 상태로 되돌림으로써 사건의 실체를 다시 심판하게 하는 것이다.

(2) 재심사유

제420조의 상소기각의 확정판결에 대한 재심은 ① 원판결의 증거된 서류 또는 증거물이 확정판결에 의하여 위조 또는 변조인 것이 증명된 때(제1호), ② 원판결의 증거된 증언, 감정, 통역 또는 번역이 확정판결에 의하여 허위인 것이 증명된 때(제2호), ③ 원판결, 전심판결 또는 그 판결의 기초된 조사에 관여한

법관, 공소의 제기 또는 그 공소의 기초된 수사에 관여한 검사나 사법경찰관이 그 직무에 관한 죄를 범한 것이 확정판결에 의하여 증명된 때(제7호)에 한정하여 인정된다. 다만 제7호의 경우 원판결의 선고 전에 법관, 검사 또는 사법경찰관에 대하여 공소의 제기가 있는 경우에는 원판결의 법원이 그 사유를 알지 못한 때에만 인정된다(제7호단서).

(3) 재심청구의 제한

하급심의 확정판결에 대한 재심청구사건의 판결이 있은 후에는 상소기각 판결에 대하여 다시 재심을 청구하지 못한다(제421조제2항 · 제3항).

3. 확정판결에 대신하는 증명

(1) 의 의

제420조 및 제421조에 의하여 확정판결로써 범죄가 증명됨을 재심청구의 이유로 할 경우에 그 확정판결을 얻을 수 없는 때에는 그 사실을 증명하여 재심을 청구할 수 있다. 다만 증거가 없다는 이유로 확정판결을 얻을 수 없는 때에는 예외로 한다(제422조). 제420조제1호~제4호 · 제7호와 제421조제1항에 의한 제420조제1호 · 제2호 · 제7호가 그 대상이다.

(2) 요 건

가. 확정판결을 얻을 수 없는 때 확정판결을 얻을 수 없는 때란 유죄판결을 선고할 수 없는 사실상 또는 법률상의 사정이 있는 경우를 말한다. 범인이 사망하였거나 행방불명이 된 경우, 범인이 현재 심신상실의 상태에 있는 경우, 범인의 공소시효가 완성된 경우(대결 2010. 10. 29. 2008재도11(전원합의체)) 등으로 인하여 확정판결을 얻을 수 없는 경우가 그것이다.

나. 사실의 증명 사실의 증명은 확정판결을 얻을 수 없다는 사실뿐만 아니라 재심사유로 된 타인의 범죄행위 등이 행하여졌다는 사실도 증명하여야 한다.

Ⅲ. ▸▸ 재심의 절차

재심의 청구가 있으면 법원은 그 사유를 심사하여 재심의 개시 여부를 판단하는 절차(재심개시절차)를 진행한다. 만약 재심개시결정이 있으면 확정된 사건을 다시 심판하는 절차(재심심판절차)가 진행된다.

1. 재심개시절차

(1) 재심의 관할

재심의 청구는 원판결의 법원이 관할한다(제423조). 원판결이란 재심청구의 사유가 있어 그 대상이 되는 판결을 말한다.

(2) 재심의 청구

가. 재심청구권자

(가) 검 사 　검사는 공익의 대표자로서 유죄의 선고를 받은 자의 이익을 위하여 재심을 청구할 수 있다(제424조제1호). 법관, 검사 및 사법경찰관의 직무상 범죄를 이유로 하는 재심청구의 경우(제420조제7호) 유죄의 선고를 받은 자가 그 죄를 범하게 한 때에는 검사만 청구할 수 있다(제425조).

(나) 유죄의 선고를 받은 자 　유죄의 선고를 받은 자나 그 법정대리인(제424조제2호·제3호), 유죄의 선고를 받은 자가 사망하거나 심신장애가 있는 때에는 그 배우자, 직계친족 또는 형제자매(동조제4호)가 재심을 청구할 수 있다.

(다) 변호인 　검사 이외의 자가 재심의 청구를 하는 경우에는 변호인을 선임할 수 있다(제426조제1항). 따라서 변호인도 대리인으로서 재심을 청구할 수도 있다.

나. 재심청구의 시기 　재심의 청구시기에는 제한이 없다. 즉 형의 집행을 종료하거나 형의 집행을 받지 않게 된 때에도 할 수 있다(제427조). 형의 집행을 받지 않게 된 때란 형의 시효완성(형법 제77조)에 의한 경우 등을 말한다. 재심은 유죄의 확정판결을 대상으로 하므로 형면제의 판결(제427조)이나 집행유예기간의 경과에 따라서 형의 선고가 실효된 경우(형법 제65조)에도 가능하다.

본인이 사망한 경우에도 가능하다. 무죄판결을 받은 경우 판결의 공시절차(제440조) 및 형사보상법을 통한 명예회복, 형사보상과 같은 법률적 이익이 있기 때문이다.

다. 재심청구의 방식 재심의 청구를 하는 때에는 재심청구의 취지 및 사유를 구체적으로 기재한 재심청구서에 원판결의 등본 및 증거자료를 첨부하여 관할법원에 제출하여야 한다(규칙 제166조). 교도소나 구치소에 수용 중인 재소자는 재심청구서를 교도소장, 구치소장 또는 그 직무를 대리하는 자에게 제출하면 재심을 청구한 것이 된다(제430조, 제344조).

라. 재심청구의 효과 재심의 청구는 형의 집행을 정지하는 효력이 없다. 다만 관할법원에 대응한 검찰청검사는 재심청구에 대한 재판이 있을 때까지 형의 집행을 정지할 수 있다(제428조).

마. 재심청구의 취소 재심의 청구는 취소할 수 있다(제429조제1항). 재심청구의 취소는 서면으로 하여야 한다. 다만 공판정에서는 구술로 할 수 있다(규칙 제167조). 재심의 청구를 취소한 자는 동일한 이유로써 다시 재심을 청구하지 못한다(제429조제2항).

(3) 재심청구에 대한 심판

가. 재심청구의 심리

(가) 심리의 방식 재심청구에 대한 인용 여부를 심리하는 절차는 판결절차가 아니라 결정절차이다. 따라서 구두변론에 의할 필요가 없고(제37조제2항) 절차를 공개할 필요도 없다. 다만 재심청구를 받은 법원은 필요한 때에는 사실을 조사할 수 있으므로(동조제3항), 공판을 열어 구두변론에 의하여 증인을 신문하거나 감정을 명할 수 있다(규칙 제24조제1항). 재심의 청구를 받은 법원은 필요하다고 인정한 때에는 합의부원에게 재심청구의 이유에 대한 사실조사를 명하거나 다른 법원판사에게 촉탁할 수 있다. 이 경우 수명법관 또는 수탁판사는 법원 또는 재판장과 동일한 권한이 있다(제431조).

(나) 당사자의 의견 재심의 청구에 대한 결정을 할 때는 청구한 자와 상대방의 의견을 들어야 한다. 다만 유죄의 선고를 받은 자의 법정대리인이 청구한 경우에는 유죄의 선고를 받은 자의 의견을 들어야 한다(제432조). 의견진술

은 재심을 청구한 자와 상대방에게 그 기회를 주면 되고 반드시 의견진술이 있어야 하는 것은 아니다(대결 1997. 1. 16. 95모38). 당사자에게 의견진술의 기회를 주지 않고 재심청구에 대한 기각결정을 한 경우에는 결정에 영향을 미친 중대한 위법(제432조)에 해당되어 즉시항고의 사유가 된다(대결 1991. 10. 22. 91모61).

나. 재심청구에 대한 재판

(가) 청구기각의 결정

① 재심의 청구가 부적법한 경우 재심의 청구가 법률상의 방식에 위반하거나 청구권의 소멸 후인 것이 명백한 때에는 결정으로 기각하여야 한다(제433조). 법률의 방식에 위반한 때란 청구권자가 아닌 사람이 청구하거나 청구의 취지나 사유를 구체적으로 기재하지 않는 경우 등이 여기에 해당한다.

② 재심의 청구가 이유 없는 경우 재심의 청구가 이유 없다고 인정한 때에는 결정으로 기각하여야 한다. 이 결정이 있는 때에는 누구든지 동일한 이유로써 다시 재심을 청구하지 못한다(제434조).

③ 재심의 청구가 경합된 경우 상소기각의 확정판결과 그 판결에 의하여 확정된 하급심판결에 대하여 각각 재심의 청구가 있는 경우에 상소법원은 결정으로 하급심법원의 소송절차가 종료할 때까지 소송절차를 정지하여야 한다(규칙 제169조). 이 때 하급심법원이 재심의 판결을 한 때에는 상소법원은 결정으로 정지하였던 재심의 청구를 기각하여야 한다(제436조).

(나) 재심개시결정 재심의 청구가 이유 있다고 인정한 때에는 재심개시의 결정을 하여야 한다(제435조제1항). 재심개시의 결정을 할 때에는 결정으로 형의 집행을 정지할 수 있다(동조제2항).

(다) 결정에 대한 불복 재심청구기각결정과 재심개시결정에 대하여는 즉시항고를 할 수 있다(제437조). 최종심인 대법원의 결정에 대하여는 즉시항고를 할 수 없다.

2. 재심심판절차

(1) 재심의 공판절차

재심개시의 결정이 확정된 사건에 대하여는 법원이 그 심급에 따라 다시 심판을 하여야 한다(제438조제1항). '심급에 따라'란 제1심의 확정판결에 대한 재심의 경우에는 제1심의 공판절차에 따라, 상소심에서 파기자판된 확정판결에 의한 재심 및 상소기각의 확정판결에 의한 재심의 경우에는 상소심의 공판절차에 따라 각각 심판하여야 한다는 것을 말한다. 따라서 재심의 판결에 대하여도 제1심·제2심에 대한 재심의 경우에는 재판 일반과 마찬가지로 상소가 허용된다. '다시 심판하여야 한다'(재심)는 것은 사건 자체를 처음부터 새로이 심판하는 것을 말한다.

(2) 재심심판절차의 특칙

가. 심리의 특칙

(가) 피고인의 불출석과 필요적 변호 사망자 또는 회복할 수 없는 심신장애인을 위하여 재심의 청구가 있거나 유죄의 선고를 받은 자가 재심의 판결 전에 사망하거나 회복할 수 없는 심신장애인으로 된 때에는 피고인이 출정하지 않아도 심판을 할 수 있다. 다만 변호인이 출정하지 않으면 개정하지 못한다(제438조제3항). 이 경우에 재심을 청구한 자가 변호인을 선임하지 않은 때에는 재판장은 직권으로 변호인을 선정하여야 한다(동조제4항).

(나) 공판절차의 정지 회복할 수 없는 심신장애인을 위하여 재심의 청구가 있는 때 또는 유죄의 선고를 받은 자가 회복할 수 없는 심신장애인으로 된 때에는 공판절차를 정지(제306조제1항)할 필요 없이 심리를 계속하여야 한다(제438조제2항). 이러한 상태라면 공판절차의 정지는 의미가 없으므로 심리를 진행하여 하루빨리 그 명예를 회복시켜 주는 것이 유리하기 때문이다.

(다) 공소취소와 공소장변경 공소취소는 제1심판결 선고 전까지 가능하므로(제255조제2항) 이미 제1심판결의 확정을 전제로 하는 재심공판절차에서 제1심판결에 대한 재심이라고 하더라도 공소취소는 허용되지 않는다(대판 1976. 12. 28. 76도3203). 만약 이를 허용하게 되면 피고인의 무죄판결을 받을 기회를 박탈하게 되므로 재심제도를 둔 취지에도 맞지 않다.

재심의 공판절차는 사실오인을 주로 다루는 사실심을 원칙으로 하므로 공소장변경이 가능하다. 다만 현행법상 피고인의 이익을 위한 재심만 인정되므로 중한 죄로의 공소장변경은 허용되지 않는다(다수설). 따라서 재심대상사건과 별개의 공소사실을 추가하는 내용으로 공소장을 변경할 수 없다(대판 2019. 6. 20. 2018도20698(전원합의체)).

나. 재판의 특칙

(가) 피고인 사망의 경우　재심의 경우 일반의 공판절차와 달리 사망자를 위하여 재심청구를 하였거나 재심피고인이 재심의 판결 전에 사망한 경우에도 공소기각의 결정을 할 수 없고 실체판결을 해야 한다(제438조제2항).

(나) 불이익변경의 금지　재심에는 원판결의 형보다 무거운 형을 선고하지 못한다(제439조). 유죄판결을 받은 피고인의 이익을 위한 재심만 인정되기 때문이다.

(다) 무죄판결의 공시　재심에서 무죄의 선고를 한 때에는 그 판결을 관보와 그 법원소재지의 신문지에 기재하여 공고하여야 한다. 다만 검사, 유죄의 선고를 받은 자나 그 법정대리인이 재심을 청구한 때에는 재심에서 무죄선고를 받은 사람이, 유죄의 선고를 받은 자가 사망하거나 심신장애가 있는 경우에는 그 배우자, 직계친족 또는 형제자매에 해당하는 사람이 재심을 청구한 때에는 재심을 청구한 그 사람이 이를 원하지 않는 의사를 표시한 경우에는 그렇지 않다(제440조). 일반적인 무죄판결의 공시(형법 제58조제2항)와는 달리 확정을 기다릴 필요 없이 재심의 무죄판결을 선고함과 동시에 공고할 수 있다. 또한 법무부 인터넷 홈페이지에 무죄재판서의 게재를 청구할 수 있다(형사보상법 제30조).

(라) 원판결의 효력　재심판결이 확정되면 원판결은 당연히 그 효력을 잃는다.

제 2 절　비상상고

I. 비상상고의 의의와 목적

1. 비상상고의 의의

비상상고(非常上告)란 확정판결에 대하여 그 심판의 법령위반을 바로잡기 위하여 인정되는 비상구제절차이다. 비상상고는 확정판결에 대한 구제절차라는 점에서 미확정판결에 대한 상소와 구별된다. 또한 비상상고는 법령해석의 통일을 주된 목적으로 하는 점에서 같은 비상구제절차이면서도 사실인정의 잘못을 이유로 하는 재심과 다르다. 비상상고는 신청권자가 검찰총장에 제한되고 대법원이 관할법원이며 판결의 효력이 원칙적으로 피고인에게 미치지 않는다는 점을 특징으로 한다.

2. 비상상고의 목적

비상상고는 일차적으로는 법령의 해석·적용의 통일을 기하는 데 있다. 한편 원판결이 피고인에게 불리한 때에는 이를 파기하고 피고사건에 대하여 다시 판결을 하도록 하고 있다(제446조제1호). 따라서 비상상고는 피고인의 구제기능도 아울러 가지고 있다.

Ⅱ. 비상상고의 대상

1. 확정판결

비상상고는 확정판결을 대상으로 한다(제441조). 실체판결은 물론 형식재판도 그 대상이 된다. 비록 제441조가 비상상고의 대상을 '판결'이라고 하고 있으나 공소기각결정도 이에 포함된다(대판 1963. 1. 10. 62오4). 공소기각결정도 재판을 확정시키는 효력을 가지는 종국적인 재판이기 때문이다. 항소기각의 결정, 상고기각의 결정 및 확정판결의 효력이 인정되는 약식명령이나 즉결심판도 마찬가지이다.

2. 당연무효의 판결

당연무효의 판결도 비상상고의 대상이 된다. 예를 들어 형사미성년자에 대하여 형을 선고한 판결의 경우가 그것이다.

Ⅲ. 비상상고의 사유

비상상고는 확정판결에 대한 사건의 심판이 법령에 위반한 때이다(제441조). 심판은 심리와 판결을 의미하므로 절차법상의 위반(주로 심리절차)과 실체법상의 위반(판결내용)을 모두 포함한다(제446조). 여기서 비상상고의 사유로서 판결의 법령위반과 소송절차의 법령위반과의 구별이 필요한지 그리고 사실오인으로 인한 법령의 위반도 비상상고의 대상이 되는지 여부가 문제된다.

1. 판결의 법령위반과 소송절차의 법령위반

(1) 구별의 필요성

판결의 법령위반과 소송절차의 법령위반을 구별하는 실익은 대법원이 판시하는 재판형식의 차이에 있다. 판결의 법령위반의 경우 원판결을 파기하는 데 그치지 않고 피고인에게 불리한 때에는 자판하여야 하지만, 소송절차의 법령위반의 경우 위반된 절차를 파기하는 데 그친다(제446조제1호 · 제2호).

(2) 구별의 기준

판결의 법령위반과 소송절차의 법령위반은 실질적으로 구별하여야 한다. 즉 판결의 법령위반은 판결내용에 영향을 미치는 법령위반을 말하고, 소송절차의 법령위반은 판결내용에 영향을 미치지 않는 소송절차상의 법령위반만을 말한다(통설).

(3) 판결의 법령위반

판결의 법령위반은 실체법위반과 절차법위반으로 나누어 볼 수 있다. 실체법위반의 예로 법정형을 초과하여 형을 선고한 경우를 들 수 있다. 이에 대하여 절차법위반의 예로 친고죄에 있어서 고소가 없음에도 불구하고 유죄판결을 선고한 경우를 들 수 있다.

(4) 소송절차의 법령위반

판결 전의 소송절차는 물론 판결절차도 판결내용에 영향을 준 법령위반의 경우가 아니면 소송절차의 법령위반에 해당한다. 예를 들어 형을 선고하면서 상소권을 고지하지 않은 경우가 그것이다.

2. 사실오인에 의한 법령위반

비상상고는 심판의 법령위반을 이유로 하므로 사실오인을 이유로 신청할 수 없다. 사실오인에 의한 위반사항은 재심사유에 해당하기 때문이다. 문제는 사실오인에 의하여 발생한 법령위반이 비상상고의 대상이 될 수 있는가이다. 예를 들어 피고인이 18세임에도 불구하고 성년으로 잘못 알고(사실오인의 문제) 정기형을 선고(법령위반의 문제)한 경우가 그것이다. 이에 대하여 판례는 소극적인 입장으로, 단순히 법령적용의 전제사실을 오인함에 따라 법령위반의 결과를 초래한 때에는 법령의 해석·적용을 통일한다는 목적에 유용하지 않다는 것을 이유로 한다(대판 2005. 3. 11. 2004오2).

Ⅳ. 비상상고의 절차

1. 비상상고의 신청

비상상고의 신청권자는 검찰총장이다. 검찰총장은 판결이 확정된 후 그 사건의 심판이 법령에 위반한 것을 발견한 때에는 대법원에 비상상고를 할 수 있다(제441조). 확정판결을 받은 자가 검찰총장에게 비상상고의 신청을 요청하더라도 이는 검찰총장의 직권발동을 촉구하는 의미를 가질 뿐이다. 비상상고를 할 때는 그 이유를 기재한 신청서를 대법원에 제출하여야 한다(제442조). 비상상고의 기간에는 제한이 없다. 따라서 형이 소멸된 경우에도 신청이 허용된다.

2. 비상상고의 심리

(1) 공 판

비상상고를 심리하기 위해서는 공판기일을 열어야 한다. 그러나 공판기일에 원판결을 받은 자의 출석을 요구할 필요는 없다. 비상상고도 상고심과 마찬가지로 주로 법률심을 다루는 상고에 해당하기 때문이다. 공판기일에는 검사가 신청서에 의하여 진술하여야 한다(제443조).

(2) 사실조사

대법원은 신청서에 포함된 이유에 대하여만 조사하여야 한다(제444조제1항). 따라서 상고(제384조)와 달리 신청서에 포함되지 않은 사유에 대하여는 직권에 의한 조사가 허용되지 않는다. 대법원은 법원의 관할, 공소의 수리와 소송절차에 관하여는 사실조사를 할 수 있다(동조제2항). 또한 대법원은 필요하다고 인정한 때에는 합의부원에게 비상상고 신청의 이유에 대한 사실조사를 명하거나 다른 법원판사에게 이를 촉탁할 수 있으며, 이 경우 수명법관 또는 수탁판사는 법원 또는 재판장과 동일한 권한이 있다(제444조의3제3항, 제431조).

3. 비상상고의 판결

(1) 기각판결

비상상고가 이유 없다고 인정한 때에는 판결로써 이를 기각하여야 한다(제445조). 신청이 적합하지 않거나 검찰총장 이외의 자가 신청한 경우 등이 그것이다.

(2) 파기판결

가. 판결의 법령위반 원판결이 법령에 위반한 때에는 그 위반된 부분을 파기하여야 한다(제446조제1호본문). 다만 원판결이 피고인에게 불리한 때에는 원판결을 파기하고 피고사건에 대하여 다시 판결을 한다(동조제1호단서). 파기자판을 할 경우 대법원이 기준으로 삼아야 할 법령은 원판결 당시의 법령이라고 보는 것이 일반적이다. 비상상고는 법령의 해석·적용의 통일을 기하는 데 그 목적이 있기 때문이다.

나. 소송절차의 법령위반 원심소송절차가 법령에 위반한 때에는 자판하지 않고 그 위반된 절차를 파기하는 데 그친다(동조제2호).

(3) 비상상고판결의 효력

비상상고의 판결은 파기자판의 경우 외에는 그 효력이 피고인에게 미치지 않는다(제447조). 따라서 원판결의 위법 부분이 파기되더라도 소송절차가 부활

되어 소송계속 상태로 되돌아가는 것이 아니라 원판결의 효력은 그대로 유지되어 그에 따른 집행이 이루어진다. 예를 들어 법정형에 벌금형이 없는 공무원의 뇌물죄에 대하여 벌금형을 선고한 위법을 이유로 원판결이 파기된 때에도 원판결의 벌금형은 그대로 집행된다는 것이다. 그러나 원판결이 피고인에게 불리함을 이유로 하는 파기자판의 판결이 선고되면 원판결은 효력을 잃고 비상상고의 판결효력이 피고인에게 미치게 된다(제447조, 제446조제1호단서).

제 3 장 특별형사절차

앞에서 본 형사절차는 원칙적으로 공소장일본주의가 지배하는 일반적인 공판절차를 거쳐서 재판을 하거나 혹은 공소제기의 원칙인 기소독점주의원칙에 의하여 절차가 진행되었다. 그런데 공소장일본주의가 적용되지 않고 공판절차를 거치지 않거나 기소독점주의의 예외를 인정하고 있는 특별한 절차가 있는데, 약식절차와 즉결심판이 그것이다. 또한 형사절차에서 민사적인 손해배상 부분까지 판단하는 특별한 절차가 있는데 배상명령제도가 그것이다.

제 1 절 약식절차

I. 의 의

약식절차는 지방법원의 관할사건에 대하여 공판절차를 거치지 않고 서면심리만으로 피고인에게 벌금, 과료 또는 몰수의 형을 과하는 간편한 형사절차이다(제448조제1항). 정식(正式)의 공판절차가 생략된다는 점에서 약식(略式)이다. 약식명령은 그 용어와는 달리 재판장, 수명법관 및 수탁판사에 의한 명령이라는 형식의 재판이 아니라 수소법원에 의한 특별한 형식의 재판이다.

약식절차는 비교적 경미한 범죄를 신속하게 처리함으로써 소송경제의 이념을 실현함과 동시에 공개재판에 따른 피고인의 사회적·심리적 부담을 줄여 주기 위한 제도이다.

Ⅱ. 약식명령의 청구

1. 청구의 대상

약식명령을 청구할 수 있는 사건은 지방법원의 관할에 속하는 사건으로서 벌금, 과료 또는 몰수에 처할 수 있는 사건에 한한다(제448조제1항). 다만 다른 형과 동시에 벌금·과료·몰수를 선고해야 하는 사건에 대해서는 약식명령을 청구할 수 없다.

2. 청구의 방식

약식명령의 청구는 공소의 제기와 동시에 서면으로 하여야 한다(제449조). 검사는 약식명령의 청구와 동시에 약식명령을 하는 데 필요한 증거서류 및 증거물을 법원에 제출하여야 한다(규칙 제170조). 따라서 약식절차에서는 공소장 일본주의가 적용되지 않는다.

3. 공소의 취소와 약식명령의 취소

약식명령의 청구는 공소제기와 동시에 행하여지므로 공소가 취소되면 약식명령의 청구도 효력을 잃게 된다. 공소를 취소하지 않고 약식명령의 청구만 취소할 수 있는가에 대하여는 명문의 규정이 없을 뿐만 아니라 법원이 직권으로 보통재판에 회부할 수도 있으므로 그 실익이 없다. 따라서 약식명령만 취소할 수는 없다(통설).

Ⅲ. ▶▶ 약식절차의 심판

1. 법원의 사건심사

(1) 서면심리의 원칙

약식명령의 청구에 대하여 법원은 검사가 제출한 서류와 증거물을 기초로 서면심사를 하게 된다. 따라서 공판절차를 전제로 하는 구두변론주의와 같은 공판기일의 심리절차에 대한 규정이 적용되지 않는다. 서면심사만으로는 약식명령의 당부를 판단하기 어려운 경우 약식절차에서도 그 본질을 해치지 않는 범위에서 사실조사를 할 수 있다.

(2) 약식절차와 증거법칙

약식절차는 서면심리에 의하여 진행되는 특별절차이므로 공판심리절차와 관계없는 규정들만 적용된다. 따라서 공판심리절차를 전제로 하는 전문증거배제법칙(제310조의2)과 그 예외(제311조 이하)는 적용되지 않는다. 반면에 위법수집증거배제법칙(제308조의2), 자백배제법칙(제309조) 및 자백의 보강법칙(제310조)은 공판심리절차와는 무관하므로 약식절차에도 적용된다.

2. 공판절차로의 이행

(1) 이행의 사유

약식명령의 청구가 있는 경우에 그 사건이 약식명령으로 할 수 없거나 약식명령으로 하는 것이 적당하지 않다고 인정한 때에는 공판절차에 의하여 심판하여야 한다(제450조). '약식명령으로 할 수 없는 경우'란 법정형으로 벌금·과료 이외의 형벌이 규정되어 있는 경우이거나 무죄·면소·관할위반·공소기각의 재판을 선고해야 할 경우를 말한다. 한편 '약식명령으로 하는 것이 적당하지 않는 경우'란 법률상 약식명령으로 할 수 있으나 사안이 복잡한 경우와 같이 그 성격상 공판절차에 의한 신중한 심리가 필요하다고 인정되는 경우를 말한다.

(2) 이행 후의 절차

법원사무관 등은 약식명령의 청구가 있는 사건을 공판절차에 의하여 심판하기로 한 때에는 즉시 그 취지를 검사에게 통지하여야 한다(규칙 제172조제1항). 이 통지를 받은 검사는 5일 이내에 피고인 수에 상응한 공소장 부본을 법원에 제출하여야 한다(동조제2항). 법원은 공소장부본을 지체 없이 피고인 또는 변호인에게 송달하여야 한다(동조제3항).

3. 약식명령

(1) 약식명령의 고지

법원은 검사의 약식명령청구를 심리한 결과 약식명령으로 하는 것이 적당하다고 인정하는 경우에는 그 청구가 있은 날로부터 14일 내에 약식명령을 해야 한다(규칙 제171조). 14일은 훈시규정에 불과하다. 약식명령의 고지는 검사와 피고인에 대한 재판서(약식명령서)의 송달에 의하여 한다(제452조). 약식명령은 서면심리에 의하여 절차가 진행되기 때문이다.

(2) 약식명령의 내용

약식명령에는 범죄사실, 적용법령, 주형, 부수처분과 약식명령의 고지를 받은 날로부터 7일 이내에 정식재판을 청구할 수 있음을 명시하여야 한다(제451조). 약식명령으로 과할 수 있는 주형은 벌금·과료·몰수이다(제448조제1항). 약식명령으로 피고인을 벌금·과료·몰수에 처할 때는 추징 기타 부수처분을 할 수 있다(동조제2항). 부수처분에는 추징 이외에 압수물의 환부, 벌금·과료·추징에 대한 가납재판(제334조, 제477조)이 포함된다.

(3) 약식명령의 효력

약식명령은 정식재판의 청구기간이 경과하거나 그 청구의 취소 또는 청구기각의 결정이 확정된 때에는 확정판결과 동일한 효력이 있다(제457조). 따라서 확정된 약식명령은 기판력과 일사부재리의 효력이 발생하며 재심이나 비상상고의 대상이 된다. 약식명령에 대한 기판력의 시간적 범위는 실체심리가 가능했던 시점인 발령시를 기준으로 해야 한다(대판 1984. 7. 24. 84도1129).

IV. ▸▸ 정식재판의 청구

1. 의 의

정식재판의 청구는 양식명령과 동일한 심급의 절차이다. 원재판인 약식명령의 변경을 요구하는 불복방법인 점에서 상소와 유사하지만 상소가 아니라 통상의 공판절차에 따른 심판을 구하는 것이다.

2. 청구권자

정식재판의 청구권자는 검사와 피고인이다. 피고인은 정식재판의 청구를 포기할 수 없다(제453조제1항). 피고인의 법정대리인은 피고인의 의사와 관계없이 피고인을 위하여 정식재판을 청구할 수 있다(제458조제1항, 제340조). 피고인의 배우자, 직계친족, 형제자매 또는 원심의 대리인이나 변호인은 피고인의 명시한 의사에 반하지 않는 범위 내에서 피고인을 위하여 정식재판을 청구할 수 있다(제458조제1항, 제341조).

3. 청구의 절차

정식재판의 청구는 약식명령의 고지를 받은 날로부터 7일 이내에 약식명령을 한 법원에 서면으로 제출하여야 한다(제453조제1항·제2항). 여러 개의 사건이 병합심판된 경우 정식재판의 청구는 약식명령의 일부에 대하여도 할 수 있다(제458조제1항, 제342조). 이 경우 나머지 부분은 정식재판 청구기간의 경과로 확정된다.

정식재판의 청구에 관하여는 상소권회복에 대한 규정이 준용된다(제458조제1항, 제345조~제348조). 따라서 정식재판을 청구할 수 있는 자가 자기 또는 대리인이 책임질 수 없는 사유로 인하여 7일 이내에 청구를 하지 못한 때에는 정식재판청구권의 회복을 청구할 수 있다. 정식재판청구권의 회복을 청구한 자는 그 청구와 동시에 정식재판을 청구하여야 한다. 정식재판의 청구가 있는 때에는 법원은 지체 없이 검사 또는 피고인에게 그 사유를 통지하여야 한다(제453조제3항).

4. 청구의 취소

정식재판의 청구는 제1심판결 선고 전까지 취소할 수 있다(제454조). 정식재판청구를 취소한 자는 그 사건에 대하여 다시 정식재판을 청구하지 못한다(제458조제1항, 제354조). 취소의 방법에 관하여는 상소의 취소에 대한 규정인 제350조(상소의 포기 등과 법정대리인의 동의), 제351조(상소의 취소와 피고인의 동의), 제352조(상소포기의 방식)가 준용된다(제458조제1항).

5. 정식재판청구에 대한 재판

(1) 기각결정

정식재판의 청구가 법령상의 방식에 위반하거나 청구권의 소멸 후인 것이 명백한 때에는 결정으로 기각하여야 한다(제455조제1항). 이 결정에 대하여는 즉시항고를 할 수 있다(동조제2항).

(2) 공판절차에 의한 심판

정식재판의 청구가 적법한 때에는 공판절차에 의하여 심판하여야 한다(동조제3항). 이 경우 공판절차는 약식명령의 당부를 판단하는 것이 아니라 공소사실에 대하여 새로이 심리하는 것이다.

(3) 형종상향금지의 원칙

피고인이 정식재판을 청구한 사건에 대하여는 약식명령의 형보다 무거운 종류의 형을 선고하지 못한다(제457조의2제1항). 형종은 형법 제41조에서 말하는 형의 종류를 말한다. 따라서 피고인이 정식재판을 청구한 사건에서 약식명령보다 무거운 사형, 징역, 금고, 자격상실, 자격정지의 형을 선고할 수 없다. 만약 피고인이 정식재판을 청구한 사건과 다른 사건이 병합심리되어 경합범으로 처단되는 경우에도 정식재판을 청구한 사건에 대하여는 징역형을 선택할 수 없다(대판 2020. 3. 26. 2020도355).

피고인이 정식재판을 청구한 사건에 대하여 약식명령의 형보다 무거운 형을 선고하는 경우에는 판결서에 양형의 이유를 적어야 한다(동조제2항). 따라서 피고인이 정식재판을 청구한 사건에서 합리적 이유가 있으면 판결서에 이유 기재와 함께 같은 종류의 형 내에서는 무거운 형을 선고할 수 있다.

이 원칙은 피고인만이 정식재판을 청구한 경우에 적용되는 것으로 피고인의 정식재판청구권을 위축시키지 않으면서도 동시에 피고인의 정식재판청구권 행사의 남용을 방지하여 사법의 효율성을 기하려는 데 그 취지가 있다.

(4) 약식명령의 실효

약식명령은 정식재판의 청구에 의한 판결이 있는 때에는 그 효력을 잃는다(제456조). 공소기각의 결정도 포함된다. '판결이 있는 때'란 정식재판의 판결이 확정된 때를 말한다.

제 2 절 즉결심판절차

I. 의 의

1. 즉결심판의 의의

즉결심판은 즉결심판절차에 의하여 지방법원, 지원 또는 시·군법원의 판사가 행하는 재판을 말한다. 즉 20만원 이하의 벌금, 구류 또는 과료에 처할 범증(犯證)이 명백하고 죄질이 경미한 범죄사건을 신속·적정한 절차로 심판하기 위하여 마련된 형사절차이다. 즉결심판절차는 즉결심판법에 의한다.

즉결심판은 경미한 사건의 신속한 처리를 위한 간이절차라는 점에서 약식절차와 유사하다. 그러나 ① 즉결심판절차는 그 청구권자가 경찰서장이라는 점, ② 서면심리가 아니라 원칙적으로 공개된 법정에서 판사가 피고인을 직접 신문하는 형태로 이루어진다는 점, ③ 약식절차에서는 원칙적으로 재산형의 부과만 가능하지만 즉결심판절차에서는 30일 미만의 구류형 선고가 가능하다는 점 등에서 서로 다르다.

2. 즉결심판의 성격

즉결심판절차는 법관이 공개된 법정에서 피고인을 직접 심리하는 재판절차이다. 그러나 이는 공판기일에서의 절차는 아니다. 피고인의 정식재판청구에 의하여 비로소 공판절차로 이행되고, 판사가 즉결심판청구에 대하여 기각결정을 내린 경우에는 경찰서장이 사건을 검사에게 송치하는 데 그친다는 점에서 공판 전의 절차에 속한다.

즉결심판이 확정된 때에는 확정판결과 동일한 효력을 가진다(즉결심판법 제16조). 또한 즉결심판절차에서는 일정한 제한이 있지만 공개법정에서 구두주의 및 직접주의에 의한 심리를 거쳐 재판이 행해진다는 점에서 공판절차와 유사한 성격을 가지고 있다.

Ⅱ. 즉결심판의 청구

1. 청구권자

즉결심판의 청구권자는 경찰서장이다(즉결심판법 제3조). 경찰서장은 관할경찰서장과 관할해양경찰서장을 포함한다(동조제1항). 즉결심판청구는 보통의 공판절차에서 검사가 행하는 공소제기와 같은 성질의 소송행위로 볼 수 있다. 이러한 점에서 즉결심판청구권은 검사기소독점주의의 예외가 된다.

2. 청구의 방식

즉결심판을 청구하는 때에는 즉결심판청구서를 제출하여야 하며, 청구서에는 피고인의 성명 기타 피고인을 특정할 수 있는 사항, 죄명, 범죄사실과 적용법조를 기재하여야 한다(동법 제3조제2항). 즉결심판을 청구할 때에는 사전에 피고인에게 즉결심판의 절차를 이해하는 데 필요한 사항을 서면 또는 구두로 알려 주어야 한다(동조제3항). 경찰서장은 즉결심판의 청구와 동시에 심판에 필요한 서류 또는 증거물을 판사에게 제출하여야 한다(동법 제4조). 따라서 약식절차와 같이 공소장일본주의가 적용되지 않는다.

3. 관할법원

즉결심판사건은 지방법원, 지원 또는 시·군법원의 판사가 관할한다(동법 제2조).

Ⅲ. 즉결심판청구사건의 심리

1. 청구기각의 결정 및 사건의 송치

(1) 청구기각의 결정

판사는 사건이 즉결심판을 할 수 없거나 즉결심판절차에 의하여 심판하는 것이 적당하지 않다고 인정할 때에는 결정으로 즉결심판의 청구를 기각하여야 한다(즉결심판법 제5조제1항). 약식절차와는 달리 즉결심판절차의 경우에는 판사가 청구기각을 한 후 검사를 거쳐 정식재판으로 이행된다.

(2) 사건의 송치

즉결심판청구에 대한 기각결정이 있는 때에는 경찰서장은 지체 없이 사건을 관할지방검찰청 또는 지청의 장에게 송치하여야 한다(동법 제5조).

2. 심리의 특칙

(1) 심판기일의 절차

가. 심리의 시기와 장소　판사는 즉결심판의 청구가 적법하고 상당하다고 인정할 때에는 즉시 심판을 하여야 한다(동법 제6조). '즉시심판'은 즉일심판을 뜻하므로 즉결심판의 청구가 있으면 즉시 기일을 열어 심리하여야 한다. 따라서 공소장부본의 송달과 같은 공판기일 전의 준비절차는 생략된다.

즉결심판절차에 의한 심리와 재판의 선고는 공개된 법정에서 행하되, 그 법정은 경찰관서(해양경찰관서 포함) 외의 장소에 설치되어야 한다(동법 제7조제1항). 다만 반드시 법원의 구내에 있는 법정일 필요는 없다.

나. 개 정　법정은 판사와 법원사무관 등이 열석(列席)하여 개정한다(동법

제7조제2항). 경찰서장의 출석은 개정요건이 아니다. 판사는 상당한 이유가 있는 경우에는 개정 없이 피고인의 진술서, 서류 또는 증거물에 의하여 심판할 수 있다(불개정심판). 다만 구류에 처하는 경우에는 불개정심판을 할 수 없다(동조제3항).

다. 피고인의 출석 즉결심판에 있어서도 피고인은 공판정에 출석하여야 한다. 그러나 ① 벌금 또는 과료를 선고하는 경우, ② 피고인 또는 즉결심판출석통지서를 받은 자가 법원에 불출석심판을 청구하여 법원이 이를 허가한 경우에는 피고인이 출석하지 않더라도 심판할 수 있다(동법 제8조의2제1항·제2항).

라. 심리의 방법 즉결심판절차도 그 성질을 훼손하지 않는 범위에서 형사소송법의 규정이 준용되므로(제19조) 구두변론주의와 같은 공판심리에 관한 원칙이 적용된다. 그러나 사건의 신속한 처리라는 즉결심판의 특성상 정식재판절차에 비하여 직권주의적 성격이 강하게 나타난다.

판사는 피고인에게 피고사건의 내용과 진술거부권이 있음을 알리고 변명할 기회를 주어야 한다(동법 제9조제1항). 판사는 필요하다고 인정할 때에는 적당한 방법에 의하여 재정(在廷)하는 증거에 한정하여 조사할 수 있다(동조제2항). 변호인은 기일에 출석하여 증거조사에 참여할 수 있으며 의견을 진술할 수 있다(동조제3항).

(2) 증거법상의 특칙

즉결심판절차의 증거조사에서도 형사소송법상의 증거법 일반의 원칙이 적용된다(제19조). 다만 제도의 특성상 몇 가지 특칙을 인정하고 있다.

즉결심판절차에서는 형사소송법 제310조(불이익한 자백의 증거능력), 제312조제3항(사법경찰관작성의 피의자신문조서의 증거능력) 및 제313조(진술서 등의 증거능력)의 규정이 적용되지 않는다(동법 제10조). 따라서 즉결심판절차에서는 다른 보강증거 없이 피고인의 자백만으로 유죄를 인정할 수 있고(제310조의 부적용), 사법경찰관작성의 피의자신문조서에 대하여 피고인이 그 내용을 인정하지 않더라도 적법한 절차와 방식에 따라 작성된 것이면 증거로 할 수 있으며(제312조제3항의 부적용), 피고인 또는 피고인 아닌 자가 작성한 진술서에 대하여 성립의 진정이 인정되지 않더라도 증거로 할 수 있다(제313조의 부적용). 그 외 위법수집증거배제법칙이나 자백배제법칙 등은 즉결심판절차에도 적용된다.

Ⅳ. 즉결심판의 선고와 효력

1. 즉결심판의 선고

(1) 선고 및 고지

가. 피고인이 출석한 경우 형의 선고는 피고인이 출석한 때에는 법정에서 선고·고지한다. 즉결심판으로 유죄를 선고할 때에는 형, 범죄사실과 적용법조를 명시하고 피고인은 7일 이내에 정식재판을 청구할 수 있음을 고지하여야 한다(동법 제11조제1항).

나. 피고인 없이 재판하는 경우 판사가 상당한 이유가 있다고 인정하여 개정 없이 심판한 경우(동법 제7조제3항)와 피고인의 출석 없이 심판한 경우(동법 제8조의2)에는 법원사무관 등은 7일 이내에 정식재판을 청구할 수 있음을 부기한 즉결심판서의 등본을 피고인에게 송달하여 고지한다. 다만 피고인에 대하여 불출석심판을 허가한 경우에 피고인이 미리 즉결심판서의 등본송달을 요하지 않는다는 뜻을 표시한 때에는 송달할 필요가 없다(동법 제11조제4항).

(2) 선고할 수 있는 형

즉결심판절차에 의하여 선고할 수 있는 형은 20만원 이하의 벌금, 구류 또는 과료이다(동법 제2조). 그러나 판사는 사건이 무죄·면소 또는 공소기각을 하는 것이 명백하다고 인정할 때에는 이 절차에서 이를 선고·고지할 수 있다(동법 제11조제5항). 약식절차가 정식재판에 의하여 무죄 등을 선고할 수 있는 것과 구별된다.

(3) 유치명령과 가납명령

가. 유치명령 판사는 구류의 선고를 받은 피고인이 일정한 주소가 없거나 또는 도망할 염려가 있을 때에는 5일의 범위 내에서 경찰서유치장(지방해양경찰관서유치장 포함)에 유치할 것을 명령할 수 있다. 다만 이 기간은 선고기간을 초과할 수 없으며, 집행된 유치기간은 본형의 집행에 산입한다(동법 제17조제1항·제2항).

나. 가납명령 벌금 또는 과료를 선고하는 경우 즉결심판의 확정 후에는 집행할 수 없거나 집행하기 곤란한 염려가 있다고 인정한 때에는 피고인에게 벌금 또는 과료에 상당한 금액의 가납을 명할 수 있다. 가납처분은 벌금 또는 과료의 선고와 동시에 하여야 하며 그 재판은 즉시 집행할 수 있다(동법 제17조제3항; 형소법 제334조). 가납명령이 있는 즉결심판의 재판에 대한 집행과 노역장유치의 가능 여부는 앞에서 본 바와 같다(종국재판의 부수적 효과 중 가납의 재판 참조).

2. 즉결심판의 효력

즉결심판은 정식재판 청구기간의 경과, 정식재판청구권의 포기 또는 그 청구의 취소에 의하여 확정판결과 동일한 효력이 생긴다. 정식재판청구를 기각하는 재판이 확정된 때에도 같다(동법 제16조). 따라서 즉결심판이 확정되면 기판력과 일사부재리의 효력이 발생하며 재심이나 비상상고의 대상이 된다.

3. 형의 집행

형의 집행은 경찰서장이 하고 그 집행결과를 지체 없이 검사에게 보고하여야 한다(동법 제18조제1항). 구류는 경찰서유치장·구치소 또는 교도소에서 집행하며 구치소 또는 교도소에서 집행할 때에는 검사가 이를 지휘한다(동조제2항). 벌금, 과료, 몰수는 그 집행을 종료하면 지체 없이 검사에게 이를 인계하여야 한다. 다만 즉결심판 확정 후 상당기간 내에 집행할 수 없을 때에는 검사에게 통지하여야 한다. 통지를 받은 검사는 형사소송법 제477조(재산형 등의 집행)에 의하여 집행할 수 있다(동조제3항). 형의 집행정지는 사전에 검사의 허가를 얻어야 한다(동조제4항).

V. 정식재판의 청구

1. 청구권자

정식재판의 청구권자는 피고인과 경찰서장이다. 정식재판을 청구하고자 하는 피고인은 즉결심판의 선고 또는 고지를 받은 날부터 7일 이내에 정식재판청구서를 경찰서장에게 제출하여야 한다. 정식재판청구서를 받은 경찰서장은 지체 없이 판사에게 이를 송부하여야 한다(동법 제14조제1항). 경찰서장은 판사가 무죄·면소 또는 공소기각을 선고 또는 고지한 경우에 그 선고 또는 고지를 한 날부터 7일 이내에 정식재판을 청구할 수 있다. 이 경우 경찰서장은 관할지방검찰청 또는 지청의 검사의 승인을 얻어 정식재판청구서를 판사에게 제출하여야 한다(동조제2항).

2. 정식재판청구 후의 절차

판사는 정식재판청구서를 받은 날부터 7일 이내에 경찰서장에게 정식재판청구서를 첨부한 사건기록과 증거물을 송부하고, 경찰서장은 지체 없이 관할지방검찰청 또는 지청의 장에게 이를 송부하여야 하며, 그 검찰청 또는 지청의 장은 지체 없이 관할법원에 이를 송부하여야 한다(동조제3항). 이 경우 검사의 공소제기는 필요치 않다. 이미 경찰서장에 의한 즉결심판 청구라는 공소제기가 있었기 때문이다(같은 취지: 대판 2017. 10. 12. 2017도10368).

정식재판의 청구나 포기 및 취소에 대하여는 상소 및 약식절차에 관한 규정을 준용한다(동조제4항). 따라서 피고인이나 경찰서장은 정식재판의 청구를 포기할 수 있고, 제1심판결 선고 전까지 이를 취소할 수 있다.

3. 공판절차에 의한 심판

정식재판의 청구가 법률상 방식에 위반하거나 청구권소멸 후인 것이 명백한 때에는 결정으로 이를 기각하여야 하며, 이 결정에 대하여는 즉시항고를 할 수 있다(동법 제14조제4항; 형소법 제455조제1항·제2항). 정식재판의 청구가 적법한 때에는 공판절차에 의하여 심판하여야 한다(동법 제14조제4항; 형소법 제455조제3항). 즉결심판에 대한 정식재판에는 형사소송법의 규정이 준용되므로(동법 제19조), 형종 상향 금지의 원칙이 인정된다(대판 1999. 1. 15. 98도2550).

정식재판의 청구에 대한 판결이 있으면 즉결심판은 효력을 잃는다(동법 제15조). 판결은 확정판결을 말하며 공소기각의 결정도 포함된다.

제 3 절 배상명령절차

I. 의 의

배상명령이란 범죄행위로 인하여 피해자에게 손해가 발생한 경우 법원이 직권 또는 피해자의 신청에 의하여 피고인에게 손해배상을 명하는 재판을 말한다. 배상명령절차는 소송촉진법에서 규정하고 있다. 범죄피해자의 손해에 대하여 민사소송을 통하여 해결하는 경우 많은 시간이 걸리고 소송비용의 부담이 뒤따르므로 형사절차에서 손해배상의 문제까지 판단하게 하여 피해자가 신속하게 손해배상을 받도록 하려는 데 그 목적이 있다.

II. 배상명령의 요건

1. 배상명령의 대상

배상명령은 제1심 및 제2심의 형사공판절차에서 유죄판결을 선고할 경우로서 ① 상해죄·중상해죄·특수상해죄·특수중상해죄·상해치사죄·폭행치사상죄·특수폭행치사상죄·과실치사상죄(형법 제26장), ② 강간과 추행의 죄(동법 제32장), ③ 절도와 강도의 죄(동법 제38장), ④ 사기와 공갈의 죄(동법 제39장), ⑤ 횡령과 배임의 죄(동법 제40장), ⑥ 손괴의 죄(동법 제42장), ⑦ ①~⑥의 죄를 가중처벌하는 죄 및 그 죄의 미수범을 처벌하는 경우 미수의 죄, ⑧ 성폭력처벌법상의 업무상 위력 등에 의한 추행(제10조), 공중 밀집 장소에서의 추행(동법 제11조), 성적 목적을 위한 다중 이용장소 침입행위(동법 제12조), 통신매체를 이용한 음란행위(동법 제13조), 카메라 등을 이용한 촬영(제14조), 미수범(동법 제3조~제9조 제외)(제15조), ⑨ 청소년성보호법상의 아동·청소년 매매행위(동법 제12조), 아동·청소년에 대한 강요행위(동법 제14조) 등이 그 대상이다(소송촉진법 제25조제1항).

2. 배상명령의 범위

배상명령의 범위는 피고사건의 범죄행위로 인하여 발생한 직접적인 물적 피해, 치료비 손해 및 위자료의 배상에 한정된다(소송촉진법 제25조제1항).

3. 배상명령의 제외사유

법원은 ① 피해자의 성명·주소가 분명하지 않은 경우, ② 피해 금액이 특정되지 않은 경우, ③ 피고인의 배상책임의 유무 또는 그 범위가 명백하지 않은 경우, ④ 배상명령으로 인하여 공판절차가 현저히 지연될 우려가 있거나 형사소송절차에서 배상명령을 하는 것이 적당하지 않다고 인정되는 경우에는 배상명령을 해서는 안 된다(동조제3항).

Ⅲ. 배상명령의 절차

1. 직권에 의한 배상명령

법원은 직권으로 피고인에 대하여 배상명령을 할 수 있다(동조제1항).

2. 신청에 의한 배상명령

(1) 신청권자

배상명령의 신청권자는 피해자 또는 그 상속인이다(동조제1항). 피해자는 법원의 허가를 받아 그의 배우자, 직계혈족 또는 형제자매에게 배상신청에 관하여 소송행위를 대리하게 할 수 있다(동법 제27조제1항).

(2) 신청시기 및 관할법원

피해자는 제1심 또는 제2심 공판의 변론이 종결될 때까지 사건이 계속된 법원에 피해배상을 신청할 수 있다(동법 제26조제1항).

(3) 신청의 방식

배상명령의 신청은 서면에 의한 신청(동조제1항)과 구술에 의한 신청(동조

제5항)이 가능하다. 피해자가 증인으로 법정에 출석한 때에는 말로써 배상을 신청할 수 있으며, 이때는 공판조서에 신청의 취지를 적어야 한다(동조제5항).

(4) 신청의 효과

배상신청은 민사소송에서의 소의 제기와 동일한 효력이 있다(동조제8항). 따라서 피해자는 피고사건의 범죄행위로 인하여 발생한 피해에 관하여 다른 절차에 따른 손해배상청구가 법원에 계속 중일 때에는 배상신청을 할 수 없다(동조제7항).

3. 배상신청사건의 심리

법원은 서면에 의한 배상신청이 있을 때에는 지체 없이 그 신청서 부본을 피고인에게 송달하여야 한다(동법 제28조). 피고인의 변호인은 배상신청에 관하여 피고인의 대리인으로서 소송행위를 할 수 있다(동법 제27조제2항). 법원은 배상신청이 있을 때에는 신청인에게 공판기일을 알려야 한다(동법 제29조제1항). 그러나 신청인은 공판기일에 출석할 의무를 지지 않는다.

신청인 및 그 대리인은 공판절차를 현저히 지연시키지 않는 범위에서 재판장의 허가를 받아 소송기록을 열람할 수 있고, 공판기일에 피고인이나 증인을 신문할 수 있으며 그 밖에 필요한 증거를 제출할 수 있다(동법 제30조제1항). 이 경우 재판장의 불허가재판에 대하여 불복할 수 없다(동조제2항).

4. 배상명령의 재판

(1) 배상신청의 각하

법원은 ① 배상신청이 적법하지 않은 때, ② 배상신청이 이유 없다고 인정되는 때, ③ 배상명령을 하는 것이 타당하지 않다고 인정되는 때에는 결정으로 배상신청을 각하하여야 한다(동법 제32조제1항). 배상신청을 각하하거나 그 일부를 인용한 재판에 대하여 신청인은 불복할 수 없으며, 다시 동일한 배상신청을 할 수 없다(동조제4항).

(2) 배상명령의 선고

배상명령은 유죄판결의 선고와 동시에 하여야 하며(동법 제31조제1항), 배상의 대상(예를 들어 치료비, 위자료 등)과 금액을 유죄판결의 주문에 표시하여야 한다. 배상명령의 이유는 특히 필요하다고 인정되는 경우가 아니면 적지 않는다(동조제2항). 배상명령은 가집행할 수 있음을 선고할 수 있다(동조제3항).

(3) 배상명령의 취소, 변경 및 불복

유죄판결에 대한 상소가 제기된 경우 배상명령의 확정은 차단되고 피고사건과 함께 상소심으로 이심(移審)된다(동법 제33조제1항). 상소심에서 원심의 유죄판결을 파기하고 피고사건에 대하여 무죄, 면소 또는 공소기각의 재판을 할 때에는 원심의 배상명령을 취소하여야 한다. 이 경우 상소심에서 원심의 배상명령을 취소하지 않은 때에는 그 배상명령을 취소한 것으로 본다(동조제2항). 원심에서 피고인과 피해자 사이에 합의된 배상액에 대하여 배상명령을 한 때에는 유죄판결을 파기하더라도 배상명령의 효력은 상실되지 않는다(동조제3항). 상소심에서 원심판결을 유지하는 경우에도 원심의 배상명령을 취소하거나 변경할 수 있다(동조제4항).

피고인은 유죄판결에 대하여 상소를 제기하지 않고 배상명령에 대하여만 상소 제기기간에 즉시항고를 할 수 있다. 다만 이 경우 상소권자의 적법한 상소가 있는 때에는 즉시항고는 취소된 것으로 본다(동조제5항).

(4) 배상명령의 효력

배상명령은 유죄판결이 확정되고 상소 제기기간 내에 배상명령에 대한 불복신청이 없으면 확정된다. 확정된 배상명령 또는 가집행선고가 있는 배상명령이 기재된 유죄판결서의 정본은 강제집행에 관하여는 집행력 있는 민사판결 정본과 동일한 효력이 있다(동법 제34조제1항). 배상명령이 확정된 때에는 그 인용금액의 범위 안에서 피해자는 다른 절차에 의한 손해배상을 청구할 수 없으며(동조제2항), 인용금액을 넘어선 부분에 대하여는 별도의 소를 제기할 수 있다.

제 4 장 재판의 집행, 형사보상 및 명예회복

제 1 절 재판의 집행

I. 의 의

재판의 집행이란 재판의 의사표시 내용을 국가의 강제력에 의하여 실현하는 것을 말한다. 재판의 집행에는 형의 집행, 추징·소송비용 등의 부수처분의 집행, 과태료·보증금의 몰수, 비용배상 등 제재의 집행, 강제집행을 위한 영장의 집행이 있다. 이 중 가장 중요한 것이 유죄판결의 집행인 형의 집행이며 일반적으로 재판의 집행이라고 하면 유죄판결의 집행을 의미한다.

II. 재판집행의 기본원칙

1. 즉시집행의 원칙

재판은 확정된 후 즉시 집행하는 것이 원칙이다(제459조). 재판을 집행하지 않으면 형의 시효(형법 제77조, 제78조)가 진행된다.

2. 예 외

(1) 확정 전의 재판집행

결정이나 명령은 즉시항고 또는 이에 준하는 불복신청이 허용되는 경우를 제외하고는 즉시 집행할 수 있다(제409조, 제416조, 제419조). 즉시항고는 재판의 집행을 정지하는 효력이 있기 때문이다. 벌금·과료 또는 추징을 선고하는 경우에 가납명령이 있는 때에도 확정을 기다리지 않고 바로 집행할 수 있다(제334조).

(2) 확정 후 즉시 집행할 수 없는 경우

소송비용부담의 재판의 집행은 소송비용집행면제의 신청기간 내 또는 그 신청에 대한 재판이 확정될 때까지 집행할 수 없다(제472조). 또한 노역장유치는 벌금 또는 과료의 재판이 확정된 후 30일 이내에는 집행할 수 없는 것이 원칙이며(형법 제69조제1항), 사형은 법무부장관의 명령이 없으면 집행할 수 없다(제463조). 보석허가결정은 보증금의 납입 등 일정한 조건을 이행하지 않으면 집행하지 못한다(제100조제1항).

3. 재판집행의 지휘

재판의 집행은 그 재판을 한 법원에 대응한 검찰청검사가 지휘한다(제460조제1항). 상소의 재판 또는 상소의 취소로 인하여 하급법원의 재판을 집행할 경우에는 상소법원에 대응한 검찰청검사가 지휘한다. 다만 소송기록이 하급법원 또는 그 법원에 대응한 검찰청에 있는 때에는 그 검찰청검사가 지휘한다(동조제2항). 수사처검사가 공소를 제기하는 고위공직자범죄등 사건에 관한 재판이 확정된 경우에는 제1심 관할지방법원에 대응하는 검찰청 소속 검사가 그 형을 집행한다(공수처법 제28조제1항).

그러나 예외적으로 재판의 성질상 법률에 의하여 법원 또는 법관이 재판집행을 지휘하도록 하는 경우가 있다. 급속을 요하는 경우에 재판장, 수명법관 또는 수탁판사가 구속영장의 집행을 지휘하는 경우(제81조제1항단서), 법원에서 필요한 때에 재판장이 법원사무관 등에게 그 집행을 명하는 경우(제115조제1항단서), 법원에서 보관하고 있는 압수장물의 환부의 경우(제333조) 등이 그것이다.

4. 재판집행지휘의 방식

재판의 집행지휘는 재판서 또는 재판을 기재한 조서의 등본 또는 초본을 첨부한 서면으로 하여야 한다(제461조본문). 다만 형의 집행을 지휘하는 경우 외에는 재판서의 원본, 등본이나 초본 또는 조서의 등본이나 초본에 인정(認定)하는 날인으로 할 수 있다(동조단서).

5. 형의 집행을 위한 소환

사형, 징역, 금고 또는 구류의 선고를 받은 자가 구금되지 않은 때에는 검사는 형을 집행하기 위하여 소환하여야 한다(제473조제1항). 소환에 응하지 않은 때에는 검사는 형집행장을 발부하여 구인하여야 한다(동조제2항). 형의 선고를 받은 자가 도망하거나 도망할 염려가 있는 때 또는 현재지를 알 수 없는 때에는 검사는 소환하지 않고 형집행장을 발부하여 구인할 수 있다(동조제3항). 형집행장은 구속영장과 동일한 효력이 있다(제474조제2항). 따라서 형집행장의 집행에는 피고인의 구속에 관한 규정을 준용한다(제475조).

Ⅲ. 형의 집행

1. 형집행의 순서

(1) 중형우선집행의 원칙

2개 이상의 형을 집행하는 경우에 자격상실, 자격정지, 벌금, 과료와 몰수 외에는 그 무거운 형을 먼저 집행한다(제462조본문). 따라서 형의 집행순서는 사형, 징역, 금고, 구류의 순이 된다(형법 제50조 참조). 형의 경중은 주로 자유형인 징역과 금고 사이에 문제된다. 일반적 형의 서열로 보면 징역형이 금고형보다 무겁지만 금고형의 형기가 징역형의 형기보다 장기인 경우에는 금고형이 무거운 형이 된다.

(2) 예 외

검사는 소속장관의 허가를 얻어 무거운 형의 집행을 정지하고 다른 형의 집행을 할 수 있다(제462조단서). 이는 수형자가 가석방의 요건(형법 제72조)을 빨리 갖추도록 하려는 데 있다. 무거운 형의 가석방기간이 경과한 후 그 형의 집행을 정지하고 가벼운 형의 집행에 착수하여 가석방기간이 경과하면 양자의 형에 대하여 동시에 가석방을 인정할 수 있기 때문이다. 자유형과 벌금형은 그 집행순서를 정할 필요 없이 동시에 집행이 가능하다.

2. 사형의 집행

(1) 집행의 절차

사형은 법무부장관의 명령에 의하여 집행한다(제463조). 사형을 선고한 판결이 확정된 때에는 검사는 지체 없이 소송기록을 법무부장관에게 제출하여야 한다(제464조). 사형집행의 명령은 판결이 확정된 날로부터 6월 이내에 하여야 한다(제465조제1항). 상소권회복의 청구, 재심의 청구 또는 비상상고의 신청이 있는 때에는 그 절차가 종료할 때까지의 기간은 이 기간에 산입하지 않는다(동조제2항). 법무부장관이 사형의 집행을 명한 때에는 5일 이내에 집행하여야 한다(제466조).

(2) 집행의 방법

사형은 교도소 또는 구치소 내에서 교수(絞首)하여 집행한다(형법 제66조). 사형의 집행에는 검사와 검찰청서기관과 교도소장 또는 구치소장이나 그 대리자가 참여하여야 한다(제467조제1항). 사형의 집행에 참여한 검찰청서기관은 집행조서를 작성하고 검사와 교도소장 또는 구치소장이나 그 대리자와 함께 기명날인 또는 서명하여야 한다(제468조).

(3) 사형의 집행정지

사형의 선고를 받은 자가 심신(心神)의 장애로 의사능력이 없는 상태이거나 임신 중인 여자인 때에는 법무부장관의 명령으로 집행을 정지한다(제469조제1항). 제1항에 따라 사형의 집행을 정지한 경우에는 심신장애의 회복 또는 출산 후에 법무부장관의 명령에 의하여 형을 집행한다(동조제2항).

3. 자유형의 집행

(1) 집행의 방법

자유형인 징역, 금고 또는 구류는 재판집행의 일반원칙에 따라 검사의 형집행지휘서에 의하여 집행한다(제460조, 제461조). 자유형은 교도소에 구치하여 집행한다(형법 제67조, 제68조).

(2) 형기의 계산

자유형의 형기는 판결이 확정된 날로부터 기산한다(동법 제84조제1항). 다만 불구속 중인 자에 대한 자유형의 집행은 형집행지휘서에 의하여 수감된 날을 기준으로 기산하여야 한다. 형의 집행은 초일은 시간을 계산함이 없이 1일로 산정하며(동법 제85조), 석방은 형기종료일에 하여야 한다(동법 제86조).

(3) 미결구금일수의 산입

가. 의 의　　자유형의 집행에는 미결구금일수가 산입된다. 미결구금일수란 아직 재판이 확정되지 않은 피의자나 피고인이 구금당한 날로부터 판결확정일 전까지 실제로 구금된 일수를 말한다. 미결구금일수를 형기에 산입하도록 한 것은 헌법상의 적법절차의 요청인 동시에 무죄추정의 원칙의 한 표현이다. 현행법상 미결구금일수는 형법 제57조를 기초로 법정통산만 문제된다.

나. 산입의 범위

(가) 판결선고 전 구금일수의 산입　　판결선고 전의 구금일수는 그 전부를 유기징역, 유기금고, 벌금이나 과료에 관한 유치 또는 구류에 산입하여야 한다(형법 제57조제1항). 미결구금일수를 형기에 산입할 경우에 구금일수의 1일은 징역·금고의 1일, 벌금이나 과료에 관한 유치 또는 구류의 기간의 1일로 계산한다(형법 제57조제2항; 형소법 제482조제3항).

(나) 판결선고 후 판결확정 전 구금일수의 산입　　판결선고 후 판결확정 전 구금일수(판결선고 당일의 구금일수 포함)는 전부를 본형에 산입한다(제482조제1항). 상소기각결정시에 송달기간이나 즉시항고기간 중의 미결구금일수는 전부를 본형에 산입한다(동조제2항). 이 경우 구금일수의 1일을 형기의 1일 또는 벌금이나 과료에 관한 유치기간의 1일로 계산한다(동조제3항).

(4) 자유형의 집행정지

가. 필요적 집행정지　　징역, 금고 또는 구류의 선고를 받은 자가 심신장애로 의사능력이 없는 상태에 있는 때에는 형을 선고한 법원에 대응한 검찰청검사 또는 형의 선고를 받은 자의 현재지 관할 검찰청검사의 지휘에 의하여 심신

장애가 회복될 때까지 형의 집행을 정지한다(제470조제1항). 형의 집행을 정지한 경우 검사는 형의 선고를 받은 자를 감호의무자 또는 지방공공단체에 인도하여 병원 기타 적당한 장소에 수용하게 할 수 있다(동조제2항). 형의 집행이 정지된 자는 위의 처분이 있을 때까지 교도소 또는 구치소에 구치하고 그 기간을 형기에 산입한다(동조제3항).

나. 임의적 집행정지 징역, 금고 또는 구류의 선고를 받은 자에 대하여 ① 형의 집행으로 인하여 현저히 건강을 해치거나 생명을 보전할 수 없을 염려가 있는 때, ② 연령이 70세 이상인 때, ③ 잉태 후 6월 이상인 때, ④ 출산 후 60일을 경과하지 않은 때, ⑤ 직계존속이 연령 70세 이상 또는 중병이나 장애인으로 보호할 다른 친족이 없는 때, ⑥ 직계비속이 유년(幼年)으로 보호할 다른 친족이 없는 때, ⑦ 기타 중대한 사유가 있는 때에는 형을 선고한 법원에 대응한 검찰청검사 또는 형의 선고를 받은 자의 현재지 관할 검찰청검사의 지휘에 의하여 형의 집행을 정지할 수 있다(제471조제1항). 검사가 형집행정지의 지휘를 할 때에는 소속 고등검찰청검사장 또는 지방검찰청검사장의 허가를 얻어야 한다(동조제2항).

제471조제1항제1호의 형집행정지 및 그 연장에 관한 사항을 심의하기 위하여 각 지방검찰청에 형집행정지심의위원회를 둔다(제471조의2제1항). 심의위원회는 위원장 1명을 포함한 10명 이내의 학식과 경험이 있는 사람 중에서 각 지방검찰청검사장이 임명 또는 위촉한다(동조제2항). 심의위원회의 구성 및 운영 등 그 밖에 필요한 사항은 법무부령으로 정한다(동조제3항).

4. 자격형의 집행

자격상실 또는 자격정지의 선고를 받은 자에 대하여는 이를 수형자원부에 기재하고 지체 없이 그 등본을 형의 선고를 받은 자의 등록기준지와 주거지의 시(구가 설치되지 않은 시를 말함)·구·읍·면장(도농복합 형태의 시에 있어서는 동(洞)지역인 경우에는 시·구의 장, 읍·면지역인 경우에는 읍·면의 장으로 함)에게 송부하여야 한다(제476조).

5. 재산형의 집행

(1) 집행의 방식

가. 민사집행법에 따른 집행 벌금, 과료, 몰수, 추징, 과태료, 소송비용, 비용배상 또는 가납의 재판은 검사의 명령에 의하여 집행한다(제477조제1항). 이 명령은 집행력 있는 집행권원과 동일한 효력이 있다(동조제2항). 이 재판의 집행에는 민사집행법의 집행에 관한 규정을 준용한다. 다만 민사집행법과 달리 집행 전에 재판의 송달을 요하지 않는다(동조제3항).

나. 국세징수법에 따른 집행 재산형의 집행은 민사집행법에 따른 방법 외에도 국세징수법에 따른 국세체납처분의 예에 따라 집행할 수 있다(동조제4항). 따라서 집행공무원이 벌금미납자의 재산에 대하여 직접 압류한 후 공매처분을 할 수 있다.

다. 재판집행을 위한 사실조회 등 검사는 벌금 등의 재판을 집행하기 위하여 필요한 조사를 할 수 있다. 이 경우 검사는 공무소 기타 공사단체에 조회하여 필요한 사항의 보고를 요구할 수 있다(동조제5항). 재판집행비용은 집행을 받은 자의 부담으로 하고 민사집행법의 규정에 준하여 집행과 동시에 징수하여야 한다(제493조).

라. 분할납부 및 연기 등 벌금, 과료, 추징, 과태료, 소송비용 또는 비용배상의 분할납부, 납부연기 및 납부대행기관을 통한 납부 등 납부방법에 필요한 사항은 법무부령으로 정한다(제477조제6항).

(2) 집행의 대상

재산형도 다른 형의 집행과 마찬가지로 재판을 선고받은 본인의 재산에 집행하여야 하는 것이 원칙이다. 그러나 재산형은 일신전속적 성격의 것이 아니라 대체성이 있으므로 다음과 같은 예외가 있다.

가. 상속재산에 대한 집행 몰수 또는 조세, 전매 기타 공과에 관한 법령에 의하여 재판한 벌금 또는 추징은 그 재판을 받은 자가 재판확정 후 사망한 경우에는 그 상속재산에 대하여 집행할 수 있다(제478조).

나. 합병 후 법인에 대한 집행 법인에 대하여 벌금, 과료, 몰수, 추징, 소송비용 또는 비용배상을 명한 경우에 법인이 그 재판확정 후 합병에 의하여 소멸

한 때에는 합병 후 존속한 법인 또는 합병에 의하여 설립된 법인에 대하여 집행할 수 있다(제479조).

다. 가납재판의 집행방법 제1심가납의 재판을 집행한 후에 제2심가납의 재판이 있는 때에는 제1심재판의 집행은 제2심가납금액의 한도에서 제2심재판의 집행으로 본다(제480조). 가납의 재판을 집행한 후 벌금, 과료 또는 추징의 재판이 확정된 때에는 그 금액의 한도에서 형의 집행이 된 것으로 본다(제481조).

라. 노역장유치의 집행 벌금 또는 과료를 선고할 때에는 납입하지 않은 경우의 노역장 유치기간을 정하여 동시에 선고하여야 한다(형법 제70조). 이 경우 벌금 또는 과료를 완납하지 못한 자에 대한 노역장유치의 집행에는 형의 집행에 관한 규정을 준용한다(제492조). 따라서 벌금을 납입하지 않은 자는 1일 이상 3년 이하, 과료를 납입하지 않은 자는 1일 이상 30일 미만의 각 기간 노역장에 유치하여 작업에 복무하게 한다(형법 제69조제2항).

제 2 절 형사보상 및 명예회복

I. 형사보상

1. 형사보상의 의의와 성격

(1) 형사보상의 의의

형사보상이란 형사절차에서 억울하게 구금되었거나 형의 집행을 받은 사람에 대하여 국가가 그 피해를 보상해 주는 제도를 말한다. 헌법은 제28조에서 "형사피의자 또는 형사피고인으로서 구금되었던 자가 법률이 정하는 불기소처분을 받거나 무죄판결을 받은 때에는 법률이 정하는 바에 의하여 국가에 정당한 보상을 청구할 수 있다"고 하여 형사피의자 및 형사피고인의 형사보상청구권을 인정하고 있다. 이를 구체적으로 실현하기 위한 것이 형사보상법이다.

(2) 형사보상의 성격

가. 법률의무설과 공평설 　형사보상의 성격에 대하여는 ① 형사보상을 국가의 구속 및 형의 집행이 객관적·사후적으로 위법함이 드러난 경우 피해자에게 손해를 배상하여야 할 법률적 의무로 파악하는 법률의무설과, ② 형사보상을 공평의 견지에서 국가가 희생을 당한 피해자에 대하여 손해를 보전하는 것이라고 보는 공평설이 대립되고 있다.

나. 형사보상과 손해배상의 관계 　형사보상법은 보상을 받을 자가 다른 법률에 따라 손해배상을 청구하는 것을 금지하지 않는다(동법 제6조제1항). 따라서 이 법에 의한 형사보상을 청구하는 자가 국가배상법이나 민법 등에 의한 손해배상을 동시에 청구하는 것도 가능하다. 다만 이 법에 따른 보상을 받을 자가 같은 원인에 대하여 다른 법률에 따라 손해배상을 받은 경우에 그 손해배상의 액수가 이 법에 따라 받을 보상금의 액수와 같거나 그보다 많을 때에는 보상하지 않는다. 그 손해배상의 액수가 이 법에 따라 받을 보상금의 액수보다 적을 때에는 그 손해배상 금액을 빼고 보상금의 액수를 정하여야 한다(동조제2항). 또한 다른 법률에 따라 손해배상을 받을 자가 같은 원인에 대하여 이 법에 따른 보상을 받았을 때에는 그 보상금의 액수를 빼고 손해배상의 액수를 정하여야 한다(동조제3항).

2. 형사보상의 요건

형사보상은 피고인으로서 무죄판결을 받은 자나 그에 준하는 자에게 미결구금 및 형의 집행으로 인한 피해를 보상하는 경우(피고인보상)와, 피의자로서 기소유예처분 이외의 불기소처분을 받은 자에게 미결구금으로 인한 피해를 보상하는 경우(피의자보상)로 나눌 수 있다.

(1) 피의자보상의 요건

가. 협의의 불기소처분 　피의자로서 구금되었던 자 중 검사로부터 불기소처분을 받거나 사법경찰관으로부터 불송치결정을 받은 자는 국가에 대하여 그 구금에 대한 보상을 청구할 수 있다. 다만 구금된 이후 불기소처분 또는 불송치결정의 사유가 있는 경우와 해당 불기소처분 또는 불송치결정이 종국적인 것이 아니

거나 기소유예처분을 받은 경우에는 보상을 청구할 수 없다(동법 제27조제1항).

나. 보상제한 사유 미결구금을 받은 자라도 ① 본인이 수사 또는 재판을 그르칠 목적으로 거짓자백을 하거나 다른 유죄의 증거를 만듦으로써 구금된 것으로 인정되는 경우, ② 구금기간 중에 다른 사실에 대하여 수사가 이루어지고 그 사실에 관하여 범죄가 성립한 경우, ③ 보상을 하는 것이 선량한 풍속이나 그 밖에 사회질서에 위반된다고 인정할 특별한 사정이 있는 경우에는 피의자보상의 전부 또는 일부를 지급하지 않을 수 있다(동조제2항).

(2) 피고인보상의 요건

가. 무죄·면소·공소기각·치료감호청구기각의 재판 형사소송법에 따른 일반절차 또는 재심이나 비상상고절차에서 무죄재판을 받아 확정된 사건의 피고인이 미결구금을 당하였을 때에는 국가에 대하여 그 구금에 대한 보상을 청구할 수 있다(형사보상법 제2조제1항). 상소권회복에 의한 상소, 재심 또는 비상상고의 절차에서 무죄재판을 받아 확정된 사건의 피고인이 원판결에 의하여 구금되거나 형 집행을 받았을 때에는 구금 또는 형의 집행에 대한 보상을 청구할 수 있다(동조제2항).

또한 ① 형사소송법에 따라 면소 또는 공소기각의 재판을 받아 확정된 피고인이 면소 또는 공소기각의 재판을 할 만한 사유가 없었더라면 무죄재판을 받을 만한 현저한 사유가 있었을 경우, ② 치료감호의 독립 청구를 받은 피치료감호청구인의 치료감호사건이 범죄로 되지 않거나 범죄사실의 증명이 없는 때에 해당되어 청구기각의 판결을 받아 확정된 경우에도 국가에 대하여 구금에 대한 보상을 청구할 수 있다(동법 제26조제1항).

나. 미결구금 또는 형의 집행 피고인보상을 청구할 수 있는 대상은 미결구금과 형의 집행이다. 미결구금은 확정판결 이전까지의 구금을 말한다. 형의 집행이란 원판결에 의한 징역형, 금고형, 구류형의 집행(기결구금) 및 그 밖에 사형, 벌금형, 과료형, 몰수형, 추징형의 집행을 말한다. 일반적으로 확정판결과 동시에 형이 집행되므로 형의 집행으로 인하여 피고인보상을 청구할 수 있는 경우는 주로 상소권회복에 의한 상소, 재심 또는 비상상고절차에서 무죄판결을 받은 경우이다(동법 제2조제2항). 자유형의 집행이 심신장애의 사유로 정지된 경

우에 병원 기타 적당한 장소에 수용할 수 있을 때까지 교도소 또는 구치소에 구치하는 경우(제470조제3항)는 이를 구금으로 보며, 확정판결 후 검사가 사형이나 자유형을 집행하기 위하여 형집행장을 발부하여 형의 선고를 받은 자를 구금한 경우(제473조~제475조)에는 형의 집행으로 본다(동법 제2조제3항).

다. 보상제한 사유 피고인보상은 ① 피고인이 책임능력이 없음을 이유로 무죄재판을 받은 때, ② 본인이 수사 또는 심판을 그르칠 목적으로 거짓자백을 하거나 다른 유죄의 증거를 만듦으로써 기소, 미결구금 또는 유죄재판을 받게 된 것으로 인정된 때, ③ 1개의 재판으로 경합범의 일부에 대하여 무죄재판을 받고 다른 부분에 대하여 유죄재판을 받았을 때에는 법원은 재량으로 보상청구의 전부 또는 일부를 기각할 수 있다(동법 제4조).

3. 형사보상의 내용

(1) 구금에 대한 보상

구금에 대한 보상을 할 때에는 그 구금일수에 따라 1일당 보상청구의 원인이 발생한 연도의 「최저임금법」에 따른 일급(日給) 최저임금액 이상 대통령령이 정하는 금액 이하의 비율에 의한 보상금을 지급한다(동법 제5조제1항). 노역장유치의 집행을 하였을 때에도 이에 준한다(동조제5항).

(2) 형의 집행에 대한 보상

가. 사형의 집행에 대한 보상 사형의 집행에 대한 보상을 할 때에는 집행 전 구금에 대한 보상금 외에 3천만원 이내에서 모든 사정을 고려하여 법원이 타당하다고 인정하는 금액을 더하여 보상한다. 이 경우 본인의 사망으로 인하여 발생한 재산상의 손실액이 증명되었을 때에는 그 손실액도 보상한다(동조제3항).

나. 벌금·과료의 집행에 대한 보상 벌금 또는 과료의 집행에 대한 보상을 할 때에는 이미 징수한 벌금 또는 과료의 금액에 징수일의 다음 날부터 보상결정일까지의 일수에 대하여 민법 제379조의 법정이율(연 5%)을 적용하여 계산한 금액을 더한 금액을 보상한다(동조제4항).

다. 몰수·추징의 집행에 대한 보상 몰수의 집행에 대한 보상을 할 때에는 그 몰수물을 반환하고, 그것이 이미 처분되었을 때에는 보상결정시의 시가를 보상한다(동조제6항). 추징금에 대한 보상을 할 때에는 그 액수에 징수일의 다음 날부터 보상 결정일까지의 일수에 대하여 민법 제379조의 법정이율(연 5%)을 적용하여 계산한 금액을 더한 금액을 보상한다(동조제7항).

4. 형사보상의 절차

(1) 보상의 청구

가. 청구권자 　　형사보상의 청구권자는 무죄·면소·공소기각·치료감호청구기각의 재판을 받은 자(형사보상법 제1조, 제26조) 또는 기소유예처분 이외의 불기소처분을 받은 피의자(동법 제27조제1항)이다. 보상을 청구할 수 있는 자가 청구를 하지 않고 사망하였을 때에는 상속인이 이를 청구할 수 있다(동법 제3조 제1항).

나. 청구의 절차

(가) 관할법원과 청구시기 　　피고인보상의 청구는 무죄재판을 한 법원에 대하여 하고(동법 제7조), 피의자보상의 청구는 불기소처분을 한 검사가 소속된 지방검찰청 본청의 심의회에 보상을 청구하여야 한다(동법 제28조제1항). 피고인보상의 청구는 무죄·면소·공소기각·치료감호청구기각의 재판이 확정된 사실을 안 날부터 3년, 확정된 때부터 5년 이내에 각각 하여야 하며(동법 제8조, 제26조제4항), 피의자보상의 청구는 검사로부터 불기소처분의 고지 또는 통지를 받은 날부터 3년 이내에 하여야 한다(동법 제28조제3항).

(나) 청구의 방식 　　피고인보상을 청구할 때에는 보상청구서에 재판서의 등본과 그 재판의 확정증명서를 첨부하여 법원에 제출하여야 한다(동법 제9조). 피의자보상의 청구는 보상청구서에 불기소처분을 받은 사실을 증명하는 서류를 첨부하여 제출하여야 한다(동법 제28조제2항).

(다) 상속인의 보상청구 　　상속인이 보상을 청구할 때에는 본인과의 관계와 같은 순위의 상속인 유무를 소명할 수 있는 자료를 제출하여야 한다(동법 제10조). 보상청구를 할 수 있는 같은 순위의 상속인이 여러 명인 경우 그 중 1명이 보상청구를 하였을 때에는 모두를 위하여 그 전부에 대하여 보상청구를 한

것으로 본다(동법 제11조제1항).

(라) 보상청구의 취소 같은 순위의 상속인이 여러 명인 경우에 보상을 청구한 자는 나머지 모두의 동의 없이 청구를 취소할 수 없다(동법 제12조제1항). 보상청구를 취소한 경우에 보상청구권자는 다시 보상을 청구할 수 없다(동조 제2항).

(2) 피고인보상청구에 대한 재판

가. 보상청구사건의 심리

(가) 심리법원과 심리방법 보상청구는 법원 합의부에서 재판한다(동법 제14조제1항). 보상청구에 대하여는 법원은 검사와 청구인의 의견을 들어야 한다(동조제2항). 보상청구를 받은 법원은 6개월 이내에 보상결정을 하여야 한다(동조 제3항). 법원은 보상청구의 원인이 된 사실인 구금일수 또는 형 집행의 내용에 관하여 직권으로 조사를 하여야 한다(동법 제15조).

(나) 보상청구의 중단과 승계 보상을 청구한 자가 청구절차 중 사망하거나 상속인 자격을 상실한 경우에 다른 청구인이 없을 때에는 청구의 절차는 중단된다. 이 경우에 보상을 청구한 자의 상속인 또는 보상을 청구한 상속인과 같은 순위의 상속인은 2개월 이내에 청구의 절차를 승계할 수 있다. 법원은 절차를 승계할 수 있는 자로서 법원에 알려진 자에게는 지체 없이 위의 기간 내에 청구의 절차를 승계할 것을 통지하여야 한다. 위의 기간 내에 절차를 승계하는 신청이 없을 때에는 법원은 청구를 각하하는 결정을 하여야 한다(동법 제19조).

나. 법원의 결정

(가) 청구각하의 결정 법원은 ① 보상청구의 절차가 법령으로 정한 방식을 위반하여 보정할 수 없을 경우, ② 청구인이 법원의 보정명령에 따르지 않을 경우, ③ 보상청구의 기간이 지난 후에 보상을 청구하였을 경우에는 보상청구를 각하하는 결정을 하여야 한다(동법 제16조).

(나) 청구기각의 결정 보상의 청구가 이유 없을 때에는 청구기각의 결정을 하여야 한다(동법 제17조제2항).

(다) 보상결정 보상의 청구가 이유 있을 때에는 보상결정을 하여야 한다

(동조제1항). 법원은 보상결정이 확정되었을 때에는 2주일 내에 보상결정의 요지를 관보에 게재하여 공시하여야 한다. 이 경우 보상결정을 받은 자의 신청이 있을 때에는 그 결정의 요지를 신청인이 선택하는 두 종류 이상의 일간신문에 각각 한 번씩 공시하여야 하며 그 공시는 신청일로부터 30일 이내에 하여야 한다(동법 제25조제1항). 보상청구자가 동일한 원인으로 다른 법률에 따라 손해배상을 받았음을 이유로 보상청구를 기각하는 결정이 확정되었을 때에도 그 기각결정을 공시하여야 한다(동조제2항).

(라) 불복신청 　보상결정에 대하여는 1주일 이내에 즉시항고를 할 수 있으며, 청구기각결정에 대하여는 즉시항고를 할 수 있다(동법 제20조).

(3) 피의자보상의 결정

피의자보상에 관한 사항을 심의·결정하기 위하여 지방검찰청에 피의자보상심의회를 둔다(동법 제27조제3항). 피의자보상의 청구에 대한 보상심의회의 결정에 대하여는 행정심판법에 따른 행정심판을 청구하거나 행정소송법에 따른 행정소송을 제기할 수 있다(동법 제28조제4항).

(4) 보상금 지급의 방식과 절차

피고인보상의 보상금 지급을 청구하려는 자는 보상을 결정한 법원에 대응하는 검찰청에 보상금 지급청구서를 제출하여야 한다. 이 청구서에는 법원의 보상결정서를 첨부하여야 한다. 보상결정이 송달된 후 2년 이내에 보상금 지급청구를 하지 않을 때에는 권리를 상실한다(동법 제21조제1항~제3항). 보상금 지급청구서를 제출받은 검찰청은 3개월 이내에 보상금을 지급하여야 한다(제21조의2 제1항).

피의자보상의 보상금지급은 보상심의회의 보상결정이 송달(행정심판을 청구하거나 행정소송을 제기한 경우에는 그 재결 또는 판결에 따른 심의회의 보상결정이 송달된 때를 말함)된 후 2년 이내에 보상금 지급청구를 하지 않을 때에는 그 권리를 상실한다(동법 제28조제5항).

(5) 보상금지급의 효과

보상금을 받을 수 있는 자가 여러 명인 경우에는 그 중 1명에 대한 보상금

지급은 그 모두에 대하여 효력이 발생한다(동법 제22조).

Ⅱ. 명예회복

1. 의 의

무죄재판 등이 확정된 자에 대하여는 법무부 인터넷 홈페이지에 1년 동안 무죄 등의 사실을 상시적으로 게재하여 널리 알림으로써 훼손된 명예를 회복하여 정상적인 사회생활상의 지위를 되찾을 수 있도록 하고 있다.

2. 무죄재판이 확정된 피고인

(1) 청구권자

무죄재판 등의 게재의 청구권자는 무죄재판을 받아 확정된 피고인, 그 상속인 및 대리인이다(형사보상법 제30조, 제31조제2항·제3항).

(2) 청구의 시기 및 방식

무죄재판서 게재의 청구는 무죄재판이 확정된 때부터 3년 이내에 해당 사건을 기소한 검사가 소속된 지방검찰청 및 지청에 청구한다(동법 제30조). 무죄재판서의 게재를 청구할 때에는 게재청구서에 재판서의 등본과 그 재판의 확정증명서를 첨부하여 제출하여야 한다(동법 제31조제1항). 상속인에 의한 청구, 대리인에 의한 청구 및 청구의 취소 등에 대하여는 형사보상에 관한 규정을 준용한다.

(3) 청구에 대한 조치

무죄재판서의 게재청구가 있을 때에는 그 청구를 받은 날부터 1개월 이내에 무죄재판서를 법무부 인터넷 홈페이지에 게재하여야 한다. 다만 청구를 받은 때에 무죄재판사건의 확정재판기록이 해당 지방검찰청에 송부되지 않은 경우에는 기록이 해당 지방검찰청에 송부된 날부터 1개월 이내에 게재하여야 한다(동법 제32조제1항). 이 경우 ① 청구인이 무죄재판서 중 일부 내용의 삭제를 원하는 의사를 명시적으로 밝힌 경우, ② 무죄재판서의 공개로 인하여 사건 관계인의 명예나 사생활의 비밀 또는 생명·신체의 안전이나 생활의 평온을 현저히 해칠 우려가 있는 경우에는 무죄재판서의 일부를 삭제하여 게재할 수 있다(동조제2항).

청구인이 무죄재판 중 일부삭제를 원하는 의사를 명시적으로 밝힌 경우에는 청구인의 의사를 서면으로 확인하여야 한다. 다만 소재불명 등으로 청구인의 의사를 확인할 수 없을 때에는 민법 제779조에 따른 가족 중 1명의 의사를 서면으로 확인하는 것으로 대신할 수 있다(동조제3항). 무죄재판서의 게재기간은 1년으로 한다(동조제4항). 무죄재판서를 법무부 인터넷 홈페이지에 게재한 때에는 지체 없이 그 사실을 청구인에게 서면으로 통지하여야 한다(동법 제33조제1항).

3. 면소 등의 재판이 확정된 피고인

면소·공소기각·치료감호청구기각의 재판을 받아 확정된 피고인도 확정된 사건의 면소 등 재판서를 게재하도록 청구할 수 있다(동법 제34조제1항). 이에 따른 청구에 대하여는 무죄재판사건 피고인의 무죄재판서 게재청구에 관한 규정을 준용한다(동조제2항).

부 록

[부록 1] 피의자신문조서

피 의 자 신 문 조 서 (제 회)

피 의 자 : ○○○

위의 사람에 대한 ○○○○○○ 피의사건에 관하여 . . . 00:00 ○○○○○○○○○○에서 사법경찰관 ○○ ○○○는(은) 사법경찰리 ○○ ○○○를(을) 참여하게 한 후, 피의자에 대하여 다시 아래의 권리들이 있음을 알려주고 이를 행사할 것인지 그 의사를 확인하다.

1. 귀하는 일체의 진술을 하지 아니하거나 개개의 질문에 대하여 진술을 하지 아니할 수 있습니다.
2. 귀하가 진술을 하지 아니하더라도 불이익을 받지 아니합니다.
3. 귀하가 진술을 거부할 권리를 포기하고 행한 진술은 법정에서 유죄의 증거로 사용될 수 있습니다.
4. 귀하가 신문을 받을 때에는 변호인을 참여하게 하는 등 변호인의 조력을 받을 수 있습니다.

문 : 피의자는 위와 같은 권리들이 있음을 고지받았는가요?

답 :

문 : 피의자는 진술거부권을 행사할 것인가요?

답 :

문 : 피의자는 변호인의 조력을 받을 권리를 행사할 것인가요?

답 :

이에 사법경찰관은 피의사실에 관하여 다음과 같이 피의자를 신문하다.

[부록 2] 진술조서

진 술 조 서

성 명 : ( )
주민등록번호 : –
직 업 :
주 거 :
등록기준지 :
직 장 주 소 :
연 락 처 : 자택전화 휴대전화
직장전화 전자우편(e-mail)

위의 사람은 피의자 ○○○에 대한 ○○○○○○○○ 피의사건에 관하여 . . . 00:00 ○○○○○○에 임의 출석하여 다음과 같이 진술하다.

---

1. 피의자와의 관계
저는 피의자 ○○○과(와) ○○○ 관계에 있습니다.
/ 저는 피의자 ○○○과(와) 아무런 관계가 없습니다.

1. 피의사실과의 관계
저는 피의사실과 관련하여 (피해자, 목격자, 참고인)의 자격으로 출석하였습니다.

이 때 진술의 취지를 더욱 명백히 하기 위하여 다음과 같이 임의로 문답하다.

[부록 3] **체포영장신청서**

○ ○ ○ ○ 경찰서

제 0000-00000 호 . . .
수 신 : ○○지방검찰청 검사장(지청장)
제 목 : **체포영장 신청**

다음 사람에 대한 ○○○○○○ 피의사건에 관하여 동인을 ○○○○○○에 인치하고 ○○○○○○에 구금하려 하니 0000. 00. 00.까지 유효한 체포영장의 발부를 청구하여 주시기 바랍니다.

피의자	성 명	
	주 민 등 록 번 호	- (세)
	직 업	
	주 거	
변 호 인		
범죄사실 및 체포를 필요로 하는 이유		
7일을 넘는 유효기간을 필요로 하는 취지와 사유		
둘 이상의 영장을 신청하는 취지와 사유		
재신청의 취지 및 이유		
현재 수사 중인 다른 범죄사실에 관하여 발부된 유효한 체포영장 존재시 그 취지 및 범죄사실		

○○○○경찰서

사법경찰관 ○○ (인)

[부록 4] 긴급체포서

긴 급 체 포 서

제 0000-00000 호

피의자	성 명	( )
	주 민 등 록 번 호	- (세)
	직 업	
	주 거	
변 호 인		

위 피의자에 대한 ○○○○○○○ 피의사건에 관하여 「형사소송법」 제200조의3제1항에 따라 동인을 아래와 같이 긴급체포함

. . .

○○○○경찰서

사법경찰관 ○○○ (인)

체포한 일시	
체포한 장소	
범죄사실 및 체포의 사유	
체포자의 관직 및 성명	
인치한 일시	
인치한 장소	
구금한 일시	
구금한 장소	
구금을 집행한 자의 관직 및 성명	

[부록 5] 현행범인체포서

현행범인 체포서

제 0000-00000 호

피의자	성 명	( )
	주 민 등 록 번 호	- (세)
	직 업	
	주 거	
변 호 인		

위 피의자에 대한 ○○○○○○○ 피의사건에 관하여 「형사소송법」 제212조에 따라 동인을 아래와 같이 현행범인으로 체포함

. . .

○○○○경찰서

사법경찰관 ○○ (인)

체포한 일시	
체포한 장소	
범죄사실 및 체포의 사유	
체포자의 관직 및 성명	
인치한 일시	
인치한 장소	
구금한 일시	
구금한 장소	

[부록 6] 구속영장신청서(미체포)

○○○○경찰서

제 0000-00000 호 . . .

수 신 : ○○지방검찰청 검사장(지청장)

제 목 : **구속영장 신청(미체포)**

다음 사람에 대한 ○○○○○○ 피의사건에 관하여 동인을 ○○○○○○에 구속하려 하니 . . .까지 유효한 구속영장의 발부를 청구하여 주시기 바랍니다.

피의자	성 명	
	주민등록번호	- (세)
	직 업	
	주 거	
변 호 인		
범죄사실 및 구속을 필요로 하는 이유		
필요적 고려사항		[ ] 범죄의 중대성 [ ] 재범의 위험성 [ ] 피해자·중요참고인 등에 대한 위해 우려 [ ] 그 밖의 사유 ※ 구체적 내용은 별지와 같음
7일을 넘는 유효기간을 필요로 하는 취지와 사 유		
둘 이상의 영장을 신청하는 취지와 사유		
재신청의 취지 및 이유		

○○○○경찰서

사법경찰관 ○○ (인)

[부록 7] 구속영장신청서(체포영장)

○○○○경찰서

제 0000-00000 호 . . .
수 신 : ○○지방검찰청 검사장(지청장)
제 목 : **구속영장 신청(체포영장)**

다음 사람에 대한 ○○○○○○○ 피의사건에 관하여 동인을 아래와 같이 체포영장에 의하여 체포하였는바, 동인을 ○○○○○○○에 구속하려 하니 . . .까지 유효한 구속영장의 발부를 청구하여 주시기 바랍니다.

피의자	성 명	
	주 민 등 록 번 호	- (세)
	직 업	
	주 거	
변 호 인		
체포한 일시·장소		
인치한 일시·장소		
구금한 일시·장소		
범죄사실 및 구속을 필요로 하는 이유		
필요적 고려사항		[ ] 범죄의 중대성 [ ] 재범의 위험성 [ ] 피해자·중요참고인 등에 대한 위해 우려 [ ] 그 밖의 사유 ※ 구체적 내용은 별지와 같음
피의자의 지정에 따라 체포 이유 등이 통지된 자의 성명 및 연락처		
재신청의 취지 및 이유		

○○○○경찰서

사법경찰관 ○○ (인)

[부록 8] 압수·수색·검증영장신청서(사전)

○○○○경찰서

제 0000-00000 호 . . .

수 신 : ○○지방검찰청 검사장(지청장)

제 목 : **압수·수색·검증영장 신청(사전)**

다음 사람에 대한 ○○○○○○○ 피의사건에 관하여 아래와 같이 압수·수색·검증하려 하니 . . .까지 유효한 압수·수색·검증영장의 발부를 청구하여 주시기 바랍니다.

<table>
<tr><td rowspan="4">피의자</td><td>성 명</td><td></td></tr>
<tr><td>주 민 등 록 번 호</td><td>- (세)</td></tr>
<tr><td>직 업</td><td></td></tr>
<tr><td>주 거</td><td></td></tr>
<tr><td colspan="2">변 호 인</td><td></td></tr>
<tr><td colspan="2">압수할 물건</td><td></td></tr>
<tr><td colspan="2">수색·검증할 장소, 신체 또는 물건</td><td></td></tr>
<tr><td colspan="2">범죄사실 및 압수·수색·검증을 필요로 하는 사유</td><td></td></tr>
<tr><td colspan="2">7일을 넘는 유효기간을 필요로 하는 취지와 사유</td><td></td></tr>
<tr><td colspan="2">둘 이상의 영장을 신청하는 취지와 사유</td><td></td></tr>
<tr><td colspan="2">일출 전 또는 일몰 후 집행을 필요로 하는 취지와 사 유</td><td></td></tr>
<tr><td colspan="2">신체검사를 받을 자의 성별·건강상태</td><td></td></tr>
</table>

○○○○경찰서

사법경찰관 ○○ (인)

[부록 9] 압수·수색·검증영장신청서(사후)

○○○○경찰서

제 0000-00000 호

수 신 : ○○지방검찰청 검사장(지청장)

제 목 : **압수·수색·검증영장 신청(사후)**

다음 사람에 대한 ○○○○○○○ 피의사건에 관하여 아래와 같이 긴급압수·수색·검증하였으니 압수·수색·검증영장의 발부를 청구하여 주시기 바랍니다.

피의자	성 명		
	주 민 등 록 번 호	- (세)	
	직 업		
	주 거		
변 호 인			
긴급압수·수색·검증한 자의 관직·성명			
긴급압수·수색·검증한 일시			
긴급수색·검증한 장소·신체 또는 물건			
긴급압수한 물건			
범죄사실 및 긴급압수·수색·검증한 사유			
체포한 일시 및 장소 (「형사소송법」 제217조 제2항에 따른 경우)			
일출 전 또는 일몰 후 집행을 한 사유			
신체검사를 한 자의 성별·건강상태			

○○○○경찰서

사법경찰관 ○○ (인)

[부록 10] 실황조사서

실 황 조 사 서

○○○외 ○명에 대한 ○○○○○○ 피의사건에 관하여 0000. 00. 00. 00:00 ○○○○○○○○○○○○○에 임하여 실황을 조사한바, 다음과 같다.

1. 실황조사의 장소(대상)

2. 실황조사의 목적

3. 실황조사의 참여인

4. 실황조사의 경위 및 결과

이 실황조사는 . . . 00:00 에 시작하여 . . . 00:00 에 끝나다.

. . .

○○○○경찰서

사법경찰관 ○○ ○○○ (인)
사법경찰리 ○○ ○○○ (인)

[부록 11] 압수조서

압 수 조 서

○○○외 ○명에 대한 ○○○○○○○○○○ 피의사건에 관하여 . . . 00:00 ○○○○에서 사법경찰관 ○○ ○○○는(은) 사법경찰리 ○○ ○○○를(을) 참여하게 하고, 별지 목록의 물건을 다음과 같이 압수하다.

압 수 경 위

	성 명	주민등록번호	주 소	서명 또는 날인
참여인				

. . .

○○○○경찰서

사법경찰관 ○○ ○○○ (인)
사법경찰리 ○○ ○○○ (인)

[부록 12] 검증조서

검 증 조 서

○○○외 ○명에 대한 ○○○○○○○○○○ 피의사건에 관하여 . . . 00:00 ○○○○○○○○에 임하여 사법경찰관 ○○ ○○○는(은) 사법경찰리 ○○ ○○○를(을) 참여하게 하고 다음과 같이 검증하다.

1. 검증의 장소(대상)

2. 검증의 목적

3. 검증의 참여인

4. 검증의 경위 및 결과

이 검증은 . . . 00:00에 시작하여 . . . 00:00에 끝나다.

. . .

○○○○경찰서

사법경찰관 ○○ ○○○ (인)
사법경찰리 ○○ ○○○ (인)

[부록 13] 진술서

<table>
<tr><td colspan="5">진 술 서</td></tr>
<tr><td>성 명</td><td colspan="4">( )</td></tr>
<tr><td>주 민 등 록 번 호</td><td colspan="2"></td><td>직업</td><td></td></tr>
<tr><td>주 거</td><td colspan="4"></td></tr>
<tr><td>등 록 기 준 지</td><td colspan="4"></td></tr>
<tr><td>직 장 주 소</td><td colspan="4"></td></tr>
<tr><td rowspan="2">연 락 처</td><td>자택전화</td><td></td><td>휴대전화번호</td><td></td></tr>
<tr><td>직장전화</td><td></td><td>전자우편
(e-mail)</td><td></td></tr>
<tr><td colspan="5">본인은 20 . . . 검찰청 호 검사실에 피의사건의 (피의자, 피해자, 목격자, 참고인)으로서 출석하여 다음과 같이 임의로 서면 진술하다.</td></tr>
<tr><td>경찰에서 진술한 경우</td><td colspan="4">□ 경찰에서 진술한 내용은 사실이며, 진술 내용을 보다 명확히 하고자 다음 사항을 진술하고자 합니다.
□ 경찰에서 진술한 내용 중 사실이 아닌 부분이 있으며, 이와 관련하여 다음 사항을 진술하고자 합니다.</td></tr>
</table>

[부록 14] 진술거부권 및 변호인 조력권 고지 등 확인서

진술거부권 및 변호인 조력권 고지 등 확인서

1. 귀하는 일체의 진술을 하지 아니하거나 개개의 질문에 대하여 진술을 하지 아니할 수 있습니다.
2. 귀하가 진술을 하지 아니하더라도 불이익을 받지 아니합니다.
3. 귀하가 진술을 거부할 권리를 포기하고 행한 진술은 법정에서 유죄의 증거로 사용될 수 있습니다.
4. 귀하가 신문을 받을 때에는 변호인을 참여하게 하는 등 변호인의 조력을 받을 수 있습니다.

문　피의자는 위와 같은 권리들이 있음을 고지받았는가요?
답

문　피의자는 진술거부권을 행사할 것인가요?
답

문　피의자는 변호인의 조력을 받을 권리를 행사할 것인가요?
답

. . .

진술자　　　　　　　　㊞

[부록 15] 구속영장청구서(일반)

○○○검찰청

(0000-0000)

제 0000-0000 호 0000. 00. 00.

수 신 : ○○○법원장 발 신 : ○○○검찰청

제 목 : **구속영장청구** 검 사 ㊞

<table>
<tr><td rowspan="4">피 의 자</td><td colspan="2">성명 ( )</td></tr>
<tr><td colspan="2">주민등록번호 (세)</td></tr>
<tr><td colspan="2">직업</td></tr>
<tr><td colspan="2">주거</td></tr>
<tr><td>변 호 인</td><td colspan="2"></td></tr>
<tr><td colspan="3">위의 피의자에 대한 죄명 피의사건에 관하여 아래와 같이 긴급체포하고 구속영장신청이 있는바, 그 사유가 상당하다고 인정되므로 동인을 에 구속하고자 0000. 00. 00. 까지 유효한 구속영장의 발부를 청구합니다.</td></tr>
<tr><td colspan="2">체포한 일시</td><td></td></tr>
<tr><td colspan="2">체포한 장소</td><td></td></tr>
<tr><td colspan="2">인치한 일시 • 장소</td><td></td></tr>
<tr><td colspan="2">구금한 일시 • 장소</td><td></td></tr>
<tr><td colspan="2">범죄사실 및 구속을 필요로 하는 사유</td><td>별지 구속영장신청서 기재내용과 같음</td></tr>
<tr><td colspan="2">필요적 고려사항</td><td>별지 구속영장신청서 기재내용과 같음</td></tr>
<tr><td colspan="2">피의자의 지정에 따라 체포이유 등이 통지된 자의 성명 및 연락처</td><td></td></tr>
<tr><td colspan="2">재청구의취지및이유</td><td>(별지 구속영장신청서 기재내용과 같음)</td></tr>
<tr><td colspan="2">발부하지 아니하는 취지 및 이유</td><td>판 사 ㊞</td></tr>
</table>

[부록 16] 공소장(정식재판)

○ ○ ○ 검 찰 청

. . .

사건번호 년 형제 호
수 신 자 법원
제 목 **공소장**

검사 ○○○은(는) 아래와 같이 공소를 제기합니다.

Ⅰ. 피고인 관련사항

피 고 인 ○○○(주민등록번호), ○○세
직업 , 일반전화번호, 휴대전화번호
주거 (통 반), 전화번호
등록기준지

죄 명

적용법조

구속여부 . . . 구속 (. . . 체포)

변 호 인 변호사 ○○○

Ⅱ. 공소사실

Ⅲ. 첨부서류

검사 ○ ○ ○ (인)

[부록 17] 공소장(약식재판)

○ ○ ○ 검 찰 청

. . .

사건번호 년 형제 호

수 신 자 법원

제 목 **공소장**

검사 ○○○은(는) 아래와 같이 공소를 제기하여 약식명령을 청구합니다.

Ⅰ. 피고인 관련사항 및 의견

피 고 인 ○○○(주민등록번호), ○○세

직업 , 일반전화번호, 휴대전화번호

주거 (통 반), (전화번호)

등록기준지

죄 명

적용법조

변 호 인 변호사 ○○○

의 견 벌 금 ( ) 원

(미결구금일수 일, 1일 환산금액 원)

가납명령청구

Ⅱ. 공소사실

검사 ○ ○ ○ (인)

[부록 18] 공판조서

○ ○ 법 원
공 판 조 서

제1회
사 건 20 고합
재판장 판사 ○ ○ ○ 기 일
판 사 ○ ○ ○ 장 소
판 사 ○ ○ ○ 공개여부 : 공개
법 원 주 사 ○ ○ ○
피고인 ○ ○ ○ 출석
검 사 ○ ○ ○ 출석
변호인 변호사 ○ ○ ○ 출석

재판장
피고인은 진술을 하지 아니하거나 각개의 물음에 대하여 진술을 거부할 수 있고 이익되는 사실을 진술할 수 있음을 고지
재판장의 인정신문
성 명 :
주민등록번호 : 공소장 기재와 같음
직 업 : 〃
주 거 : 〃
등 록 기 준 지 : 〃
재판장
피고인에게
주소의 변동이 있을 때에는 이를 법원에 보고할 것을 명하고 소재가 확인되지 않는 때에는 그 진술 없이 재판할 경우가 있음을 경고
검 사
공소장에 의하여 공소사실, 죄명, 적용법조 낭독
피고인
공소사실을 인정(인정하지 않는다고)한다고 진술
변호인
피고인은 이 사건 공소사실을 인정(인정하지 않는다고)한다고 진술
재판장
증거조사를 하겠다고 고지

증거관계 별지와 같음(검사)
재판장
　증거조사결과에 대한 의견을 묻고 권리를 보호함에 필요한 증거조사를 신청할 수 있음을 고지
소송관계인
　별 의견 없으며 신청할 증거가 없다고 진술
재판장
　증거조사를 마쳤음을 고지
검 사
　피고인에게
문 :
답 :

변호인
　피고인에게
문 :
답 :

재판장
　피고인에게
문 :
답 :
재판장
　신문을 마쳤음을 고지
검 사
　피고인을 징역 년 월에 처함이 상당하다고 진술
재판장
　피고인 및 변호인에게 최종의견 진술기회 부여
변호인
피고인

재판장
　변론종결

20 . . .
법 원 주 사 ○ ○ ○
재판장 판사 ○ ○ ○

[부록 19] 증인신문조서

○ ○ 법 원
증인신문조서(제 회 공판조서의 일부)

사 건 20 고합

증 인 이 름

생년월일

주 거

재판장

증인에게 형사소송법 제148조 또는 제149조에 해당하는가의 여부를 물어 이에 해당하지 아니함을 인정하고, 위증의 벌을 경고한 후 별지 선서서와 같이 선서를 하게 하였다.

다음에 신문할 증인은 재정하지 아니하였다.

20 . . .

법 원 주 사 ○ ○ ○

재판장 판사 ○ ○ ○

[부록 20] 검증조서

○ ○ 법 원
검 증 조 서

사 건 20 고합

재판장 판사 ○ ○ ○ 기 일 : 20 . . .

판사 ○ ○ ○ 장 소 : 서울시 서초구 ○○

판사 ○ ○ ○

법원 사무관 ○ ○ ○

---

20 . . .

법원사무관 ○ ○ ○

재판장판사 ○ ○ ○

색인

ㄱ

ㅅ

ㅇ

ㅈ

저자 약력

최영승 (urihamggae@naver.com)

경상대학교 법경대학 행정학과(행정학사)
한양대학교 행정대학원 사법경찰행정학과(법학석사)
경희대학교 대학원 법학과(법학박사)
가천대학교 법과대학 겸임교수
한양대학교·아주대학교 법학전문대학원 겸임교수
한국피해자학회 감사, 한국비교형사법학회 이사
경찰청 교양아카데미(인권분야)·법무연수원 강사
서울경찰청 순경 신규채용 면접시험위원 및 승진인사위원회 위원
서울시 자치경찰시민회의 위원
법무부 교정정책 자문위원
정부일자리·국정과제 평가위원
대한법무사협회장(제21대)
현, 한국교정학회·한국소년정책학회 부회장
  고위공직자범죄수사처 자문위원
  금융감독원 자문위원(소비자권익보호분과)
  한양대학교 법학전문대학원 겸임교수

[저서 및 주요논문]
피의자신문과 적법절차(세창출판사, 2005)
형사소송입문(세창출판사, 한영수/최영승, 2007)
형사소송법 제4판(피앤씨미디어, 2016)
형사소송법개론 제3판(피앤씨미디어, 2016)
이 시대의 사법을 고민하다(피앤씨미디어, 2020)
형사절차상 피의자·피고인의 권리의 회고 및 전망(형사법연구, 2007) 외 다수

제 5 판
형사소송법개론

초판발행 2013년 7월 30일
제2판발행 2015년 2월 16일
제3판발행 2016년 8월 20일
제4판발행 2021년 2월 28일
제5판발행 2023년 3월 10일

지은이 최영승
펴낸이 박노일

총괄기획 최준규
편 집 이상민

펴낸곳 pnc publishing and culture 피앤씨미디어
경기도 고양시 일산동구 강송로 153 310-1501
등록 제396-2012-000203호
전 화 070)7550-3758 팩 스 02)718-8554
홈페이지 www.pncmedia.co.kr 이메일 pnc@pncmedia.co.kr
ISBN 979-11-5730-862-0 93360

정 가 28,000원